Guttentagsche Sammlung
Nr. 83. Deutscher Reichsgesetze. Nr. 83.
Textausgaben mit Anmerkungen.

Reichsgesetz über den

Versicherungsvertrag

nebst dem zugehörigen Einführungsgesetze.

Vom 30. Mai 1908.

Dritte neubearbeitete Auflage

von

Dr. P. Hager, und Dr. E. Bruck,
Regierungsrat a. D., General-Direktor der Preußischen Lebensversicherungs-Aktien-Gesellschaft.
Regierungsrat im Kaiserlichen Aufsichtsamt für Privatversicherung.

J. Guttentag, Verlagsbuchhandlung,
G. m. b. H.

Inhaltsübersicht.

Seite

Verzeichnis der Abkürzungen . . . . 7—8

Einleitung . . . . 9—21

Gesetz über den Versicherungsvertrag.

Erster Abschnitt.

Vorschriften für sämtliche Versicherungszweige.

Erster Titel. Allgemeine Vorschriften. §§ 1—15 . . 22—65

Zweiter Titel. Anzeigepflicht. Gefahrerhöhung. §§ 16 bis 34 . . . . 65—119

Dritter Titel. Prämie. §§ 35—42 . . . . 119—140

Vierter Titel. Versicherungsagenten. §§ 43—48 . . 140—162

Zweiter Abschnitt.

Schadensversicherung.

Erster Titel. Vorschriften für die gesamte Schadensversicherung.

I. Inhalt des Vertrags. §§ 49—68 . . . . . 162—210

II. Veräußerung der versicherten Sache. §§ 69 bis 73 . . . . 210—224

III. Versicherung für fremde Rechnung. §§ 74—80 224—238

Zweiter Titel. Feuerversicherung. §§ 81—107 . . . 238—274

Dritter Titel. Hagelversicherung. §§ 108—115 . . . 274—279

Seite

Vierter Titel. Viehversicherung. §§ 116—128 . . . 279—293

Fünfter Titel. Transportversicherung. §§ 129—148 293—313

Sechster Titel. Haftpflichtversicherung. §§ 149—158 313—336

Dritter Abschnitt.

Lebensversicherung.

§§ 159—178 . . . . 337—381

Vierter Abschnitt.

Unfallversicherung.

§§ 179—18 . . . . 382—397

Fünfter Abschnitt.

Schlußvorschriften.

§§ 186—194 . . . . 398—412

Einführungsgesetz zu dem Gesetz über den Versicherungsvertrag.

Artikel 1—6 . . . . 413—421

Sachregister . . . . 422—438

Verzeichnis der Abkürzungen.

ALR. = Allgemeines Landrecht für die Preußischen Staaten.

Baumgartner = Baumgartner's Gerichtspraxis in Versicherungssachen (1895).

Begr. = Begründung.

BGB. = Bürgerliches Gesetzbuch.

Bolze = Die Praxis des Reichsgerichts in Zivilsachen von A. Bolze.

BSchG. = Binnenschiffahrtsgesetz vom $\frac{\text{15. Juli 1895.}}{\text{20. Mai 1898.}}$

BuschArch. = Archiv für Theorie und Praxis des Allg. Deutschen Handels- und Wechselrechts von F. B. Busch.

DJZ. = Deutsche Juristen-Zeitung.

EG. = Einführungsgesetz.

FGG. = Reichsgesetz über die Angelegenheiten der freiwilligen Gerichtsbarkeit.

GVG. = Gerichtsverfassungsgesetz.

HGB. = Handelsgesetzbuch.

JW. = Juristische Wochenschrift.

KB. I = Bericht der Kommission des Deutschen Reichstags zu dem Gesetze vom 7. Dezember 1906.

KB. II = Bericht der Kommission vom 30. Januar 1908.

KO. = Konkursordnung.

LZ. = Leipziger Zeitschrift für Handels-, Konkurs- und Versicherungsrecht.

OLGRspr. = Die Rechtsprechung der Oberlandesgerichte, herausgegeben von Falkmann und Mugdan.

OVG. = Entscheidungen des Königl. Preuß. Oberverwaltungsgerichts.

Verzeichnis der Abkürzungen.

Recht = Das Recht.

RGBl. = Reichs-Gesetzblatt.

RG. = Entscheidungen des Reichsgerichts in Zivilsachen.

RGStr. = Entscheidungen des Reichsgerichts in Strafsachen.

ROHG. = Reichsoberhandelsgericht.

RVO. = Reichsversicherungsordnung.

SeuffA. = J. A. Seuffert's Archiv für Entscheidungen der obersten Gerichte in den deutschen Staaten.

StGB. = Strafgesetzbuch.

VA. = Veröffentlichungen des Kaiserlichen Aufsichtsamts für Privatversicherung (* bedeutet Anhang zu diesen Veröffentlichungen).

VAG. = Reichsgesetz über die privaten Versicherungsunternehmungen (Versicherungsaufsichtsgesetz).

VVG. = Versicherungsvertragsgesetz.

Wallmann = Wallmann's Versicherungszeitschrift.

Z. = Zeitschrift für die gesamte Versicherungs-Wissenschaft.

ZHR. = Zeitschrift für das gesamte Handelsrecht.

ZPO. = Zivilprozeßordnung.

Einleitung.

1. Geschichtliches.

Durch das vorliegende Gesetz wird das Recht des privaten Versicherungsvertrags zum erstenmal in einheitlicher und umfassender Weise von Reichs wegen geordnet. Nur die Seeversicherung ist bereits durch Reichsgesetz, nämlich im 10. Abschnitte des 4. Buches des HGB. vom 10. Mai 1897, geregelt. Für die Binnenversicherung fehlte es bisher an geschriebenem Rechte. Bloß das Allg. Landrecht für die preußischen Staaten enthält in Teil II Titel 8 §§ 1934—2358 ausführliche Bestimmungen über Binnen- und Seeversicherung, die indessen größtenteils veraltet sind. In Preußen wie auch in anderen deutschen Staaten ist später eine Reihe von Sondergesetzen erlassen worden, welche jedoch hauptsächlich die öffentlich-rechtliche Stellung der Versicherungsunternehmungen betreffen und nur vereinzelt privatrechtliche Vorschriften enthalten. Diese Gesetze sind zum großen Teile durch das am 12. Mai 1901 erlassene Reichsgesetz über die privaten Versicherungsunternehmungen (RGBl. S. 139) aufgehoben worden, welches vorwiegend öffentliches Recht, aber auch privatrechtliche Bestimmungen über das Recht der Versicherungsaktiengesellschaften und der Versicherungsvereine auf Gegenseitigkeit und über die Prämienreserve der Lebensversicherungsunternehmungen enthält. Auch das BGB. weist einzelne Vorschriften auf, die dem Versicherungsrecht angehören (§§ 330, 394, 1045, 1127 bis 1130, 1385).

Soweit es hiernach an geschriebenem Rechte fehlte, hat sich das Versicherungsrecht als Gewohnheitsrecht entwickelt. Dieses Gewohnheitsrecht beruht zum großen Teil auf den Anschauungen, die in den Allgemeinen Versicherungsbedingungen niedergelegt sind. Da die Versicherungsverträge gewöhnlich im Großbetriebe abgeschlossen werden, haben die einzelnen Versicherungsunternehmungen ein- für allemal feststehende „allgemeine" Bedingungen aufgestellt, auf Grund deren sie Versicherung zu gewähren pflegen. Es besteht natürlich die Gefahr, daß bei Festsetzung dieser Bedingungen vorwiegend die Interessen der Versicherer zu ungunsten der Versicherungsnehmer berücksichtigt werden, eine Gefahr, welche um so größer ist, wenn alle oder fast alle einen bestimmten Versicherungszweig betreibenden Versicherungsunternehmungen sich zu einem Verbande zusammengeschlossen und gemeinsame Verbandsbedingungen normiert haben. Die fortschreitende Entwickelung des Versicherungsgewerbes hat jedoch dazu beigetragen, diese Gefahr zu vermindern. Zum Teil suchte man ihr zu begegnen, indem man Vertreter aus den Kreisen der Versicherungsnehmer an der Feststellung der Bedingungen beteiligte. Im übrigen haben die staatlichen Aufsichtsbehörden, insbesondere seit 1902 das Aufsichtsamt für Privatversicherung, und namentlich auch in jahrzehntelanger Übung die Gerichte auf eine Milderung überstrenger Bedingungen hingewirkt. Auf dem so entstandenen Gewohnheitsrechte beruht wesentlich das VVG.

Als Vorarbeiten für ein Binnenversicherungsgesetz

kommen besonders der preußische Entwurf zum HGB. von 1857 (3. Buch, Titel 6 und 7) in teilweiser Anlehnung an den württembergischen Entwurf eines Handelsgesetzbuchs (1839), sowie der Dresdener Entwurf eines Obligationenrechts (Art. 894—921) aus dem Jahre 1866, ferner ein von Otto Bähr im Auftrage des Reichs-Justizamts ausgearbeiteter, 1893 im Archiv für Bürgerliches Recht 7, 1 ff. veröffentlichter Entwurf in Betracht. Auch in dem im Jahre 1874 aufgestellten Plane für die Ausarbeitung eines Bürgerlichen Gesetzbuchs war im Anschluß an die zu bewirkende Revision des Handelsgesetzbuchs die Regelung des Privatversicherungsrechts vorgesehen, wurde aber im Laufe der Zeit wieder fallen gelassen. Infolgedessen überweist Art. 75 EG.BGB. das Versicherungsrecht der Landesgesetzgebung.

Aus der Entstehungsgeschichte des Gesetzes ist folgendes zu erwähnen:

Ein weiteren Kreisen nicht zugänglich gemachter Vorentwurf wurde 1902 im Reichs-Justizamt einer gutachtlichen Beratung durch Sachverständige unterzogen. Im Mai 1903 veröffentlichte das Reichs-Justizamt den Entwurf eines Gesetzes über den Versicherungsvertrag nebst Begründung. Der Entwurf wurde in der Öffentlichkeit lebhaft besprochen und auf Grund der Kritik umgearbeitet. Ein zweiter Entwurf wurde im Oktober 1904 dem Bundesrate vorgelegt. Dieser Entwurf nebst seiner Begründung ist amtlich nicht veröffentlicht, aber inhaltlich in der Fachpresse genau wiedergegeben. Der Bundesrat nahm an ihm eine Reihe von Änderungen vor. Unter dem 28. November 1905 wurde dieser dritte Entwurf nebst Begründung dem Reichstage vorgelegt. Die erste Lesung fand am 22. und 23. Januar 1906 statt; der Entwurf wurde an eine Kommission von 21 Mitgliedern verwiesen; sie beriet ihn in zwei Lesungen, nahm eine Reihe von Änderungen vor und erstattete nach Vollendung ihrer Arbeiten unter dem 7. Dezember 1906 einen ausführlichen schriftlichen Bericht (KB. I). Zu einer weiteren Beratung der Vorlage im Plenum kam es jedoch infolge der am 13. Dezember 1906 erfolgten Auflösung des Reichstags nicht mehr. Am 29. April 1907 wurde der Entwurf nebst Begründung von neuem dem Reichstage vorgelegt. Dieser vierte Entwurf übernahm alle von der Reichstagskommission beschlossenen Änderungen des dritten Entwurfs, abgesehen von einer den jetzigen § 169 betreffenden Ausnahme. Die erste Lesung, die erst am 27. November 1907 erfolgte, endigte mit der Überweisung des Entwurfs an eine 21gliedrige Kommission. Auch sie hielt zwei Lesungen ab, nahm an dem Entwurf einige wenige Änderungen vor und erstattete über ihre Arbeiten unter dem 30. Januar 1908 einen schriftlichen Bericht (KB. II). Das Plenum des Reichstags nahm den Entwurf sodann in der ihm von der Kommission gegebenen Fassung in zweiter Lesung am 1. und 2. Mai 1908 unverändert an. Die dritte Lesung fand am 7. Mai 1908 statt; es erfolgte die en bloc-Annahme des ganzen Gesetzes. Unter dem 30. Mai 1908 ist das Gesetz im Reichs-Gesetzblatt S. 263 veröffentlicht worden.

Nach Art. 1 des zugehörigen Einführungsgesetzes tritt das Gesetz an einem durch Kaiserliche Verordnung mit Zustimmung des Bundesrats festzusetzenden Tage, spätestens am 1. Januar 1910, in Kraft. Eine derartige Kaiserliche Verordnung ist nicht ergangen.

2. Übersicht über den Inhalt des Gesetzes.

Das VVG. stellt sich als ein Sondergesetz des bürgerlichen Rechts dar, das einen an sich in das BGB. gehörigen Gegenstand zu regeln bestimmt ist. Nach der öffentlich-rechtlichen, in einzelnen Punkten auch nach der zivilrechtlichen Seite hin wird es ergänzt durch das VAG. Das VVG. regelt aber nicht das ganze Versicherungsvertragsrecht.

a) Ausgenommen ist die Seeversicherung (§ 186), d. h. die Versicherung von Schiffen und Gütern gegen die Gefahren der Seeschiffahrt. Für sie bleibt die sehr ausführliche Regelung im Buch 4 Abschnitt 10 HGB. in Kraft. Nur in einer Reihe von Einzelheiten sind durch das mit dem vorliegenden Gesetze verabschiedete Gesetz betr. „Änderung der Vorschriften des Handelsgesetzbuchs über die Seeversicherung“ die Bestimmungen des HGB., denen des VVG. angepaßt worden. Das Gesetz ist hier nicht mit abgedruckt, weil es für das Verständnis des VVG. kein besonderes Interesse bietet.

b) Ausgenommen ist die Rückversicherung (§ 186), das ist der Vertrag, durch den der Versicherer das übernommene Risiko ganz oder teilweise einem anderen Versicherer in Deckung gibt. Für die Rückversicherung verbleibt es bei den allgemeinen Vorschriften des HGB. und des BGB. Etwaiges Landesrecht ist beseitigt.

c) Daß die dem öffentlichen Recht angehörenden Verhältnisse, welche die Reichsversicherungsordnung regelt, ausgenommen sind, ist als selbstverständlich im Gesetze nicht besonders erwähnt worden. Es gilt dies auch, soweit die Zugehörigkeit zu einem der öffentlichen Versicherungsträger nicht auf gesetzlichem Zwange, sondern auf freier Entschließung beruht. Es sind aber ferner in das Gesetz nicht einbezogen die Versicherungsverträge mit den auf Grund der Gewerbeordnung von Innungen oder Innungsverbänden **errichteten Unterstützungskassen** und mit den auf Grund berggesetzlicher Vorschriften errichteten Knappschaftskassen; diesen Kassen sind gleichgestellt die Haftpflichtversicherungsanstalten, Rentenzuschuß- und Ruhegeldkassen, die gemäß §§ 843 ff. Reichsversicherungsordnung durch Berufsgenossenschaften eingerichtet werden (§§ 190, 191). Die bisherige Sonderstellung der eingeschriebenen Hilfskassen ist nunmehr beseitigt (Reichsgesetz vom 20. Dezember 1911, RGBl. S. 985).

d) Ausgenommen sind endlich die Versicherungsverhältnisse, die bei einer nach Landesrecht errichteten öffentlichen Anstalt unmittelbar kraft Gesetzes entstehen oder bei ihr infolge eines gesetzlichen Zwanges genommen werden (§ 192 Abs. 1). In diesen Fällen, welche vor allem in der Feuerversicherung vorkommen, liegt kein Versicherungsvertrag im Sinne des VVG. vor.

e) Auf dem für Bayern in Nr. IV des Schlußprotokolls zu dem Versailler Vertrage vom 23. November 1870 gemachten Vorbehalte beruht es, daß das VVG. in Bayern für das Immobiliarversicherungswesen erst mit erteilter Zustimmung der bayerischen Regierung in Kraft tritt. Bis dahin gilt in Bayern insoweit Landesrecht (Art. 2 EG.VVG.).

Die vorbezeichneten Versicherungsverhältnisse werden durch das VVG. überhaupt nicht betroffen. Für sie verbleibt es mit der in b erwähnten Ausnahme bei der bisherigen Regelung. Das schließt indessen ein Zurückgehen auf die im VVG. zum Ausdrucke gebrachten

Rechtsanschauungen des Gesetzgebers auch bei der Beurteilung dieser Verhältnisse nicht aus.

Das Gesetz sieht davon ab, für jeden einzelnen der verschiedenen Versicherungszweige eine besondere Regelung zu treffen. Es gibt vielmehr soweit wie möglich seine Bestimmungen für alle Versicherungen gemeinschaftlich. Indessen war dieses Ziel nur bis zu einem gewissen Grade erreichbar; für einzelne besonders wichtige Versicherungszweige sind neben den allgemeinen noch besondere Bestimmungen getroffen worden. Das Gesetz unterscheidet zwei große Gebiete innerhalb der Versicherung, das der Schadens- und das der Personenversicherung. Während es aber für die Schadensversicherung allgemeine Vorschriften aufstellt, enthält es solche für die Personenversicherung nicht.

Hieraus ergibt sich die folgende Einteilung. Das Gesetz zerfällt in fünf Abschnitte: 1. Vorschriften für sämtliche Versicherungszweige, 2. Schadensversicherung, 3. Lebensversicherung, 4. Unfallversicherung, 5. Schlußvorschriften (Abschnitt 3 und 4 hätten bei strenger Beobachtung der Einteilung unter der gemeinsamen Überschrift „Personenversicherung" zusammengefaßt werden müssen). Die Abschnitte sind in Titel eingeteilt. Im 1. Abschnitte sind unter Titel 1 (Allgemeine Vorschriften) nach dem einleitenden § 1 eine Reihe von untereinander nicht weiter zusammenhängenden Bestimmungen zusammengestellt, Titel 2 behandelt die Anzeigepflicht und die Gefahrerhöhung, Titel 3 die Prämie. Im Titel 4 sind einige Bestimmungen über Versicherungsagenten gegeben, die streng genommen deshalb nicht in das Gesetz gehören, weil dieses nur den Versicherungsvertrag regeln soll, nicht aber die Frage, in welcher Weise die Vertretung des Versicherers geordnet wird. Im 2. Abschnitte gibt der 1. Titel einen allgemeinen Teil für die Schadensversicherung; die Untereinteilung ist folgende: I. Inhalt des Vertrags (hier sind eine Reihe verschiedenartiger Gegenstände behandelt), II. Veräußerung der versicherten Sache, III. Versicherung für fremde Rechnung. Im 2. bis 6. Titel sind Sondervorschriften für einzelne Zweige der Schadensversicherung (Feuer-, Hagel-, Vieh-, Transport-, Haftpflichtversicherung) gegeben. Für die Personenversicherung ist, wie bereits erwähnt wurde, ein besonderer allgemeiner Teil nicht vorhanden, hier werden nur nacheinander die beiden wichtigsten Zweige, Lebens- und Unfallversicherung, behandelt. Der 5. Abschnitt (Schlußvorschriften) enthält hauptsächlich Ausnahmebestimmungen, durch welche die Tragweite des Gesetzes abgegrenzt wird.

Im Einführungsgesetz sind abgesehen von dem Vorbehalte für Bayern (oben unter e) Übergangsbestimmungen getroffen.

Zur Auslegung ist zu bemerken, daß die Einteilung des Gesetzes nicht in einem Sinne verstanden werden kann, der eine freie Anwendung seiner Vorschriften ausschließt. Manche Bestimmungen des 1. Abschnitts sind nicht auf alle Versicherungszweige anwendbar, so gilt beispielsweise § 15 nur für die Schadensversicherung, die Bestimmungen des 2. Titels des 1. Abschnitts sind für die Erlebensfallversicherung ohne Bedeutung. Anderseits müssen manche Vorschriften des 1. Titels des 2. Abschnitts auch auf Zweige der Personenversicherung (z. B. auf die Unfallversicherung) Anwendung finden; eine Reihe anderer Vorschriften bezieht sich nur auf die Versicherung von Sachen. Es finden sich auch in den Bestimmungen über die einzelnen Versicherungszweige solche, die auf gewisse andere Versicherungszweige entsprechend anwendbar sind, z. B. wird die Versicherung gegen Sturmschäden oder gegen die Folgen anderer elementarer Ereignisse in vielen Beziehungen nach den für die Feuerversicherung gegebenen Vorschriften zu beurteilen sein.

Die Bestimmungen des Gesetzes, das nach der Systematik des bürgerlichen Rechts nur einen Abschnitt aus dem besonderen Teile des Rechts der Schuldverhältnisse behandelt, sind grundsätzlich nicht zwingender Natur, sondern können durch die Abrede der Parteien, also vor allem durch die allgemeinen Versicherungsbedingungen abgeändert werden. Das gilt aber nicht, soweit die Bestimmungen des Gesetzes nicht dem Privatrechte, sondern dem öffentlichen Rechte (Zivilprozeß-, Konkursrecht) angehören oder Gegenstände des Privatrechts betreffen, welche ihrer Natur nach der Vereinbarung der Parteien entzogen sind (Rechte des gutgläubigen Dritten), oder soweit die gegenteilige Bestimmung wider die guten Sitten verstoßen würde (Vergütung eines höheren als des tatsächlich entstandenen Schadens), absolut zwingende Rechtssätze.

Hiervon abgesehen sind einige Bestimmungen des Gesetzes durch ausdrückliche Vorschrift insoweit für zwingend erklärt worden, als sie nicht zu ungunsten des Versicherungsnehmers abgeändert werden können. Der Gesetzgeber geht davon aus (Begr. S. 5), daß der Versicherungsnehmer im allgemeinen der schwächere Vertragsteil ist und ungerechten Härten der Versicherungsbedingungen häufig nicht aus eigener Kraft und Geschäftskenntnis entgegenzutreten vermag. Die zwingende Natur einer Bestimmung wird von dem Gesetze regelmäßig dahin ausgedrückt, daß der Versicherer sich nicht auf eine Vereinbarung berufen kann, durch welche von jener Bestimmung zum Nachteile des Versicherungsnehmers abgewichen wird, oder daß bestimmte Rechte des Versicherungsnehmers durch Vereinbarung nicht ausgeschlossen werden können. Vereinzelt (z. B. § 8) werden auch gewisse dem Versicherungsnehmer nachteilige Abreden für nichtig erklärt.

Soweit hiernach die Vertragsfreiheit durch das VVG. beschränkt wird, sind wieder gewisse Versicherungszweige und gewisse Versicherungsbetriebe von der Geltung der beschränkenden Bestimmungen ausgenommen und auf den Boden voller Vertragsfreiheit gestellt. Es sind dies diejenigen Versicherungszweige, in denen dem Versicherer geschäftsgewandte Kreise als Versicherungsnehmer gegenüberzustehen pflegen, und bei denen auch der Hauptsache nach eine Beaufsichtigung der Versicherungsunternehmungen gemäß § 116 VAG. nicht stattfindet, nämlich nach § 187 Abs. 1 die Transportversicherung von Gütern und die Versicherung gegen Kursverluste; hinzugetreten sind die Kreditversicherung und die Versicherung gegen Arbeitslosigkeit, bei denen jener gesetzgeberische Grund allerdings wegfällt. Ferner ist eine besondere Art der Schadensversicherung, die „laufende Versicherung", ebenfalls ausgenommen (§ 187 Abs. 2). Durch Kaiserliche Verordnung können nach § 188 diese Ausnahmen erweitert werden. Von der Geltung der zwingenden Vorschriften sind ferner die öffentlichen Versicherungsanstalten befreit (§ 192 Abs. 2), soweit auf sie das Gesetz überhaupt Anwendung findet; für sie gilt auch der Titel „Versicherungsagenten" nicht. Für die kleinere Lebensversicherung und für die Versicherungen kleinerer Gegenseitigkeitsvereine (§ 53 VAG.)

können durch § 189 in einigen Punkten Erleichterungen geschaffen werden.

Artikel 3 und 4 EG. verleiht einigen Vorschriften insofern rückwirkende Kraft, als sie auf ein zur Zeit des Inkrafttretens des Gesetzes bestehendes Versicherungsverhältnis Anwendung finden.

Über seinen örtlichen Geltungsbereich sagt das Gesetz nichts. Hier gelten die allgemeinen Grundsätze des internationalen Privatrechts (Art. 11 Abs. 1 Satz 2 EG.BGB.). In einem einzelnen Punkte ist durch § 59 Abs. 2 eine besondere Bestimmung getroffen.

3. Technik des Gesetzes.

Im allgemeinen schließt sich das VVG. in Sprachgebrauch und Ausdrucksweise an das BGB. und das HGB. an. Jedoch weist es einige mit den Eigentümlichkeiten des Versicherungsvertrags zusammenhängende Besonderheiten auf, deren wichtigste folgende sind.

Das aus dem Versicherungsvertrag entspringende, regelmäßig auf eine gewisse Dauer berechnete Rechtsverhältnis, kraft dessen die beiden Vertragsteile sich gegenseitig zu gewissen Leistungen verpflichtet sind, heißt Versicherung. Der die Versicherung gebende Teil heißt Versicherer, wobei es gleichgültig ist, ob er eine Einzelperson, eine offene Handelsgesellschaft, eine Aktiengesellschaft, ein Versicherungsverein auf Gegenseitigkeit oder eine Gesellschaft oder eine juristische Person anderer Art ist. Der die Versicherung nehmende Teil wird Versicherungsnehmer genannt. Er ist grundsätzlich zugleich Versicherter, d. h. ihm steht der Anspruch auf die Leistung des Versicherers aus eigenem Rechte und auf Grund eigenen Interesses zu. Nur bei der Versicherung für fremde Rechnung (§§ 74—80, 151

Abs. 1, 179 Abs. 2), wenn also z. B. der Dienstherr das Mobiliar der bei ihm angestellten Hausbediensteten gegen Brandschaden mitversichert, fallen Versicherungsnehmer (Dienstherr) und Versicherter (Hausbediensteter) auseinander und werden demgemäß auch vom Gesetz unterschieden. Im VAG. werden „Versicherter" und „Versicherungsnehmer" im wesentlichen gleichbedeutend verwendet. Bei der Personenversicherung kommen neben dem Versicherer und Versicherungsnehmer und Versicherten noch andere Personen in Frage, insofern der Versicherungsnehmer nicht mit derjenigen Person zusammenzufallen braucht, in welcher das als Versicherungsfall geltende Ereignis eintritt. Es schließt z. B. der Vater eine Versicherung auf das Leben seines Kindes; für diese Person fehlt es an einer technischen Bezeichnung. Die von dem Versicherungsnehmer häufig verschiedene Person, welcher aus eigenem Rechte der Anspruch auf die Leistung des Versicherers zusteht, z. B. die Ehefrau, zu deren Gunsten der Ehemann sein Leben versichert hat, heißt der Bezugsberechtigte (bezugsberechtigter Dritter).

Das Ereignis, durch dessen Eintritt der Versicherer zur Leistung verpflichtet wird, ist der Versicherungsfall. Die mehr oder minder große Wahrscheinlichkeit des Eintritts dieses Ereignisses ist die Gefahr. Anderseits versteht man unter Gefahr auch die Bedrohung des Versicherungsnehmers durch die Möglichkeit des Eintritts nicht voraussehbarer, seine Vermögenslage gefährdender Ereignisse; diese Möglichkeit wird durch den Vertrag auf den Versicherer abgewälzt, die Gefahr wird von ihm „übernommen". Die rechtlichen und tatsächlichen Beziehungen, kraft deren in der Schadensversicherung der Versicherungsnehmer beim Eintritte des Versicherungsfalls eine Verminderung seines Vermögens zu gewärtigen hat, werden als das Interesse bezeichnet; das Interesse ist Gegenstand der Versicherung, es ist „versichert". Soweit das Interesse sich an eine bestimmte Sache knüpft, bezeichnet das Gesetz auch die Sache selbst als „versichert" (z. B. § 69).

Welche Gefahren der Versicherer übernimmt, wird durch die Bezeichnung des Versicherungszweigs nur unvollkommen angedeutet. Soweit das Gesetz einzelne Versicherungszweige der Schadensversicherung besonders behandelt, bestimmt es deren Begriff genauer, indem es sagt, daß der Versicherer für den Schaden haftet, der durch ein bestimmtes Ereignis entsteht. Soll trotz Vorliegens dieser Voraussetzung der Versicherer ausnahmsweise für gewisse Ursachen des Ereignisses nicht einzustehen haben, so wird im Gesetze gesagt, daß er unter gewissen Voraussetzungen nicht hafte (z. B. § 84), oder daß die Versicherung einen bestimmten Schaden nicht umfasse (z. B. § 117). Soll der Versicherer mit Rücksicht auf ein vertragswidriges Verhalten des anderen Vertragsteils nicht haften, so wird in der Schadens- wie in der Personenversicherung gesagt, daß der Versicherer von der Verpflichtung zur Leistung frei sei.

Die in Geld bestehende Leistung des Versicherungsnehmers heißt Prämie. Die über den Vertragsschluß ausgestellte Urkunde, bisher gewöhnlich als Police bezeichnet, nennt das Gesetz Versicherungsschein. Die Dauer der Versicherung wird zeitlich in gewisse Abschnitte, Versicherungsperioden, eingeteilt.

Über Versicherungssumme und Versicherungswert vgl. Erläuterungen zu §§ 50 ff.

Reichsgesetz über den
Versicherungsvertrag.

Vom 30. Mai 1908 (RGBl. S. 263).

Wir Wilhelm, von Gottes Gnaden Deutscher Kaiser, König von Preußen zc.
verordnen im Namen des Reichs, nach erfolgter Zustimmung des Bundesrats und des Reichstags, was folgt:

Erster Abschnitt.
Vorschriften für sämtliche Versicherungszweige.

Erster Titel.
Allgemeine Vorschriften.

§ 1. Bei der Schadensversicherung ist der Versicherer verpflichtet, nach dem Eintritte des Versicherungsfalls dem Versicherungsnehmer den dadurch verursachten Vermögensschaden nach Maßgabe des Vertrags zu ersetzen. Bei der Lebensversicherung und der Unfallversicherung sowie bei anderen Arten der Personenversicherung ist der Versicherer verpflichtet, nach dem Eintritte des Versicherungsfalls den vereinbarten Betrag an Kapital oder Rente zu zahlen oder die sonst vereinbarte Leistung zu bewirken.

Der Versicherungsnehmer hat die vereinbarte Prämie zu entrichten. Als Prämien im Sinne dieses Gesetzes gelten auch die bei Versicherungsunternehmungen auf Gegenseitigkeit zu entrichtenden Beiträge.

1. I. Das VVG. sieht, ähnlich wie das BGB. in gleich gelagerten Fällen (§§ 433, 535, 611, 631 u. a.), von einer Begriffsbestimmung des Versicherungsvertrags ab und begnügt sich damit, in dem einleitenden Paragraphen die grundlegenden Rechte und Pflichten beider Vertragsteile festzustellen. Nach der Begr. S. 11 ff. ist eine gesetzliche Begriffsbestimmung nicht möglich, aber auch entbehrlich, da sich Zweifel darüber, ob ein Versicherungsvertrag vorliegt oder nicht, nur in verhältnismäßig seltenen und eigenartig gestalteten Fällen ergeben werden. Auch das VAG. setzt den Begriff des Versicherungsvertrags als bekannt voraus. Die bisherigen zahllosen Versuche einer einheitlichen Formulierung, die sich in früheren Gesetzen und Entwürfen sowie in der Literatur finden, passen entweder nicht auf die Personen-, vor allem die Lebensversicherung, oder sie sind so weit gefaßt, daß auch andere Rechtsgeschäfte (Wette, Bürgschaft, Garantievertrag) darunter fallen.

Für die Entscheidung zweifelhafter Fälle geben Begr. und KB. zu § 1 VAG. beachtenswerte Winke. Danach sind Nebenabreden auszuscheiden, die nur unselbständige Teile eines anderen Geschäfts bilden, wie die Übernahme des Delkredere durch einen Bankier, Kommissionär oder Agenten, die mit der Übernahme von Warentransporten verbundene Versicherung gegen Verlust, Beschädigung oder verspätete Ablieferung durch den Frachtführer selbst (RG. **28** 140), die vom Kürschner bei der Annahme zur Aufbewahrung übernommene Verpflichtung, die erhaltenen Kleidungsstücke unversehrt, vor allem frei von Mottenschäden, zurückzugeben, die für längere Zeit vom Uhrmacher übernommene Garantie für richtigen Gang der verkauften Uhr, die Ersatzverpflichtung des Glasfabrikanten für Bruchschäden an den gelieferten Gläsern (VA. **04** 19). Anders, wenn die übernommene Ersatzpflicht völlig selbständig neben dem Hauptvertrage steht, so bei der Verbindung eines Warendetailgeschäfts mit einer Lebensversicherung (VA. **07** 81), einer Reiseunfallversicherung als Prämie für Kunden gewerblicher Betriebe (VA. **09** 179), bei der Abonnentenversicherung (Versicherung, die die Abonnenten von Zeitungen oder Zeitschriften in ihrer Eigenschaft als Abonnenten genießen), die nach der herrschenden, aber zu beanstandenden Verwaltungspraxis unbeaufsichtigt wird, wenn der Zeitungsverleger die Versicherung auf eigenen Namen und auf eigene Gefahr gewährt, die beaufsichtigt wird, wenn der Verleger die Versicherung seiner Abonnenten bei einer der Aufsicht unterliegenden Versicherungsgesellschaft, an die der Verleger eine nach verschiedenen Grundsätzen bemessene Prämie zahlt, vermittelt. VA. **02** 15; **05** 68; s. a. die dem Reichstag vorgelegte Denkschrift vom 11. Januar 1913 (Drucksache Nr. 644).

Über weitere Abgrenzungen: ROHG. **23** 159 (Versicherung und Wettassekuranz); RG. **28** 313 (Leibrenten- und Versicherungsvertrag); OLGRspr. **5** 34 (eine eingetragene Genossenschaft übernimmt gegen Zahlung einer jährlichen Provision eine Bürgschaft für die Erfüllung der hypothekarischen Verpflichtungen ihrer Mitglieder, als Hypothekenversicherung aufgefaßt); ROHG. **5** 332 (Hypothekenversicherung und Bürgschaft); ROHG. **12** 66 (Versicherung und Garantievertrag); VA. **08** 84; **10** 104 (Sparkassen- und Lotteriegeschäfte); Abonnementsvertrag auf zahnärztliche Leistungen VA. **10** 125.

Die Versicherung von Sachen gegen den Eintritt von Schäden, die außerhalb des Rahmens der gewöhnlich vorkommenden liegen, ist zu unterscheiden von der Verpflichtung, gewöhnlich eintretende, nur ihrem Umfange nach nicht im voraus zu übersehende Schäden wieder auszubessern (die Maschinenversicherung ist echte Versicherung, die sogenannte Dachschädenversicherung ist Werkvertrag).

Die Versicherung darf nicht auf einen gesetzlich verbotenen oder unsittlichen Zweck hinzielen (Zolldefraudationsassekuranz, SeuffA. **1** Nr. 196, Versicherung gegen Ansprüche aus dem außerehelichen Beischlaf, Versicherung gegen Geldstrafen, die Fabrikanten wegen Überschreitung der Vorschriften der Gewerbeordnung zu bezahlen haben, Versicherung von Redakteuren gegen Geldstrafen, die ihnen auf Grund des Preßgesetzes auferlegt werden können). Eine nur für den Fall des Todes durch Selbstmord oder im

Zweikampfe genommene Versicherung wäre nichtig, anders, wenn diese Möglichkeiten bloß nebenher in die Lebensversicherung eingeschlossen werden.

Planmäßigkeit des Versicherungsbetriebs wird im Gegensatze zum VAG. nicht zur Begriffsbestimmung des Versicherungsvertrags gehören, obwohl ein vereinzelter Betrieb, abgesehen von der Seeversicherung, höchst selten zu sein pflegt.

II. Soweit Versicherungsverträge überhaupt unter das Gesetz fallen, gilt für sie die grundlegende Einteilung in Schadens- und Personenversicherung.

2. a) Die Schadensversicherung geht auf Ersatz eines durch ein bestimmtes Ereignis (Versicherungsfall) herbeigeführten Vermögensschadens. Durch seine Höhe ist im Gegensatze zur Personenversicherung die Haftung des Versicherers begrenzt. Das Ereignis braucht kein zufälliges zu sein, es kann auch vom Versicherungsnehmer selbst fahrlässigerweise herbeigeführt sein. Ob eine Versicherung gegen die Folgen vorsätzlich herbeigeführter Ereignisse (Haftpflicht-, Kreditversicherung, VA. 08 96) zulässig ist, ist zweifelhaft. Der Eintritt des Ereignisses muß stets ungewiß sein (Ausnahme in § 2). Die Schadensversicherung kann eingeteilt werden in Sachversicherung, für welche eine Anzahl besonderer Bestimmungen gelten, und Versicherung unkörperlicher Güter (Hypotheken-, Kredit-, Haftpflichtversicherung), ferner in die Versicherung gegen die Folgen natürlicher Ereignisse (Feuer, Hagel, Viehseuchen, Wasserleitungsschäden, Sturm) und gegen Beschädigung durch menschliche Handlungen (Einbruchdiebstahl, Streik, Zahlungseinstellung, Auslosung von Wertpapieren). Neben diesen Einteilungen steht wieder selbständig die Begrenzung eines Versicherungszweigs auf die Schäden, die bei Gelegenheit eines bestimmten Ausnahmezustandes eintreten können (Transportversicherung, welche häufig teils Sachversicherung, Versicherung von Schiff und Gütern, teils Versicherung unkörperlicher Güter, Versicherung von Fracht, Überfahrts-, Bodmerei-, Havariegeldern ist). Alle diese Einteilungen durchkreuzen sich gegenseitig und ergeben somit eine Fülle von Kombinationen. Die gesetzliche

Abgrenzung verschiedener Versicherungszweige beruht wesentlich auf geschichtlicher Entwickelung.

3. b) In der Personenversicherung gewährt der Versicherer bei Eintritt eines ungewissen, eine Person betreffenden Ereignisses (Versicherungsfall) eine bestimmte aus dem Vertrage sich ergebende Leistung. Diese ist unabhängig von dem Eintritte eines Schadens. Das Ereignis muß in der Person des Versicherungsnehmers oder eines anderen oder mehrerer Personen eintreten. Es kann das Leben, den Personenstand, wie Geburt, Konfirmation, Verheiratung, Ehescheidung oder ein persönliches Gut betreffen; hinsichtlich des letzteren kommen vornehmlich in Betracht die Versicherung der Gesundheit (Kranken-, Unfallversicherung), der Erwerbsfähigkeit (Invaliditäts-, Geschworenen-, Militärdienst-, Arbeitslosenversicherung). Ist die Leistung des Versicherers in der Art von dem Leben einer Person abhängig gemacht, daß die seitens des Versicherers zu tragende Gefahr aus der Ungewißheit der Dauer dieses Lebens entspringt, so liegt Lebensversicherung im Sinne des VVG. vor (Begr. S. 155). Die Leistung des Versicherers kann insofern unbestimmt sein, als bei einer Reihe von Personenversicherungen die Leistung des Versicherers nur gewährt wird, solange der Bedarfsfall (Krankheit, ganze oder teilweise Erwerbsunfähigkeit, Stellenlosigkeit VA. 08 97) gegeben ist. Die zuletzt gedachten Versicherungen nähern sich in vielen Beziehungen der Schadensversicherung; sie können auch als reine Schadensversicherung betrieben werden (so z. B. die Krankenversicherung, Begr. S. 13). Schadens- und Personenversicherung liegen mitunter dicht nebeneinander; die Streikversicherung der Arbeitgeber ist Schadensversicherung, die der Arbeitnehmer meistens Personenversicherung. Militärdienst- und Aussteuerversicherung werden jetzt gewöhnlich als Lebensversicherung betrieben.

4. Über Versicherer, Versicherungsnehmer, Versicherter, Versicherungsfall vgl. die Einleitung S. 19 f. Versicherungsverträge mit Minderjährigen bedürfen im Umfange des § 1822 Nr. 5 (§ 1643) BGB. der Genehmigung des Vormundschaftsgerichts.

5. Bei der Schadensversicherung haftet der Versicherer, von Ausnahmen abgesehen (z. B. §§ 63 Abs. 1 Satz 2, 145, 150 Abs. 2) stets nur bis zur Höhe der Versicherungssumme (§ 50), d. h. derjenigen Summe, welche den Höchstbetrag der Leistung des Versicherers bezeichnet. Die Worte „nach Maßgabe des Vertrags" sollen klarstellen, daß die Leistung des Versicherers geringer sein kann, als der entstandene Schaden. So vor allem, wenn der Versicherungsnehmer die Versicherungssumme niedriger bemessen hat als den Versicherungswert (§ 51), d. h. als den Wert des versicherten Interesses (Unterversicherung § 56), oder wenn zwischen den Parteien vereinbart worden ist, daß der Versicherungsnehmer einen bestimmten Teil des Schadens unter allen Umständen selbst zu tragen hat (teilweise Selbstversicherung, vor allem häufig in der Transport-, Haftpflicht- und Viehversicherung). Weiterhin folgt aus jenen Worten, daß die Ersatzpflicht des Versicherers auch nur auf die vertragsmäßige Art des Schadensersatzes, regelmäßig also nicht auf Wiederherstellung, sondern auf Geld geht (§ 49).

6. Bei der Personenversicherung kann mit dem Versicherungsnehmer eine von dem Eintritt eines Schadens unabhängige oder über den Schadensbetrag hinausgehende Leistung vereinbart werden. Als vereinbart wird auch der Betrag zu gelten haben, der sich wie bei der Tontinenversicherung aus der Ansammlung der Prämien, Zinsen und Zinseszinsen ergibt.

7. Die Leistung des Versicherers besteht in der Personenversicherung ebenso wie in der Schadensversicherung (z. B. Glasversicherung) nicht immer in Geld, sondern auch, entweder ausschließlich oder in Verbindung mit Geldleistungen, in der Gewährung freier ärztlicher Behandlung, unentgeltlicher Lieferung von Arznei, kostenloser Verpflegung in einem Krankenhaus, Altersheim u. dgl., unentgeltlicher Besorgung des Begräbnisses, Arbeitsnachweis. Aus diesem Grunde hat das Gesetz den in der Literatur vielfach verwendeten Ausdruck „Summenversicherung" durch „Personenversicherung" ersetzt. Begr. S. 13; OVG. 20 347. Sind die Voraussetzungen für die Hinterlegung der Versicherungssumme

gegeben (§§ 372 ff. BGB.), so kann Versicherer hinterlegen. VA. 12* 53.

8. Über Prämie im Sinne dieses Gesetzes: §§ 2, 35—43, 51, 59, 60, 68—70, 91, 95, 96, 100, 101, 103, 105, 113, 119, 128, 158, 162, 165, 174—178, 189, ferner auch EG. Art. 4 Ziff. 4. Nach § 267 BGB. kann der Versicherer die ihm von einem Dritten angebotene Leistung ablehnen, wenn der Versicherungsnehmer widerspricht; bezüglich der Gebäudeversicherung § 105.

9. Der Begriff der Versicherungsunternehmung auf Gegenseitigkeit ist aus §§ 6, 15, 20, 21, 24, 53 VAG. zu entnehmen. Der Beitrag ist hier nicht wie da, wo dem Versicherungsnehmer ein ihm fremdes Rechtssubjekt als Versicherer gegenübersteht, Bezahlung der Leistung des Versicherers, sondern Mitgliedsbeitrag zur Erreichung des gemeinsamen gesellschaftlichen Zwecks. Die Beiträge sind deshalb grundsätzlich nicht fest begrenzt, sondern bemessen sich nach dem Bedarfe des Gegenseitigkeitsvereins. Sie werden entweder in Form der Umlage oder im voraus nach Art der festen Prämie, jedoch unter Vorbehalt der Forderung eines Nachschusses erhoben. § 24 VAG. läßt aber die Begrenzung der Nachschußpflicht und selbst ihre völlige Beseitigung zu.

Der Begriff „Versicherungsunternehmung auf Gegenseitigkeit" umfaßt außer den Versicherungsvereinen auf Gegenseitigkeit des VAG. (§§ 15, 53) auch die noch bestehenden nicht rechtsfähigen Gegenseitigkeitsvereine, die Genossenschaften des sächsischen Gesetzes vom 15. Juni 1868, soweit sie Gegenseitigkeitsversicherung betreiben, die nicht unter das VAG. fallenden, weil einen „Geschäftsbetrieb" nicht führenden Gelegenheitsgesellschaften und sonstigen Vereinigungen zu gegenseitiger Versicherung, endlich einen Teil der öffentlichen Versicherungsanstalten, namentlich der Sozietäten.

10. Beiträge im Sinne des § 1 sind nicht Policegebühren, Stempelkosten, Vertragsstrafen und sonstige Leistungen (Begr. S. 14). Im einzelnen wird dies vielfach zweifelhaft sein, vor allem bezüglich der Eintrittsgelder, die nur dann als Beiträge aufzufassen sind, wenn sie die zur Erreichung des Versicherungs-

zwecks erforderlichen Mittel mit zu liefern bestimmt sind und nicht den Charakter von Nebengebühren tragen, welche nur die unmittelbare Erstattung kleinerer durch den Eintritt entstehender Kosten bezwecken. VA. 08 9. Über den Begriff der Prämie Vorbemerkungen zum dritten Titel.

§ 2. Die Versicherung kann in der Weise genommen werden, daß sie in einem vor der Schließung des Vertrags liegenden Zeitpunkte beginnt.

Weiß in diesem Falle der Versicherer bei der Schließung des Vertrags, daß die Möglichkeit des Eintritts des Versicherungsfalls schon ausgeschlossen ist, so steht ihm ein Anspruch auf die Prämie nicht zu. Weiß der Versicherungsnehmer bei der Schließung des Vertrags, daß der Versicherungsfall schon eingetreten ist, so ist der Versicherer von der Verpflichtung zur Leistung frei; dem Versicherer gebührt, sofern er nicht bei der Schließung von dem Eintritte des Versicherungsfalls Kenntnis hatte, die Prämie bis zum Schlusse der Versicherungsperiode, in welcher er diese Kenntnis erlangt.

Wird der Vertrag durch einen Bevollmächtigten oder einen Vertreter ohne Vertretungsmacht geschlossen, so kommt in den Fällen des Abs. 2 nicht nur die Kenntnis des Vertreters, sondern auch die des Vertretenen in Betracht.

1. Die Versicherung wird regelmäßig für die Zukunft genommen, indem nur Ereignisse, die nach Abschluß des Vertrags eintreten, als Versicherungsfälle gelten sollen. Das entspricht dem Erfordernisse der Ungewißheit des Versicherungsfalls, da die in der Vergangenheit liegenden Begebenheiten nicht mehr ungewiß sind.

2. Aus praktischen Gründen wird von diesem Grundsatz ab-

gewichen. Die Versicherung kann auch in der Art abgeschlossen werden, daß der Versicherer haftet, wenn der Versicherungsfall vor Abschluß des Vertrags bereits eingetreten ist. Da gewöhnlich zwischen der Stellung des Versicherungsantrags und dessen endgültiger Annahme durch den Versicherer ein gewisser Zeitraum vergeht, so läuft nach einzelnen Versicherungsbedingungen die Versicherung, falls der Versicherer den Versicherungsantrag annimmt, nicht erst von der Annahme, sondern schon von der Einreichung des Antrags an. Der Regel nach sehen jedoch die Versicherungsbedingungen etwas derartiges nicht vor. Ereignet sich der Versicherungsfall zwischen Antragsstellung und Antragsannahme, so haftet der Versicherer nicht, auch wenn er in Unkenntnis des Ereignisses, z. B. des Todes des Antragstellers, des Brandes, inzwischen die Annahmeerklärung abgesandt hat. OLG. Rspr. **6** 251. Nicht hierher gehört der Fall, wenn der Versicherer alsbald nach dem Empfange des Versicherungsantrags eine endgültige Annahmeerklärung mit der Maßgabe abgibt, daß die Festsetzung gewisser nach bereits feststehenden Grundsätzen zu treffender Einzelbestimmungen (RG. **19** 216), z. B. die genaue Ermittelung der nach den Tarifen des Versicherers sich richtenden angemessenen Prämie, vorbehalten bleibt. Hier ist mit der Annahmeerklärung der Vertrag abgeschlossen.

Die Hauptfälle, in denen die Versicherung auch gegen eine Gefahr genommen wird, die in der Vergangenheit liegt, kommen auf dem Gebiete der Transportversicherung, wenn z. B. eine schon unterwegs befindliche Ware für den gesamten Transport versichert wird (§§ 129 ff.), sowie auf dem Gebiete der Haftpflichtversicherung (§§ 149 ff.) vor. Diese wird beispielsweise vielfach in der Weise abgeschlossen, daß sie Ereignisse umfaßt, die der Vergangenheit angehören, aber erst nach der Eingehung des Vertrags ermittelt und zur Grundlage eines Anspruchs gegen den Versicherungsnehmer gemacht werden. An die Stelle der objektiven Ungewißheit tritt hier die subjektive; beide Teile sind im Zweifel darüber, ob etwa in der bereits zurückliegenden Zeit der Versicherungsfall schon eingetreten ist. (OLGRspr. **7** 159 Kreditversicherung der Schuldner des Versicherungsnehmers hatte seine Zahlungen bereits eingestellt.)

3. Wissen beide Teile, daß der Versicherungsfall schon eingetreten ist oder eintreten muß oder nicht eintreten kann, so liegt kein Versicherungsvertrag vor, vielleicht ein anderes Rechtsgeschäft (Schenkung) Begr. S. 16; SeuffA. 40 Nr. 227; § 140 BGB. Ebenso, wenn nur der Versicherer weiß, daß der Versicherungsfall eingetreten ist oder eintreten muß, oder wenn nur der Versicherungsnehmer weiß, daß der Versicherungsfall nicht eintreten kann. In diesen Fällen wird unter Umständen die Anwendung der §§ 306 ff. BGB. (Unmöglichkeit der Leistung) in Frage kommen.

4. Der § 2 behandelt nur die Fälle besonders, in denen bei Rückbeziehung des Vertrags ein Teil weiß, daß die für ihn ungünstige Möglichkeit bereits ausgeschlossen ist. Das Gesetz erklärt den Vertrag nicht für nichtig, sondern versagt nur dem Teile, für den die Ungewißheit nicht bestand, den Anspruch auf die Gegenleistung; er selbst ist zur Leistung verpflichtet. Regelmäßig wird ein Fall arglistiger Täuschung vorliegen; dann hat der getäuschte Teil das Anfechtungsrecht nach § 123 BGB.; auch Schadensersatz nach § 276 BGB. kann verlangt werden. Ist der Versicherungsfall teilweise eingetreten oder teilweise unmöglich geworden, so findet § 2 Abs. 2 auch nur teilweise Anwendung. Eine besondere Anfechtung wegen Irrtums findet neben § 2 nicht statt, insoweit der Irrtum die hier bezeichneten Tatsachen betrifft, daß nämlich der Versicherungsfall nicht mehr eintreten kann oder bereits eingetreten ist.

5. Wissen müssen steht dem Wissen nicht gleich. Anders § 307 Abs. 1 BGB.

6. Die Möglichkeit des Eintritts des Versicherungsfalls ist ausgeschlossen, wenn z. B. das Schiff, auf dem sich das versicherte Gut befindet, bereits in den Hafen eingelaufen ist. Umgekehrt im Satz 2 des Abs. 2: das Schiff ist bereits gesunken.

7. Der Versicherer muß beweisen, daß der Versicherungsfall vor Abschluß des Vertrags eingetreten war, und daß der Versicherungsnehmer es wußte, der Versicherungsnehmer hingegen muß,

um von der Prämienzahlung frei zu werden oder um die gezahlte Prämie zurückzuerhalten, nachweisen, daß der Versicherer bei der Schließung des Vertrags von dem Eintritte des Versicherungsfalls Kenntnis hatte.

8. Die Vorschriften des Abs. 2 können vertraglich nicht außer Kraft gesetzt werden (§ 138 BGB.). Sie haben keine rückwirkende Kraft.

9. Nach § 166 BGB. würde regelmäßig die Kenntnis des Vertreters allein entscheiden. Um betrügerischen Manipulationen vorzubeugen, ist auch die Kenntnis des Vertretenen für maßgebend erklärt worden (Begr. S. 16). Abs. 3 gilt sowohl für den Versicherungsnehmer wie für den Versicherer. Auf den gesetzlichen Vertreter einer geschäftsunfähigen oder in der Geschäftsfähigkeit beschränkten Person (Begr. S. 16) und auf den Konkursverwalter bezieht sich Abs. 3 nicht. Vgl. § 79 Abs. 2, 3.

§ 3. Der Versicherer ist verpflichtet, eine von ihm unterzeichnete Urkunde über den Versicherungsvertrag (Versicherungsschein) dem Versicherungsnehmer auszuhändigen.

Ist ein Versicherungsschein abhanden gekommen oder vernichtet, so kann der Versicherungsnehmer von dem Versicherer die Ausstellung einer Ersatzurkunde verlangen. Unterliegt der Versicherungsschein der Kraftloserklärung, so ist der Versicherer erst nach der Kraftloserklärung zur Ausstellung verpflichtet.

Der Versicherungsnehmer kann jederzeit Abschriften der Erklärungen fordern, die er mit bezug auf den Vertrag abgegeben hat. Der Versicherer hat ihn bei der Aushändigung des Versicherungsscheins auf dieses Recht aufmerksam zu machen.

Die Kosten der Ersatzurkunde sowie der Abschriften hat der Versicherungsnehmer zu tragen und auf Verlangen vorzuschießen.

1. I. a) Eine Formvorschrift ist für den Abschluß des Versicherungsvertrags nicht gegeben, insbesondere bedarf es nicht (wie nach ALR.) der Schriftform. Antrag und Annahme können mündlich erklärt werden. Praktisch ist das Gegenteil die Regel. Der Versicherungsantrag geht fast ausnahmslos vom Versicherungsnehmer aus, wenngleich der Versicherer vielfach die Anregung dazu gegeben hat. Der Antrag wird gewöhnlich auf einem vom Versicherer im voraus bestimmten Formulare gestellt, das außer dem eigentlichen Vertragsantrag auch die Fragen nach den Gefahrstatsachen und die Antworten des Versicherungsnehmers (die sog. Deklaration) enthält. Die Gebundenheit des Antragstellers dauert nach § 147 Abs. 2 BGB. so lange, bis er den Eingang der Antwort des Versicherers unter regelmäßigen Umständen erwarten darf. Diese Umstände erfordern nach der Eigenart des Versicherungsgewerbes meistens einen gewissen Zeitraum. Deshalb pflegt zur Vermeidung von Zweifeln der Versicherer sich häufig auszubedingen, daß der Antragsteller einen festbestimmten Zeitraum hindurch an seinen Antrag gebunden bleibt. Solche Bestimmungen sind gültig. VA. **10** 90, 92. In der Feuerversicherung darf die Bindefrist nicht mehr als zwei Wochen betragen (§ 81). Wird die Erledigung des Versicherungsantrags ordnungswidrig verzögert, so kann hieraus eine Schadensersatzpflicht des Versicherers oder seiner Organe folgen. VA. **03** 132; SeuffA. **42** Nr. 247.

2. b) Ob der Vertrag auf Grund behördlich genehmigter oder nicht genehmigter Versicherungsbedingungen abgeschlossen wird, ist zivilrechtlich ohne Bedeutung. Nur ausnahmsweise (so in den §§ 40, 89, 174, 176, 178) hat die Genehmigung auch materiellrechtliche Wirksamkeit.

3. c) Der Versicherungsvertrag kommt nach allgemeinen Rechtsgrundsätzen (§ 151 BGB.) zustande durch die mündliche oder schriftliche Erklärung des Versicherers, daß er den Versicherungsantrag annehme; einzelne Bestimmungen, die nach festen Grundsätzen ermittelt werden, können vorbehalten bleiben. RG. **19** 226. Mündlich erfolgt der Abschluß vielfach im kaufmännischen Verkehre, im Börsenverkehr oder nach Börsenusance (§ 10 Abs. 2 VAG.) VA.

02 190; **03** 114. Eigenartig ist der Fall des Abschlusses durch Automaten, z. B. bei der Reiseunfallversicherung, bei welcher der Vertrag dadurch zustande kommt, daß der Reisende einem auf einem Bahnhof aufgestellten Automaten eine Karte entnimmt; hier ist es der Versicherungsnehmer, der den Antrag des Versicherers annimmt. Begr. S. 18; JW. **05** 76. Die Übergabe des Versicherungsscheins ist, auch wenn die Ausstellung vereinbart ist, nicht notwendig zum Zustandekommen des Vertrags (§ 125 BGB.). Es ist aber zulässig und üblich, zu vereinbaren, daß der Vertrag durch die Aushändigung des Versicherungsscheins (Anm. 4) zustande kommen, oder daß die Verpflichtung des Versicherers erst mit der Einlösung, d. h. mit der Zahlung der ersten Prämie und sonstigen Gebühren beginnen soll. Bei Zweifeln über die Bedeutung einer solchen Vereinbarung ist die letztere Auslegung vorzuziehen; sie entspricht der gesetzlichen Regel (§ 38) wie auch den berechtigten Interessen des Versicherers. ROHG. **5** 115; **9** 38 Nr. 3; **15** 40; VA. **09** 161.

4. II. Der Versicherer ist zur Ausstellung einer Urkunde über den Versicherungsvertrag verpflichtet und trägt auch ihre Kosten (Aufnahmekosten), sofern nicht andere Vereinbarungen (Anm. 17) getroffen sind. Diese Urkunde, welche bisher als Police bezeichnet wurde (so auch HGB. und VAG.), nennt das Gesetz Versicherungsschein. Dadurch wird der Versicherungsvertrag aber nicht zu einem schriftlichen Vertrage, denn abgesehen davon, daß auf Ausstellung eines Versicherungsscheines verzichtet werden kann (§ 35; Begr. S. 17), entspricht der Versicherungsschein auch nicht den Erfordernissen des § 126 Abs. 2 BGB.

5. 1. Die rechtliche Natur des Versicherungsscheins kann verschieden sein, und demgemäß sind auch im Falle eines Verlustes des Scheines die Voraussetzungen für die Ausstellung einer Ersatzurkunde verschiedene.

6. a) Gewöhnlich ist der Versicherungsschein reine Beweisurkunde (§ 416 ZPO.). An seinen Besitz sind rechtliche Folgen nicht geknüpft. Eine gewisse Ausnahme hiervon bildet § 35, ferner für die Versicherung auf fremde Rechnung §§ 75 Abs. 2, 76 Abs. 2. Ohne das Vorhandensein einer besonderen Vereinbarung ist die Leistung des Versicherers nach dem Eintritte des Versicherungsfalls unabhängig von der Rückgabe des Versicherungsscheins. Ist das Gegenteil ausbedungen, was vor allem häufig in der Lebensversicherung geschieht, so gilt gegebenenfalls § 4 Abs. 2. Beweist der Versicherungsnehmer, daß der ursprüngliche Schein abhanden gekommen oder nicht mehr vorhanden ist, so gibt ihm Abs. 2 Satz 1 das Recht, die Ausstellung einer Ersatzurkunde — deren Kosten in den Allg.Vers.Beding. genau anzugeben sind, wenn sie dem Versicherungsnehmer zur Last gelegt werden sollen, VA. **10** 85 — vom Versicherer zu verlangen. Diese Vorschrift ist jedoch nicht zwingend. Der Versicherer kann sich ausbedingen, daß er die Ersatzurkunde auszustellen erst verpflichtet ist, wenn der Verlust in bestimmter Form z. B. durch erfolglosen Aufruf in öffentlichen Blättern nachgewiesen wird. Daß dagegen der Versicherungsschein zuvor im Wege des Aufgebotsverfahrens für kraftlos erklärt wird, kann der Versicherer nur da vereinbaren, wo das Gesetz die Kraftloserklärung zuläßt (Anm. 7, 8).

7. b) Der Versicherungsschein kann auf den Inhaber ausgestellt werden (§ 4 Abs. 1); das geschieht vor allem häufig in der Lebensversicherung. Der Schein ist aber gemäß § 4 Abs. 1 auch dann, wie dies die Rechtsprechung von jeher angenommen hat (ROHG. **9** 242; RG. **22** 218; Bolze **5** Nr. 471; OLGRspr. **8** 87), kein reines Inhaberpapier, sondern nur ein Legitimationspapier im Sinne des § 808 BGB. (VA. **08*** 14), dessen Eigentumsverhältnisse sich nach § 952 BGB. regeln. Der Schuldner (Versicherer) ist also zwar berechtigt, aber nicht verpflichtet, an jeden Inhaber der Urkunde zu leisten. Eine Leistung an den Inhaber ohne weitere Prüfung seiner Legitimation befreit den Schuldner. Ob aber der Versicherer den Inhaber auch zu irgend einer Verfügung über den Anspruch, wie zu einer Änderung der Zahlungsbedingungen, der Begünstigungsklausel, zu einem Rückkaufsantrag, als befugt ansehen darf, ist überaus zweifelhaft (VA. **09** 105) und eher zu verneinen als zu bejahen. Nach dem Eintritte des Ver-

sicherungsfalls ist der Versicherer nur gegen Rückgabe des Scheins zur Leistung verpflichtet. Ist dieser verloren gegangen, so kann der Versicherer seine Kraftloserklärung fordern. Ebenso kann er dies, wenn vor dem Eintritte des Versicherungsfalls der Versicherungsnehmer wegen Verlustes des ursprünglichen Versicherungsscheins die Ausstellung einer Ersatzurkunde wünscht. Natürlich kann von vornherein in den Versicherungsbedingungen der Ausschluß der gerichtlichen Kraftloserklärung vereinbart und an ihrer Stelle ein einfacheres Verfahren vorgesehen, insbesondere bestimmt werden, daß im Falle des Verlustes der Urkunde die Ausstellung einer Ersatzurkunde oder die Auszahlung der Versicherungssumme erfolgt, wenn nach einer von dem Versicherer erlassenen öffentlichen Bekanntmachung dritte Personen Rechte nicht geltend gemacht haben (Begr. S. 20). Weiterhin kann der Versicherer auch ohne eine solche Bestimmung im Einzelfall auf die Kraftloserklärung verzichten und ohne weiteres die Ersatzurkunde ausstellen oder die Versicherungssumme auszahlen; er tut dies aber auf seine Gefahr, soweit an der ursprünglichen Urkunde dritte Personen Rechte erworben haben, es sei denn, daß schon aus dem Inhalte dieser Urkunde die Befugnis des Versicherers, auf die Kraftloserklärung zu verzichten, hervorgeht.

8. c) Bei der Transportversicherung kann der Versicherungsschein an Order gestellt werden; auch das Blankoindossament ist zulässig. Der Versicherungsschein wird damit zum Wertpapier, bezüglich dessen die Vorschriften der §§ 363—365 HGB. gelten.

9. Die Ausstellung eines Versicherungsscheins als eigentliche Inhaberurkunde, die dem Inhaber als solchem das Recht gibt, die Zahlung zu verlangen (§ 793 BGB.), ist mithin nicht zulässig. Dagegen schließt das Gesetz nicht aus, daß der Versicherer sich in der Urkunde dem legitimierten Inhaber gegenüber Beschränkungen hinsichtlich der Geltendmachung der gegen den Versicherungsnehmer begründeten Einreden unterwirft, was namentlich auf dem Gebiete der Transportversicherung praktisch wird (Begr. S. 19).

10. 2. Der Versicherungsschein ist eine Urkunde über den Versicherungsvertrag. Er muß mithin als den wesentlichen Inhalt des Vertrags enthalten: die Bezeichnung der vertragschließenden Personen, des versicherten Gegenstandes, der Gefahr, gegen welche, und des Zeitraums, auf welchen versichert wird, die Höhe der Prämie, der Versicherungssumme; ferner muß er die allgemeinen Versicherungsbedingungen enthalten (VA. **10** 84; **11** 211; **12** 2; **13** 3, 11), obwohl vor Abschluß des Vertrags dem Versicherungsnehmer gegen eine mit Datum und Unterschrift zu versehende Empfangsbescheinigung ein Exemplar der Allgem. Versicherungsbedingungen auszuhändigen ist (VAG. § 10; VA. **02** 16, 190; **03** 32, 114); an die Unterlassung der Aushändigung sind zivilrechtliche Wirkungen nicht geknüpft (VA. **05*** 87). Bei manchen Versicherungsarten, so bei der Haftpflichtvorsorgeversicherung, wird auch die Beifügung von Antragsabschriften verlangt. VA. **07** 87; **08** 34, 86. Der Versicherungsschein muß von dem Versicherer eigenhändig unterzeichnet werden. Eine mechanische Vervielfältigung seiner Unterschrift ist nur dann zulässig, wenn in den Bedingungen die Möglichkeit hierzu vorgesehen ist.

11. Bei der Einbruchdiebstahlversicherung und der Versicherung gegen Wasserleitungsschäden, sofern Haushaltsversicherungen in Betracht kommen, nicht bei der Feuerversicherung, sind Couponpolicen gestattet, die über bestimmte, in den Text der Police eingedruckte Versicherungssummen lauten; auch die Prämie ist im voraus festgelegt. VA. **10** 117.

12. Wird kein Schein ausgefertigt, wie es bei der Schlachtviehversicherung vorkommt, so muß auf andere Weise eine Irreführung des Versicherten ausgeschlossen werden. VA. **07** 10.

13. 3. Bei Verlängerung des ursprünglichen Vertrags gilt für den Verlängerungsschein, falls ein solcher ausgestellt wird, das gleiche wie für den Versicherungsschein; natürlich kann in jenem auf den Inhalt dieses, sofern er sich noch im Besitze des Versicherungsnehmers befindet, Bezug genommen werden.

14. 4. Welche Versicherungsscheine der Kraftloserklärung unterliegen, ergeben §§ 363 Abs. 2, 365 Abs. 2 HGB.; § 808 Abs. 2 BGB.

15. III. Bei den Erklärungen, die mit bezug auf den Vertrag abgegeben sind, handelt es sich besonders um die Anzeigen, die der Versicherungsnehmer beim Vertragsabschluß oder später über die Gefahrumstände erstattet hat. (Begr. S. 18). Auch der Antrag, die Anzeige des Versicherungsfalles, die detaillierte Schadensberechnung, die Erklärung des Versicherungsnehmers, durch welche er in der Personenversicherung einer anderen Person das Recht auf die Erhebung der Versicherungssumme einräumt, der Schuldschein bei Policedarlehn usw. gehören hierher. Nicht dagegen ein ärztlicher Bericht, den sich der Versicherer erstatten läßt (Begr. S. 18), wohl aber ein ärztliches oder sonstiges Zeugnis, das der Versicherungsnehmer selbst beigebracht hat. Der Versicherungsnehmer hat gegebenenfalls gegen Erstattung der Kosten das Recht, auch mehrere Abschriften der einzelnen Erklärung zu verlangen; unter Umständen kann diesem Verlangen § 226 BGB. (Schikane) entgegenstehen. Weitergehende Ansprüche des Versicherungsnehmers (Beglaubigung der Abschrift u. a. m.) richten sich nach den Grundsätzen des BGB.

16. Da das Aufmerksammachen bei der Aushändigung des Scheins zu erfolgen hat, genügt es nicht, wenn auf das dem Versicherungsnehmer hier eingeräumte Recht in den Bedingungen hingewiesen wird. VA. **10** 31. Ein besonderer Hinweis ist notwendig. Dieser kann z. B. auf dem Versicherungsschein oder auf dem Umschlage, welcher für diesen verwendet wird, oder auch auf einem besonderen dem Scheine oder dem Umschlage beigegebenen Zettel enthalten sein.

17. IV. Zu Abs. 4 vgl. §§ 369, 403 BGB. Im übrigen ist über die Kosten des Vertragsschlusses nichts bestimmt, mithin trägt jeder Teil die ihm erwachsenden Kosten, die der Ausstellung des Versicherungsscheins also an sich der Versicherer (KB. I S. 6). Im Vertrage können und werden jedoch gewöhnlich besondere Bestimmungen hierüber getroffen werden. Wird die Erstattung von Kosten verlangt, so sind sie in den Versicherungsbed. ausdrücklich anzugeben und müssen in einem angemessenen Verhältnisse zu der dem Versicherer erwachsenden Arbeit stehen. VA. **10** 85. An den Ersatzurkunden und den Abschriften hat der Versicherer bis zur Zahlung der Kosten ein Zurückbehaltungsrecht.

18. V. Absatz 2 Satz 1 und Absatz 3 sind zwingend; Absatz 2 Satz 2 ist abänderbar. Absatz 2—4 haben rückwirkende Kraft (Artikel 4 Nr. 1 EG.).

§ 4. **Wird ein Versicherungsschein auf den Inhaber ausgestellt, so treten die im § 808 des Bürgerlichen Gesetzbuchs bestimmten Wirkungen ein.**

Ist im Vertrage bestimmt, daß der Versicherer nur gegen Rückgabe des Versicherungsscheins zu leisten hat, so genügt, wenn der Versicherungsnehmer behauptet, zur Rückgabe außer stande zu sein, das öffentlich beglaubigte Anerkenntnis, daß die Schuld erloschen sei. Diese Vorschrift findet keine Anwendung, wenn der Versicherungsschein der Kraftloserklärung unterliegt.

1. § 4 Abs. 1 ist zwingend; eigentliche Inhaberversicherungsscheine läßt er nicht zu (§ 3 Anm. 9).

2. Die Übertragung der Ansprüche aus dem Vertrag erfolgt durch Abtretung, für die keine Form vorgeschrieben ist (§§ 398 ff. BGB.). Die Übergabe des Scheins ist nicht erforderlich. Der Versicherer kann sich aber auf § 410 BGB. berufen; er kann sich auch für die Anzeige der Abtretung die schriftliche Form ausbedingen. Der Versicherungsschein kann nicht selbständig übertragen werden, er ist nicht Gegenstand der Verpfändung. Das Eigentum am Scheine steht dem Gläubiger der Versicherungsforderung zu (§ 952 BGB.). Wohl aber kann eine Verpfändung des Scheins als Verpfändung der Forderung gedeutet werden und ist als solche gültig, sofern Anzeige an den Versicherer erfolgt ist (§ 1280 BGB.; ROHG. **14** 28). Es kann auch an dem Scheine selbst ein Zurückbehaltungsrecht (§ 273 BGB.) durch die häufig vorkommende sog. Verpfändung des Scheins ohne Anzeige an den Versicherer begründet werden. Baumgartner S. 928; RG. **51** 83; OLGRspr. **8** 86; Wallmann **39** 1933, 2280.

3. Abs. 2 hat rückwirkende Kraft (Art. 4 Nr. 1 EG.).

4. Die Bestimmung in Abs. 2 Satz 1 kann in den allgemeinen oder besonderen Vertragsbedingungen getroffen sein. RG. **58** 155.

5. Zu Abs. 2 Satz 1 vgl. § 371 BGB. Zu beweisen braucht der Versicherungsnehmer den Verlust des Scheins nicht, auch nicht ihn glaubhaft zu machen. Der Versicherer kann sich auch andere Formen ausbedingen (Anm. 7, 9 zu § 3). Öffentliche Beglaubigung: § 129 BGB.

6. Welche Versicherungsscheine der Kraftloserklärung unterliegen siehe in Anm. 14 zu § 3. Über das Aufgebotsverfahren §§ 946 bis 1024, besonders § 1023 ZPO. Vorbehalt für die Landesgesetzgebung Art. 102 Abs. 2 EG.BGB. An Stelle des gerichtlichen Aufgebotsverfahrens kann ein einfacheres Verfahren, wie häufig bei der Lebensversicherung, vorgesehen werden. Die Ersatzpflicht des Versicherungsnehmers gegenüber einem Dritten, der rechtmäßigerweise sich im Besitze des Scheins befindet, wird durch § 4 nicht berührt.

§ 5. Auf eine Vereinbarung, nach welcher die Annahme des Versicherungsscheins die Wirkung haben soll, daß der Inhalt des Scheines als von dem Versicherungsnehmer genehmigt gilt, kann sich der Versicherer nur berufen, wenn durch die Vereinbarung dem Versicherungsnehmer eine Frist von mindestens einem Monate für die Erhebung eines Widerspruchs gegen die Richtigkeit des Scheines gewährt ist und der Versicherungsnehmer innerhalb dieser Frist Widerspruch nicht erhoben hat. Das Recht des Versicherungsnehmers, die Genehmigung wegen Irrtums anzufechten, kann durch eine solche Vereinbarung nicht ausgeschlossen werden.

1. I. 1. Der Versicherungsnehmer hat nicht in allen Fällen das Recht, wenn er einen Versicherungsantrag eingereicht hat und wenn ihm der Versicherungsschein alsdann vorgelegt wird, innerhalb eines Monats einen Widerspruch gegen den Inhalt des Scheins zu erheben. Der § 5 regelt vielmehr lediglich den Fall, daß der Inhalt des Scheins von dem Inhalte des Antrags abweicht, welchen der Versicherungsnehmer gestellt hat. Die Versicherer pflegen im Interesse der Sicherheit des Versicherungsverkehrs in die Bedingungen eine Klausel aufzunehmen, nach welcher der Inhalt des Versicherungsscheins ausschließlich maßgebend ist für die Verpflichtungen beider Teile, oder nach welcher der Versicherungsnehmer durch Annahme des Scheins sich mit dessen Inhalt einverstanden erklärt. § 5 schränkt die Bedeutung dieser Klauseln ein. Es sind folgende Fälle zu unterscheiden:

2. a) Der Versicherungsschein ist überhaupt noch nicht ausgefertigt oder noch nicht ausgehändigt worden und z. B. der Versicherer teilt telegraphisch mit, daß er den Versicherungsantrag annehme und daß der Versicherungsschein baldigst ausgefertigt werden solle, inzwischen ereignet sich der Versicherungsfall. Die Verpflichtungen des Versicherungsnehmers bestimmen sich nach den Bedingungen, welche ihm vor der Unterzeichnung des Antrags ausgehändigt wurden (§ 10 Abs. 1 VAG.) oder, falls dies nicht geschehen ist — was vor allem bei mündlicher Antragstellung im Börsenverkehre häufig vorkommt — nach den allgemeinen Versicherungsbedingungen des Versicherers. Der Versicherungsnehmer kann sich nicht darauf berufen, daß er die Bedingungen nicht kenne.

3. b) Die vor dem Abschlusse des Vertrags ausgehändigten Bedingungen enthalten die Widerspruchsklausel nicht. Alsdann kann sich der Versicherer auf die Klausel auch nicht berufen, denn diese müßte ausdrücklich vereinbart sein. VA. **12*** 41. Es muß als ein Gebot der im Verkehr erforderlichen Sorgfalt bezeichnet werden, daß der Versicherungsnehmer den Schein liest und bei Nichtübereinstimmung mit dem vereinbarten Inhalte des Vertrags unverzüglich Widerspruch erhebt. Unterläßt er dies und zahlt er die erste oder gar eine Folgeprämie, so wird häufig anzunehmen sein, daß er die Abweichungen genehmigt. VA. **04** 77;

07* 40. Die Anfechtung dieser stillschweigenden Genehmigung wegen Irrtums auf Grund des § 119 BGB. ist zulässig, wobei es nicht darauf ankommt, ob der Irrtum entschuldbar ist oder nicht. JW. 06 106.

4. c) Die Widerspruchsklausel befindet sich in den vor dem Abschlusse des Vertrags übergebenen Bedingungen. Der Versicherungsnehmer kann dann innerhalb des Monats die Unrichtigkeit des Scheins geltend machen, ohne die Voraussetzungen des Irrtums nachzuweisen und ohne sich schadensersatzpflichtig zu machen. Nach Ablauf des Monats kann er auch hier wegen Irrtums aus § 119 BGB. anfechten. Nur wird seine Lage im Prozesse eine ungünstigere sein wie zu b, weil der Richter an den Nachweis, er habe den Inhalt des Scheins nicht gelesen, strenge Anforderungen stellen wird. Die Interessen des Versicherers, der sich durch die Klausel hat schützen wollen, sind dadurch gewahrt, daß der Richter zu prüfen hat, ob der Versicherungsnehmer nicht auch bei Kenntnis der Abweichungen verständigerweise den Vertrag geschlossen haben würde, daß fernerhin die Anfechtung ohne schuldhaftes Zögern (unverzüglich) erfolgen muß, und daß er endlich Schadensersatzansprüche gegen den Versicherungsnehmer geltend machen kann (§§ 121, 122 BGB.). Es wird Sache des Versicherers sein, in einer recht deutlichen und in die Augen fallenden Weise auf die vereinbarte Klausel aufmerksam zu machen und so die Gefahr des Irrtumsnachweises durch den Versicherungsnehmer zu verringern.

5. Die stillschweigende Genehmigung gilt aber in allen Fällen der Anm. 3 und 4 nur als erteilt, wenn dem Versicherungsnehmer soviel Zeit zur Prüfung des Scheins verblieben ist, daß ihm die Kenntnisnahme billigerweise zugemutet werden konnte. Löst er z. B. den Unfallversicherungsschein beim Agenten ein und verunglückt er auf dem Heimwege, so kann von einer stillschweigenden Genehmigung nicht gesprochen werden. Eine Genehmigung ist ferner nur dann anzunehmen, wenn der Versicherungsnehmer nicht durch Täuschung oder besondere Vereinbarungen zur Unterlassung der Anfechtung bewogen wurde.

6. Die weitergehende Wirkung der Klausel in Anm. 4 (nur diese) ist nach dem Gesetze ferner daran geknüpft, daß dem Versicherungsnehmer eine Widerspruchsfrist von einem Monate gewährt ist. Die Frist muß durch die Vereinbarung selbst gewährt sein, d. h. der Versicherer kann sich, auch wenn ein Monat verstrichen ist, auf die Klausel nur berufen, wenn sie die Monatsfrist enthält. Die Bestimmung ist zwingend, sofern nicht nach § 187 die Beschränkungen der Vertragsfreiheit außer Betracht zu bleiben haben. Das Gesetz fordert weiter zwingend, daß die Monatsfrist ohne Widerspruch verstrichen sein muß; indessen kann dies nur soweit gelten, als nicht der Versicherer auf Grund besonderer Umstände darzulegen vermag, daß auch das Schweigen innerhalb eines kürzeren Zeitraums die Genehmigung enthält. Die Frist von einem Monate beginnt mit dem Tage, der auf die Aushändigung des Scheins an den Versicherungsnehmer folgt. Längere Fristen sind natürlich zulässig; über eine kürzere Frist in der Hagelversicherung (eine Woche) § 109.

7. 2. Die Anfechtung aus § 119 BGB. muß unverzüglich erfolgen, nachdem der Versicherungsnehmer von dem Anfechtungsgrunde Kenntnis erhalten hat, also davon, daß sein Stillschweigen als Genehmigung der von dem ursprünglichen Vertragsinhalt abweichenden Vereinbarung zu gelten habe (§ 121 BGB.). Befindet sich die Klausel in den vor dem Abschlusse des Vertrags ausgehändigten Bedingungen, so wird der Richter aber um so schwerer geneigt sein, einen Irrtum des Versicherungsnehmers zuzugeben, je eindrucksvoller er auf die vereinbarte Klausel aufmerksam gemacht worden ist. Der Versicherungsnehmer hat im Rechtsstreite zu beweisen, wann er die Abweichung zwischen dem Inhalte des Antrags und dem Inhalte des Scheins entdeckt und wann er sie gegenüber dem Versicherer gerügt hat. Auch kann er mit der Anfechtung nur dann durchdringen, wenn der Richter annimmt, daß er bei Kenntnis der Sachlage und bei verständiger Würdigung des Falles die Abweichung nicht genehmigt haben würde.

8. 3. Für den Versicherer gilt § 5 nicht; auch er kann aber, wenn der Inhalt des Versicherungsscheins dem wahren Vertrags-

inhalte nicht entspricht, den Vertrag wegen Irrtums anfechten. Die Anfechtung muß unverzüglich erfolgen, sobald er die Nichtübereinstimmung bemerkt.

9. 4. Für beide Teile gilt § 122 BGB., insbesondere ist der Versicherungsnehmer, wie bereits erwähnt wurde, verpflichtet, bei erfolgreicher Anfechtung dem Versicherer Schadensersatz zu leisten, jedoch nur, wenn dieser die Nichtübereinstimmung von Vertragsinhalt und Urkunde weder kannte noch kennen mußte. ein Fall, der kaum eintreten kann (anders anscheinend Begr. S. 21). Beide Teile können ferner wegen arglistiger Täuschung anfechten (§ 123 BGB.).

10. 5. Die erfolgreiche Anfechtung der Genehmigung einzelner Bestimmungen des Versicherungsscheins hat dieselbe Wirkung wie die gültige Erhebung des Widerspruchs gegen bestimmte Vorschriften desselben; die Anfechtung wie der Widerspruch bedeuten, daß die Abweichung des Scheins von dem wirklich vereinbarten Vertragsinhalte nicht genehmigt wird. Es bleibt unter Berücksichtigung der besonderen Verhältnisse zu prüfen, ob der Vertrag ohne diese Abweichung bereits vollständig unter anderen als den im Schein angegebenen Bedingungen oder ob er überhaupt nicht zustande gekommen ist.

Aus der bisherigen Praxis: Wallmann **11** 2353; Busch Arch. **27** 266; Bolze **13** Nr. 472; **17** Nr. 224, **18** Nr. 498, 499, **21** Nr. 514; VA. **04** 77; **05** 78, 84.

11. II. Von der Anfechtung der Genehmigung ist die Anfechtung des Vertrags selbst zu unterscheiden. Hier gelten die allgemeinen Vorschriften. Der Versicherungsnehmer ist insbesondere bei wesentlichem Irrtum über die Person des Versicherers und den Inhalt des Vertrags zur Anfechtung berechtigt, vorbehaltlich seiner Schadensersatzpflicht (§§ 119 ff. BGB.). So bei Irrtum über die Art der Versicherung (auf den Erlebens- statt auf den Todesfall Wallmann **38** 1581; ROHG. **20** 129; Bolze **20** Nr. 292), über die Höhe der Entschädigung (Bolze **18** Nr. 276), über die Rechtspersönlichkeit des Versicherers (Gegenseitigkeitsverein statt Aktiengesellschaft VA. **04** 170). Über ein weiteres Anfechtungsrecht des Versicherers s. Vorbem. 7 ff. zum 2. Titel. Seltener wird das Zustandekommen des Vertrags überhaupt gemäß §§ 154, 155 BGB. in Frage gestellt werden können.

§ 6. Ist im Vertrage bestimmt, daß bei Verletzung einer Obliegenheit, die vor dem Eintritte des Versicherungsfalls dem Versicherer gegenüber zu erfüllen ist, der Versicherer zum Rücktritte berechtigt oder von der Verpflichtung zur Leistung frei sein soll, so tritt die vereinbarte Rechtsfolge nicht ein, wenn die Verletzung als eine unverschuldete anzusehen ist.

Ist eine solche Bestimmung für den Fall getroffen, daß eine Obliegenheit verletzt wird, die nach dem Eintritte des Versicherungsfalls dem Versicherer gegenüber zu erfüllen ist, so tritt die Rechtsfolge nicht ein, wenn die Verletzung weder auf Vorsatz noch auf grober Fahrlässigkeit beruht.

Auf eine Vereinbarung, durch welche von diesen Vorschriften zum Nachteile des Versicherungsnehmers abgewichen wird, kann sich der Versicherer nicht berufen.

1. I. Behufs Aufrechterhaltung eines ordnungsmäßigen Geschäftsbetriebs muß der Versicherungsnehmer gegenüber dem Versicherer gewisse Obliegenheiten und zwar teils vor teils nach dem Eintritte des Versicherungsfalls erfüllen. Die Rechtsprechung hat nun den Grundsatz entwickelt, „daß Versicherungs-Policebedingungen, welche dem Versicherungsnehmer die Erfüllung gewisser Förmlichkeiten bei Strafe der Verwirkung seiner Ansprüche auferlegen, nicht rigoristisch auszulegen sind“, soweit nicht der gegenteilige Wille der Vertragschließenden sich aus dem Inhalte der Bedingungen klar ergibt. ROHG. **1** 112; **2** 184; **4** 60, 64; **8** 410; **11** 272; RG. **10** 158; Baumgartner S. 675. Die spätere Praxis

des RG. hat diesen Grundsatz dahin eingeschränkt, daß die Folge der Verwirkung nicht eintritt, „wenn der Versicherungsnehmer darzulegen vermag, daß ihm nach den konkreten Verhältnissen die Innehaltung der gesetzten Frist so erschwert worden ist, daß in der strikten Anwendung der Vertragsbestimmung eine unbillige Härte liegen würde". RG. **16** 122. In neueren Entscheidungen ist das RG. noch entschiedener für die Gültigkeit der Verwirkungsklauseln eingetreten. Ein Verschulden des Versicherungsnehmers wird nicht gefordert. Es wird jedoch anerkannt, „daß es ausnahmsweise besondere Tatsachen und Verhältnisse gibt, die geeignet sind, den Versicherungsnehmer von seiner Verantwortlichkeit ... zu befreien". RG. **27** 151; **39** 177; **46** 189; **49** 290; **50** 295; JW. **04** 576; Wallmann **39** 863.

2. II. 1. Das Gesetz sieht nun in einzelnen Fällen gewisse Rechtswirkungen vor, wenn der Versicherungsnehmer seinen Obliegenheiten nicht nachkommt (z. B. §§ 16 Abs. 2, 24, 38, 39 Abs. 1, 71 Abs. 1). Daneben und in denjenigen Fällen, in welchen das Gesetz selbst derartige Rechtswirkungen nicht vorsieht, können solche die Parteien im ursprünglichen Vertrag oder in späteren Abmachungen vereinbaren, so z. B. neben dem Rechte des Versicherers vom Vertrage zurückzutreten oder eine Leistung abzulehnen, seine Berechtigung, das Versicherungsverhältnis für die Zukunft durch Kündigung aufzuheben oder eine höhere Prämie oder die Bezahlung einer Vertragsstrafe zu fordern oder die dem Versicherungsnehmer zukommende Leistung zu vermindern. In diese Vereinbarungen der Parteien greift der § 6 im Interesse des Versicherungsnehmers ein und zwar durch zwingendes Recht (Abs. 3). Während er den Parteiabreden im allgemeinen freie Hand läßt, beschränkt er ihre Wirkungen in den zwei wichtigsten Fällen nämlich dann, wenn nach ihnen der Versicherer vom Vertrage mit Wirkung für die Vergangenheit zurücktreten kann oder wenn mit dem Augenblicke der Verletzung der Obliegenheit oder mit einem bestimmten späteren Zeitpunkte die Versicherung von selbst ruht, der Versicherer also nicht zu leisten hat.

2. Es wird unterschieden:

3. a) Vor dem Versicherungsfalle zu erfüllende Obliegenheiten (z. B. die vom Versicherungsnehmer übernommene Verpflichtung, ein Bruchband zu tragen, in dem gegen Brandschaden versicherten Hause gewisse feuergefährliche Einrichtungen binnen bestimmter Frist zu beseitigen oder bestimmte Sicherheitsvorrichtungen anzubringen oder die schon vorhandenen Sicherheitsvorrichtungen regelmäßig einer Prüfung zu unterziehen oder sie dauernd in gutem Zustande zu erhalten). Die vereinbarte Rechtsfolge tritt nicht ein, wenn der Versicherungsnehmer beweist, daß die Verletzung als eine unverschuldete anzusehen ist (Abs. 1).

4. b) Nach dem Versicherungsfalle zu erfüllende Obliegenheiten. Nach der Begründung S. 23 hat diese Vorschrift vor allem dann praktische Bedeutung für den Versicherungsnehmer, „wenn er die Anzeige von dem Versicherungsfalle nicht rechtzeitig oder nicht in der vereinbarten Form oder nicht bei der vorgeschriebenen Stelle erstattet, ferner, wenn er bei der Unfall- oder der Krankenversicherung es unterläßt, dem Vertrage gemäß von Zeit zu Zeit einen Krankheitsbericht einzusenden oder wenn er bei der Schadensversicherung die von den Versicherungsbedingungen geforderte Schadensberechnung nicht zu der dort festgesetzten Zeit einreicht. Ebenso gehört es hierher, wenn der Versicherungsnehmer dem Gesetz oder dem Vertrage zuwider an den beschädigten Gegenständen vor der Feststellung des Schadens Veränderungen vornimmt oder die von dem Versicherer zur Minderung des Schadens erteilten Anweisungen nicht befolgt". Die vereinbarte Rechtsfolge tritt schon dann nicht ein, wenn der Versicherungsnehmer auch nur beweist, daß die Verletzung der Obliegenheit weder auf Vorsatz noch auf grober Fahrlässigkeit beruht (Abs. 2). „Daneben erwächst aus jeder Art von Verschulden dem Versicherer ein Schadensersatzanspruch, den er nötigenfalls im Wege der Aufrechnung geltend zu machen vermag." Dieses Verschulden des Versicherungsnehmers hat der Versicherer zu beweisen; „es kann jedoch nach allgemeinen Grundsätzen nicht zu seinem Nachteile gereichen, wenn der Sachverhalt durch eine gesetz- oder vertragswidrige Handlungsweise des Versicherungsnehmers verdunkelt worden ist" (Begr. S. 23).

5. 3. Über die Prämie bestimmt § 6 nichts; es kann vereinbart werden, daß der Versicherer, auch wenn er auf Grund von Abs. 1 oder Abs. 2 zurücktritt, die bereits gezahlten Prämien behält und die noch fälligen zu fordern berechtigt bleibt. In dieser Hinsicht herrscht Vertragsfreiheit.

6. 4. Alle Verwirkungsklauseln, auch die nicht unter § 6 fallenden, sind als Strafbestimmungen streng auszulegen. Unklare Bestimmungen werden von der gerichtlichen Praxis nach der dem Versicherungsnehmer günstigeren Richtung gedeutet. Außer den in Anm. 1 angeführten Entscheidungen ferner ROHG. **9** 379; VA. **04** 143, 151; **05** 12, 80.

7. 5. Der ganz allgemeine Ausdruck Obliegenheit umfaßt Verpflichtungen jeder Art, mögen sie auf ein Tun oder Unterlassen des Versicherungsnehmers oder auf die Zusicherung des Bestehens eines gewissen Zustandes gehen.

8. 6. Die Obliegenheiten können vom Versicherungsnehmer selbst, oder von einer anderen Person (Erwerber der versicherten Sache, Versicherter bei der Versicherung für fremde Rechnung, Hypothekengläubiger, Dritter, auf dessen Person die Versicherung genommen ist) zu erfüllen sein. Sie müssen von den gesetzlichen Vertretern minderjähriger Versicherter erfüllt werden. VA. **13*** 54.

9. 7. Eine Schadensersatzpflicht wie im Falle des Abs. 2 kommt in Abs. 1 nicht in Frage, da sie nur bei Verschulden begründet ist.

10. 8. Die Verletzung der Obliegenheit muß unverschuldet für denjenigen sein, der Rechte aus dem Vertrage herleitet, es braucht nicht gerade der Versicherungsnehmer zu sein. Die Frage, inwieweit der letztere für das Verhalten anderer Personen verantwortlich ist, wird im Gesetze nicht geordnet. Hier gelten die allgemeinen Regeln des BGB. Der Versicherungsnehmer haftet für das Verhalten seines gesetzlichen Vertreters und, wenn eine juristische Person Versicherungsnehmer ist, für das des verfassungsmäßig berufenen Vertreters unbedingt. RG. **66** 183 (§§ 31, 89 BGB.). Er haftet ferner für das Verhalten der Personen, denen er die Verwaltung desjenigen Vermögens übergeben hat, an welches sich das versicherte Interesse knüpft.

Wenn also der eine Ehegatte, der an Stelle des versicherten anderen Gatten die versicherten Sachen tatsächlich unter sich hat, wenn der Hausverwalter, der Gutsinspektor oder derjenige, dem die versicherte Sache zur selbständigen Bewachung oder Benutzung (RG. **37** 149) übergeben worden ist, den Obliegenheiten aus dem Versicherungsvertrage zuwiderhandeln, so ist ihre Handlung der des Versicherungsnehmers gleichzustellen und von ihm zu vertreten. Darüber hinaus ist eine Haftung des Versicherungsnehmers aus § 278 BGB. nur begründet, soweit es sich um die Erfüllung wirklicher Bestimmungen handelt. VA. **12*** 117. Die übrigen dem Versicherungsnehmer auferlegten Obliegenheiten sind nicht selbständige Verpflichtungen, sondern Voraussetzungen des Anspruchs gegen den Versicherer. Werden sie durch andere Personen als den Versicherungsnehmer verletzt, so fällt ihm dies nur zur Last, soweit ihn ein eigenes Verschulden insbesondere bei der Auswahl, Leitung, Beaufsichtigung seiner Gehilfen trifft (§ 831 BGB.). In allen übrigen Fällen berechtigt ein Verschulden dritter Personen den Versicherer nicht zum Rücktritt oder macht ihn von der Verpflichtung zur Leistung nicht frei. KB. I S. 59 ff. Ebenso hat das Gesetz die Frage des beiderseitigen Verschuldens offen gelassen; hier wird gemäß § 254 BGB. zu prüfen sein, auf wessen Seite das überwiegende Verschulden liegt.

§ 7. Ist die Dauer der Versicherung nach Tagen, Wochen, Monaten oder nach einem mehrere Monate umfassenden Zeitraume bestimmt, so beginnt die Versicherung am Mittage des Tages, an welchem der Vertrag geschlossen wird. Sie endigt am Mittage des letzten Tages der Frist.

1. Die Versicherungen werden, da sie auf völlig unbestimmte Zeitdauer wohl kaum vorkommen, auf einen bestimmten Zeitraum genommen. VA. **03** 113. Ihre Dauer ist dann entweder kalendermäßig abgegrenzt oder sie ergibt sich aus dem Gegenstande der Versicherungen unmittelbar (Reise, Ernte, Ausstellung,

Schlachtung eines Tieres, Krieg). Eine besondere Stellung nimmt die Lebensversicherung ein. Gegen den Abschluß lebenslänglicher Verträge, die bei einzelnen Arten der Unfall- und Haftpflichtversicherung üblich waren, bestehen rechtlich keine Bedenken, jedoch werden sie, abgesehen von der Versicherung gegen Unglücksfälle auf Eisenbahnen und Dampfschiffen, von der Aufsichtsbehörde nicht mehr zugelassen. Versicherungsverträge werden gewöhnlich in der Vieh- und Hagelversicherung auf fünf bis sechs Jahre, in der Unfall- und Haftpflichtversicherung auf fünf bis zehn Jahre, in der Feuerversicherung auf fünf bis zwölf Jahre abgeschlossen. VA. **04** 166; **09** 41, 158. Früheres Recht § 2094; ALR. II 8; RG. **28** 300.

2. Nach § 830 HGB. wurde bisher der Tag von Mitternacht bis Mitternacht gerechnet; jetzt geändert durch Art. 1 IX des Ges. betr. Änderung des HGB. über die Seeversicherung. SeuffA. **33** Nr. 155. Es kann ein anderer Anfangstag vereinbart sein; als Anfangszeitpunkt gilt dann im Zweifel ebenfalls die Mittagsstunde des betreffenden Tages. Über den Zeitpunkt des Abschlusses Anm. 3 zu § 3. Abschluß mehrerer Versicherungen in einem Scheine (Vermutung der Gleichzeitigkeit des Abschlusses ROHG. in Busch Arch. **27** 266).

3. Die Berechnung der Frist erfolgt im übrigen gemäß §§ 188 ff. BGB.; vgl. § 359 HGB.

§ 8. Eine Vereinbarung, nach welcher ein Versicherungsverhältnis als stillschweigend verlängert gilt, wenn es nicht vor dem Ablaufe der Vertragszeit gekündigt wird, ist insoweit nichtig, als sich die jedesmalige Verlängerung auf mehr als ein Jahr erstrecken soll.

1. Nur insoweit, als die stillschweigende Verlängerung sich auf mehr als ein Jahr erstrecken würde, tritt die Nichtigkeit ein; entgegenstehende Vereinbarungen bewirken also, daß die Versicherung sich um ein Jahr verlängert. Die Ausstellung besonderer

Erneuerungsscheine ist unnötig; Gebühren könnten höchstens, wenn der Versicherungsnehmer die Ausstellung ausdrücklich beantragt, gefordert werden. VA. **11** 28. Es ist gleichgültig, ob die Verlängerungsklausel sich in den allgemeinen Versicherungsbedingungen befindet oder besonders festgesetzt wird. Auch der Versicherer kann sich auf die Richtigkeit berufen. § 8 kann ferner bei Versicherungen in Frage kommen, deren Dauer sich nicht nach einem kalendermäßigen Zeitraume bemißt; er gilt auch bei mehrmaligen stillschweigenden Verlängerungen. Ausdrückliche Verlängerung durch neue Vereinbarung ist unbeschränkt zulässig. Die stillschweigende Verlängerung tritt nicht ein, wenn inzwischen der versicherte Gegenstand untergegangen ist. Bolze **3** Nr. 744. Über die Kündigungsfristen, die als angemessen gelten können (Viehversicherung 1 Monat, Feuerversicherung 3 Monate; besonderes gilt für die Hagelversicherung) VA. **05** 115; **06** 95; **07** 12; **09** 158.

2. Von der stillschweigenden Verlängerung zu unterscheiden ist die vertragsmäßige Verpflichtung, nach Ablauf des ersten Vertrags einen neuen abzuschließen, insbesondere statt untergegangener Sachen die Ersatzstücke zu versichern. Bolze **2** Nr. 1069. Soweit solche Vereinbarungen nur zur Umgehung des § 8 dienen (z. B. bei Beginn des Versicherungsvertrags läßt der Versicherer von dem Versicherungsnehmer den Antrag auf Verlängerung stellen) sind sie nichtig. Zur rechtlichen Konstruktion OVG. **22** 347; **34** 339; **36** 386; VA. **04** 183.

3. Ob und inwieweit § 8 rückwirkende Kraft hat, ergibt sich aus Art. 3 EG. Angenommen ein Versicherungsvertrag ist 1902 auf zehn Jahre abgeschlossen mit der Vereinbarung, daß er als stillschweigend verlängert gilt, wenn er nicht 3 Monate vor Ablauf gekündigt wird. Es wird nicht gekündigt, so fragt sich, findet § 8 bereits bei Beginn der ersten Verlängerung (1912) oder erst bei der zweiten Verlängerung (1922), da durch Unterlassung der Kündigung der Versicherungsvertrag erst dem Gesetz unterworfen wird, Anwendung. Richtig ist die erste Ansicht: der Vertrag verlängert sich 1912 nur noch um ein Jahr. VA. **09** 244; **10** 13, 86; **11*** 5; **11** 114.

§ 9. Als Versicherungsperiode im Sinne dieses Gesetzes gilt, falls nicht die Prämie nach kürzeren Zeitabschnitten bemessen ist, der Zeitraum eines Jahres.

1. Versicherungsperiode: §§ 30, 40, 51, 68—70, 96, 112—114, 119, 128, 158, 174, 176; ferner § 43 Abs. 4 BAG. Man versteht unter der Versicherungsperiode den Zeitraum, nach welchem die Bemessung der Prämie erfolgt, mag dieser Zeitraum kalendermäßig oder wie bei der Transportversicherung für eine einzelne Reise oder in anderer Weise (Anm. 1 zu § 7) berechnet werden (Begr. S. 26). Auch wenn die Prämie nach längeren Zeitabschnitten berechnet wird, ist die Versicherungsperiode stets ein Jahr. Der Regel nach ist die innerhalb einer Versicherungsperiode geschuldete Prämie unteilbar (§§ 40, 68) ohne Rücksicht darauf, ob die Prämie in kürzeren Zeitabschnitten gezahlt wird.

2. § 9 ist in gewissem Umfange zwingend, nämlich insoweit das Gesetz durch zwingende Vorschrift Rechte des Versicherers mit dem Ablaufe der Versicherungsperiode begrenzt; insoweit darf keine längere Periode als ein Jahr festgesetzt werden (Begr. S. 27).

§ 10. Hat der Versicherungsnehmer seine Wohnung geändert, die Änderung aber dem Versicherer nicht mitgeteilt, so genügt für eine Willenserklärung, die dem Versicherungsnehmer gegenüber abzugeben ist, die Absendung eines eingeschriebenen Briefes nach der letzten dem Versicherer bekannten Wohnung. Die Erklärung wird in dem Zeitpunkte wirksam, in welchem sie ohne die Wohnungsänderung bei regelmäßiger Beförderung dem Versicherungsnehmer zugegangen sein würde.

Hat der Versicherungsnehmer die Versicherung in seinem Gewerbebetriebe genommen, so finden bei einer Verlegung der gewerblichen Niederlassung die Vorschriften des Abs. 1 entsprechende Anwendung.

1. Von der durch § 10 gegenüber § 132 BGB. gewährten Erleichterung kann der Versicherer nur Gebrauch machen, wenn der Versicherungsnehmer es unterlassen hat, ihm seine Wohnungsänderung mitzuteilen; der Versicherer darf aber auch nicht von anderer Seite eine glaubhafte Mitteilung erhalten haben, von welcher er nach Lage der Verhältnisse Kenntnis zu nehmen verpflichtet ist. Die Mitteilung von der Wohnungsänderung kann an den Agenten mit Wirkung für den Versicherer (§ 43 Nr. 2) gemacht werden, sofern nicht gemäß § 47 eine abweichende Vereinbarung getroffen ist. Verlegt der Versicherungsnehmer unter Mitteilung an den Versicherer seinen Wohnsitz in weit entlegene Gegenden, so wird der Versicherer billigerweise fordern können, daß er einen in Europa wohnenden Zustellungsbevollmächtigten ernennt. VA. **09** 159.

2. Nur für Willenserklärungen, also vor allem für die Bestimmung einer Zahlungsfrist, den Rücktritt, die Kündigung, die Ausschließung, die Ablehnung gegenüber dem Entschädigungsanspruche des Versicherungsnehmers gilt die Vorschrift des § 10; nicht hingegen für Zahlungen und andere Leistungen des Versicherers (Übersendung von Urkunden, des Versicherungsscheins) vgl. § 372 BGB.; ferner nicht für Erklärungen, die sich erst auf den Abschluß des Vertrags beziehen. Ebensowenig ist nach § 10 zu entscheiden, ob und wann der Versicherungsnehmer durch Mitteilungen des Versicherers von bestimmten Dingen Kenntnis erlangt hat, z. B. von der Bestellung eines Agenten, von der Höhe des Rückkaufs- oder Beleihungswerts einer Versicherung.

3. Zur Abgabe der Willenserklärung genügt die Absendung eines eingeschriebenen Briefes, dem eingeschriebene Postkarten, Drucksachen, Pakete, Telegramme gleichstehen, und zwar nach der letzten dem Versicherer bekannten Wohnung, auch wenn die Sendung als unbestellbar zurückkommt. Zu mehr ist der Versicherer der Regel nach nicht verpflichtet: insbesondere bedarf es einer öffentlichen Zustellung der Willenserklärung gemäß § 132 BGB. nicht. Ob daneben noch weitergehende, freiwillige Bemühungen des Versicherers gerechtfertigt

erscheinen, und inwieweit die Erstattung hierfür aufgewendeter Kosten verlangt werden kann, entscheidet sich nach der Verkehrssitte (§ 242 BGB.). Hiernach ist auch zu beurteilen, ob bei der vom Versicherungsnehmer verschuldeten Ungewißheit des Versicherers über die Wohnung des ersteren auch geringere Bemühungen (§ 10 ist nicht zwingend) genügen, z. B. Absendung eines einfachen Briefes, Bekanntmachung in bestimmten Blättern, Anschlag an bestimmten Orten u. ä. RG. **50** 191; **56** 262; **58** 406.

4. Die Erklärung wird in dem in Satz 2 angegebenen Zeitpunkte wirksam nicht bloß, wenn sie als unbestellbar zurückkommt, sondern auch, wenn sie dem Empfänger verspätet zugeht. Selbstverständlich kann der Versicherer auch geltend machen, daß infolge besonderer Umstände die Erklärung noch früher, als nach § 10 gesetzlich vermutet wird, dem Versicherungsnehmer tatsächlich zugegangen ist. Wann eine Erklärung als zugegangen gilt RG. **61** 125, 414.

5. Der Hypothekengläubiger ist dem Versicherungsnehmer hinsichtlich bestimmter (§§ 100, 103, 104) Mitteilungen gleich gestellt. Erweiternde Auslegung ist nicht unzulässig z. B. hinsichtlich des bezugsberechtigten Dritten, des an Stelle des Versicherungsnehmers tretenden Prämienzahlers.

6. Der Versicherer muß beweisen, daß er zur Absendung eines eingeschriebenen Briefes berechtigt war und daß er ihn abgeschickt hat, der Versicherungsnehmer hat zu beweisen, daß er die Änderung seiner Wohnung mitgeteilt hat.

§ 11. Auf eine Vereinbarung, nach welcher die Leistung des Versicherers erst mit der Feststellung des Anspruchs durch Anerkenntnis, Vergleich oder rechtskräftiges Urteil fällig werden soll, kann sich der Versicherer nicht berufen.

1. Das Gesetz gibt keine allgemeine Bestimmung über den Zeitpunkt der Leistungspflicht des Versicherers. Grundsätzlich wird die Leistung mit dem Augenblicke des Eintritts des Versicherungsfalls fällig. In Verzug gerät jedoch der Versicherer nicht von selbst, sondern erst durch Mahnung des Versicherungsnehmers (§ 284 BGB.), es sei denn, daß für den Versicherungsfall die Zeit der Leistung im voraus nach einem Kalendertage bestimmt werden konnte und bestimmt worden ist. In sehr vielen Fällen ist es jedoch Pflicht des Versicherungsnehmers, die Entstehung des Schadens und dessen Höhe im einzelnen nachzuweisen; auch in der Personenversicherung ist er regelmäßig zu bestimmten Nachweisungen verpflichtet. Solchenfalls beginnt die Leistungspflicht des Versicherers erst, nachdem ihm ein angemessener Zeitraum zur Prüfung der Nachweise und Belege verblieben ist (§ 34). Dieser Zeitraum wird häufig in den Versicherungsbedingungen genau bestimmt; das Gesetz enthält für solche Vereinbarungen nur in der Haftpflichtversicherung (§ 154 Abs. 1) eine Beschränkung. Die übliche Frist von einem Monat ist früher in der Rechtsprechung nicht beanstandet worden. ZHR. **14** 620; Bolze **18** Nr. 493; SeuffA. **46** Nr. 282. Für die Feuer- und die Viehversicherung sind in den §§ 94, 124 besondere Vorschriften über die Verzinsung der Entschädigung und über die Leistung von Abschlagszahlungen getroffen. Die Vereinbarung einer Monatsfrist seit der Anmeldung des Schadens wird regelmäßig dahin zu verstehen sein, daß mit Ablauf der Frist der Versicherer, falls ihm für die vorerwähnte Prüfung ein genügender Zeitraum gelassen war, ohne weiteres in Verzug gerät und Zinsen zu zahlen hat. Die weitere nicht selten sich findende Klausel, daß die Leistung des Versicherers erst mit der Feststellung durch Anerkenntnis, Vergleich oder rechtskräftiges Urteil fällig wird, erklärt das Gesetz für nichtig. Sie bleibt jedoch für die von den zwingenden Vorschriften befreiten Versicherungsverhältnisse (§ 187) zulässig. Wo sie statthaft ist, muß trotzdem geprüft werden, inwieweit eine solche Abmachung, sei sie vor oder nach Eintritt des Versicherungsfalls getroffen, gegen die guten Sitten verstößt. Dies kann nicht schlechthin bejaht werden, jedoch darf die Abrede nicht als Berechtigung des Versicherers zu ungebührlicher Verzögerung der Befriedigung des Anspruchs aufgefaßt werden. ROHG. **6** 412; RG. **6** 190; **32** 342; Bolze **20**

Nr. 537; Wallmann **39** 833; VA. **05*** 77. Über den Begriff des Anerkenntnisses im Sinne der Versicherungsbedingungen ROHG. **2** 395; SeuffA. **57** Nr. 241. Auch schiedsgerichtliche Entscheidungen sind im Sinne solcher Bestimmungen als maßgebende Festsetzung anzusehen. Wenn es auch zulässig ist zu vereinbaren, daß nur ein in bestimmt vorgeschriebener Weise festgestellter Schaden vergütet werden solle, so kann doch in die Normen des Prozeßrechts nicht eingegriffen werden (Unzulässigkeit eines Konventionalprozesses). RG. **20** 399.

2. § 11 ist zwingend und rückwirkend (Art. 4 Nr. 2 EG.) Bem. 3 zu Art. 4.

§ 12. Die Ansprüche aus dem Versicherungsvertrage verjähren in zwei Jahren, bei der Lebensversicherung in fünf Jahren. Die Verjährung beginnt mit dem Schlusse des Jahres, in welchem die Leistung verlangt werden kann.

Ist im Vertrage bestimmt, daß der Versicherer von der Verpflichtung zur Leistung frei sein soll, wenn der Anspruch auf die Leistung nicht innerhalb einer bestimmten Frist gerichtlich geltend gemacht wird, so beginnt die Frist erst, nachdem der Versicherer dem Versicherungsnehmer gegenüber den erhobenen Anspruch unter Angabe der mit dem Ablaufe der Frist verbundenen Rechtsfolge schriftlich abgelehnt hat. Die Frist muß wenigstens sechs Monate betragen.

Auf eine Vereinbarung, durch welche die Verjährung der Ansprüche gegen den Versicherer erleichtert oder von den Vorschriften des Abs. 2 zum Nachteile des Versicherungsnehmers abgewichen wird, kann sich der Versicherer nicht berufen.

1. Die in Satz 1 bestimmten Verjährungsfristen treten an Stelle der dreißigjährigen Frist des BGB. Die kurze Verjährung gilt für alle unmittelbar aus dem Versicherungsvertrag entspringenden Ansprüche, aber auch nur für diese. Sie gilt für den Anspruch auf die Leistung des Versicherers, für den Anspruch auf die Prämie, für die Ansprüche auf Schadensersatz, auf Rückgewähr der empfangenen Leistungen (im Falle des Rücktritts), auf Rückgabe der Prämienreserve, auf Ersatz von Aufwendungen und Kosten; auch Ansprüche, die nicht auf Geld gerichtet sind, z. B. auf Ausstellung des Versicherungsscheins, verjähren nach § 12. Dagegen gilt die gewöhnliche Verjährung für den Ausgleichsanspruch unter mehreren Versicherern (§ 59 Abs. 2), für den Ersatzanspruch gegen den Dritten (§ 67), für Ansprüche des Versicherungsnehmers gegen den Versicherten (und umgekehrt) bei der Versicherung für fremde Rechnung. Ist die Invaliditätsversicherung als nebensächliches Zubehör der Lebensversicherung aufzufassen, so unterliegt sie der fünfjährigen Verjährung.

2. Über den Begriff der Lebensversicherung im Sinne des VVG. vgl. die Vorbemerkungen vor den §§ 159 ff. Die Sterbegeldversicherung wird jedenfalls als Lebensversicherung aufzufassen sein, nicht aber die Krankenversicherung (vgl. auch § 223 RVO.). Auch für die einzelnen Raten von Pensionsversicherungen kommt die fünfjährige Verjährungsfrist in Betracht.

3. Wann die Leistung verlangt werden kann, bestimmt sich nach dem Inhalte des Vertrags; über die Fälligkeit der Leistung des Versicherers vgl. § 11. Im übrigen greifen für die Verjährung die allgemeinen Grundsätze des BGB. Platz. Dies gilt, abgesehen davon, daß es auf die Kenntnis des Berechtigten von dem ihm zustehenden Rechte nicht ankommt, vor allem hinsichtlich der Bestimmungen über die Hemmung, den Aufschub der Vollendung und die Unterbrechung der Verjährung. §§ 202 ff. BGB. Gehemmt wird die Verjährung unter anderem, solange die Leistung gestundet ist § 202 Abs. 1 BGB. War also z. B. eine Feuerversicherungsprämie am 1. Oktober 1906 fällig und erteilt der Versicherer am 1. November 1906 Stundung auf drei Monate, so läuft die Verjährungsfrist statt Ende Dezember 1908 erst Ende 1909 ab. Über andere Fälle der Hemmung der Verjährung §§ 203,

204 BGB., über den Aufschub der Vollendung der Verjährung §§ 206, 207 BGB., über die Unterbrechung der Verjährung §§ 208 ff. BGB. Eine Unterbrechung findet vornehmlich statt, wenn der Verpflichtete dem Berechtigten gegenüber den Anspruch ausdrücklich oder durch Abschlagszahlung, Zinszahlung oder in anderer Weise anerkennt oder wenn der Berechtigte wegen des Anspruchs Klage erhebt. Der Klageerhebung sind andere Arten der Rechtsverfolgung, insbesondere Anmeldung der Forderung im Konkurse, Zustellung eines Zahlungsbefehls, Vornahme der Zwangsvollstreckung gleichgestellt. Bloße Mahnung unterbricht die Verjährung nicht. Wird die Verjährung unterbrochen, so kommt die bis dahin abgelaufene Verjährungsfrist gar nicht in Betracht; es fängt vielmehr nach Beendigung der Unterbrechung eine neue Verjährung an. Erkennt also z. B. ein Versicherungsnehmer im Jahre 1907 an, daß er dem Versicherer noch eine Feuerversicherungsprämie aus dem Jahre 1905 schulde, so beginnt eine neue Verjährung, welche Ende 1909 abläuft.

4. Häufig war schon bisher in den Versicherungsbedingungen bestimmt, daß alle Ansprüche gegen den Versicherer erloschen sein sollen, wenn sie nicht binnen einer bestimmten Frist (drei oder sechs Monate) geltend gemacht seien. Die Rechtsprechung hat diese Vereinbarung nicht als Verjährungsabrede aufgefaßt, sondern als die vertragsmäßige Festsetzung einer Ausschlußfrist und hat die Verwirkung des Anspruchs nicht eintreten lassen, wenn der Versicherungsnehmer nachwies, daß ihm die Einhaltung der Frist ohne sein Verschulden unmöglich gewesen sei (z. B. weil er wegen falschen Verdachts der Brandstiftung in Untersuchungshaft gesessen hatte). ROHG. **2** 395; **12** 204; RG. **19** 132; Bolze **2** Nr. 1056; **6** Nr. 584; SeuffA. **57** Nr. 241; VA. **08*** 76. § 12 Abs. 2 behandelt derartige Abreden ebenfalls als Vereinbarungen einer Ausschlußfrist (Begr. S. 29). Nunmehr kommt es auf das Verschulden des Versicherungsnehmers nicht an, auch wenn er nicht in der Lage war, sein Recht geltend zu machen, läuft die Frist ab. VA. **13*** 5. Nur der Einwand des Versicherten, er sei durch höhere Gewalt an Einhaltung der Klagefrist verhindert gewesen

bleibt beachtlich. § 6 Abs. 2 ist auf den Fall des § 12 Abs. 2 nicht anwendbar, die Wahrnehmung der Frist ist keine Obliegenheit des Versicherungsnehmers.

5. Die Verwirkung des Anspruchs tritt nur unter zwei Voraussetzungen ein: Die Frist muß mindestens sechs Monate betragen; ist eine kürzere Frist vereinbart, so verlängert sie sich auf das gesetzliche Mindestmaß. Der Versicherer muß, um die Frist in Lauf zu bringen, den Anspruch des Versicherungsnehmers schriftlich ablehnen und zwar unter Angabe der mit dem Ablaufe der Frist verbundenen Rechtsfolgen. Solange also noch Vergleichsverhandlungen schweben, läuft die Frist nicht ab. So auch die bisherige Praxis ROHG. 8 408; RG. 22 205; Bolze 4 Nr. 768; 6 Nr. 585. Die Ablehnung muß eine endgültige sein; sie darf nicht mißverständlich abgefaßt sein. Erkennt der Versicherer den Anspruch teilweise an und lehnt im übrigen ab, so läuft die Frist für den von der Ablehnung betroffenen Teil des Anspruchs. Der ablehnende Bescheid hat gegebenenfalls unter Benutzung des in § 10 vorgesehenen Weges gegenüber dem zu ergehen, dem die Geltendmachung des Anspruchs zusteht; also bei dem Vorhandensein von mehreren Berechtigten allen gegenüber. VA. 11* 3; 12* 33. Die Ablehnung gegenüber dem Versicherungsnehmer wirkt regelmäßig auch gegenüber dem Versicherten, dem bezugsberechtigten Dritten, dem Hypothekengläubiger. Wann die Ablehnung geltend gemacht wird, ist gleichgültig; unter Umständen kann die Frist des Abs. 2 später endigen als die des Abs. 1, freilich kann dann, soweit dem nicht etwa die Replik der Arglist entgegensteht, der Versicherer den Einwand der Verjährung erheben. Eine Ablehnung, die vor Eintritt des Versicherungsfalls erfolgt, ist jedoch unwirksam. Der gerichtlichen Geltendmachung steht im Sinne des § 12 die Berufung eines an die Stelle des bürgerlichen Gerichts tretenden Schiedsgerichts (§§ 1025 ff. ZPO.) gleich, nicht aber die Feststellung einzelner Voraussetzungen des Anspruchs oder der Höhe des Schadens durch Sachverständige, wie beispielsweise bei der Invaliditätsversicherung. VA. 10 86.

6. Bei Versicherungsvereinen im Sinne des § 6 des Gesetzes

vom 20. Dezember 1911 (RGBl. S. 985) bindet eine schiedsgerichtliche Entscheidung über den Anspruch eines Mitglieds oder über einzelne Voraussetzungen des Anspruchs das Mitglied erst, wenn seit ihrer Mitteilung an das Mitglied ein Monat verstrichen ist und nicht innerhalb dieser Frist das Mitglied Klage erhoben hat (§ 5 Abs. 2 a. a. O.). Es laufen also hier zwei Fristen hintereinander, zunächst die sechsmonatliche, dann die einmonatliche.

7. Sowohl Abs. 1 wie Abs. 2 sind zugunsten des Versicherungsnehmers zwingend; § 12 Abs. 2 und 3 haben rückwirkende Kraft (Art. 4 Nr. 2; Art. 6 EG.; Bem. 4 zu Art. 4). Die Verjährungsfrist kann also nicht verkürzt, sie kann aber nach § 225 BGB. auch nicht verlängert werden. Unzulässig ist z. B. auch die Beseitigung der in Abs. 2 vorgeschriebenen Form. Für die von den Zwangsvorschriften befreiten Versicherungen (§ 187) sind Abänderungen zu ungunsten des Versicherungsnehmers zulässig. Jedoch gelten die Grundsätze über Treu und Glauben auch hier; der Versicherer kann sich auf den Ablauf der Ausschlußfrist (Abs. 2) nicht berufen, wenn er durch sein eigenes Verhalten, z. B. durch Vergleichsverhandlungen, den anderen Teil veranlaßt hat, die Frist unbenutzt verstreichen zu lassen.

8. Die Voraussetzungen der Verjährung und der Verwirkung durch Fristablauf hat derjenige nachzuweisen, der sich darauf beruft; Unterbrechung der Frist und ähnliche die Rechtsverwirkung aufhebende Tatsachen hat der Versicherungsnehmer zu beweisen.

§ 13. Wird über das Vermögen des Versicherers der Konkurs eröffnet, so endigt das Versicherungsverhältnis mit dem Ablauf eines Monats seit der Eröffnung; bis zu diesem Zeitpunkte bleibt es der Konkursmasse gegenüber wirksam. Soweit das Gesetz über die privaten Versicherungsunternehmungen vom 12. Mai 1901 (Reichs-Gesetzbl. S. 139) besondere Vorschriften über die Wirkungen der Konkurseröffnung enthält, bewendet es bei diesen Vorschriften.

1. Die Wirkungen des Konkurses des Versicherers auf bestehende Versicherungsverhältnisse sind in §§ 61 Abs. 2, 63 VAG. für die Lebensversicherung und die ihr gleichgestellten Versicherungszweige geregelt. Für alle übrigen Versicherungszweige, insbesondere für die Schadensversicherung, fehlte es bisher an einer Regelung; nur für die Seeversicherung trifft § 898 HGB. Vorsorge. § 13 füllt die Lücke nunmehr aus. Nach ihm endigt das Versicherungsverhältnis spätestens einen Monat nach der Konkurseröffnung zur Mittagsstunde (§§ 7, 108 KO.), falls die Versicherung nicht schon früher abgelaufen ist. Bis zum Ablaufe der Versicherung tritt der Konkursverwalter in die Verträge ein und hat Anspruch auf die volle Prämie; ein Wahlrecht nach § 17 KO. steht ihm nicht zu, weil § 13 eine besondere Bestimmung im Sinne des § 25 KO. ist. Die Verpflichtungen des Versicherers gelten, wenn innerhalb eines Monats nach der Konkurseröffnung ein Versicherungsfall eintritt, gemäß § 59 Nr. 2 KO. als Masseschuld, da sie aus einem zweiseitigen Vertrag entspringen, der für die Zeit nach der Konkurseröffnung erfüllt werden muß, während diejenigen Versicherungsnehmer, welche aus einem vor der Konkurseröffnung eingetretenen Versicherungsfalle Ansprüche erworben haben, diese nur als Konkursforderungen geltend machen können (Begr. S. 30). Tritt der Versicherungsfall nach Ablauf des Monats ein, so ist, da das Versicherungsverhältnis beendigt ist, die Versicherungssumme nicht fällig; der Versicherungsnehmer hat keinen Schadensanspruch, da § 26 KO. durch § 13 VVG. aufgehoben ist. Den auf die Zeit nach der Beendigung des Versicherungsverhältnisses entfallenden Teil der Prämie kann der Versicherungsnehmer unter einem Abzuge gemäß § 40 Abs. 3 VVG. zurückfordern, natürlich kann er nur anteilsmäßige Befriedigung verlangen.

2. Eine Verpflichtung des Konkursverwalters, dem Versicherungsnehmer von der Eröffnung des Konkurses Kenntnis zu geben, besteht nicht. Der Regel nach wird dieser, falls die Voraussetzungen des § 111 Abs. 3 KO. gegeben sind, durch besondere Zustellung, sonst durch die Zeitungen oder durch Kon-

kurrenzanstalten und ihre Agenten erfahren, daß und wann der Konkurs über das Vermögen seines bisherigen Versicherers eröffnet worden ist.

3. § 61 Abs. 2 VAG. bestimmt für Lebensversicherungsverhältnisse, daß sie mit der Eröffnung des Konkurses erlöschen und daß die Versicherungsnehmer den Anspruch auf die rechnungsmäßige Prämienreserve (§ 174) haben. Das Entsprechende gilt für Kranken- oder Unfallversicherung, falls sie nach Art der Lebensversicherung unter Zugrundelegung bestimmter Wahrscheinlichkeitstafeln betrieben wird (§ 63 VAG.). Das Aufsichtsamt stellt diesen Versicherungsarten die Haftpflichtversicherung gleich. VA. **04** 113; **06** 27.

4. § 13 hat rückwirkende Kraft (Art. 4 Nr. 3 EG.). Er ist, insofern er die Gebundenheit der Konkursmasse begrenzt, öffentliches Recht, mithin unabänderlich, wogegen an sich nichts entgegensteht, durch die Versicherungsbedingungen eine frühere Beendigung des Versicherungsverhältnisses vorzusehen (Begr. S. 31).

§ 14. Auf eine Vereinbarung, nach welcher im Falle der Eröffnung des Konkurses über das Vermögen des Versicherungsnehmers das Versicherungsverhältnis erlöschen oder der Versicherer befugt sein soll, das Versicherungsverhältnis ohne Einhaltung einer Kündigungsfrist oder unter Einhaltung einer Kündigungsfrist von weniger als einem Monate zu kündigen, kann sich der Versicherer nicht berufen.

Das Gleiche gilt, wenn eine Vereinbarung der im Abs. 1 bezeichneten Art für den Fall getroffen ist, daß die Zwangsverwaltung des versicherten Grundstücks angeordnet wird.

1. Die Eröffnung des Konkurses über das Vermögen des Versicherungsnehmers beendigt den Vertrag an sich nicht; insbesondere kann die Konkurseröffnung ohne gleichzeitige sonstige Veränderung des objektiven Risikos nicht als Gefahrerhöhung

angesehen werden. VA. 11 114. War die Prämie schon gezahlt, so dauert das Versicherungsverhältnis auch nach der Konkurseröffnung fort. § 14 räumt jedoch dem Versicherer ein Kündigungsrecht mit der Maßgabe ein, daß er noch mindestens einen Monat nach der Konkurseröffnung gebunden bleibt. Darüber, innerhalb welcher Frist der Versicherer sich auf die ihm von dem Versicherungsnehmer zu erstattende Anzeige der Konkurseröffnung (VA. 05* 23) über sein Kündigungsrecht zu erklären hat, sagt das Gesetz nichts; hier gilt Vertragsfreiheit, aber auch der Grundsatz von Treu und Glauben. Macht der Versicherer von dem Kündigungsrechte Gebrauch, so kann er die Prämie lediglich für die Zeit bis zur Beendigung des Versicherungsverhältnisses beanspruchen, den schon empfangenen Mehrbetrag muß er zurückerstatten. War der Vertrag noch von keiner Seite erfüllt, war also insbesondere die Prämie noch nicht bezahlt, so gilt § 17 KO. und es sind, da es sich um öffentliches Recht handelt, gegenteilige Vereinbarungen insofern unzulässig, als sie eine weitergehende Bindung der Konkursmasse bezwecken. Für die in § 187 aufgeführten Versicherungszweige gilt volle Vertragsfreiheit. Nach § 17 KO. hat der Konkursverwalter zu bestimmen, ob die Erfüllung erfolgen soll oder nicht. Entscheidet er sich für das letztere, so fällt damit die Verpflichtung des Versicherers zur Leistung weg, falls nicht etwa der Versicherungsnehmer persönlich den Vertrag fortsetzt. Geschieht auch dies nicht, so bleibt die Frage offen, ob der Versicherer nicht etwa wegen Nichterfüllung des Vertrags Schadensersatz beanspruchen kann z. B. dann, wenn die durch den Abschluß der Versicherung entstandenen Aufwendungen noch nicht gedeckt waren. Für diese Schadensersatzforderung kann der Versicherer natürlich nur anteilsmäßige Befriedigung verlangen. Wählt der Konkursverwalter die Erfüllung, so kann der Versicherer die Prämie als Massegläubiger fordern (§ 59 Nr. 2 KO.).

Durch § 14 wird die Frage nicht berührt, inwieweit nach der Natur des Vertrags ein Eintrittsrecht des Konkursverwalters überhaupt zulässig erscheint. Für die Schadensversicherung ist dies grundsätzlich zu verneinen. Vgl. für Unfallversicherung RG.

52 49. Über Lebensversicherung § 166; Sondervorschrift für Haftpflichtversicherung in § 157.

2. Der Versicherer kann unter den Voraussetzungen des § 152 Zwangsversteigerungsgesetz vom Verwalter die Bezahlung der Prämie fordern. LZ. 12 743. Hinsichtlich der Zwangsversteigerung § 73.

§ 15. Soweit sich die Versicherung auf unpfändbare Sachen bezieht, kann die Forderung aus der Versicherung nur an solche Gläubiger des Versicherungsnehmers übertragen werden, die diesem zum Ersatze der zerstörten oder beschädigten Sachen andere Sachen geliefert haben.

1. Das Gesetz räumt grundsätzlich den Gläubigern des Versicherungsnehmers nach dem Eintritte des Versicherungsfalls hinsichtlich der Zwangsvollstreckung in die Entschädigungsforderungen nur diejenigen Befugnisse ein, welche ihnen in bezug auf die Befriedigung aus den versicherten Sachen selbst zustehen würden. Es erklärt daher, soweit sich die Versicherung auf unpfändbare Sachen (§ 811 ZPO.) bezieht, auch die Forderung aus der Versicherung für nicht übertragbar und damit gemäß § 851 Abs. 1 ZPO. auch für nicht pfändbar. Hiervon ist eine Ausnahme nur zugunsten derjenigen Gläubiger gemacht, die dem Versicherungsnehmer die versicherten Sachen ersetzt haben; vgl. auch § 98. Die Übertragbarkeit liegt auch vor, wenn der Gläubiger nicht die Sachen selbst neu geliefert, sondern dem Versicherungsnehmer das Geld zur Neuanschaffung vorgeschossen und dieser es hierzu verwendet hat, ebenso wenn er an der Wiederherstellung der beschädigten Sachen gearbeitet hat, ohne andere Sachen zu liefern. Soweit die Versicherungsforderung nicht übertragbar ist, gehört sie auch nicht zur Konkursmasse (§ 1 KO.); ihr gegenüber ist auch, von Ausnahmen abgesehen, eine Aufrechnung unzulässig (§ 394 BGB.) und zwar auch mit rückständigen Prämien und mit Schadensersatzansprüchen aus dem Versicherungsverhältnisse selbst. Wenn neben

unpfändbaren pfändbare Sachen versichert sind, muß unterschieden werden, welcher Teil der Entschädigungssumme auf die unpfändbaren entfällt.

2. Für die Frage der Unpfändbarkeit von Ansprüchen aus der Personenversicherung kann § 15 außer Betracht bleiben. Vgl. die Vorbemerkung 5 zu § 159.

Zweiter Titel.

Anzeigepflicht. Gefahrerhöhung.

Vorbemerkungen. 1. I. Der 2. Titel zerfällt in zwei Hauptteile; §§ 16—32 behandeln die Lehre von der Gefahr, §§ 33, 34 die Anzeige- und Auskunftspflicht nach Eintritt des Versicherungsfalls. Beide Gebiete berühren sich nur insofern, als der Versicherungsnehmer verpflichtet ist, dem Versicherer sowohl die Art und die Größe der zu übernehmenden oder die Erhöhung der übernommenen Gefahr als auch nach dem Eintritte des Versicherungsfalls diesen anzuzeigen. Innerhalb des ersten Hauptteils behandeln §§ 16—22 die Anzeige der Gefahr bei Abschluß des Vertrags, §§ 23—29 die Erhöhung der Gefahr während der Vertragsdauer, §§ 30—32 geben gemeinsame Vorschriften. Aus dem 3. Titel sind noch §§ 40—42 heranzuziehen.

2. Welches die Gefahr ist, die der Versicherer im allgemeinen übernimmt, bestimmt sich nach dem Inhalte des Vertrags. Für mehrere der wichtigsten Versicherungszweige stellt das Gesetz den Umfang der übernommenen Gefahr fest (§§ 82, 108, 116, 129, 149). Durch die Versicherungsbedingungen können aber beliebige Abweichungen bestimmt werden und zwar sowohl zugunsten wie zu ungunsten des Versicherungsnehmers. Innerhalb der allgemeinen Gefahr werden vielfach einzelne besondere Gefahren ausgeschieden, welche von der Versicherung nicht umfaßt werden, und zwar teils im Gesetze selbst (§§ 84, 117, 131, 169), teils in den Versicherungsbedingungen (so die Befreiung des Versicherers von seiner Verpflichtung zur Leistung, wenn z. B. in der Lebens-

versicherung der Tod des Versicherungsnehmers im Kriege erfolgt ist, in der Unfallversicherung der Unfall sich beim Lenken von Kraftfahrzeugen, beim Radfahren, Jagen, Reiten, Segeln, Schneeschuhlaufen, Selbstkutschieren oder Luftsport ereignet hat).

Das einem Versicherungszweige eigentümliche Gefahrmoment erfährt bei den einzelnen Versicherungen durch die jeweiligen Umstände seine besondere Gestaltung. Ein sachgemäßer Versicherungsbetrieb erfordert daher, daß der Versicherer einmal bei der Schließung des Vertrags die Umstände erfährt, welche für die Übernahme der Gefahr erheblich sind, und daß er nach dem Abschlusse des Vertrags von einer etwa eingetretenen Erhöhung der Gefahr Kenntnis erlangt.

Von dem Umfange der Gefahr hängt es ab, ob und bejahendenfalls unter welchen Bedingungen der Versicherer das ihm angetragene Risiko übernimmt. So muß er z. B. bei der Feuerversicherung über die Bauart, Lage, Benutzungsart eines Hauses, bei der Lebens- und Unfallversicherung über Alter, Gesundheitszustand, Beruf und Wohnort desjenigen völlig unterrichtet sein, auf dessen Person die Versicherung genommen wird, bei der Haftpflichtversicherung von Einrichtung und Umfang des Betriebes, z. B. von der Zahl der beschäftigten Arbeiter, Kenntnis haben. Neben diesem „objektiven Risiko" spielen auch persönliche Eigenschaften des Versicherungsnehmers, das „subjektive Risiko", häufig eine Rolle, z. B. Vorstrafen wegen Brandstiftung bei der Feuerversicherung, früherer Konkurs bei der Kreditversicherung.

3. Um dem Versicherer die Kenntnis der für den Vertragsschluß wichtigen Tatsachen zu verschaffen, bestimmt das Gesetz zweierlei: der Versicherungsnehmer hat bei der Schließung des Vertrags dem Versicherer alle ihm bekannten Umstände anzuzeigen, die für die Übernahme der Gefahr erheblich sind (§ 16 Abs. 1), und er darf weiterhin über einen erheblichen Umstand keine unrichtige Anzeige machen (§ 17 Abs. 1).

4. Was die Gefahrerhöhung nach dem Abschlusse des Versicherungsvertrags anlangt, so hängt es von ihrem Umfange ab, ob der Versicherer das von ihm in Deckung genommene Risiko

ferner behalten will und bejahendenfalls ob zu der bisherigen oder zu einer höheren Prämie (wegen Veränderung der Bauart, Lage, Benutzungsart eines Hauses in der Feuerversicherung, Wechsel des Berufs in der Unfallversicherung). Die Gefahrerhöhung nach dem Abschlusse des Versicherungsvertrags kann einmal durch den Versicherungsnehmer oder mit seiner Zustimmung durch einen Dritten herbeigeführt werden, sie kann sich aber auch unabhängig von seinem Willen vollziehen. Das Gesetz bestimmt, daß der Versicherungsnehmer nach dem Abschlusse des Versicherungsvertrags ohne Einwilligung des Versicherers eine Erhöhung der Gefahr weder selbst vornehmen noch einer solchen zustimmen darf (§ 23) und daß er ferner, sobald er von einer Erhöhung Kenntnis erlangt hat, dem Versicherer unverzüglich Anzeige zu erstatten hat (§§ 23 Abs. 2, 27 Abs. 2).

5. An sich müßte es hiernach gleichgültig sein, ob bei Verletzung der Anzeigepflicht oder bei späterer Gefahrerhöhung ein Verschulden des Versicherungsnehmers mitspricht. Das Versicherungsrecht hat sich aber zugunsten des Versicherungsnehmers dahin entwickelt, daß es auf dessen Verschulden Gewicht legt. Das Gesetz unterscheidet:

1. Verletzung der Anzeigepflicht bei der Schließung des Vertrags.

a) Verschulden: Rücktrittsrecht des Versicherers und keine Verpflichtung desselben zur Leistung im Versicherungsfalle. Ausnahme im § 21.

b) Kein Verschulden: Der Vertrag bleibt bestehen, aber die Prämie kann erhöht werden (§ 41). Zufolge ausdrücklicher Vorschrift wird der Fall, daß keine Verletzung der Anzeigepflicht vorlag, weil der Versicherungsnehmer den nicht angezeigten Umstand nicht kannte, ebenso behandelt (§ 41 Abs. 1 Satz 2).

2. Erhöhung der Gefahr nach dem Abschlusse des Vertrags. Der Versicherungsnehmer hat dem Versicherer von dieser Erhöhung unverzüglich Anzeige zu machen, sobald er von ihr Kenntnis erlangt hat. Der Versicherer kann innerhalb Monatsfrist, nachdem die Gefahrerhöhung zu seiner Kenntnis gekommen ist, das Vertragsverhältnis kündigen und zwar

a) sofort, wenn die Erhöhung auf einem Verschulden des Versicherungsnehmers beruht; auch ist in diesem Falle der Versicherer von der Leistungspflicht sofort befreit;

b) mit Monatsfrist: α) wenn die Erhöhung zwar auf den Versicherungsnehmer zurückzuführen ist, ihn aber kein Verschulden trifft; β) wenn die Erhöhung von einem Dritten herbeigeführt worden ist. Außerdem ist in den Fällen α und β der Versicherer von der Leistungspflicht frei, wenn der Versicherungsfall später als einen Monat nach dem Zeitpunkt eintritt, in welchem ihm die Anzeige hätte zugehen müssen. Eine Verletzung der Anzeigepflicht oder eine Erhöhung der Gefahr ist bedeutungslos, wenn der Versicherer den anzuzeigenden Umstand kannte oder wenn ihm die Erhöhung der Gefahr in dem Zeitpunkte bekannt war, in welchem ihm die Anzeige hätte zugehen müssen.

6. Für einzelne Versicherungsarten gilt besonderes. Bei den Versicherungen für den Erlebensfall, bei der Aussteuer- oder Leibrentenversicherung besteht die von dem Versicherer zu tragende Gefahr darin, daß die Person, auf deren Leben die Versicherung genommen ist, nach dem Ablauf eines bestimmten Zeitraumes noch lebt. Der Versicherer hat somit an dem früheren Tode eines bestimmten Menschen ein Interesse. Die Gefahr einer übernormalen Lebenskraft wird nicht berücksichtigt, aus allgemein menschlichen Gründen müssen die Bestimmungen der §§ 16—32 hier außer Betracht bleiben (Begr. S. 156). Über die Bedeutung der Altersangabe für das ganze Gebiet der Lebensversicherung § 162, ferner §§ 163, 164. Für Viehversicherung §§ 121, 125, für Transportversicherung §§ 142, 143. Für manche Versicherungszweige scheiden die Bestimmungen über die Gefahrerhöhungen praktisch aus, z. B. für die Hagelversicherung und für die Versicherung von Wertpapieren gegen Auslosung.

7. II. Die Bestimmungen des BGB. bleiben unberührt, soweit sie nicht durch die sondergesetzliche Regelung außer Kraft gesetzt sind. Dies gilt insbesondere für die Rechte, welche dem Versicherer infolge Irrtums über die Gefahrumstände zustehen. Sie sind im VVG. ausschließlich geregelt, und es ist daher die ander-

weitige Anfechtung wegen Irrtums ausgeschlossen. Begr. S. 38; Wallmann **39** 2359; **40** 989; VA. **10*** 7. Wegen arglistiger Täuschung über die Höhe der Gefahr kann der Versicherer gemäß § 123 BGB. anfechten, was § 22 ausdrücklich bestimmt. Sodann kann der Versicherer wegen Irrtums über andere Tatsachen als die Gefahrumstände anfechten, z. B. wenn er eine andere Person oder ein anderes Haus versichern wollte oder wenn versehentlich ein Versicherungsschein ausgefertigt worden ist, der neben der Feuer- auch die Einbruchdiebstahlgefahr umfaßt, oder bei Irrtum über die Höhe der Prämie oder der Versicherungssumme.

8. Der Versicherungsnehmer kann wegen jedes erheblichen Irrtums, sei es über die Gefahrumstände, sei es über andere Tatsachen gemäß §§ 119 ff. BGB. anfechten, er wollte z. B. eine Unfallversicherung abschließen, nicht eine Haftpflichtversicherung, über welche auf Grund des von ihm irrtümlicherweise gestellten Antrags die Police lautet; oder er glaubte, als der Eigentümer eines Tieres gemäß § 833 BGB. haftpflichtig zu sein, während er das Tier einem anderen zu selbständiger Benutzung überlassen hat und dieser als Tierhalter anzusehen ist, er versichert sich auf Grund dieses Irrtums; oder der Reeder nimmt eine zusätzliche Kriegsversicherung, während tatsächlich kein Kriegszustand vorliegt; in allen diesen Fällen kann angefochten werden. Den Versicherer trifft keine Anzeigepflicht, z. B. er hat Nachrichten, nach denen das zu versichernde Schiff eine bestimmte besonders gefährliche Stelle schon passiert hat OLGRspr. **2** 501; er haftet aber bei Arglist.

9. Die Anzeigepflicht nach Abschluß des Vertrags und die Verpflichtung, die Gefahr nicht zu erhöhen, sind keine Leistung im Sinne der §§ 320 ff. BGB.; diese Bestimmungen sind hier unanwendbar.

10. III. Die unrichtige Anzeige, welche die Gefahr größer darstellt als sie in Wirklichkeit ist, und die während der Versicherungsdauer eintretende Gefahrverminderung (z. B. Verlegung eines besonders feuergefährlichen Betriebes aus dem versicherten Hause, Abschwächung der gesetzlichen Haftpflicht, Übergang zu einem Unfallgefahren weniger ausgesetzten Berufe) berühren den Vertrag, vorbehaltlich der Bestimmung in § 51 Abs. 1 (vgl. auch § 68 Bem. 1), nicht.

§ 16. Der Versicherungsnehmer hat bei der Schließung des Vertrags alle ihm bekannten Umstände, die für die Übernahme der Gefahr erheblich sind, dem Versicherer anzuzeigen.

Ist dieser Vorschrift zuwider die Anzeige eines erheblichen Umstandes unterblieben, so kann der Versicherer von dem Vertrage zurücktreten. Das Gleiche gilt, wenn die Anzeige eines erheblichen Umstandes deshalb unterblieben ist, weil sich der Versicherungsnehmer der Kenntnis des Umstandes arglistig entzogen hat.

Der Rücktritt ist ausgeschlossen, wenn der Versicherer den nicht angezeigten Umstand kannte oder wenn die Anzeige ohne Verschulden des Versicherungsnehmers unterblieben ist.

1. Die Anzeigepflicht trifft nur den Versicherungsnehmer selbst, bei Abschluß durch einen Vertreter hat dieser anzuzeigen. Weitergehende Ausnahmen in § 19, wenn der Vertrag von einem Bevollmächtigten oder von einem Vertreter ohne Vertretungsmacht geschlossen ist, in § 79 für die Versicherung auf fremde Rechnung. Keine Anzeigepflicht hat derjenige, zu dessen Gunsten die Lebensversicherung genommen wird (abweichende Vereinbarung unzulässig, § 31), derjenige, auf dessen Person die Lebens- oder Unfallversicherung genommen wird (abweichende Vereinbarung zulässig und üblich, §§ 161, 179 Abs. 4), ebenso nicht der Hypothekengläubiger, Pfandgläubiger usw., auch wenn er die Versicherungsnahme veranlaßt hat (abweichende Vereinbarung unzulässig, § 31). Anders bei Arglist dieser Personen, wenn auf ihrem Verhalten der Abschluß des Vertrags beruht. Bolze 20 Nr. 559.

2. „Bei der Schließung des Vertrags". Die Anzeigepflicht des Versicherungsnehmers besteht also während der ganzen Verhandlungen über den Vertragsschluß bis dieser zustande gekommen ist, insbesondere auch nach Stellung des Antrags, wenn irgend eine erhebliche Änderung in dem Risiko eingetreten ist; z. B. Erkrankung VA. 05* 95. Der Versicherungsnehmer hat die Pflicht, die auf dem Fragebogen niedergeschriebenen Antworten richtig zu stellen, wenn er sich der Unrichtigkeit bewußt geworden ist und zwar unverzüglich. Busch Arch. 11 319. Dagegen besteht n a ch Abschluß des Vertrags keine Anzeigepflicht bezüglich der Umstände, die bereits bei Abschluß des Vertrags anzuzeigen waren (Begr. S. 36; KB. I S. 31; KB. II S. 5). Alsdann kommt die Anzeigepflicht nach § 23 Abs. 2 und § 27 Abs. 2 in Betracht. Der Schließung des Vertrags steht die Abänderung oder Ergänzung des Vertrags gleich, insofern hierbei von neuem eine Gefahrübernahme für den Versicherer in Frage kommt. Auch die Verlängerung und zwar selbst die stillschweigende ist der Schließung gleichzustellen; regelmäßig wird hier aber der Versicherungsnehmer entschuldigt sein, wenn er mangels erneuter Befragung durch den Versicherer keine Anzeige erstattet (Abs. 3).

3. Nur bekannte Umstände sind anzuzeigen, wobei es genügt, daß sie dem Versicherungsnehmer nach ihrem objektiven Bestande bekannt sind. Die Erkenntnis der Gefährlichkeit braucht er nicht gehabt zu haben, aber er wird bei ihrem Fehlen meistens seine Schuldlosigkeit nachweisen können, so daß Abs. 3 Platz greift (KB. I S. 27). In dem praktisch wichtigsten Falle, in dem der Versicherungsnehmer die Gefahrumstände an der Hand schriftlicher, von dem Versicherer gestellter Fragen anzuzeigen hat, braucht er nicht alle ihm bekannten Umstände anzuzeigen. Er genügt hier vielmehr der ihm obliegenden Pflicht, wenn er die gestellten Fragen beantwortet, und es gereicht ihm die unterlassene Anzeige eines Umstandes, nach welchem nicht besonders gefragt ist, nur bei arglistiger Verschweigung also nicht schon deshalb, weil er Kenntnis von dem Umstande hatte, zum Nachteile (§ 18 Abs. 2).

Kennen müssen steht dem Kennen nicht gleich. Aber die Vertragstreue fordert, daß der Versicherungsnehmer nicht bloß anzeigt, wovon er sichere, jeden Zweifel ausschließende Kenntnis hat, sondern auch Umstände, deren Vorliegen mit soviel Wahrscheinlichkeit anzunehmen ist, daß ein verständiger Mensch sie mit in den Kreis der Berechnungen ziehen würde. Hier sind dann die feststehenden Tatsachen anzuzeigen, aus denen sich ein Schluß auf das Vorhandensein bestimmter Gefahrumstände ziehen läßt. ROHG. **16** 75. Eine Nachforschungs- und Erkundigungspflicht besteht nicht (anders nach § 17). ROHG. **9** 65; RG. **7** 1. Nur Tatsachen sind anzuzeigen, nicht reine Urteile, nicht Empfindungen.

4. Die Umstände müssen erheblich sein „für die Übernahme der Gefahr", d. h. für den Entschluß des Versicherers, den Vertrag überhaupt oder unter den zugrunde gelegten Bedingungen abzuschließen. § 2026 ALR. II 8; § 806 HGB. Gefahr im Sinne des § 16 ist gleich Risiko; insofern ist dieser Begriff auch für die Lebensversicherung anwendbar. Nur erhebliche Umstände sind anzuzeigen. Bei sachlicher Unerheblichkeit ist Verletzung der Anzeigepflicht unschädlich VA. **04** 71; ROHG. **16** 57; RG. **13** 107; SeuffA. **43** Nr. 52; Bolze **11** Nr. 435. Es kann nicht vereinbart werden, daß auch unerhebliche Umstände anzuzeigen sind. Eine Vereinbarung über die Grenzen der Anzeigepflicht hat nur die in § 18 bestimmte Wirkung, d. h. im Zweifel gilt ein Umstand als erheblich. Ist ein unerheblicher Umstand verschwiegen, so liegt auch dann keine Verletzung der Anzeigepflicht vor, wenn der Versicherungsnehmer den Umstand für erheblich ansah. Nur auf das objektive Vorliegen der Erheblichkeit kommt es an, nicht darauf, ob der Versicherer etwas für erheblich hält und regelmäßig danach fragt, sofern er nicht gerade im einzelnen Falle (gemäß § 18) danach gefragt hat, noch darauf, ob der Versicherungsnehmer etwas für unerheblich hält. Letzterer Umstand kann nur für die Frage nach seinem Verschulden wesentlich sein. ROHG. **17** 25. Was als erheblich zu gelten hat, ist nach vernünftigem Ermessen und nach dem Gutachten sachverständiger Personen zu beurteilen. ROHG. **5** 299; **16** 57; RG. **7** 13; **13** 109. Es können die verschiedensten Dinge in Betracht kommen: so außer den bereits in der Vorbemerkung 2 erwähnten Umständen die Eigenschaften einer Person oder einer Sache, Rechtsverhältnisse (Eigentumsverhältnis der versicherten Sache VA. **06*** 66), gesetzliche Vorschriften (Haftpflicht), rein innere Vorgänge (Zweck bei der Lebensversicherung), rein historische Tatsachen (frühere Bestrafung wegen Brandstiftung, früherer Brandschaden VA. **04** 60, 143; frühere Krankheiten VA. **04** 137), Urteile anderer Personen über das Risiko (frühere Ablehnung VA. **04** 32). Bei der Sachversicherung wird vielfach zwischen dem objektiven (in der Sache liegenden) und dem subjektiven (durch die Person des Besitzers der Sache gegebenen) Risiko unterschieden. Nicht erheblich sind Dinge, die zwar an sich erheblich sein würden, aber nachweislich im gegebenen Falle den Entschluß dieses Versicherers nicht beeinflußt haben würden. Bolze **11** Nr. 416. Auch in solchem Falle ist die Anzeigepflicht nicht verletzt. Nicht erheblich sind Umstände, mit deren Vorhandensein der Versicherer rechnen muß, sofern er nicht ausdrücklich sich danach erkundigt hat (§ 18) (z. B. Schwangerschaft bei einer verheirateten Frau, Verkalkung der Arterien bei älteren Personen). Bolze **6** Nr. 605; **13** Nr. 470; VA. **05*** 16.

5. Die Anzeige kann in beliebiger Form erfolgen. Vgl. aber § 31. Regelmäßig genügt Anzeige an den Agenten, § 43 Ziff. 1.

6. Beweislast. Ist bestritten, ob überhaupt eine Anzeige erfolgt ist (z. B. bei mündlichem Abschlusse), so hat der Versicherungsnehmer dies zu beweisen. Die Erheblichkeit eines nicht angezeigten Umstandes hat der Versicherer zu beweisen. Ist hingegen nach einem Umstande vom Versicherer ausdrücklich und schriftlich gefragt worden, so gilt dieser gemäß § 18 Abs. 1 im Zweifel als erheblich, und es hat dann der Versicherungsnehmer seinerseits zu beweisen, daß der Umstand nicht erheblich war. Dem Versicherungsnehmer steht ferner der Gegenbeweis offen, daß 1. auch bei erfolgter Anzeige der Versicherer den Vertrag in gleicher Weise abgeschlossen hätte; 2. der Versicherer den nicht angezeigten Umstand kannte (Anm. 9); 3. die Anzeige ohne sein Verschulden unterblieben ist (Anm. 10). VA. **04** 71.

7. Bei unterlassener Anzeige eines erheblichen Umstandes kann nur der Versicherer, nicht der Versicherungsnehmer zurücktreten. Dieser kann aber den Vertrag anfechten. Die Folgen des Rücktritts sind in den §§ 20, 21 geregelt. Die Bestimmungen sind zwingend. Es kann nicht ipso jure eintretende Nichtigkeit vereinbart werden, ebensowenig, daß der Vertrag ohne weiteres für den Versicherer unverbindlich ist (so bisher § 808 HGB., geändert durch Art. 1 V Ges. betr. die Änderung des HGB. über die Seeversicherung). Das ist namentlich auch für die Hypothekengläubiger wichtig (§ 100). Dagegen können für den Versicherungsnehmer günstigere Bedingungen vereinbart werden, so z. B. daß der Versicherer statt des Rücktrittsrechts ein Recht auf sofortige Kündigung oder auf Kündigung mit bestimmter Frist hat, oder daß der Vertrag bestehen bleibt und nur entweder die Leistung des Versicherers in dem Verhältnisse vermindert wird, in dem die tatsächlich übernommene Gefahr zu der vom Versicherungsnehmer angegebenen steht, oder daß im gleichen Verhältnisse die Prämie erhöht wird. Alle diese Vereinbarungen ändern die nach dem Gesetz eintretende Rechtslage des Versicherungsnehmers nicht zu seinen Ungunsten ab. Besonderes bestimmt für die Lebensversicherung § 162.

Ist das Rücktrittsrecht des Versicherers ausgeschlossen, weil den Versicherungsnehmer kein Verschulden trifft, so kann ersterer eine höhere Prämie verlangen (§ 41 Abs. 1 Satz 1).

8. Die auf eigener Arglist des Versicherungsnehmers beruhende Unkenntnis muß selbstverständlich der Kenntnis gleichstehen. Beispiel: der Versicherungsnehmer läßt die ihm zugehenden Briefe absichtlich ungelesen, um keine ungünstigen Nachrichten zu erfahren. Begr. S. 34.

Der Arglist des Versicherungsnehmers steht bei der Schadensversicherung diejenige der Personen gleich, von denen der jetzige Versicherungsnehmer die versicherten Sachen erworben hat (§ 69). Hat also z. B. bei der Feuer- oder Viehversicherung der Vorbesitzer des versicherten Hauses oder Tieres sich der Kenntnis eines erheblichen Umstandes arglistig entzogen, so muß der gegenwärtige Versicherungsnehmer diese Arglist gegen sich gelten lassen.

Die Beweislast für die Kenntnis oder die durch Arglist herbeigeführte Unkenntnis des Versicherungsnehmers trifft den Versicherer. **RG. 23** 139. Vielfach wird allerdings die Vermutung für die Kenntnis des Versicherungsnehmers sprechen, z. B. wenn dieser ihm gehörige Gegenstände als Eigentum seines Nachbarn bezeichnet hat. Busch Arch. **24** 18.

9. Kennt der Versicherer den nicht angezeigten Umstand, so liegt überhaupt keine Verletzung der Anzeigepflicht vor; § 41 Abs. 1 ist also nicht anwendbar. ROHG. **2** 32; **8** 231; **12** 170; Bolze **3** Nr. 754; Busch Arch. **27** 383. Die Kenntnis muß bei Abschluß des Vertrags vorliegen. Unter Umständen befreit den Versicherungsnehmer auch die nach Ausfertigung des Versicherungsscheins gewonnene Kenntnis des Versicherers, sofern dieser noch in der Lage war, die den Vertragsschluß vollendende Aushändigung des Scheins rechtzeitig zu verhindern. Worauf die Kenntnis beruht, ist gleichgültig; es kommen namentlich Mitteilungen des Agenten und des Vertrauensarztes in Betracht. Sie kann auch auf einer formlosen Mitteilung des Versicherungsnehmers beruhen, wenngleich diese als Anzeige im Sinne des § 31 Satz 2 unwirksam sein kann. Der Versicherungsnehmer hat die Kenntnis des Versicherers zu beweisen. ROHG. **2** 247. Kennen müssen steht der Kenntnis nicht gleich, selbst bei grober Fahrlässigkeit des Versicherers oder seiner Organe. RG. **18** 141. Dagegen muß arglistige Nichtkenntnisnahme auch hier der Kenntnis gleichstehen.

Eine Verletzung der Anzeigepflicht liegt ferner dann nicht vor, wenn das Unterlassen der Anzeige auf das Verhalten des Versicherers selbst zurückzuführen ist, z. B. durch dessen unklare (VA. **09*** 96) Fragestellung, oder durch von ihm gegebene Auskunft über den Umfang der Anzeigepflicht veranlaßt worden ist. Das Verhalten derjenigen Personen, für die der Versicherer haftet, steht seinem eigenen gleich; letzteres gilt regelmäßig nicht von dem Verhalten der Agenten, das dem Versicherungsnehmer nur zur Entschuldigung dient (Anm. 3 zu § 43). Der Unterschied ist wichtig wegen § 41.

10. Die Berücksichtigung der Schuld des Versicherungsnehmers in der Binnenversicherung (anders bisher in der Seeversicherung, HGB. § 808, jetzt geändert Art. 1 V Ges. betr. Änderung des HGB. über die Seeversicherung) entspricht der herrschenden Lehre. ROHG. **4** 60; **5** 298; **11** 134; RG. **10** 158; **22** 201; **27** 151; **39** 177; Bolze **1** Nr. 1117; **3** Nr. 755; **11** Nr. 437; **15** Nr. 403; **22** Nr. 476; stark einschränkend zu gunsten des Versicherers: RG. **46** 184; **49** 290; **53** 145; JW. **04** 576; vgl. aber Wallmann **40** 927. Ein Verschulden ist vor allem dann nicht vorhanden, wenn der Versicherungsnehmer, ohne gegen die im Verkehr erforderliche Sorgfalt zu verstoßen, annehmen konnte, daß der ihm zwar bekannte, dem Versicherer aber nicht angezeigte Umstand für die Übernahme der Gefahr nicht erheblich sei. VA. **04** 71. Im übrigen sind bei der Frage nach dem Verschulden die besonderen Umstände des Falles zu berücksichtigen, namentlich die Auskünfte des Agenten (Anm. 3 zu § 43), die persönlichen Eigenschaften des Versicherungsnehmers (geistige Beschränktheit, Gedächtnisschwäche Bolze **15** Nr. 403). Er ist auch entschuldigt, wenn er ohne Fahrlässigkeit geglaubt hat, der Versicherer werde von dem verschwiegenen Umstand ohnehin Kenntnis erhalten. Hingegen muß er auch ein Verschulden des Vorbesitzers der veräußerten Sache gegen sich gelten lassen, soweit nach dem Gesetze (§ 69) das Versicherungsverhältnis auf den Erwerber übergeht. Wird also z. B. versichertes Vieh mit dem Hofe veräußert (§ 128 Abs. 2), so muß sich der Erwerber auch die Einwendungen gefallen lassen, die gegenüber dem bisherigen Versicherungsnehmer begründet waren. Zu leicht sind von jeher Verschweigungen bezüglich des Gesundheitszustandes in der Lebens- wie in der Unfallversicherung entschuldigt worden. Bolze **23** Nr. 549; VA. **05*** 64; Wallmann **39** 2359; **40** 896. Gleichgültig ist es, ob der Versicherungsnehmer fahrlässig oder grob fahrlässig gehandelt hat. SeuffA. **25** Nr. 73; VA. **04** 71.

11. Andere als die in Abs. 3 und in § 17 Abs. 2 aufgeführten, das Rücktrittsrecht des Versicherers ausschließende Gründe gibt es nicht. Insbesondere nützt dem Versicherungsnehmer weder die nachträgliche Anzeige, sie setzt nur die Frist für die Ausübung des Rücktrittsrechts in Lauf (§ 20), noch die alsbaldige Beseitigung des Umstandes, auf dem die höhere Gefahr beruht, z. B. der Versicherungsnehmer hatte schuldhafterweise verschwiegen, daß in seinem Hause ein feuergefährlicher Gewerbebetrieb stattfand, nach Abschluß des Vertrags veranlaßt er alsbald den Gewerbetreibenden zum Auszuge. Diese nachträgliche Herstellung des beim Vertragsschlusse vorausgesetzten Zustandes kommt nur nach Maßgabe des § 21 in Betracht.

12. Die Bestimmungen des § 16 sind zwingend. Abänderungen zu gunsten des Versicherungsnehmers sind zulässig.

§ 17. Der Versicherer kann von dem Vertrag auch dann zurücktreten, wenn über einen erheblichen Umstand eine unrichtige Anzeige gemacht worden ist.

Der Rücktritt ist ausgeschlossen, wenn die Unrichtigkeit dem Versicherer bekannt war oder die Anzeige ohne Verschulden des Versicherungsnehmers unrichtig gemacht worden ist.

1. Ein Rücktrittsrecht ist dem Versicherer auch dann gegeben, wenn über einen erheblichen Umstand eine unrichtige Anzeige gemacht worden ist. Der unrichtigen Anzeige steht die unterlassene bezüglich der Rechtsfolgen gleich; ebenso früher ROHG. 9 286. Der Versicherungsnehmer hat jedoch insoweit eine weitergehende Verpflichtung, als er sich über die Richtigkeit und Vollständigkeit seiner Antwort erkundigen muß. Die einfache Unkenntnis von gewissen Umständen entschuldigt ihn nicht.

Ob eine Antwort unrichtig ist, muß nach den Umständen und nach der Anschauung des Verkehrs beurteilt werden. Die Antworten sind nicht wörtlich, sondern sinngemäß zu verstehen. Baumgartner S. 631. Die Unrichtigkeit kommt nur dann in Betracht, wenn sie erheblich im Sinne des § 16 ist, wenn sie also dem Versicherer ein falsches Bild über die Höhe der Gefahr gibt. Wird z. B.

ein lange zurückliegender Brandfall angegeben, der Versicherungsnehmer irrt sich aber in der Jahreszahl, oder wird bei Mitteilung über einen früher erlittenen Unfall die damalige Entschädigungssumme nicht ganz richtig angegeben (Bolze **11** Nr. 435), so liegt abgesehen von der Frage des Verschuldens keine Verletzung der Anzeigepflicht vor. Ebenso, wenn der Ehemann ein im Eigentume seiner Frau stehendes Haus als ihm gehörig bezeichnet; denn für den Versicherer kommt es nur darauf an, wer die Verwaltung des Hauses hat (ROHG. **14** 413; Bolze **14** Nr. 456; SeuffA. **47** Nr. 226; OLGRspr. **9** 452) oder wenn der Käufer die ihm übergebene Sache, an der sich der Verkäufer bis zur Zahlung des Kaufpreises das Eigentum vorbehalten hatte, als sein (des Käufers) Eigentum bezeichnet. Bolze **23** Nr. 538. Anderseits kann der Versicherungsnehmer sich nicht darauf berufen, daß seine Antwort buchstäblich richtig war, wenn der Versicherer sie falsch verstehen mußte. Bolze **21** Nr. 508 (Verneinung der Frage nach früherem Brandschaden, weil die damals verbrannten Sachen einer offenen Handelsgesellschaft gehörten, deren einer Gesellschafter der jetzige Versicherungsnehmer war). Ebenso ist die Anzeigepflicht verletzt, wenn erklärt wird, in dem zu versichernden Gebäude finde kein Gewerbebetrieb statt, obgleich der Betrieb zur Zeit des Vertragsschlusses nur vorübergehend unterbrochen war. Bolze **10** Nr. 499. Kleine Ungenauigkeiten in der Beantwortung schaden dem Versicherungsnehmer selbst dann nicht, wenn es sich um die Beantwortung für den Versicherer wichtiger Fragen gehandelt hat. Bolze **21** Nr. 511; BA. **03** 154. Dies gilt z. B. von den Fragen nach dem Gesundheitszustande (Bolze **11** Nr. 438), nach dem Aufbewahrungsorte der zu versichernden Sachen (Bolze **17** Nr. 491; **20** Nr. 540), nach der Benutzungsart des Gebäudes (Busch Arch. **11** 321). Unvollständigkeit der Antwort steht der Unrichtigkeit gleich. ROHG. **4** 60. Nach den Umständen ist zu beurteilen, welche Bedeutung es hat, wenn der Versicherungsnehmer einen Teil der Fragen nicht oder nicht vollständig beantwortet RG. **9** 237 (Strich neben der Frage im Antragsformulare Bolze **2** Nr. 1075). Es genügt aber, wenn die Frage soweit beantwortet wird, daß der

Versicherer sich näher über den Umstand erkundigen kann, falls er Gewicht darauf legt (z. B. genügt bei früheren Erkrankungen die Benennung des behandelnden Arztes; Bolze **14** Nr. 466, bei der früheren Ablehnung von Versicherungsanträgen der Name der betreffenden Gesellschaft). Über weitere Exkulpationsgründe RG. **46** 186; JW. **99** 104 Nr. 47; Bolze **23** Nr. 536.

Die Beweislast hinsichtlich der Unrichtigkeit trägt der Versicherer, hinsichtlich der den Rücktritt ausschließenden Tatsache der Versicherungsnehmer.

2. Zu Abs. 2 vgl. Anm. 9, 10, 11; zu § 16, Anm. 3 zu § 43. Die Beweislast hat der Versicherungsnehmer.

3. Zum Nachteile des Versicherungsnehmers kann von den Vorschriften nicht abgewichen werden (§ 31).

§ 18. Ein Umstand, nach welchem der Versicherer ausdrücklich und schriftlich gefragt hat, gilt im Zweifel als erheblich.

Hatte der Versicherungsnehmer die Gefahrumstände an der Hand schriftlicher von dem Versicherer gestellter Fragen anzuzeigen, so kann der Versicherer wegen unterbliebener Anzeige eines Umstandes, nach welchem nicht ausdrücklich gefragt worden ist, nur im Falle arglistiger Verschweigung zurücktreten.

1. Der Abs. 1 ist zugunsten des Versicherers getroffen, indem unter den dort angegebenen Bedingungen ein Umstand für erheblich im Sinne des § 16 Abs. 1 erklärt wird; der Abs. 2 bestimmt dagegen zugunsten des Versicherungsnehmers, daß ihm unter gewissen Voraussetzungen auch das Unterlassen der Anzeige eines erheblichen Umstandes nur bei Arglist schadet.

2. Es handelt sich in § 18 um den Versicherungsantrag und um den sogenannten Fragebogen, die in den Versicherungszweigen mit ausgebildeter Technik der Versicherer dem Versicherungslustigen vorzulegen pflegt und in denen nach dem Beruf und Wohnorte des Versicherungsnehmers, der Versicherungssumme, dem zu versichernden Gegenstand usw. gefragt wird; dem Fragebogen stehen die Fragen gleich, die dem Vertrauensarzte zu beantworten sind. Diese Angaben dienen nicht nur der Feststellung des wesentlichen Vertragsinhaltes, sondern bieten zugleich Anhaltspunkte für die Beurteilung des Risikos (falsche Bezeichnung des Gegenstandes **ZHR. 14** 568). Die Frage muß schriftlich gestellt sein; jedoch meint das Gesetz nicht Schriftform im Sinne des BGB., es genügt auch Druckschrift. Für mündlich gestellte Fragen gilt die Rechtsvermutung des § 18 nicht. Die Frage muß eine ausdrückliche sein, gemeint ist Unzweideutigkeit. Der Fragebogen ist nicht buchstäblich auszulegen, sondern entsprechend den Anschauungen von Treu und Glauben (§ 17 Anm. 1).

Im Zweifel gilt der Umstand, nach dem so gefragt ist, als erheblich, so auch bisher ROHG. **9** 68; RG. **13** 110; **17** 25; SeuffA. **28** Nr. 158; ZHR. **12** 546; jedoch bleibt dem Versicherungsnehmer die Möglichkeit der Nachprüfung. Der Versicherungsnehmer kann den Gegenbeweis führen, daß der Versicherer auch bei unrichtiger Antwort den Vertrag geschlossen hätte (ZHR. **19** 295; Anm. 6 zu § 16). Dieser Gegenbeweis kann nicht ausgeschlossen werden (§ 31). Ausfüllung des Fragebogens durch den Agenten Anm. 3 zu § 43.

3. Der Fragebogen wirkt insofern zugunsten des Versicherungsnehmers, als er den Umfang der Anzeigepflicht umgrenzt. Der Versicherer muß seine Fragen so vollständig und deutlich stellen, daß der Versicherungsnehmer ohne weiteres erkennen kann, um was es sich handelt. VA. **05*** 80. Über den Begriff der Arglist RG. **48** 282; **56** 73. Es genügt das Bewußtsein, daß die Kenntnis der verschwiegenen Tatsache den Entschluß des Versicherers möglicherweise beeinflussen würde. Grobe Fahrlässigkeit steht der Arglist nicht gleich. Der Versicherungsnehmer handelt z. B. arglistig, wenn er verschweigt, daß er bereits wegen Brandstiftung bestraft ist (Bolze **12** Nr. 477), ebenso wenn er offenbare Lücken des Fragebogens benutzt (versehentliche Durchstreichung einer Frage). Die Beweislast, daß arglistiges Verschweigen des Versicherungsnehmers vorliegt, trägt im vollen Umfange der Versicherer.

§ 18 Abs. 2 ist zugunsten des Versicherungsnehmers zwingend (§ 31), auch bezüglich der Beweislast.

§ 19. **Wird der Vertrag von einem Bevollmächtigten oder von einem Vertreter ohne Vertretungsmacht geschlossen, so kommt für das Rücktrittsrecht des Versicherers nicht nur die Kenntnis und die Arglist des Vertreters, sondern auch die Kenntnis und die Arglist des Versicherungsnehmers in Betracht. Der Versicherungsnehmer kann sich darauf, daß die Anzeige eines erheblichen Umstandes ohne Verschulden unterblieben oder unrichtig gemacht ist, nur berufen, wenn weder dem Vertreter noch ihm selbst ein Verschulden zur Last fällt.**

1. Der § 19 trifft zugunsten des Versicherers Bestimmungen darüber, wie es sich mit der Anzeigepflicht verhält, wenn der Versicherungsvertrag nicht von dem Versicherungsnehmer selbst abgeschlossen wird. Was die dem Versicherungsnehmer während des Laufes der Versicherung obliegenden Pflichten anlangt, so gelten hier die allgemeinen Rechtsgrundsätze. Der Versicherungsnehmer muß somit für ein Verschulden seines Vertreters dann einstehen, wenn er sich desselben zur Erfüllung seiner Verbindlichkeiten bedient, ihn also mit der Wahrnehmung der aus dem Versicherungsverhältnisse sich ergebenden Pflichten ausdrücklich oder stillschweigend betraut hat (§ 278 BGB.). Anm. 10 zu § 6.

2. Über den Bevollmächtigten § 166 Abs. 2 BGB., Vertreter ohne Vertretungsmacht § 177 Abs. 2 BGB.; auch der Agent des Versicherers kann als Bevollmächtigter des Versicherungsnehmers in Frage kommen. Auf gesetzliche Vertreter ist § 19 nicht anwendbar, die Kenntnis des Minderjährigen, für den der Vormund eine Versicherung schließt, bleibt außer Betracht. Ebensowenig kommt es auf die Kenntnis der Mitglieder des Aufsichtsrats an, wenn der Vorstand, auf die Kenntnis des Vorstandes, wenn ein anderer verfassungsmäßig berufener Vertreter (§ 31 BGB.), auf die

Kenntnis der Gesellschafter, wenn der geschäftsführende Gesellschafter, auf die Kenntnis der Erben, wenn der Testamentsvollstrecker, auf die Kenntnis der Ehefrau, wenn für die zum eingebrachten Gut oder zum Gesamtgute gehörenden Gegenstände der Ehemann Versicherung nimmt.

Entscheidend ist der Zeitpunkt des Vertragsschlusses, bei Vertretung ohne Vertretungsmacht der Zeitpunkt der Genehmigung (§ 177 Abs. 1 BGB.).

Gegenüber dem § 166 Abs. 1 BGB. bedeutet § 19 eine Abweichung; er gilt aber nur, soweit es sich um Verletzung der Anzeigepflicht handelt. Für die Anfechtung des Vertrags durch den Versicherer wegen Irrtums über andere Dinge oder wegen Arglist, sowie für die Anfechtung wegen Irrtums des Versicherungsnehmers (vgl. Vorbem. 8) und die Folgen dieser Anfechtung (Schadensersatzpflicht) bleibt es bei § 166 BGB., wonach es auf die Person des Vertreters und nur in dem Ausnahmefalle des Abs. 2 § 166 BGB. auch auf die Person des Vertretenen ankommt. Vgl. ferner § 2 und Anm. 1 zu § 16.

3. „Die Frage, ob den Versicherungsnehmer ein Verschulden trifft oder nicht, wird namentlich dann praktisch werden, wenn er eine ihm bekannte, dem Vertreter aber unbekannte Tatsache, die für die Übernahme der Gefahr erheblich war, seinem Vertreter nicht mitgeteilt hat; in einem solchen Falle wird sich der Versicherungsnehmer zu seiner Entlastung insbesondere darauf berufen können, daß der Vertrag ohne sein Wissen geschlossen worden oder die Tatsache so spät zu seiner Kenntnis gekommen ist, daß eine rechtzeitige Benachrichtigung des Vertreters nicht mehr möglich war." Begr. S. 37.

4. Zu ungunsten des Versicherungsnehmers kann von den Vorschriften nicht abgewichen werden (§ 31).

§ 20. Der Rücktritt kann nur innerhalb eines Monats erfolgen. Die Frist beginnt mit dem Zeitpunkt, in welchem der Versicherer von der Verletzung der Anzeigepflicht Kenntnis erlangt.

Der Rücktritt erfolgt durch Erklärung gegenüber dem Versicherungsnehmer. Im Falle des Rücktritts sind, soweit dieses Gesetz nicht in Ansehung der Prämie ein anderes bestimmt, beide Teile verpflichtet, einander die empfangenen Leistungen zurückzugewähren; eine Geldsumme ist von der Zeit des Empfanges an zu verzinsen.

1. Der Rücktritt kann vor und nach dem Eintritte des Versicherungsfalls erfolgen; nach demselben bleibt jedoch die Verpflichtung des Versicherers zur Leistung unter den im § 21 vorgesehenen Voraussetzungen bestehen. Erhält der Versicherer noch während der Verhandlungen über den Vertragsschluß Kenntnis von der Verletzung der Anzeigepflicht, beispielsweise nach Absendung des Versicherungsscheins an den Generalagenten, welcher diesen noch nicht ausgehändigt hat, so muß er seine Annahmeerklärung sofort widerrufen; er darf hier nicht einen Monat lang warten. Die Monatsfrist kann durch Vereinbarung verkürzt, aber nicht verlängert werden (§ 31). Nach Ablauf des Monats bleibt dem Versicherer nur noch die Anfechtung aus § 22, falls er durch arglistige Täuschung zum Vertragsschlusse bestimmt worden ist.

2. Zu Abs. 1 Satz 2 vgl. § 121 Abs. 1 Satz 1 BGB. Der Versicherer muß zuverlässige Kunde (bloßes Vermuten genügt nicht) von den Umständen haben, aus denen sich die Verletzung der Anzeigepflicht ergibt (Begr. S. 37; RG. 61 247), dagegen braucht er nicht darüber Gewißheit zu besitzen, daß die Verletzung auf einem Verschulden des Versicherungsnehmers beruht. Im allgemeinen wird der Versicherer nicht besonders zu beweisen haben, wann er Kenntnis erlangt hat, vielmehr hat der Versicherungsnehmer darzulegen, daß die Frist bei Erklärung des Rücktritts verstrichen war.

Der Versicherer kann selbstverständlich auch vor Ablauf der Frist auf sein Rücktrittsrecht verzichten; dieser Verzicht kann auch stillschweigend erklärt werden. In der Annahme der

Prämie ist er aber nicht ohne weiteres zu finden. Bolze 3 Nr. 754. Vgl. § 24 Anm. 4.

3. Zu Abs. 2 Satz 1 vgl. § 349 BGB. Der Rücktritt ist eine empfangsbedürftige Willenserklärung (§ 130 BGB.). Er kann nur dem Versicherungsnehmer oder seinem Rechtsnachfolger gegenüber erklärt werden; als Rechtsnachfolger hat aber bei der Versicherung für fremde Rechnung im Falle des § 75 Abs. 2 auch der Versicherte, bei der Versicherung zugunsten eines Dritten dieser letztere dann zu gelten, wenn der Versicherungsfall eingetreten ist; bei Abtretung oder Verpfändung vgl. §§ 407 ff., 1070, 1275 BGB., betreffs des Hypothekengläubigers § 100.

4. Die Bestimmungen in Abs. 2 Satz 2 schließen sich an §§ 316 ff. BGB. an; für die Prämie bestimmt § 40, für die Prämienreserve bei der Lebensversicherung § 176 besonderes. Ist die Versicherung gegen eine einmalige Prämie abgeschlossen, so muß umgerechnet werden, wieviel Prämie der Versicherungsnehmer zu zahlen gehabt hätte, wenn er die Versicherung nur bis zum Ablaufe der Versicherungsperiode und nicht bis zum Ende der vertragsmäßig vereinbarten Zeit abgeschlossen hätte. Nicht zurückzugewähren sind die Leistungen, die der Versicherungsnehmer für Stempel, Policegebühren gemacht hat. Die Verzinsung beträgt vier, wenn die Versicherung beiderseitiges Handelsgeschäft ist fünf vom Hundert. Daß mit dem Rücktritte die sofortige Befreiung von weiterer Leistungspflicht eintritt, ist selbstverständlich (Begr. S. 37). Ist die Leistung des Versicherers in natura gewährt, so ist der entsprechende Geldwert zu vergüten; die gelieferten Sachen (Arzneien bei der Krankenversicherung, neu gelieferte Glasscheiben oder Maschinen bei der Glas- oder Maschinenversicherung) sind zurückzugeben, vgl. aber §§ 351 ff. BGB. Der Versicherer muß ferner zurückerstatten, was er auf Grund seiner Leistung von einem Dritten gemäß § 67 erlangt hat; die übergegangene Ersatzforderung ist soweit nötig abzutreten; Hypotheken (§ 102) sind zu löschen oder abzutreten.

5. Von den Vorschriften kann zum Nachteile des Versicherungsnehmers nicht abgewichen werden (§ 31).

§ 21. Tritt der Versicherer zurück, nachdem der Versicherungsfall eingetreten ist, so bleibt seine Verpflichtung zur Leistung gleichwohl bestehen, wenn der Umstand, in Ansehung dessen die Anzeigepflicht verletzt ist, keinen Einfluß auf den Eintritt des Versicherungsfalls und auf den Umfang der Leistung des Versicherers gehabt hat.

1. Die Verpflichtung zur Leistung bleibt auch dann bestehen, wenn der Versicherer von dem Eintritte des Versicherungsfalls noch keine Kenntnis hatte. Es kommt darauf an, ob in dem Zeitpunkt, in dem die Rücktrittserklärung dem Versicherungsnehmer zugeht, der Versicherungsfall bereits eingetreten ist; dies muß auch bei einer für die Vergangenheit genommenen Versicherung gelten (§ 2).

2. Die Vorschrift des § 21 ist eine zwingend (§ 31) gestaltete Ausnahme zugunsten des Versicherungsnehmers. Bisher entschied die Rechtsprechung anders: ROHG. **9** 286; Bolze **3** Nr. 734; **5** Nr. 668; SeuffA. **1** Nr. 219. Der Versicherungsnehmer muß den Beweis führen. Beispiele: bei dem Abschlusse der Feuerversicherung war fälschlich angegeben, das Haus habe einen Blitzableiter, es wird später in Brand gesteckt, bei der Lebensversicherung war frühere Erkrankung verschwiegen, der Versicherungsnehmer kommt bei einem Eisenbahnunglück ums Leben. Wallmann **1911/12** 677. Ein noch so geringer Einfluß auf den Umfang der Leistungspflicht des Versicherers wirkt aber zu dessen Gunsten. Trotz des mangelnden Kausalzusammenhanges kann der Versicherer jedoch die Leistung verweigern, wenn der Vertrag durch arglistige Täuschung zustande gekommen ist (§ 22); z. B. bei Abschluß einer Feuerversicherung verschweigt der Versicherungsnehmer arglistig, daß es bei ihm gebrannt hat; später bricht wieder ein Brand aus.

§ 22. Das Recht des Versicherers, den Vertrag wegen arglistiger Täuschung über Gefahrumstände anzufechten, bleibt unberührt.

1. Der Versicherer muß die arglistige Täuschung nachweisen, er muß aber auch darlegen, daß er durch die Täuschung zum Abschlusse des Vertrags bestimmt worden ist (§ 123 Abs. 1 BGB.); z. B. der Antragsteller hat eine andere gesunde Person veranlaßt, sich zur ärztlichen Untersuchung zu stellen; der Versicherer hat daraufhin den Versicherungsvertrag mit dem kranken Antragsteller abgeschlossen. VA. **05*** 8. Hat nicht der Versicherungsnehmer, sondern ein Dritter die Täuschung verübt, so kann die Anfechtung nur erfolgen, wenn der Versicherungsnehmer die Täuschung kannte oder kennen mußte (§ 123 Abs. 2 Satz 1 BGB.). Wird der Versicherungsnehmer durch einen Bevollmächtigten vertreten, so gilt hier nicht die Ausnahmevorschrift des § 19, sondern die Regelvorschrift des § 166 BGB. (§ 19 Anm. 2 am Schlusse). Soweit aus dem Abschlusse der Versicherung dritten Personen unmittelbar Rechte erwachsen, z. B. dem Bezugsberechtigten, dem Hypothekengläubiger, ist ihnen gegenüber die Anfechtung nur zulässig, wenn sie die Täuschung kannten oder kennen mußten (§ 123 Abs. 2 Satz 2 BGB.). Arglistige Täuschung liegt nicht nur dann vor, wenn der Versicherungsnehmer in dem Bewußtsein gehandelt hat, der Versicherer werde sich ohne die Irrtumserregung auf den Vertrag nicht einlassen, sondern schon dann, wenn er sich bewußt war, daß der Versicherer ohne die Irrtumserregung den Vertrag möglicherweise nicht abschließen würde. Z. **13** 247. Die Anfechtung muß binnen Jahresfrist nach Entdeckung des Betruges (RG. **59** 94) und kann nur binnen 30 Jahren seit dem Vertragsschluß erfolgen (§ 124 BGB.). Über den Anfechtungsgegner (Versicherungsnehmer, Versicherter, Bezugsberechtigter, Erwerber, Hypothekengläubiger) § 143 BGB.

2. Die Anfechtungsbefugnis bietet gegenüber dem Rücktrittsrechte den Vorteil, daß sie auch nach Ablauf der Monatsfrist des § 20 und mit Wirkung für eingetretene Versicherungsfälle ohne Rücksicht auf den nach § 21 erheblichen ursächlichen Zusammenhang erfolgen kann. Der Verzicht auf den Rücktritt wird regelmäßig auch den Verzicht auf die Anfechtung in sich schließen, es sei denn, daß nachträglich ein neuer Anfechtungsgrund hervortritt. Erfolgt die Anfechtung, so ist der Vertrag von vornherein nichtig (§ 142 BGB.); das etwa Geleistete ist von beiden Teilen nach den Vorschriften über ungerechtfertigte Bereicherung (§§ 812 ff. BGB.) zurückzugewähren. Der Versicherer kann die Prämie nicht zurückbehalten; § 40 ist auf den Fall der Anfechtung nicht anwendbar. Der Versicherer kann aber Ersatz des Schadens verlangen, den er durch den Abschluß des Vertrags erlitten hat (negatives Vertragsinteresse), z. B. Stempelkosten, Provision, Vergütung für den Arzt. Ist die Monatsfrist des § 20 noch nicht abgelaufen, so wird der Versicherer auch bei arglistiger Täuschung zweckmäßiger vom Vertrage zurücktreten, statt ihn wegen arglistiger Täuschung anzufechten; einmal braucht er dann den meistens schwierigen Beweis nicht zu führen, daß und in welcher Höhe ihm ein Schaden entstanden ist, und weiterhin gebührt ihm dann die ganze Prämie bis zum Schlusse der laufenden Versicherungsperiode (§ 40 Abs. 1).

3. Zulässig würde trotz § 31 eine Bestimmung in den Versicherungsbedingungen sein, nach welcher im Fall einer Anfechtung des Vertrags wegen arglistiger Täuschung dem Versicherer die eingezahlten Prämien ganz oder teilweise verfallen sind, ohne daß er einen ihm entstandenen Schaden nachzuweisen braucht, da § 22 die dem Versicherer infolge des Verhaltens des Versicherungsnehmers etwa erwachsenden Ansprüche nicht regelt. Will der Versicherer den Vertrag weder anfechten, noch von ihm zurücktreten, so kann er bei ihm auch stehen bleiben und neben der weiteren Erfüllung Ersatz des ihm durch die arglistige Täuschung entstandenen Schadens auf Grund des § 826 BGB. verlangen (RG. **59** 155; JW. **04** 140). Dieser Schadensersatz besteht in entsprechender Erhöhung der Prämie und zwar rückwirkend auf den Beginn des Vertragsverhältnisses oder in Herabsetzung der Leistung des Versicherers gleichfalls mit rückwirkender Kraft, so daß das etwa zuviel Gezahlte zurückgefordert werden kann.

4. § 22 ist zugunsten des Versicherers zwingend. Ein Verzicht auf das Rücktrittsrecht für den Fall arglistiger Verletzung der Anzeigepflicht ist unzulässig. § 163 Bem. 2.

§ 23. **Nach dem Abschlusse des Vertrags darf der Versicherungsnehmer nicht ohne Einwilligung des Versicherers eine Erhöhung der Gefahr vornehmen oder deren Vornahme durch einen Dritten gestatten.**

Erlangt der Versicherungsnehmer Kenntnis davon, daß durch eine von ihm ohne Einwilligung des Versicherers vorgenommene oder gestattete Änderung die Gefahr erhöht ist, so hat er dem Versicherer unverzüglich Anzeige zu machen.

1. Als eine Gefahrerhöhung im Sinne der §§ 23 ff. kommt eine solche Veränderung der Umstände nicht in Betracht, welche eine wesentliche Abänderung der Vertragsgrundlage enthalten, durch welche also die vom Versicherer übernommene Verpflichtung wegfallen und eine neue an ihre Stelle treten würde. Wird das versicherte Haus niedergerissen und an seiner Stelle ein anderes gebaut, wird die Reise, für welche eine Transportversicherung genommen wurde, nicht angetreten und statt dessen eine völlig andere Reise unternommen, ist Haftpflicht aus einer bestimmten beruflichen Beschäftigung versichert und wird dieser Beruf mit einem gänzlich anderen vertauscht, hat jemand für die Zeit eines Krieges eine kurze Lebensversicherung genommen und wird statt auf den Kriegsschauplatz in die Kolonien entsendet, so liegt in allen diesen Fällen die neue Gefahr vollständig außerhalb des Vertragsbereichs. Soweit die Versicherungsbedingungen nichts vorsehen, kommen, abgesehen von § 68 Abs. 2, die Bestimmungen des BGB. (§§ 323 ff., 812, 820) zur Anwendung. Hierher gehört es auch oft, wenn Gegenstände als an einem bestimmten Ort oder in bestimmten Räumlichkeiten befindlich versichert und nach Abschluß des Vertrags von dort entfernt werden. Die Versicherung ist dann entweder erloschen oder nur unterbrochen, je nachdem die Ortsveränderung eine endgültige oder nur eine vorübergehende ist. Es ist zu unterscheiden, ob der Aufbewahrungsort vertragsmäßig festgelegt ist oder nur als ein die Höhe der Gefahr mitbestimmender Umstand in Betracht kommt. Bei der Feuerversicherung wird

regelmäßig ersteres anzunehmen sein (ROHG. 1 152; 9 403; Bolze 3 Nr. 741; 9 Nr. 421; 18 Nr. 486; 22 Nr. 472), sofern nicht ausdrücklich für die versicherten Gegenstände Freizügigkeit oder Außenversicherung vereinbart ist. Diese wird häufig für Kleider, Wäsche usw. genommen, um für Schadenfälle auf Reisen gedeckt zu sein. Ebenso fällt es nicht unter §§ 23 ff., wenn der Versicherer bestimmte Gefahren aus der Versicherung ausgeschieden hat, wenn z. B. die Unfallversicherung aufhören soll, falls der Versicherte geisteskrank wird, oder ruhen soll, so lange er außerhalb Europas reist oder Kriegsdienste leistet, oder wenn er in bestimmten Eigenschaften (als Jäger, als Bergsteiger) nicht versichert ist. Bei ihrem Eintritt entfällt die Versicherung in Abweichung von § 24 ohne weiteres. VA. 09 159. Die Unterscheidung zwischen wesentlicher Gefahränderung und Gefahrerhöhung ist von einschneidender Bedeutung, weil es bei jener nicht auf Verschulden des Versicherungsnehmers ankommt und auch § 26 nur entsprechend anwendbar ist (vgl. auch § 32).

2. Zu den durch den Versicherungsnehmer herbeigeführten Gefahrerhöhungen gehört z. B. bei der Feuerversicherung die Einrichtung eines feuergefährlichen Gewerbebetriebs, bei der Transportversicherung Abweichung von dem festgesetzten Reisewege, sofern die Reise überhaupt noch als dieselbe zu betrachten ist, bei der Haftpflichtversicherung Übernahme des Automobilbetriebs (VA. 09* 55), Anschaffung eigenen Fuhrwerks (VA. 10* 87), bei der Lebens- und Unfallversicherung Übergang zu einem Leben und Gesundheit besonders gefährdenden Berufe (VA. 10* 89). Vgl. für die Lebensversicherung jedoch § 164, im allgemeinen auch § 29. Zuwiderhandeln gegen polizeiliche Schutzvorschriften muß meistens als Gefahrerhöhung gelten RG. 19 1. Keine Gefahrerhöhung ist gewöhnlich anderweite Versicherung, auch wenn Doppelversicherung vorliegt; hier gelten die besonderen Bestimmungen der §§ 58 ff. Es kann jedoch ausdrücklich vereinbart werden, das anderweitige oder Doppelversicherung als Gefahrerhöhung betrachtet werden soll. Ebenso ist Veräußerung des versicherten Gegenstandes regelmäßig nicht als Gefahrerhöhung

anzusehen; es gelten vielmehr §§ 69 ff. Ausnahmsweise können daneben §§ 23 ff. in Frage kommen, z. B. jemand veräußert sein Haus an einen Brandstifter. Auch die Vermietung des versicherten Schiffes an sich ist nicht ohne weiteres Gefahrerhöhung. VA. **04** 155. Als keine Gefahrerhöhung kann ferner die Konkurseröffnung über das Vermögen des gegen Feuersgefahr Versicherten angesehen werden. VA. **11** 114. Ob es weiterhin z. B. für die Feuer- und Einbruchsdiebstahlversicherung eine Gefahrerhöhung ist, wenn jemand eine ihm als unvorsichtig oder unzuverlässig bezeichnete Person in Dienst nimmt, wird nach den Umständen des Falles zu beurteilen sein. Mangels näherer Angaben werden nur solche Veränderungen in der Art der Aufbewahrung und Benutzung des versicherten Gegenstandes als Erhöhung der Feuergefährlichkeit angesehen werden, die ungewöhnlich und im regelmäßigen Laufe des häuslichen Verkehrs beim Versicherungsabschlusse nicht vorauszusehen waren. VA. **04** 76.

3. Der von dem Versicherungsnehmer vorgenommenen Gefahrerhöhung stehen die Handlungen derjenigen Personen gleich, deren er sich zur Erfüllung seiner Verbindlichkeiten gegenüber dem Versicherer bedient (§ 278 BGB.), z. B. des Verwalters eines Hauses oder Gutes, des Schiffers (RG. **51** 20), sowie der von ihm angestellten oder zu beaufsichtigenden (§§ 831 ff. BGB.) Personen (Dienstpersonal, Kinder). Anm. 2 zu § 24.

4. Die Einwilligung, d. h. die vorherige Zustimmung (§ 183 BGB.) des Versicherers kann schriftlich oder mündlich, ausdrücklich oder stillschweigend erklärt werden. Die fehlende Einwilligung wird durch nachträgliche Zustimmung (Genehmigung) ersetzt. Anm. 4 zu § 24. Wieweit sie reicht und ob sie die Gefahrerhöhung in vollem Umfang umfaßt, ist aus den Umständen zu beurteilen. Die Einwilligung entbindet den Versicherungsnehmer nicht von der Beobachtung der üblichen Vorsichtsmaßregel. VA. **03** 152. Eine dem Versicherer zugegangene Anzeige über Gefahrerhöhung einer Haftpflichtversicherungspolice besitzt auch für eine andere (Unfallversicherung) laufende Police des gleichen Versicherten

Geltung. VA. 11* 54. Ist nach den Bedingungen schriftliche Genehmigung des Versicherers vorgeschrieben, so genügt eine formlose Mitteilung an den Generalagenten nicht. VA. 04 149.

5. Das „Gestatten" einer Gefahrerhöhung seitens des Versicherungsnehmers kann natürlich nicht in Frage kommen, wenn er duldete, was er nicht hindern konnte, sondern nur, wenn er durch sein Verhalten die Erhöhung der Gefahr verhindern oder alsbald wieder beseitigen konnte; andernfalls gilt § 27. Unbilliges darf ihm hierbei nicht zugemutet werden. Wegen der Haftung für andere Personen, soweit diesen das Gestatten zur Last fällt, gilt das in Anm. 3 Bemerkte.

6. Das Kennenmüssen des Versicherungsnehmers steht seiner Kenntnis nicht gleich. Wird der Versicherungsnehmer in seinem Verhältnisse zum Versicherer vertreten, so kommt es nur auf die Kenntnis des Vertreters an. Bei der Versicherung auf fremde Rechnung kommt nur die Kenntnis des Versicherungsnehmers, nicht auch diejenige des Versicherten in Betracht, und es kann bei ihr ebensowenig wie bei der Lebens- und Unfallversicherung vereinbart werden, daß die Kenntnis des Versicherten oder desjenigen, auf dessen Person die Lebens- oder Unfallversicherung genommen wird, der Kenntnis des Versicherungsnehmers gleich stehen soll (§§ 79, 161, 179 Abs. 4, welche nur das Rücktrittsrecht des Versicherers, nicht das hier in Frage stehende Kündigungsrecht betreffen). Im übrigen vgl. § 16 Anm. 3; über die Befugnis des Agenten §§ 43 Ziff. 2, 44.

7. Unverzüglich heißt ohne schuldhaftes Zögern (§ 121 BGB.). Es gereicht daher dem Versicherungsnehmer nicht zum Schaden, wenn er die Erstattung einer Anzeige ohne Verschulden unterlassen hat, z. B. weil er die Gefahrerhöhung nicht für erheblich halten oder weil er voraussetzen konnte, sie sei dem Versicherer bekannt.

8. § 23 ist zugunsten des Versicherungsnehmers zwingend (§ 31). Die Beweislast für die Tatsache der Gefahrerhöhung und der Kenntnis des Versicherungsnehmers von ihr trägt der Versicherer, die Beweislast für den Zeitpunkt der Kenntnis des

Versicherers und der Anzeige, sowie für die Wiederherstellung des früheren Zustandes (§ 24 Abs. 2) der Versicherungsnehmer.

§ 24. Verletzt der Versicherungsnehmer die Vorschrift des § 23 Abs. 1, so kann der Versicherer das Versicherungsverhältnis ohne Einhaltung einer Kündigungsfrist kündigen. Beruht die Verletzung nicht auf einem Verschulden des Versicherungsnehmers, so braucht dieser die Kündigung erst mit dem Ablauf eines Monats gegen sich gelten zu lassen.

Das Kündigungsrecht erlischt, wenn es nicht innerhalb eines Monats von dem Zeitpunkt an ausgeübt wird, in welchem der Versicherer von der Erhöhung der Gefahr Kenntnis erlangt, oder wenn der Zustand wiederhergestellt ist, der vor der Erhöhung bestanden hat.

1. Nimmt der Versicherungsnehmer ohne Einwilligung des Versicherers eine Erhöhung der Gefahr vor oder gestattet deren Vornahme durch einen Dritten (§ 23 Abs. 1), so kann der Versicherer auf sofort kündigen. Die Kündigung bedeutet Auflösung des Versicherungsverhältnisses für die Zukunft, also weniger als der Rücktritt. Da § 24 zwingend ist (§ 31), kann der Versicherer sich kein Rücktrittsrecht, kein von selbst eintretendes Erlöschen der Versicherung (vgl. jedoch § 25 Satz 1) ausbedingen, auch kann nicht vereinbart werden, daß die Kündigung auf den Zeitpunkt der Gefahrerhöhung zurückwirkt. Er kann nicht für die Zeit, während der er tatsächlich eine höhere Gefahr getragen hat (Abs. 1 Satz 2, § 25 Abs. 2), die angemessene höhere Prämie nachverlangen; § 41 Abs. 1 versagt hier. Er behält nur die Prämie für die Vergangenheit und für die zur Zeit der Kündigung laufende Periode (§ 41 Abs. 1). Nach den üblichen Unfallversicherungsbedingungen wird die Versicherung auch auf das neue Risiko nach der Maßgabe erstreckt, daß sich die versicherten Beträge vom Eintritte der Änderungen an im Verhältnis der bisher festgesetzten zu der nach dem Tarif erforderlichen Prämie vermindern, solange nicht eine Vereinbarung über eine entsprechende Erhöhung der Prämie zustande gekommen ist. Nach den üblichen Haftpflichtversicherungsbedingungen muß der Versicherungsnehmer nachzahlen oder er bekommt einen Teil der Prämie zurückerstattet. Der Versicherer kann im allgemeinen keinen Schadensersatz verlangen und zwar auch dann nicht, wenn der Versicherungsnehmer grob fahrlässig gehandelt hat; es muß angenommen werden, daß §§ 23 ff. die Folgen der Gefahrerhöhung erschöpfend regeln. Nur bei arglistigem Verhalten hat der Versicherer nach § 826 BGB. das Recht, neben der Kündigung oder auch unter Aufrechterhaltung des Vertrags Schadensersatz zu fordern. Die Kündigung muß dem Versicherungsnehmer gegenüber erklärt werden; mit dem Zugehen der Kündigung (§ 130 BGB., vgl. oben § 10) erlischt der Vertrag. Der Versicherer kann, und zwar ohne daß dies besonders vereinbart ist, auch mit beliebiger Frist kündigen.

Die bisherige Rechtsprechung nahm auch bei abweichendem Wortlaute der Bedingungen an, daß es einer Kündigung bedürfe und daß die Versicherung nicht von selbst erlösche (JW. 05 51), eine Auslegung, welche bezüglich derjenigen Versicherungszweige noch von Bedeutung ist, die den Zwangsvorschriften dieses Gesetzes nicht unterliegen (§ 187). — Wegen der Hypothekengläubiger § 100.

2. Über das Einstehen des Versicherungsnehmers für Verschulden vgl. Anm. 10 zu § 16, Anm. 4 zu § 43. Das Verschulden der Hilfspersonen (§ 278 BGB.) gilt als eigenes, das der zu beaufsichtigenden Personen (§§ 831 ff. BGB.) nur, wenn den Versicherungsnehmer bei der Beaufsichtigung, Auswahl usw. ein Verschulden trifft. In letzterem Falle kommt § 24, nicht § 27 zur Anwendung. Ein Verschulden liegt insbesondere dann nicht vor, wenn der Versicherungsnehmer ohne Fahrlässigkeit die Gefahrerhöhung nicht als solche erkannte oder wenn er sie trotzdem aus wichtigen Gründen (abgesehen von den Fällen des § 26) alsbald vornehmen mußte (z. B. nicht aufzuschiebende Reise, Berufswechsel, Umbau).

3. Die Bestimmung, daß der Versicherungsnehmer die Kündigung erst mit Ablauf eines Monats gegen sich gelten zu lassen „braucht“, ist eine Schutzvorschrift für den Versicherungsnehmer, die ihm die Möglichkeit eröffnet, vor Beendigung des Versicherungsverhältnisses einen neuen Versicherungsvertrag zu schließen. Der Versicherungsnehmer kann daher auch in eine sofortige Kündigung einwilligen. Einer ausdrücklichen Erklärung des Versicherungsnehmers bedarf es hierzu nicht, anders nur, wenn sein Stillschweigen gegen Treu und Glauben verstoßen würde, z. B. wenn der Versicherer ihn zu einer Erklärung aufgefordert hat, ob er die Kündigung sofort gelten lasse. Will der Versicherungsnehmer von seinem Rechte, daß die Kündigung erst mit dem Ablauf eines Monats gegen ihn gelten soll, Gebrauch machen, so ist die unbefristete Kündigung nicht unwirksam. Sie wird, ohne daß sie wiederholt werden müßte, aber erst nach Ablauf des Monats wirksam. Die Monatsfrist beginnt mit dem Zugehen der Kündigung.

4. Am letzten Tage der Frist muß die Kündigung (nötigenfalls unter Anwendung des § 10) zugegangen sein; Absendung genügt nicht. Kenntnis des Agenten § 44. Die Genehmigung der Gefahrerhöhung kann auch vor Ablauf der Frist ausdrücklich oder stillschweigend erklärt werden; in der Annahme der Prämie kann eine stillschweigende Genehmigung liegen. ZHR. **19** 266; Bolze **3** Nr. 754; JW. **04** 215. Im übrigen vgl. Anm. 2 zu § 20.

5. Nicht erfordert wird, daß die Gefahrerhöhung eine vorübergehende war; sie kann längere Zeit bestanden haben. Wiederherstellung des früheren Zustandes ist nicht wörtlich zu verstehen, sondern dahin, daß die Gefahr keine wesentlich größere mehr ist als die vom Versicherer ursprünglich übernommene. Dies muß als erwiesen gelten, wenn die in solchen Fällen üblichen besonderen Vorsichtsmaßregeln getroffen worden sind. JW. **04** 420. Die Wiederherstellung gilt erst dann als tatsächlich erfolgt, wenn auch Nachwirkungen der eingetretenen Veränderung nicht mehr zu befürchten sind; „hat also ein Viehbesitzer ein versichertes Tier während des Laufes der Versicherung in einem verseuchten Ort untergebracht, so ist die Gefahrerhöhung noch nicht wieder beseitigt, wenn das Tier von diesem Orte entfernt ist, sondern erst dann, wenn die Zeit verstrichen ist, innerhalb deren nach den Erfahrungen der tierärztlichen Wissenschaft eine an dem verseuchten Orte erfolgte Ansteckung die Erkrankung des Tieres zur Folge haben konnte." Begr. S. 40. Die Wiederherstellung muß erfolgt sein, bevor die Kündigung zugegangen ist, und zwar auch dann, wenn diese erst nach Ablauf eines Monats wirksam wird, es nützt dem Versicherungsnehmer nichts, wenn er (ohne Verständigung mit dem Versicherer) bereits mit der Wiederherstellung begonnen hat.

6. Beweislast: Daß eine Gefahrerhöhung stattgefunden hat, muß der Versicherer beweisen. Für die Ausnahme des Abs. 1 Satz 2 und Abs. 2 ist der Versicherungsnehmer beweispflichtig. Ebenso, wenn nicht aufgeklärt ist, inwieweit die Gefahrerhöhung auf seine Veranlassung oder mit seiner Duldung erfolgt ist. Daß und wann gekündigt worden ist, muß der Versicherer beweisen. Die Beweislast kann nicht vertragsmäßig zu ungunsten des Versicherungsnehmers geändert werden, ebensowenig der übrige Inhalt des § 24 (§ 31). Abweichungen zu ungunsten des Versicherungsnehmers sind überhaupt unzulässig (§ 31).

7. Für die Lebensversicherung ist zu §§ 24—30 auf die Sondervorschrift des § 164 Abs. 2 zu verweisen.

§ 25. Der Versicherer ist im Falle einer Verletzung der Vorschrift des § 23 Abs. 1 von der Verpflichtung zur Leistung frei, wenn der Versicherungsfall nach der Erhöhung der Gefahr eintritt.

Die Verpflichtung des Versicherers bleibt bestehen, wenn die Verletzung nicht auf einem Verschulden des Versicherungsnehmers beruht. Der Versicherer ist jedoch auch in diesem Falle von der Verpflichtung zur Leistung frei, wenn die im § 23 Abs. 2 vorgesehene Anzeige nicht unverzüglich gemacht wird und der Versicherungsfall später als einen Monat nach dem Zeitpunkt, in welchem die Anzeige dem Versicherer hätte zugehen müssen, eintritt, es sei denn, daß ihm in diesem Zeitpunkte die Erhöhung der Gefahr bekannt war.

Die Verpflichtung des Versicherers zur Leistung bleibt auch dann bestehen, wenn zur Zeit des Eintritts des Versicherungsfalls die Frist für die Kündigung des Versicherers abgelaufen und eine Kündigung nicht erfolgt ist oder wenn die Erhöhung der Gefahr keinen Einfluß auf den Eintritt des Versicherungsfalls und auf den Umfang der Leistung des Versicherers gehabt hat.

1. Die Versicherung ruht also ohne weiteres infolge der einfachen Tatsache der Gefahrerhöhung, und zwar bis zur Kündigung oder bis zum fruchtlosen Ablaufe der Kündigungsfrist (Anm. 4). Die Ausnahmen geben die Abs. 2 und 3 (Anm. 2, 4). Hat der Versicherer auf das Kündigungsrecht verzichtet, so ist aus den Umständen zu entnehmen, ob die in dem Verzichte liegende Genehmigung erst mit diesem wirksam werden oder ob sie auf den Zeitpunkt der Gefahrerhöhung zurückwirken soll, was vor allem in der Haftpflichtversicherung wichtig ist, bei welcher der Versicherungsfall oft erst längere Zeit nach seinem Eintritte zur Kenntnis des Versicherungsnehmers kommt.

2. Die Versicherung dauert aber auch im Falle des Abs. 2 nur fort, bis die Kündigung nach § 24 wirksam wird. Tritt ein Versicherungsfall vor, ein zweiter nach diesem Zeitpunkt ein, so beschränkt sich die Ersatzpflicht des Versicherers auf den ersteren. Über das Verschuldensprinzip Anm. 2 zu § 24.

3. Wegen „unverzüglich" § 23 Anm. 7. Der Versicherer ist also nicht frei, wenn die Anzeige ohne Verschulden des Versicherungsnehmers unterblieben ist.

4. Die Nichtkündigung wirkt nicht zurück. Läßt der Versicherer die bis zum 31. Januar laufende Frist unbenutzt verstreichen und ist am 30. Januar der Versicherungsfall eingetreten, so haftet der Versicherer nicht; denn zur Zeit des Eintritts des Versicherungsfalls war die Kündigungsfrist noch nicht abgelaufen; in allen derartigen Fällen ist daher der Versicherungsnehmer einen Monat hindurch nicht versichert.

5. Während hier der Versicherungsnehmer nur zu beweisen braucht, daß die Erhöhung der Gefahr keinen Einfluß gehabt hat, muß er im Seerechte (§ 814 Abs. 2 Ziffer 1 HGB.) beweisen, „daß die Vergrößerung oder Veränderung der Gefahr keinen Einfluß auf den späteren Unfall hat üben können" (RG. 3 143). Ebensowenig kommt es hier auf die in § 24 Abs. 2 geforderte Wiederherstellung an. SeuffA. 51 Nr. 212.

6. § 25 ist zugunsten des Versicherungsnehmers zwingend.

7. Beweislast: Der Versicherer hat zu beweisen, daß der Versicherungsfall nach der Gefahrerhöhung eingetreten ist, ebenso, daß und wann er gekündigt hat, im übrigen trifft die Beweislast vollständig den Versicherungsnehmer.

§ 26. Die Vorschriften der §§ 23 bis 25 finden keine Anwendung, wenn der Versicherungsnehmer zu der Erhöhung der Gefahr durch das Interesse des Versicherers oder durch ein Ereignis, für welches der Versicherer haftet, oder durch ein Gebot der Menschlichkeit veranlaßt wird.

1. Für eine Erhöhung der Gefahr im Interesse des Versicherers bringt die Begr. (S. 42) ein Beispiel aus der Viehversicherung: der Eigentümer entfernt ein krankheitsverdächtiges Tier aus der versicherten Herde, um die übrigen Tiere vor Ansteckung zu bewahren und bringt es in einem weniger gesunden Raum unter. Die Bestimmung bezieht sich nur auf Interessen des Versicherers, die sich an das Versicherungsverhältnis selbst knüpfen, nicht an Beziehungen des Versicherers zu anderen Personen oder an anderweitige Beziehungen der Parteien. § 26 findet also z. B. nicht Anwendung, wenn der Versicherungsnehmer

während eines drohenden Brandes sein Haus völlig unbewacht läßt, um ein fremdes, dem Brande näheres, bei demselben Versicherer versichertes Gebäude zu retten, ebensowenig in der Lebens- und Unfallversicherung, wenn der Versicherungsnehmer Reisen unternimmt, um für den Versicherer Geschäftsverbindungen anzuknüpfen.

Die Vorschrift des § 26 ist aus den Bestimmungen des BGB. über auftraglose Geschäftsführung (§§ 677 ff.) zu ergänzen. Es muß also von dem Versicherungsnehmer in erster Linie auf den wirklichen oder mutmaßlichen Willen des Versicherers Rücksicht genommen werden; mußte der Versicherungsnehmer erkennen, daß sein eine Gefahrerhöhung bewirkendes Verhalten mit diesem Willen in Widerspruch stand, so wird ihm die Gefahrerhöhung als verschuldete angerechnet. Es wird mithin viel auf den Inhalt der Versicherungsbedingungen ankommen; § 26 gibt nicht etwa ein nach § 31 unentziehbares Recht, gegen den Willen des Versicherers dessen Interessen wahrzunehmen. Bei der Wahrnehmung haftet der Versicherungsnehmer für jede Fahrlässigkeit (§§ 276, 677 BGB.), wenn er jedoch eine dem Versicherer drohende dringende Gefahr abzuwenden bezweckt, nur für Vorsatz und grobe Fahrlässigkeit (§ 680 BGB.). Die sofortige Anzeigepflicht folgt aus § 681 BGB. Schwierigkeiten ergeben sich, wenn der Versicherungsnehmer nur zum Teil versichert ist, also eigene und fremde Interessen gleichzeitig wahrzunehmen hat (Anm. 2 zu § 62). Soweit der Versicherungsnehmer haftet, gilt die Gefahrerhöhung als verschuldete im Sinne der §§ 24 ff. Nimmt der Versicherungsnehmer Interessen des Versicherers wahr, die außerhalb des Versicherungsverhältnisses liegen, so kommen nur §§ 677 ff. BGB. zur Anwendung. In § 26 ist nicht besonders erwähnt, daß Gefahrerhöhungen nicht in Betracht kommen, zu denen der Versicherer selbst Auftrag oder Veranlassung gegeben hat.

2. Nach der Begr. (S. 42) ist ein Beispiel eines Ereignisses, für das der Versicherer haftet, wenn ein Schiff infolge eines unter die Versicherung fallenden Ereignisses leck wird und der

Versicherungsnehmer es absichtlich festfährt, um das Sinken abzuwenden; § 814 Abs. 2 Ziff. 2 HGB.

3. Das Gebot der Menschlichkeit (§ 814 Abs. 2 Ziff. 3 HGB.) bedeutet die jede vertragliche Bindung aufhebende höhere sittliche Pflicht. Die Begr. S. 42 führt als Beispiel den Fall an, daß der Schiffseigner, um Menschenleben zu retten, von dem gewöhnlichen Wege abweicht und das Schiff dadurch einer höheren Gefahr aussetzt. Es kommt aber nicht bloß die Rettung von Menschenleben (vgl. auch § 9 Abs. 3 Strandungsordnung) in Betracht, sondern auch die Befreiung eines widerrechtlich der Freiheit Beraubten, die Ergreifung eines schweren Verbrechers, die Aufnahme eines Obdachlosen, die Rettung von Tieren u. dgl. Die Umstände müssen entscheiden, ob die Menschlichkeit das vertragswidrige Verhalten gebot. Das Gebot der Menschlichkeit ist nicht gleichbedeutend mit der im BGB. mehrfach (z. B. § 814) erwähnten sittlichen Pflicht und mit der auf den Anstand zu nehmenden Rücksicht. Das Verhalten des Versicherungsnehmers wird auch nicht etwa schlankweg dadurch rechtmäßig, daß das öffentliche Interesse (§ 93) die Gefahrerhöhung notwendig machte. Alle diese Umstände werden oft nur als Entschuldigungsgründe im Sinne der §§ 24, 25 in Betracht kommen. Dagegen ist die Gefahrerhöhung rechtmäßig auch dann, wenn abgesehen von § 26 ein Fall der §§ 227 ff. BGB. (Notwehr, Notstand) vorlag.

4. § 26 enthält absolut zwingendes Recht. Eine allgemeine seine Anwendbarkeit ausschließende Vereinbarung wäre teils widersinnig, teils unsittlich. Über einzelne der in Anm. 1 und 2 berührten Punkte kann im voraus eine Abrede getroffen werden.

5. Die Beweislast hat in vollem Umfange der Versicherungsnehmer.

§ 27. Tritt nach dem Abschlusse des Vertrags eine Erhöhung der Gefahr unabhängig von dem Willen des Versicherungsnehmers ein, so ist der Versicherer berechtigt, das Versicherungsverhältnis unter Einhaltung einer Kündigungsfrist von einem Monate zu

kündigen. Die Vorschriften des § 24 Abs. 2 finden Anwendung.

Der Versicherungsnehmer hat, sobald er von der Erhöhung der Gefahr Kenntnis erlangt, dem Versicherer unverzüglich Anzeige zu machen.

1. Über „Gefahrerhöhung" vgl. Anm. 1 und 2 zu § 23. Die §§ 23, 27 ergänzen sich gegenseitig; jede Gefahrerhöhung, die nicht unter § 23 fällt, gibt dem Versicherer die Befugnisse der §§ 27, 28 vorbehaltlich der Vorschrift des § 29. Die Fassung ist anders als in § 24 Abs. 1; indessen ist auch hier eine ohne Kündigungsfrist erfolgende Kündigung nicht unwirksam; sie wirkt mit Ablauf des Monats. Bis dahin haftet der Versicherer. Unabhängig von dem Willen des Versicherungsnehmers kann eine Erhöhung der Gefahr nach Vertragsabschluß eintreten, wenn beispielsweise neben dem versicherten Gebäude von dritter Seite ein besonders feuergefährlicher Betrieb aufgeführt wird. Über die Erhöhung der Feuersgefahr im Nachbarhause ROHG. 5 110. Wegen der Hypothekengläubiger § 100, für die Viehversicherung § 121, für die Transportversicherung §§ 142 Satz 1, 146.

2. Die Kündigung muß nach § 24 Abs. 2 binnen Monatsfrist von der Kenntnisnahme ab erfolgen und ist unwirksam, wenn die Gefahrerhöhung wieder beseitigt ist, bevor die Kündigung dem Versicherungsnehmer zugeht. Über die Transportversicherung § 143 Abs. 1 Satz 1.

3. Über die Kenntnis des Versicherungsnehmers von der Gefahrerhöhung Anm. 4 ff. zu § 23.

4. Über den Begriff „unverzüglich" § 23 Anm. 7. Erlangt der Versicherungsnehmer von einer mit Sicherheit bevorstehenden Gefahrerhöhung Kenntnis, so hat er, ohne deren Eintritt abzuwarten, alsbald Anzeige zu erstatten. Auch allgemein bekannte Tatsachen (Ausbruch eines Krieges, einer Seuche) sind anzuzeigen, aber die Unterlassung wird meistens als entschuldigt gelten können. Der Versicherungsnehmer haftet für Verschulden seiner Vertreter oder seiner Hilfspersonen (§ 278 BGB.). Der verspätete

und der unterlassenen Anzeige steht die in einem erheblichen Punkt unvollständige oder unrichtige gleich; die Anzeigepflicht versteht sich auch hier als Verpflichtung, den Versicherer über die nunmehrige Höhe der Gefahr zu unterrichten.

§ 28. Wird die im § 27 Abs. 2 vorgesehene Anzeige nicht unverzüglich gemacht, so ist der Versicherer von der Verpflichtung zur Leistung frei, wenn der Versicherungsfall später als einen Monat nach dem Zeitpunkt eintritt, in welchem die Anzeige dem Versicherer hätte zugehen müssen.

Die Verpflichtung des Versicherers bleibt bestehen, wenn ihm die Erhöhung der Gefahr in dem Zeitpunkte bekannt war, in welchem ihm die Anzeige hätte zugehen müssen. Das Gleiche gilt, wenn zur Zeit des Eintritts des Versicherungsfalls die Frist für die Kündigung des Versicherers abgelaufen und eine Kündigung nicht erfolgt ist oder wenn die Erhöhung der Gefahr keinen Einfluß auf den Eintritt des Versicherungsfalls und auf den Umfang der Leistung des Versicherers gehabt hat.

1. Es sind vier Zeitpunkte zu unterscheiden: der der Gefahrerhöhung, der der Anzeige, der der Kenntnis des Versicherungsnehmers und der der Kenntnis des Versicherers. Gesetzt den Fall, daß bei einer Feuerversicherung am 1. Januar in dem Hause, in dem der Versicherungsnehmer wohnt, unabhängig von seinem Willen ein feuergefährlicher Betrieb eingerichtet wird. Erfährt dies der Versicherer vor dem Versicherungsnehmer, so bleibt die Versicherung nach Abs. 2 Satz 1 in Kraft, weil dem Versicherer „die Erhöhung der Gefahr in dem Zeitpunkte bekannt war, in welchem ihm die Anzeige hätte zugehen müssen". Erfährt es der Versicherungsnehmer bereits am 15. November und hätte er etwa am 18. November spätestens Anzeige erstatten müssen,

so ist trotz des Wortlauts der Versicherer erst nach dem 1. Januar, nicht schon in der Zeit vom 18. bis 31. Dezember von der Leistungspflicht frei. Erlangt er am 30. November Kenntnis und kündigt nicht, so haftet er vor und nach der Gefahrerhöhung; erlangt er am 15. Dezember Kenntnis, so haftet er vom 1. Januar an nicht und zwar, auch wenn er nicht kündigt, erst wieder vom 15. Januar ab (die Nichtkündigung wirkt nicht zurück, Anm. 4 zu § 25). Kennt der Versicherungsnehmer die Gefahrerhöhung am 2. Januar und hätte er spätestens am 6. Januar anzeigen müssen, so haftet der Versicherer vom 6. Februar an nicht mehr und zwar auch dann, wenn er schon am 7. Januar die Gefahrerhöhung erfährt und nicht kündigt; hier beginnt seine Haftung am 7. Februar wieder. Dabei ist es gleichgültig, ob er seine verspätete Kenntnis von dem Versicherungsnehmer oder von einem Dritten erhält. Anders nur, wenn die Anzeige des Versicherungsnehmers als Antrag, das Versicherungsverhältnis fortzusetzen, aufgefaßt werden muß; hier muß der Versicherer alsbald entweder von seinem Kündigungsrechte Gebrauch machen oder mitteilen, daß die Versicherung bis auf weiteres ruhe. Bolze **3** Nr. 471; **10** Nr. 503.

2. Zu Abs. 2 Satz 1 vgl. Anm. 9 zu § 16.

3. Zu Abs. 2 Satz 2 erster Halbsatz vgl. Anm. 4 zu § 25.

4. Zu Abs. 2 Satz 2 zweiter Halbsatz vgl. Anm. 5 zu § 25. Für die Hypothekengläubiger bestimmt § 100, für die Transportversicherung §§ 142, 143 besonderes.

5. Die Beweislast für den Mangel des Verschuldens und für die Ausnahmen des Abs. 2 (bis auf die Tatsache und den Zeitpunkt der Kündigung) trifft den Versicherungsnehmer.

6. § 28 ist zwingend zugunsten des Versicherungsnehmers (§ 31). Eine feste Anzeigefrist kann bedungen werden, sofern sie nicht unbillig kurz ist; in jedem Falle bleibt dem Versicherungsnehmer der Entschuldigungsbeweis offen. Auch hier erhält der Versicherer keine höhere Prämie. Nur für den Fall arglistigen Verhaltens haftet der Versicherungsnehmer gemäß § 826 BGB.; der Versicherer kann Schadensersatz fordern und dementsprechend seine Leistung kürzen oder höhere Prämie verlangen.

§ 29. Eine unerhebliche Erhöhung der Gefahr kommt nicht in Betracht. Eine Gefahrerhöhung kommt auch dann nicht in Betracht, wenn nach den Umständen als vereinbart anzusehen ist, daß das Versicherungsverhältnis durch die Gefahrerhöhung nicht berührt werden soll.

1. Erheblich ist hier ebenso zu verstehen wie in § 16 Anm. 4. Die Erheblichkeit hat der Versicherer zu beweisen.

2. Satz 2 ist eine Ergänzung von Satz 1; es kann vertragsmäßig festgestellt werden, welche Gefahrerhöhungen erheblich sind; eine solche Vereinbarung kann auch stillschweigend getroffen werden. Im allgemeinen muß eine Änderung als erheblich gelten, wenn sie das Risiko, wie es der Versicherer auf Grund der beim Vertragsschluß erstatteten Anzeigen des Versicherungsnehmers übernommen, zu ungunsten des Versicherers verschiebt, doch ist dies nicht unbedingt entscheidend. Maßgebend ist die Verkehrssitte; der Versicherer kann Änderungen nicht geltend machen, mit denen er als selbstverständlich rechnen muß und er muß auf die Bewegungsfreiheit des Versicherungsnehmers gebührende Rücksicht nehmen. Es liegt z. B. keine Gefahrerhöhung im Sinne des Vertrags, auch wenn dadurch rein objektiv betrachtet die Gefahr vergrößert wird, in folgenden Fällen vor: der Versicherungsnehmer, welcher gegen Feuersgefahr versichert ist, bekommt Kinder, er nimmt einen Untermieter in seine Wohnung auf, er benutzt in seinem Haushalt einen Spiritusapparat mit offener Flamme (Wallmann **39** 2045), in einem großstädtischen Hause oder in der Nachbarschaft eines solchen findet eine mäßige Erhöhung der Feuergefährlichkeit statt, in der Nähe des Aufenthaltsorts von versicherten Tieren bricht eine Seuche aus (Begr. S. 43); ebenso spielt in der Haftpflichtversicherung Annahme und Entlassung von Angestellten, in der Transportversicherung eine geringe Verzögerung der Reise (Bolze 7 Nr. 613), in der Glasversicherung eine geringfügige Ausbesserung des Gebäudes (OLGRspr. **6** 462), in der Unfallversicherung das (entgegen der Anzeige beim Vertrags-

schlusse erfolgende) ganz vereinzelte Mitarbeiten des an sich als nicht mitarbeitend versicherten Handwerksmeisters an der Maschine (JW. 05 694) keine Rolle. Alles dies gilt nur, sofern nicht besondere Umstände mitsprechen oder eine besondere Vereinbarung vorliegt. Für die Lebensversicherung ist die Geltung des § 29 durch § 164 ausgeschaltet. Den Beweis aus Satz 2 hat der Versicherungsnehmer zu führen, sobald der Versicherte dargelegt hat, daß die Gefahrerhöhung zunächst als erhebliche zu gelten hat. Hat der Versicherungsnehmer eine Gefahrerhöhung angezeigt, die nicht eingetreten ist und auch nachträglich nicht erfolgt, so kann der Versicherer die bereits erfolgte Kündigung wegen Irrtums anfechten. Schadensersatz wird der Versicherer, etwa weil der Versicherungsnehmer inzwischen einen anderen Versicherungsvertrag abgeschlossen hat, regelmäßig nicht zu leisten haben (§ 122 Abs. 2 BGB.). Bei betrügerischem Verhalten des Versicherungsnehmers hat jedoch dieser dem Versicherer vollen Ersatz zu leisten.

3. § 29 ist absolut zwingend; seine Anwendbarkeit kann nicht allgemein ausgeschlossen werden.

§ 30. Liegen die Voraussetzungen, unter denen der Versicherer nach den Vorschriften dieses Titels zum Rücktritt oder zur Kündigung berechtigt ist, in Ansehung eines Teiles der Gegenstände oder Personen vor, auf welche sich die Versicherung bezieht, so steht dem Versicherer das Recht des Rücktritts oder der Kündigung für den übrigen Teil nur zu, wenn anzunehmen ist, daß für diesen allein der Versicherer den Vertrag unter den gleichen Bestimmungen nicht geschlossen haben würde.

Macht der Versicherer von dem Rechte des Rücktritts oder der Kündigung in Ansehung eines Teiles der Gegenstände oder Personen Gebrauch, so ist der Versicherungsnehmer berechtigt, das Versicherungsverhältnis in Ansehung des übrigen Teiles zu kündigen;

die Kündigung kann nicht für einen späteren Zeitpunkt als den Schluß der Versicherungsperiode geschehen, in welcher der Rücktritt des Versicherers oder seine Kündigung wirksam wird.

Liegen in Ansehung eines Teiles der Gegenstände oder Personen, auf welche sich die Versicherung bezieht, die Voraussetzungen vor, unter denen der Versicherer wegen einer Verletzung der Vorschriften über die Gefahrerhöhung von der Verpflichtung zur Leistung frei ist, so findet auf die Befreiung die Vorschrift des Abs. 1 entsprechende Anwendung.

1. § 30 bezieht sich auf die Folgen teilweiser Verletzung der Anzeigepflicht und teilweiser Gefahrerhöhung. Er gilt nur, soweit in einem Vertrage für mehrere Gegenstände oder mehrere Personen Versicherung genommen ist. Sind mehrere Verträge geschlossen, so berührt die bei der einen Versicherung vorgekommene Verletzung die Gültigkeit des andern Vertrags nicht, es sei denn, daß beide Verträge erklärtermaßen voneinander abhängig gemacht sind. Ob ein einheitlicher Vertrag oder mehrere selbständige Verträge abgeschlossen sind, ist nach der Lage des Falles zu beurteilen; die Ausstellung mehrerer Versicherungsscheine wird meistens, aber nicht unbedingt für eine Mehrheit von Verträgen sprechen.

Eine Teilung oder eine Zerlegung der Gefahr selbst sieht § 30 nicht vor. Ist in einem Vertrag eine Sache zugleich gegen Feuersgefahr und gegen Einbruchsdiebstahl versichert, so kann nicht, wenn verschwiegen wurde, daß in dem Hause ein feuergefährliches Gewerbe betrieben wird, die Aufrechterhaltung der Versicherung gegen Einbruchsdiebstahl auf Grund des § 30 gefordert werden. Umschließt die Lebensversicherung gegen eine Zuschlagsprämie auch das Kriegsrisiko, so kann nicht, wenn über die Wehrpflichtigkeit falsche Angaben gemacht wurden, verlangt werden, daß der Versicherer die Lebensversicherung unter Ausschluß des Kriegsrisikos fortsetze. Noch weniger kann von einer Zerlegung der Gefahr in einzelne Teile die Rede sein, z. B. vom Ausscheiden der Blitzgefahr aus der Feuerversicherung (Fehlen des Blitzableiters verschwiegen), der Einwirkungen eines bestimmten Leidens aus der Lebens- und der Unfallversicherung. Hier ist § 139 BGB. entsprechend anzuwenden und im Zweifel volle Unwirksamkeit und Auflösbarkeit des Vertrags anzunehmen. Ebensowenig gestattet § 30 eine Teilung des einzelnen Gegenstandes; es kann nicht gefordert werden, daß die Versicherung für einzelne Stockwerke eines Hauses oder für Teile eines Schiffes fortdauert. Bei Versicherung gewisser Mengen oder Sachgesamtheiten ist zu unterscheiden, ob sie für das Versicherungsverhältnis als Einheit oder Mehrheit in Betracht kommen; eine Ladung Reis oder Kohlen ist eine Einheit, eine Viehherde eine Mehrheit.

Im übrigen ist § 30 in weitestem Umfang anwendbar, so bei der Versicherung mehrerer Gebäude, bei der Unfallversicherung einer Personengesamtheit (Kollektivversicherung), bei der Lebensversicherung zugunsten mehrerer Dritter (Witwen- und Waisenversicherung), bei der für Schiff und Ladung genommenen Transportversicherung, bei der Haftpflichtversicherung für einen Betrieb, der mit einer Mehrheit von Angestellten oder in mehreren Niederlassungen betrieben wird. Kündigt also z. B. bei einem Kollektiv-Unfallversicherungsvertrage, der 200 Personen umfaßt, der Versicherer diesen Vertrag bezüglich einer Person, so steht dem Versicherungsnehmer nach dem Abs. 2 nunmehr seinerseits das Recht zu, den ganzen Versicherungsvertrag zu kündigen. Wenngleich dem Versicherer gemäß § 40 Abs. 1 bis zum Ablaufe der laufenden Versicherungsperiode die volle Prämie gebührt, so kann den Versicherungsnehmer zumal gegen Schluß einer Versicherungsperiode das ihm zustehende Kündigungsrecht doch leicht dazu verleiten, von einem ihm sonst nicht mehr genehmen Vertrage sich loszusagen. Da jedoch § 30 nicht zwingend ist, wird es Sache des Versicherers sein, in den allgemeinen Versicherungsbedingungen Maßnahmen zu treffen, um einer etwaigen mißbräuchlichen Anwendung des Abs. 2 durch den Versicherungsnehmer vorzubeugen.

§ 30 betrifft nur die Fälle des Rücktritts oder der Kündigung, sowie der Befreiung von der Leistungspflicht, nicht der Anfechtung des Vertrags wegen Irrtums oder arglistiger Täuschung, auch nicht der Richtigkeit und der Unwirksamkeit gemäß § 2. Es gilt auch insoweit § 139 BGB.; grundsätzlich ist das ganze Geschäft ungültig. Nach § 139 kommt es auf den mutmaßlichen Willen beider Teile, nach § 30 nur auf den des Versicherers an. Der Versicherungsnehmer hat, wenn die Versicherung auf Grund des § 139 BGB. nur teilweise hinfällig wird, nicht das Kündigungsrecht des § 30 Abs. 2.

§ 30 gilt auch nicht für den Fall, daß auf der einen oder der anderen Seite mehrere Personen als Vertragsteile auftreten. Haben z. B. mehrere Personen ein Haus versichert, so wirkt die von einem begangene Verletzung der Anzeigepflicht gegenüber allen; der Versicherer kann allen gegenüber zurücktreten und anfechten. Dasselbe muß trotz § 425 BGB. für den Fall gelten, daß einer der Versicherungsnehmer die Gefahr erhöht oder die eingetretene Gefahrerhöhung nicht anzeigt; der Versicherer wird allen gegenüber frei. — Hat der Versicherungsnehmer einen Teil der versicherten Gegenstände veräußert, so bewirkt der Eintritt des Erwerbers in den Vertrag regelmäßig keine Änderung in der Rechtslage des Versicherers.

§ 30 greift selbstverständlich nicht Platz und es kann der Versicherer schlankweg zurücktreten oder kündigen, wenn die höhere Gefahr zwar zunächst nur einen Gegenstand, mittelbar aber auch einen anderen betrifft, z. B. wenn in einem von zwei benachbarten gemeinschaftlich versicherten Gebäuden ein feuergefährliches Gewerbe betrieben wird (Begr. S. 45), wenn ein Teil der versicherten Herde an einer Seuche erkrankt.

2. Für das Rücktritts- oder Kündigungsrecht kommen nicht rein objektive Momente, sondern auch der Wille und die Geschäftsübung des einzelnen Versicherers in Betracht. Beispielsweise ist es erheblich, wenn der Versicherer darlegt, daß er die Teilversicherung ihrer Geringfügigkeit wegen nicht abgeschlossen hätte.

3. Falls der Versicherer in Ansehung eines Teils von dem Vertrage zurücktritt oder ihn kündigt, hat der Versicherungsnehmer in Ansehung des übrigen Teils das Recht zu kündigen, nicht zurückzutreten; tritt der Versicherer für einen Teil zurück, so kann nicht der Versicherungsnehmer für das Ganze zurücktreten. Die Kündigung kann ohne jede Frist erfolgen. Indessen muß der Versicherungsnehmer auf Aufforderung des Versicherers sich in angemessener Zeit erklären, widrigenfalls er schadensersatzpflichtig wird.

4. Die Kündigung des Versicherungsnehmers kann nicht für einen späteren Zeitpunkt als den Schluß der Versicherungsperiode, wohl aber für einen früheren, keinesfalls aber für einen früheren Zeitpunkt, als den, in welchem der Versicherer zurücktritt oder für den er gekündigt hat, erfolgen. In welchem Zeitpunkte die Kündigung des Versicherers wirksam wird, kann nach § 24 zweifelhaft sein; kündigt der Versicherer am 15. Dezember 1906 wegen einer Gefahrerhöhung, die der Versicherungsnehmer ohne Verschulden vorgenommen hat, so kann letzterer am 10. Januar 1907 unter Berufung auf § 24 Abs. 1 Satz 2 erklären, daß die Teilkündigung erst vom 15. Januar an gelte und kann für den Rest des Vertrags noch bis zum Ablaufe des Jahres 1907, wenn Versicherungsjahr und Kalenderjahr zusammenfallen, ohne Frist kündigen. Ist zweifelhaft, ob der Versicherer überhaupt ein Rücktritts- oder Kündigungsrecht hatte, so kann die Kündigung des Versicherungsnehmers unter Vorbehalt erklärt werden.

5. In Ansehung desjenigen Teils der Gegenstände oder Personen, auf welchen sich eine Verletzung der Vorschriften über die Gefahrerhöhung nicht erstreckt und bezüglich dessen daher eine Befreiung des Versicherers von der Leistungspflicht an sich nicht stattfindet, kann diese Befreiung nur dann eintreten, wenn anzunehmen ist, daß für diesen Teil allein der Versicherer den Vertrag unter den gleichen Bestimmungen nicht geschlossen haben würde.

6. Beweislast: daß die Verletzung der Anzeigepflicht oder die Gefahrerhöhung nur einen Teil des Risikos betrifft, hat im Zweifel

der Versicherungsnehmer zu beweisen, dagegen der Versicherer, daß er nur für den Teil den Vertrag nicht in gleicher Weise geschlossen hätte.

§ 31. Auf eine Vereinbarung, durch welche von den Vorschriften der §§ 16 bis 29 zum Nachteile des Versicherungsnehmers abgewichen wird, kann sich der Versicherer nicht berufen. Jedoch kann für die dem Versicherungsnehmer obliegenden Anzeigen die schriftliche Form bedungen werden.

1. Nur im Voraus getroffene Vereinbarungen zu ungunsten des Versicherungsnehmers sind unzulässig. Über die Folgen einer einzelnen bereits feststehenden Verletzung der Anzeigepflicht, einer bereits feststehenden, bevorstehenden oder schon eingetretenen Gefahrerhöhung sind Vereinbarungen gestattet. Ob ein Nachteil des Versicherungsnehmers gegenüber seiner gesetzlichen Rechtslage vorliegt, kann zweifelhaft, wird aber regelmäßig anzunehmen sein bei höherer Leistung des Versicherungsnehmers, bei geringerer Leistung des Versicherers, bei Verkürzung der zugunsten des Versicherungsnehmers und Verlängerung der zugunsten des Versicherers laufenden Fristen.

2. Die Bestimmung, daß für die Anzeigen schriftliche Form ausbedungen werden kann (vgl. auch § 172 Satz 2) ist deshalb getroffen, weil das Gesetz die Vereinbarung gewisser Formen als Verschlechterung der Rechtslage des an sie gebundenen Teils ansieht. Zwecks Vereinbarung der schriftlichen Form lassen sich bezüglich der Anzeigen bei der Schließung des Vertrags die Antragsformulare, bezüglich der Anzeigen im Falle einer Gefahrerhöhung außer diesen auch die allgemeinen Versicherungsbedingungen verwerten. Die schriftliche Erstattung der dem Versicherungsnehmer obliegenden Anzeigen ist (Begr. S. 45) namentlich in dem Falle von Wichtigkeit, daß die Anzeigen an einen Agenten gehen, da auf diese Weise die ordnungsmäßige Übermittelung der Anzeigen an den Versicherer gewährleistet wird. Soweit

die Anzeigen an den Versicherer selbst zu richten sind, besteht ein solches Interesse nur in geringem Umfange, da das Unterlassen der Anzeige für den Versicherungsnehmer keinen Nachteil zur Folge hat, wenn der Versicherer oder sein gesetzlicher Vertreter die anzuzeigende Tatsache kennt. Zu einer solchen Kenntnis führt schon die formlose Mitteilung, wenngleich sie als Anzeige unwirksam ist, deren Nachholung in schriftlicher Form der Versicherer fordern kann. Dagegen gilt die mündlich an den Agenten erstattete Anzeige nicht ohne weiteres als dem Versicherer zugegangen. Ist für Willenserklärungen (z. B. Kündigung) des Versicherungsnehmers die schriftliche Form bedungen, so sind mündliche Erklärungen schlechthin unwirksam. Über das Erfordernis der eigenhändigen Unterzeichnung und der Absendung in eingeschriebenem Briefe VA. 05* 89.

§ 32. Eine Vereinbarung, durch welche der Versicherungsnehmer bestimmte Obliegenheiten zum Zwecke der Verminderung der Gefahr oder zum Zwecke der Verhütung einer Gefahrerhöhung übernimmt, wird durch die Vorschriften dieses Titels nicht berührt. Auf eine Vereinbarung, nach welcher bei Verletzung einer solchen Obliegenheit der Versicherer zum Rücktritte berechtigt oder von der Verpflichtung zur Leistung frei sein soll, kann sich der Versicherer nicht berufen, wenn die Verletzung keinen Einfluß auf den Eintritt des Versicherungsfalls und auf den Umfang der Leistung des Versicherers gehabt hat.

1. Sehr häufig macht der Versicherer seine Leistungspflicht noch davon abhängig, daß „der Versicherungsnehmer bestimmte Obliegenheiten zum Zwecke der Verminderung der Gefahr oder zum Zwecke der Verhütung einer Gefahrerhöhung übernimmt". Solche Vereinbarungen können echte Bedingungen sein, von denen die Gültigkeit des Vertrags selbst abhängt, z. B. der Vertrag soll nur in Kraft treten, wenn das versicherte Haus ein massives

Dach erhält, oder wenn der Versicherungsnehmer seinen jetzigen Beruf aufgibt, oder der Vertrag soll bei Reisen in außereuropäische Länder außer Kraft treten. In den beiden ersten Fällen liegt eine aufschiebende, im letzten eine auflösende Bedingung vor. Es gelten die §§ 158 ff. BGB. Meistens wird es sich hingegen nicht um Bedingungen handeln, sondern um die Vereinbarung bestimmter Verpflichtungen, an deren Verletzung die Verwirkungsklausel geknüpft ist. Es wird der Versicherungsnehmer z. B. in der Feuerversicherung verpflichtet, an dem versicherten Gebäude einen Blitzableiter zu unterhalten, in der Einbruchsdiebstahlversicherung das versicherte Gehöft durch einen Wächter dauernd bewachen zu lassen. Vgl. weitere Beispiele oben § 6 Anm. 3; sowie RG. **49** 290; VA. **04** 77; Wallmann **39** 721. Den Grundsatz für die Auslegung dieser Verpflichtungen enthält § 360 BGB., während die §§ 16 bis 31 auf sie keine Anwendung finden sollen; die Vertragsfreiheit wird hier nur durch Satz 2 dieses Paragraphen sowie durch § 6 Abs. 1 und 3 beschränkt, nach welchem letzteren der Versicherer auf die im Satz 2 wiedergegebenen Vertragsbestimmungen sich auch dann nicht berufen kann, wenn den Versicherungsnehmer kein Verschulden trifft. Es muß sich aber um bestimmte Obliegenheiten handeln; die allgemeine Vereinbarung, daß der Versicherungsnehmer sein Haus gut verwahren oder einen vorsichtigen Lebenswandel beobachten müsse, ist bedeutungslos. Die Obliegenheit kann ein Tun oder Unterlassen des Versicherungsnehmers umfassen, ebenso auch das Einstehen dafür, daß dritte Personen etwas tun oder unterlassen; nur muß der Inhalt der Obliegenheit überhaupt innerhalb des Bereichs privatrechtlicher Vereinbarungen liegen; dem Versicherungsnehmer darf nichts Unmögliches zugemutet und seine persönliche Freiheit nicht in unzulässiger Weise beschränkt werden. Die Vereinbarung bedarf keiner Form. Sie kann auch stillschweigend getroffen werden. Häufig werden Zweifel obwalten, ob eine Anzeige (z. B. in den vorstehend erwähnten Beispielen die Erklärung in dem Antragsformulare: das Haus hat einen Blitzableiter, das Gehöft wird durch einen Wächter bewacht) zugleich eine Vereinbarung (Zusage, warranty) enthält. Dies ist regelmäßig anzunehmen, wenn beim Vertragsschlusse der Versicherer nach dem Vorhandensein und der Art bestimmter Schutzvorrichtungen und der Beobachtung bestimmter Vorsichtsmaßregeln gefragt und der Versicherungsnehmer die Fragen bejaht oder in bestimmter Weise beantwortet hat: der Inhalt von Frage und Antwort ergibt den Inhalt der Vereinbarung.

Die Unanwendbarkeit der §§ 16—31 ergibt namentlich, daß der Versicherer sich für seine Erklärungen (Rücktritt und Kündigung) eine längere Frist als einen Monat ausbedingen, daß er auch bei mangelndem Verschulden des Versicherungsnehmers und auch wenn die Verletzung der Obliegenheit wieder fortgefallen ist, das sofortige Kündigungsrecht (nicht Rücktrittsrecht) und für die Zeit, während der die Verletzung bestanden hat, eine Erhöhung der Prämie oder eine Verminderung seiner Leistungspflicht vereinbaren kann. § 30 ist nicht anwendbar.

2. Zu Satz 2 vgl. Anm. 1 und 2 zu § 2; Anm. 1 ff. zu § 6.

§ 33. Nach dem Eintritte des Versicherungsfalls hat der Versicherungsnehmer, sobald er von dem Eintritte Kenntnis erlangt, dem Versicherer unverzüglich Anzeige zu machen.

Auf eine Vereinbarung, nach welcher der Versicherer von der Verpflichtung zur Leistung frei sein soll, wenn der Pflicht zur Anzeige des Versicherungsfalls nicht genügt wird, kann sich der Versicherer nicht berufen, sofern er in anderer Weise von dem Eintritte des Versicherungsfalls rechtzeitig Kenntnis erlangt hat.

1. Besondere Vorschriften über die Person des Anzeigepflichtigen in bezug auf Fälle, in denen das Recht auf die Leistung nicht dem Versicherungsnehmer zusteht, sind nur für die Lebens- und Unfallversicherung in den §§ 171 Abs. 2, 182 vorgesehen;

bei der Schadensversicherung bleibt es den Parteien unverwehrt, nähere Bestimmungen hierüber zu treffen. Bezüglich der Transportversicherung § 146.

2. Im übrigen kann die Anzeigefrist durch Vereinbarung festgesetzt werden. Für die Feuer-, Hagel-, Haftpflicht- und Lebensversicherung sind gesetzlich bestimmte Fristen vorgesehen: §§ 92, 110, 153, 171. Die Anzeige ist im allgemeinen alsbald zu erstatten, nachdem der Versicherungsnehmer von dem Eintritt eines bestimmten Ereignisses erfahren hat, das er als Versicherungsfall erkennen mußte. VA. **04*** 71; **05*** 12; **06*** 11, 56, 96; **07*** 47; **08*** 84; **10*** 62; **12*** 121. Der Versicherungsnehmer wird bei Unterlassung der Anzeige entschuldigt, wenn ihm die Erstattung absolut unmöglich war, wenn er physisch infolge seiner Erkrankung hierzu nicht imstande war oder wenn er den Kausalzusammenhang zwischen Unfallereignis und Gesundheitsstörungen nicht erkennen konnte (VA. **07*** 33; **10*** 91), wenn übermäßige Schwierigkeiten entgegenstanden (Bolze **2** Nr. 1048; **3** Nr. 738; **20** Nr. 551), wenn er entschuldbarerweise den Charakter des Ereignisses als Versicherungsfall nicht erkannte, wenn die Verletzung der Anzeigepflicht durch undeutliche Fragestellung veranlaßt ist (VA. **05*** 80), wenn er sich darauf verlassen durfte, daß ein anderer die Anzeige erstatten werde, z. B. der Arzt (VA. **06*** 98), oder derjenige, auf den der Versicherungsanspruch übergegangen war (RG. **26** 61), wenn der Zweck der Anzeige trotz des Verstoßes noch vollständig erreicht wurde. JW. **09** 198 Nr. 20 (Leichenöffnung), dagegen VA. **12*** 120 (Wiederherbeischaffung des Gestohlenen). Es genügt die rechtzeitige Absendung der Anzeige; ist eine Frist vereinbart, so genügt Absendung innerhalb der Frist. ZHR. **15** 615. Verspätete Absendung ist unerheblich, wenn sie auf Verschulden des Agenten beruht (Nichtaushändigung des Formulars trotz Ersuchen des Verletzten VA. **06*** 96), wenn Fristüberschreitung entschuldigt ist (VA. **07*** 21). Für die Anzeige kann eine bestimmte Form vor allem Schriftlichkeit vereinbart werden. Anm. 1 zu § 100. Empfangsbefugnis des Agenten: § 43 Ziff. 2.

Die Anzeige muß richtig und vollständig sein, so daß der Versicherer in den Stand gesetzt wird, die nötigen Schritte zur Ermittelung des Tatbestandes und zur Abwendung des Schadens zu tun.

3. Verletzt der Versicherungsnehmer die Anzeigepflicht, so haftet er für den Schaden, und es kann der Versicherer den Betrag desselben gegebenenfalls bei seiner Leistung im Wege der Aufrechnung kürzen. Um den Versicherungsnehmer ersatzpflichtig zu machen, genügt jede Fahrlässigkeit. VA. **06*** 55, 96. Unter Umständen wird ihm auch die Nichtabsendung eines Telegramms als Fahrlässigkeit angerechnet werden können. VA. **08*** 80. Es dürfen auch bestimmte Folgen im voraus vereinbart werden (Vertragsstrafe, Prämienerhöhung, Abzug an der Entschädigung, Kündigungsrecht des Versicherers): aber die Verwirkung des Anspruchs und das Rücktrittsrecht des Versicherers treten, falls sie als Folgen der Verletzung vereinbart sind, nur ein, wenn die Verletzung auf Vorsatz oder grober Fahrlässigkeit beruht (§ 6). RG. **50** 295; Bolze **2** Nr. 1048. Erstattet der Versicherungsnehmer die Anzeige durch einen Dritten, so ist zu unterscheiden, ob der Dritte als Bote oder als Beauftragter handelt. Für ein Versehen des Beauftragten haftet der Versicherungsnehmer unbedingt; einen Boten, auch wenn er vertrauenswürdig ist, muß der Versicherungsnehmer nachprüfen. JW. **02** 152.

4. Neben der Anzeige des Versicherungsfalls kann auch noch die Verpflichtung vereinbart werden, bestimmte nähere Angaben zu machen, z. B. über die mutmaßliche Höhe des Schadens. Diese Verpflichtung besteht dann selbständig neben der Pflicht zur Anzeige des Versicherungsfalls und die betreffenden Angaben werden durch die Kenntnis des Versicherers vom Eintritte des Versicherungsfalls nicht ersetzt; aber auch hier findet die vorstehend erwähnte Einschränkung des § 6 Anwendung (Begr. S. 47).

5. Der Versicherer kann sich nicht nur ausbedingen, daß er von der Verpflichtung zur Leistung frei sein soll, sondern daß er auch vom Vertrage zurücktreten kann; dies steht der Befreiung von der Leistungspflicht überall gleich.

6. Rechtzeitig bedeutet zu der Zeit, zu der der Versicherungsnehmer ordnungsmäßigerweise die Anzeige spätestens hätte erstatten müssen. Bolze 7 Nr. 606. Bei den von den Zwangsvorschriften befreiten Versicherungen (§ 187) kann also auch in solchem Falle Verwirkung eintreten.

7. Die rechtzeitige Erstattung der Anzeige, ebenso wie sein Nichtverschulden und die Ausnahme des Abs. 2 hat der Versicherungsnehmer zu beweisen.

§ 34. Der Versicherer kann nach dem Eintritte des Versicherungsfalls verlangen, daß der Versicherungsnehmer jede Auskunft erteilt, die zur Feststellung des Versicherungsfalls oder des Umfanges der Leistungspflicht des Versicherers erforderlich ist.

Belege kann der Versicherer insoweit fordern, als die Beschaffung dem Versicherungsnehmer billigerweise zugemutet werden kann. Auf eine Vereinbarung, durch welche von dieser Vorschrift zum Nachteile des Versicherungsnehmers abgewichen wird, kann sich der Versicherer nicht berufen.

1. Die Verpflichtung, Auskunft zu erteilen und Belege beizubringen, besteht unabhängig von der im Rechtsstreite dem Versicherungsnehmer obliegenden Behauptungs- und Beweislast (Begr. S. 48). Sie dient denselben Zwecken wie die Anzeigepflicht (§ 33); rechtlich ist sie nicht eine dem Versicherungsnehmer selbständig obliegende Leistungspflicht, sondern Voraussetzung für die Erhebung des Anspruchs gegen den Versicherer. Der Versicherungsnehmer haftet deshalb, wenn er die Erfüllung der Obliegenheiten aus § 34 anderen überläßt, nicht schlechthin nach § 278 BGB. für deren Verschulden. Soweit aber bei Erteilung der Auskunft und Vorlegung der Belege die Arglist oder die Kenntnis gewisser Umstände eine Rolle spielt, muß es auf das Verhalten des Vertreters (z. B. der Ehefrau), nicht des Versicherungsnehmers selbst ankommen, anders, wenn der Ver-

sicherungsnehmer sich der anderen Person nur als Bote bedient hat. RG. **58** 342. Neben der Pflicht des Versicherungsnehmers, gewisse Belege beizubringen, läuft unter Umständen noch die andere, sein persönliches Recht auf die Leistung nachzuweisen, beispielsweise bei einer zugunsten der Erben genommenen Lebensversicherung seine Eigenschaft als Erbe darzulegen (Begr. S. 48).

2. Formen und Fristen für die Auskunft können durch den Vertrag bestimmt werden. Ebenso der Umfang der zu erteilenden Auskunft. Die Nichtbenutzung des vorgeschriebenen Formulars kann der Versicherer nicht geltend machen, wenn die Auskunft sonst genügt. VA. **04** 71; **09** 160. Das Verlangen nach eidesstattlichen Erklärungen in den Schadenspapieren ist vom Aufsichtsamte für unzulässig erklärt. VA. **12** 99.

Ist nichts vorgesehen, so kann der Versicherungsnehmer warten, bis der Versicherer Auskunft verlangt; alsdann muß er sie unverzüglich, klar, vollständig, nach bestem Wissen und Gewissen erteilen. Ergänzend gelten, soweit über einen Geschäftsbetrieb oder einen Inbegriff von Gegenständen Auskunft zu erteilen ist, die Vorschriften der §§ 259 ff. BGB. (Ableistung des Offenbarungseides); vgl. auch §§ 882 ff. HGB., die vielfach entsprechende Anwendung finden können.

3. Häufig werden bestimmte unter § 34 fallende Obliegenheiten im Vertrage genau festgesetzt, hierher gehören die Verpflichtungen:

a) nach der Anzeige des Versicherungsfalls innerhalb einer gewissen weiteren Frist genaue Anzeige über den Hergang und über den Umfang des Schadens zu erstatten, Bolze **2** Nr. 1068; Wallmann **39** 2295;

b) ein Verzeichnis der beschädigten Gegenstände unter bestimmten weiteren Angaben aufzustellen (ROHG. **7** 375; Bolze **3** Nr. 738) vielfach unter Zuziehung des Versicherers;

c) regelmäßige Krankheitsberichte einzureichen und sich die Untersuchungen seitens des Versicherers oder seiner Organe (Vertrauensärzte) gefallen zu lassen (Unfall-, Kranken-, Invaliditätsversicherung);

d) zur Feststellung des Tatbestandes die Hilfe der Behörden

in Anspruch zu nehmen, sich polizeilich vernehmen zu lassen (Feuerversicherung) Bolze **2** Nr. 1047, gerichtliche Leichenöffnung zu beantragen VA. **05*** 19, womit noch nicht ohne weiteres die Verpflichtung gegeben ist, die bereits beerdigte Leiche wieder ausgraben zu lassen, RG. **58** 117; Wallmann **40** 1053;

e) regelmäßig oder in bestimmten Fällen gerichtliche Beweisaufnahme zur Sicherung des Beweises zu beantragen, sofern deren Voraussetzungen vorliegen. Nach § 485 ZPO. kann die Einnahme des Augenscheins, sowie die Vernehmung von Zeugen und Sachverständigen dann beantragt werden, wenn zu besorgen ist, daß das Beweismittel verloren oder dessen Benutzung erschwert werde. Es kann aber beim Vorliegen dieser Voraussetzungen auch ohne vorgängige Abrede jeder Teil die sofortige Beweisaufnahme beantragen (§ 489 ZPO.).

4. Welche Folgen eine Verletzung der Auskunftpflicht sei es durch Nichterteilung oder verspätete Erteilung oder Erteilung unrichtiger Auskünfte nach sich zieht, ist im Gesetze nicht bestimmt. Der Versicherungsnehmer muß bei Verschulden Schadensersatz leisten, regelmäßig wird auch, solange die Auskunft noch nicht erteilt ist und noch nachgebracht werden kann, dem Versicherer eine aufschiebende Einrede gegen den Anspruch aus dem Vertrage zustehen, auch braucht er solange, selbst wenn sich später herausstellt, daß er zur Leistung verbunden ist, keine Verzugszinsen zu zahlen. Durch Vereinbarung können beliebige weitere Folgen vorgesehen werden, nur für die Verwirkungsabrede gilt die Beschränkung des § 6. Anders als im § 33 kann also die Verwirkung hier auch eintreten, wenn der Versicherer anderweit rechtzeitig die nötigen Mitteilungen erhalten hat. Objektive Unrichtigkeit kann ihm bei Erfüllung der Auskunftspflicht niemals schaden, wohl aber unter Umständen einen Rückerstattungsanspruch wegen ungerechtfertigter Bereicherung begründen.

Betrügerisches Verhalten des Versicherungsnehmers (§ 263 StGB.) bei Berechnung seiner Ansprüche hebt die Leistungspflicht des Versicherers nicht ohne weiteres auf, verpflichtet vielmehr nur gemäß § 826 BGB. zum Schadensersatz (Wallmann **39** 2295); doch kann die Verwirkungsfolge vereinbart werden (ZHR. **10** 591; ROHG. **2** 388; RG. **6** 196; Baumgartner S. 753). Diese Vereinbarung gilt dann auch bei arglistiger Mehrforderung im Rechtsstreit. ROHG. **8** 70.

5. Über Beibringung von Belegen § 259 BGB. Zur Unterstützung dieses Anspruchs dienen §§ 809 ff. BGB. Im Einfordern von Belegen und Nachweisen muß der Versicherer ein gewisses Maß halten. So hat das Aufsichtsamt bei der Minderwertversicherung von Tieren und bei der Invaliditätszusatzversicherung nur eine den Interessen der Versicherten gerecht werdende Beweisführung gestattet. VA. **10** 88. Als Belege kommen in der Schadensversicherung hauptsächlich Auszüge aus den Geschäftsbüchern, Rechnungen, Quittungen usw. (Bolze **4** Nr. 755; **9** Nr. 424), in der Personenversicherung ärztliche Zeugnisse, standesamtliche Urkunden, Lebensnachweise (Wallmann **39** 1902) u. dgl. in Betracht. Aus der Bestimmung der Allg. Versbeding.: „sämtliche Leistungen der Gesellschaft erfolgen gegen Einreichung der letzten Prämienquittung" kann nicht gefolgert werden, daß die Leistung von der Vorlegung der Prämienquittung durch den Empfangsberechtigten abhängig gemacht werden kann. Die Bestimmung ist eine Sollvorschrift. VA. **09** 160. Quittungen über den Empfang der Leistung des Versicherers gehören nicht zu den Belegen. Vorausquittungen sind für die Lebensversicherung in der Weise zugelassen, daß der Anspruch nicht verwirkt ist, wenn die Vorausquittung nicht vorgelegt wird. VA. **09** 160. Was dem Versicherungsnehmer billigerweise zugemutet werden kann, ist nach freiem Ermessen vom Richter zu entscheiden. Ist in den von der Aufsichtsbehörde genehmigten Versicherungsbedingungen die Beibringung bestimmter Belege vorgesehen, so wird selbstverständlich nur unter besonderen Umständen ein Zweifel darüber entstehen können, ob ihre Beschaffung dem Versicherungsnehmer billigerweise zugemutet werden kann (Begr. S. 47). Im übrigen ist allgemeiner Grundsatz, daß die Beweislast des Versicherungsnehmers nicht überspannt werden darf, namentlich wo es sich um den Ersatz abhanden gekommener oder zerstörter Waren handelt; die glaubwürdige und ordnungsmäßige Aufstellung genügt, um dem Versicherer den Gegenbeweis aufzubürden. SeuffA. **23** Nr. 132; **27** Nr. 171; **41** Nr. 56. Sind z. B. die Geschäftsbücher mitverbrannt, so kann nicht mangels Beibringung von Buchauszügen die Entschädigung verweigert werden. ZHR. **19** 280; Z. **05** 14.

6. Die Erfüllung der aus § 34 entspringenden Verpflichtungen hat am Sitze des Versicherers zu geschehen; jedoch wird im allgemeinen, abweichende Vereinbarung vorbehalten, der Agent als zur Empfangnahme ermächtigt gelten können (vgl. den entsprechend anzuwendenden § 43 Ziff. 2).

7. Die Erfüllung hat der Versicherungsnehmer zu beweisen, die Mangelhaftigkeit, Unvollständigkeit oder Unrichtigkeit der Auskünfte und Belege der Versicherer; sind jedoch in den Versicherungsbedingungen Vereinbarungen über den Umfang dieser Verpflichtungen getroffen, so hat der Versicherungsnehmer darzulegen, daß ihm die Beibringung billigerweise nicht zugemutet werden konnte.

8. § 34 ist zugunsten des Versicherungsnehmers zwingend. Auch bei den von den Zwangsvorschriften befreiten Versicherungen (§ 187) wird der Versicherer nicht verlangen können, daß Belege beigebracht werden, deren Beschaffung dem Versicherungsnehmer billigerweise nicht zugemutet werden kann.

Dritter Titel.

Prämie.

Vorbemerkungen. 1. Es ist zu unterscheiden zwischen Prämienzahlungen, die vor oder die bei dem Beginne der Versicherung zu erfolgen haben (erste Prämie), und solchen, die nach deren Beginn zu bewirken sind (Folgeprämie). Der ersten Prämie sind diejenigen Fälle gleichzustellen, in denen überhaupt nur eine einmalige Prämie zu entrichten ist. Bei den Versicherungsunternehmungen auf Gegenseitigkeit kommt statt der Prämie der Mitgliedsbeitrag in Frage (§ 1 Abs. 2). Insoweit die Beiträge ausschließlich in der Form der Umlage erhoben werden, finden die besonderen Bestimmungen der Satzung Anwendung.

2. Nicht zur Prämie gehört, was der Versicherungsnehmer dem Versicherer zur Vergütung an Auslagen zu zahlen hat, wie Stempel- oder Schreibkosten, auch nicht, wenn sie in Form einer festen Gebühr erhoben werden. Prämie ist auch nicht, was als Vertragsstrafe geschuldet wird. Wie die vom Versicherer gewöhnlich beanspruchte Gebühr für Veränderungsgenehmigungen, Nachträge usw. zu beurteilen ist, muß nach Lage der besonderen Verhältnisse beurteilt werden, der Regel nach ist sie als Prämie nicht anzusehen.

3. Die Prämie hat der Versicherungsnehmer zu entrichten; gemäß § 267 BGB. kann der Versicherer die ihm von einem Dritten angebotene Leistung ablehnen, wenn der Versicherungsnehmer widerspricht; für die Gebäudeversicherung abweichend § 105.

4. Eine Aufrechnung zwischen dem Versicherer und dem Versicherungsnehmer aus sonstigen das Versicherungsverhältnis nicht berührenden Rechtsbeziehungen ist an sich statthaft, wenn eine zur Aufrechnung mit der Prämienschuld geeignete Gegenforderung vorhanden ist. VA. 05* 32. Jedoch schließen die Versicherungsbedingungen die Aufrechnung seitens des Versicherungsnehmers vielfach aus. Hat der Versicherungsnehmer dem Versicherer von dem Eintritt eines angeblich entschädigungspflichtigen Versicherungsfalls Anzeige gemacht, so kann er zugleich erklären, daß er die ferner fällig werdenden Prämien in Höhe der ihm zustehenden Entschädigung aufrechne. Schweigt der Versicherer hierauf, obschon die Versicherungsbedingungen eine Aufrechnung nicht ausschließen, so haftet er selbst dann weiter, wenn sich später herausstellt, daß ein Versicherungsfall überhaupt nicht vorlag. Will der Versicherer dies vermeiden, so muß er gegenüber der Aufrechnungserklärung des Versicherungsnehmers unter Bestimmung einer Frist darauf hinweisen, daß, falls ein entschädigungspflichtiger Versicherungsfall nicht vorliegen sollte, gemäß § 39 die Folgen einer nicht rechtzeitig bewirkten Prämienzahlung eintreten würden.

5. Wenn der Versicherungsnehmer die bedungene Prämie nicht rechtzeitig zahlt, so kann sie der Versicherer einklagen. Die gerichtliche Verfolgung von Prämienrückständen ist aber gegenüber der großen Zahl der Versicherungsnehmer und dem oft geringfügigen Betrage der einzelnen Prämie mit unverhältnismäßigen Weiterungen verbunden, sehr häufig ohne dabei zu einer Befriedigung des Versicherers zu führen. An sich würden nun, um dem Versicherer den Rücktritt von dem Versicherungsvertrage zu ermöglichen, die Vorschriften der §§ 326, 327 BGB. über die Folgen des Verzugs bei gegenseitigen Verträgen Anwendung finden. Da diese jedoch in Rücksicht auf den im Versicherungsrecht ausgebildeten Grundsatz, daß der Versicherer ohne Zahlung der Prämie regelmäßig die Gefahr nicht trägt, nicht genügen, sahen schon bisher die Versicherungsbedingungen besondere Bestimmungen vor, falls der Versicherungsnehmer mit der Prämienzahlung im Rückstande blieb. Der Regel nach war die Haftung des Versicherers von der Zahlung der ersten Prämie oder, wie der im Verkehre gewöhnliche Ausdruck lautete, von der Einlösung der Police abhängig. Daneben fand sich häufig die Einrichtung, daß die Zahlung der ersten wie der ferneren Prämien innerhalb einer bestimmten Frist zu erfolgen hatte. Mit dem fruchtlosen Ablaufe dieser Frist oder mit dem Ablauf einer bereits in den Versicherungsbedingungen vorgesehenen sogenannten Respektfrist oder mit dem Ablauf einer durch besondere Mahnung dem Versicherungsnehmer von dem Versicherer zu setzenden Frist ruhte oder endigte das Versicherungsverhältnis, während dem Versicherungsnehmer gewisse Verpflichtungen oblagen. Er hatte dem Versicherer entweder eine mehr oder minder hoch bemessene Entschädigung oder sogar, abgesehen von der Lebensversicherung, den noch ausstehenden Rest der für die ganze Versicherungsdauer bedungenen Prämie zu zahlen. Das VVG. trifft, indem es die genannten Bestimmungen des BGB. für den Versicherungsvertrag außer Kraft setzt, für die Fälle nicht rechtzeitiger Zahlung der Prämie besondere Vorschriften. Es bestimmt:

a) Wird die erste Prämie nicht rechtzeitig geleistet, so ist der

Versicherer in Übereinstimmung mit der bisherigen Übung und der im § 812 Abs. 1 HGB. für die Seeversicherung getroffenen Bestimmung, unabhängig davon, ob die unterlassene Prämienzahlung auf einem schuldhaften Verzuge des Versicherungsnehmers beruht oder nicht, von der Verpflichtung zur Leistung frei, wenn der Versicherungsfall vor der Zahlung eintritt, und er ist außerdem berechtigt, das Versicherungsverhältnis unter Einhaltung einer Kündigungsfrist von einem Monate zu kündigen. Bis zum Ablaufe dieser Frist kann der Versicherungsnehmer die Prämienzahlung mit der Wirkung nachholen, daß die Kündigung hinfällig wird und daß der Versicherer von der Zahlung an haftet (§ 38). Wird innerhalb der einmonatigen Frist die Prämie nicht gezahlt und erreicht demgemäß das Versicherungsverhältnis auf Grund der Kündigung sein Ende, so gebührt dem Versicherer an Stelle der Prämie eine angemessene Geschäftsgebühr (§ 40 Abs. 2).

b) Wird eine Folgeprämie nicht rechtzeitig gezahlt, so kann das Unterbleiben einer solchen Prämienzahlung niemals dahin führen, daß ohne weiteres eine Befreiung des Versicherers von seiner Haftung eintritt. Hingegen kann der Versicherer dem Versicherungsnehmer auf dessen Kosten schriftlich und unter Angabe der Rechtsfolgen eine Nachfrist von mindestens zwei Wochen für die Zahlung der Prämie setzen. Tritt nach dem Ablaufe dieser Frist der Versicherungsfall ein und ist zur Zeit des Eintritts der Versicherungsnehmer im (schuldhaften) Verzuge, so ist der Versicherer zur Leistung nicht verpflichtet, auch steht ihm das Recht zu, das Versicherungsverhältnis ohne Einhaltung einer Kündigungsfrist zu kündigen (§ 39). Erreicht das Versicherungsverhältnis infolge Kündigung des Versicherers sein Ende, so gebührt diesem gleichwohl die Prämie jedoch nicht über die laufende Versicherungsperiode hinaus (§ 40 Abs. 2 Satz 1). Die Vergünstigung der sogenannten „Respektfrist" läßt § 39 ganz unberührt. VA. **11** 221.

c) Kündigt der Versicherer und zwar einerlei, ob die Prämienzahlung vor oder bei, oder ob sie nach dem Beginne der Versicherung zu erfolgen hat, das Versicherungsverhältnis nicht, so bleibt es in Ermangelung anderweitiger Vereinbarungen der

Parteien bestehen, obschon der Versicherer soweit die Nichtzahlung von Folgeprämien in Frage kommt, erst nach Ablauf der Nachfrist von der Verpflichtung zur Leistung frei ist, wenn der Versicherungsfall vor der Zahlung eintritt. Es kann daher einerseits der Versicherer die Prämie nebst den geschuldeten Zinsen und Kosten einklagen; anderseits kann aber auch der Versicherungsnehmer jederzeit die Prämienzahlung nebst Zinsen und Kosten nachträglich bewirken und der Versicherer muß sie annehmen. Bei einzelnen Versicherungszweigen, wie bei der Hagelversicherung, liegt in diesem Rechte des Versicherungsnehmers keine Gefahr für den Versicherer, bei anderen besteht aber eine solche, indem der Versicherungsnehmer sich möglicherweise zur Zahlung der Prämie erst dann entschließt, wenn er besondere Gründe dazu hat, so, wenn bei der Lebensversicherung eine erhebliche Verschlechterung seines Gesundheitszustandes eingetreten ist (Begr. S. 51), oder wenn er bei der Haftpflichtversicherung Ursache zu der Annahme hat, er könne einem Dritten haftpflichtig werden. Die Kündigung hebt nicht wie der Rücktritt den Versicherungsvertrag rückwirkend in seinen sämtlichen Wirkungen auf, sondern hat nur Wirkung für die Zukunft, für die Zeit von ihrer Erklärung ab.

6. Die Vorschriften des Gesetzes über die Prämie können, abgesehen von denjenigen, welche die Zeit und den Ort der Prämienzahlung betreffen, zum Nachteile des Versicherungsnehmers nicht geändert werden (§ 42). Die Versicherungsbedingungen dürfen daher z. B. vor allem Bestimmungen wie die oben erwähnten nicht mehr vorsehen, auf Grund deren nach Ablauf einer Respekt- oder sonstigen Frist das Versicherungsverhältnis einfach ruht oder endigt, oder vorschreiben, daß die im § 39 vorgesehenen Rechtsfolgen ohne Verschulden des Versicherungsnehmers eintreten. Ausnahme von den §§ 38, 39, 42 sind in gewissen Fällen nach § 189 zulässig.

§ 35. Der Versicherungsnehmer hat die Prämie und, wenn laufende Prämien bedungen sind, die erste Prämie sofort nach dem Abschlusse des Vertrags zu zahlen. Er ist zur Zahlung nur gegen Aushändigung des Versicherungsscheins verpflichtet, es sei denn, daß die Ausstellung eines Versicherungsscheins ausgeschlossen ist.

1. Über den Mitgliedsbeitrag bei den Versicherungsunternehmungen auf Gegenseitigkeit sowie über Vergütung von Auslagen vgl. Vorbemerkung 2 und Anm. 10 zu § 1. Die Prämie ist bar zu entrichten; die Hingabe eines Wechsels tilgt die Prämienschuld nur dann, wenn der Wechsel an Zahlungsstatt angenommen wird. VA. **09*** 100.

2. Falls bei der ersten Prämie Zahlung in Teilbeträgen gestattet ist, braucht nur der erste Teilbetrag bezahlt zu werden. Über die Höhe der Prämienzuschläge (3, 4, 5 %) für Ratenzahlung VA. **11** 93.

3. Inwieweit der Versicherungsnehmer befugt ist, die Prämie an den Agenten des Versicherers zu zahlen, ergibt sich aus §§ 43, 46, 47.

4. Über den Versicherungsschein vgl. §§ 3, 4. Selbst wenn die Ausstellung eines Versicherungsscheins nicht ausgeschlossen ist, kann vereinbart werden, daß die Zahlung ohne oder vor Aushändigung des Scheins zu erfolgen hat.

5. § 35 ist abänderlich.

§ 36. Leistungsort für die Entrichtung der Prämie ist der jeweilige Wohnsitz des Versicherungsnehmers; der Versicherungsnehmer hat jedoch auf seine Gefahr und seine Kosten die Prämie dem Versicherer zu übermitteln.

Hat der Versicherungsnehmer die Versicherung in seinem Gewerbebetriebe genommen, so tritt, wenn er seine gewerbliche Niederlassung an einem anderen Orte hat, der Ort der Niederlassung an die Stelle des Wohnsitzes.

1. Leistungsort für die Entrichtung der Prämie ist also in Abweichung von der Bestimmung des § 269 BGB. nicht der Ort, an welchem der Versicherungsnehmer zur Zeit der Entstehung des Schuldverhältnisses seinen Wohnsitz oder den Ort seiner gewerblichen Niederlassung hatte, sondern der jeweilige Wohnsitz oder jeweilige Ort der Niederlassung.

2. Eine Bestimmung über den Leistungsort bezüglich der Verbindlichkeit des Versicherers zur Zahlung der Versicherungssumme oder der Entschädigung enthält das VVG. nicht. Hierfür gelten also die Regeln des BGB. (§§ 269, 270). Wohnt Versicherungsnehmer am Orte des Versicherers, so ist Zahlung in seiner Wohnung zu leisten. VA. **06*** 3. Zulässig ist, daß als Leistungsort der Wohnsitz des Versicherungsnehmers zur Zeit des Abschlusses des Vertrags oder der Ort der Ausstellung des Versicherungsscheins vereinbart wird mit der Maßgabe, daß der Versicherer Geld auf seine Gefahr und Kosten dem Versicherungsnehmer übermittelt. VA. **11** 98.

3. Am Leistungsorte für die Entrichtung der Prämie sind auch die Nebenleistungen zu entrichten, die als Prämie zu gelten haben (Anm. 10 zu § 1), sofern nicht etwas anderes vereinbart ist.

4. Nach § 270 Abs. 1, 2 BGB. muß der Schuldner Geld im Zweifel auf seine Gefahr und Kosten dem Gläubiger an dessen Wohnsitz oder gewerbliche Niederlassung übermitteln. Diese Verpflichtung bringt der zweite Halbsatz von Abs. 2 auch für die Bezahlung der Prämie zur Anerkennung. Das Gesetz unterscheidet mithin zwischen Leistungs- und Bestimmungsort. Die Übersendungspflicht ist nur eine Nebenverpflichtung des Schuldners; seine Hauptverpflichtung besteht darin, dem Gläubiger das Geld zur Verfügung zu stellen. Erleidet also der in Verzug befindliche Versicherungsnehmer einen Schaden nachdem er die Prämie durch die Post abgeschickt hat, bevor diese aber bei dem Versicherer anlangt, so haftet dieser, vorausgesetzt, daß das Geld am Bestimmungsort ankommt. Z. **13** 244; VA. **12*** 83. Die Prämie ist eine Bringschuld. Durch die Übermittelungspflicht werden die Vorschriften über den Leistungsort, namentlich auch in Ansehung

des Gerichtsstandes, nicht berührt. Für die Klage auf Zahlung der Prämie ist daher ein Gerichtsstand im Sinne des § 29 ZPO. nicht bei dem Gerichte des Ortes begründet, an dem der Versicherer wohnt, sondern an dem jeweiligen Wohnsitz oder dem jeweiligen Ort der Niederlassung des Versicherungsnehmers.

5. § 36 ist abänderlich.

§ 37. Ist die Prämie regelmäßig bei dem Versicherungsnehmer eingezogen worden, so ist dieser zur Übermittelung der Prämie erst verpflichtet, wenn ihm schriftlich angezeigt wird, daß die Übermittelung verlangt werde.

1. Eine Verpflichtung, die Prämie bei dem Versicherungsnehmer zu erheben, wird von dem Versicherer in der Regel nicht übernommen. Dagegen besteht vielfach die tatsächliche Übung, daß der Versicherer oder sein Agent die Prämie abholen läßt. § 37 wendet nun im Anschluß an die bisherige Rechtsprechung (ROHG. **9** 370; RG. **22** 51; VA. **03** 138 anscheinend abweichend Bolze **5** Nr. 709) die Grundsätze über Treu und Glauben (Begr. S. 50) auf einen Einzelfall an; er wird daher, von dem Erfordernisse der Schriftform abgesehen, gewöhnlich auch für die den Zwangsvorschriften nicht unterworfenen Versicherungen (§ 187) gelten. Die regelmäßige Abholung der Prämie bedeutet nicht ohne weiteres eine stillschweigende Vereinbarung, durch welche auf die Übermittelung verzichtet wird, vielmehr liegt in ihr nur eine Übung, und es bedarf, um den Verzug des Prämienzahlers herbeizuführen, nur der Anzeige, welche bei den den Zwangsvorschriften unterliegenden Versicherungen schriftlich sein muß. Der § 37 gilt auch, wenn beide Teile an demselben Orte wohnen.

2. „Regelmäßig" erfordert eine gewisse Dauer und Stetigkeit der Übung; ob die Abholung durch den Versicherer oder den Agenten und im letzteren Falle ob sie mit oder ohne Wissen des Versicherers geschieht, ist gleichgültig.

3. Unter der „schriftlichen“ Anzeige ist hier, wie auch an verschiedenen anderen Stellen des Gesetzes (so z. B. in den §§ 18 Abs. 1, 39) nicht eine schriftliche Anzeige im Sinne des § 126 BGB. zu verstehen, sondern es genügt jede nicht mündliche Anzeige, also auch eine Drucksache mit der Firma des Versicherers.

4. Die Anzeige wird, wenn sie, was die Regel bilden wird, in Abwesenheit des Versicherungsnehmers abgegeben wird, in dem Zeitpunkte wirksam, in welchem sie ihm zugeht.

5. § 37 ist zwingend (§ 42).

§ 38. Wird eine Prämienzahlung, die vor oder bei dem Beginne der Versicherung zu erfolgen hat, nicht rechtzeitig bewirkt, so ist der Versicherer von der Verpflichtung zur Leistung frei, wenn der Versicherungsfall vor der Zahlung eintritt.

Der Versicherer ist, wenn die Zahlung nicht rechtzeitig bewirkt wird, berechtigt, das Versicherungsverhältnis unter Einhaltung einer Kündigungsfrist von einem Monate zu kündigen. Die Wirkungen der Kündigung treten nicht ein, wenn die Zahlung bis zum Ablaufe der Kündigungsfrist erfolgt.

1. Die erste Prämie muß vor oder bei dem Beginne der Versicherung bezahlt sein, um eine Haftung des Versicherers zu begründen. Daher hat der Versicherungsnehmer keinen Anspruch auf die Versicherungssumme, wenn der Schadensfall eintritt, bevor die erste Prämie gezahlt ist, der Versicherungsschein eingelöst ist, selbst wenn in dem Versicherungsschein als Beginn der Versicherung ein bestimmtes Datum bezeichnet ist und der Versicherungsfall nach diesem Zeitpunkt eingetreten ist. VA. 09* 21; 10* 16; 11* 69, abweichend Wallmann 12 1281. Als erste Prämie hat auch ihre erste fällige Rate zu gelten (Begr.

S. 50), dagegen gehören Nebenleistungen wie Stempelkosten, Policegebühren nur zu ihr, wenn es besonders ausbedungen ist. VA. **09** 161. Hat der Versicherer die Haftung vor der Zahlung der ersten Prämie mit der Einreichung oder Annahme des Antrags (Beginn der Versicherung) übernommen, so findet, wenn sie nicht bezahlt wird, § 39 Anwendung.

Vor Beginn der Versicherung kann beispielsweise im Falle des § 68, wenn die Versicherung für ein künftiges Unternehmen oder sonst für ein künftiges Interesse genommen ist, Prämienzahlung verlangt werden. Über den Einfluß des Verzugs mit der Einlösung auf das Inkrafttreten der Versicherung VA. **13*** 50.

2. Rechtzeitig ist die Prämienzahlung, wenn die ganze Prämie innerhalb der vereinbarten Zeit gegen Aushändigung des Versicherungsscheins (§ 35) erfolgt. Ob die ganze Prämie oder auch nur ein noch so kleiner Teil nicht gezahlt wird, bedingt keinen Unterschied. Die Zeit der Absendung der Prämie am Leistungsort ist entscheidend (§ 36 Anm. 4). Rechtzeitig ist die Prämienzahlung auch dann, wenn sich der Versicherer im Annahmeverzuge (§§ 293, 298 BGB.) befindet. ROHG. **15** 41. Hat der Versicherer seither die seitens eines Dritten im Einverständnisse mit dem Versicherten erfolgte Zahlung der Prämie angenommen, so kann Verwirkung nicht stattfinden, bevor der Versicherte erklärt, künftig von dem Dritten die Prämie nicht mehr anzunehmen. VA. **04** 138.

3. Auch dann ist der Versicherer von der Verpflichtung zur Leistung frei, wenn er oder sein Agent schon vor der Entrichtung der Prämie den Versicherungsschein ausgehändigt hatte. Wird während des Eintritts des Versicherungsfalls die Prämie bezahlt, so braucht der Versicherer nicht mehr zu leisten.

4. Erfolgt die Zahlung der Prämie nicht rechtzeitig, so hat der Versicherer folgende Rechte:

a) Er kann die Versicherung unter Einhaltung einer Monatsfrist kündigen. Wann er kündigt, ist seinem Belieben überlassen, namentlich braucht er nicht sofort nach dem Fälligkeitstermine der Prämie zu kündigen. Die Kündigung hat für ihn den Vorteil, daß er einer nachträglichen Zahlung seitens des Versicherungsnehmers vorbeugt, wenn dieser sie wegen einer nahe bevorstehenden Gefahr leisten will (Begr. S. 51; Vorbem. 5 c). Die Wirkungen der Kündigung bestehen in der Aufhebung des Versicherungsverhältnisses, in der Beseitigung des durch die Zahlung der Prämie bedingt gewesenen Schwebezustandes und in dem Fälligwerden einer Geschäftsgebühr (§ 40 Abs. 2 Satz 2). Die Wirkungen der Kündigung werden beseitigt, wenn die Zahlung bis zum Ablaufe der Kündigungsfrist erfolgt.

Bezüglich der Kündigung bei der Gebäudeversicherung vgl. § 100 Abs. 1 Satz 2 und § 101 Abs. 2.

b) Kündigt der Versicherer nicht, so kann er die erste Prämie und die übrigen Prämien an ihren Fälligkeitsterminen einklagen. Einen Anspruch auf die Geschäftsgebühr (§ 40 Abs. 2) hat er dann ebensowenig wie auf den Zuschlag für Ratenzahlung. VA. **06*** 46. Bei der Lebensversicherung können die Prämien längstens bis zum Schlusse der laufenden Versicherungsperiode eingeklagt werden, da nach § 165 der Versicherungsnehmer für dieselbe Periode ein Kündigungsrecht hat. Bei der Todesfallversicherung gegen einmalige Prämie wird gewöhnlich nur die der Versicherungsart entsprechende Jahresprämie gefordert. Kann der Versicherungsfall in dem ersten Jahr überhaupt nicht eintreten (so bei manchen Erlebensfallversicherungen), so ist es billig, wenn nur die Geschäftsgebühr nach § 40 und nicht die erste Jahresprämie gefordert wird. VA. **10** 89. Mit Beitreibung der Beträge wird die Versicherung wirksam.

5. § 38 ist zu ungunsten des Versicherungsnehmers unabänderlich (§ 42). Als eine Abänderung zu ungunsten des Versicherungsnehmers ist nicht die Vereinbarung anzusehen, nach der das Zustandekommen des Vertrags von der Einlösung des Versicherungsscheins abhängig sein soll. VA. **09** 161. Die Beschränkung der Vertragsfreiheit bleibt bei den in § 187 aufgeführten Versicherungszweigen außer Anwendung. Gemäß § 189 kann von der Beobachtung der Bestimmungen in gewissen Fällen abgesehen werden.

§ 39. **Wird eine Prämienzahlung, die nach dem Beginne der Versicherung zu erfolgen hat, nicht rechtzeitig bewirkt, so kann der Versicherer dem Versicherungsnehmer auf dessen Kosten eine Zahlungsfrist bestimmen. Tritt der Versicherungsfall nach dem Ablaufe der Frist ein und ist zur Zeit des Eintritts der Versicherungsnehmer mit der Zahlung der Prämie oder der geschuldeten Zinsen oder Kosten im Verzuge, so ist der Versicherer von der Verpflichtung zur Leistung frei. Der Versicherer ist nach dem Ablaufe der Frist, wenn der Versicherungsnehmer mit der Zahlung im Verzug ist, berechtigt, das Versicherungsverhältnis ohne Einhaltung einer Kündigungsfrist zu kündigen.**

Die Bestimmung der Zahlungsfrist hat schriftlich zu geschehen und die Rechtsfolgen anzugeben, welche nach Abs. 1 mit dem Ablaufe der Frist verbunden sind. Die Frist darf nicht weniger als zwei Wochen betragen. Eine Fristbestimmung, die ohne Beobachtung dieser Vorschriften erfolgt, ist unwirksam.

Soweit die im Abs. 1 bezeichneten Rechtsfolgen davon abhängen, daß Zinsen oder Kosten nicht gezahlt worden sind, treten sie nur ein, wenn die Fristbestimmung die Höhe der Zinsen oder den Betrag der Kosten angibt.

1. Zur Prämie gehören Zinsen und Kosten der Zustellung des Briefes, Mahngebühr u. a.; ihr stehen Umlagen und Nachschüsse gleich, ferner auch die Zinsen der bei der Lebensversicherung üblichen Policedarlehen. VA. **09** 161.

2. Vor allem kommen in § 39 die später laufenden Prämien in Betracht, ausnahmsweise auch die einmalige und die erste

laufende Prämie dann, wenn durch Vereinbarung der Parteien oder durch Stundung seitens des Versicherers die Zahlung entsprechend hinausgeschoben ist. Wird die Zahlung einer Folgeprämie im Einverständnisse mit dem Versicherer längere Zeit ausgesetzt (gestundet), so findet § 39 keine Anwendung. VA. **11*** 95. Ob der Agent zur Stundung der Prämie befugt ist, ist fraglich. VA. **06*** 116.

3. Wird eine Folge-Prämie nicht rechtzeitig (Anm. 2 zu § 38) bezahlt, so hat der Versicherer folgende Rechte:

I a) Er kann dem Versicherungsnehmer schriftlich auf dessen Kosten eine Zahlungsfrist bestimmen (mahnen). Bezüglich der Gebäudeversicherung § 103. Abgesehen von der Schriftlichkeit, auf die niemals wirksam verzichtet werden kann (RG. **72** 343), ist die Form, in der zu mahnen ist, nicht bestimmt. Über den Begriff Schriftlichkeit § 37 Anm. 3. Die Verwendung eines eingeschriebenen Briefes ist nicht erforderlich. Die Mahnung ist erfolgt, wenn der Brief in die Machtsphäre des Adressaten gelangt ist oder wenn der Adressat das Gelangen des Briefes in seine Verfügungsgewalt schuldhafter Weise vereitelt hat. Es genügt die Möglichkeit der Kenntnisnahme. Die wirkliche Kenntnisnahme ist gleichgültig. VA. **08*** 85. Daraus folgt:

α) wird in einem gewöhnlichen Briefe gemahnt, so gilt die Mahnung mit dem Einwerfen desselben in den Briefkasten des Adressaten als zugegangen;

β) wird in einem gewöhnlichen oder eingeschriebenen Briefe gemahnt und verweigert der Adressat die Annahme, so gilt die Mahnung als zugegangen;

γ) wird in einem eingeschriebenen Briefe gemahnt und kommt der Brief wegen Abwesenheit des Adressaten zurück, so gilt die Mahnung nicht als zugegangen. VA. **08*** 5.

Die Mahnung wird nicht durch Zustellung eines Zahlungsbefehls ersetzt VA. **08*** 6.

Bei Wohnungsänderung des Versicherungsnehmers kommt § 10 in Betracht. Eine dem Konkursverwalter zugegangene Mahnung ist unwirksam, wenn die Versicherung konkursfrei ist. VA. **11*** 4.

b) Ist der Versicherungsnehmer nach dem Ablaufe der Frist mit der Zahlung der Prämie oder der geschuldeten Zinsen oder Kosten im Verzuge, so ergeben sich für den Versicherer folgende Rechte:

α) er ist von der Verpflichtung zur Leistung frei; bei der Lebensversicherung gelten besonders §§ 173, 175 Abs. 2;

β) er kann das Versicherungsverhältnis auf sofort kündigen. Die Kündigung ist auch dann notwendig, wenn die Mahnung als unbestellbar zurückkommt, da das Gesetz zur Aufhebung des Versicherungsverhältnisses neben der Mahnung noch eine ausdrückliche Willenserklärung des Versicherers verlangt. Bei der Lebensversicherung gelten §§ 173, 175 Abs. 1; bei der Kapitalversicherung für den Todesfall mit unbedingter Leistungspflicht des Versicherers gilt § 176 Abs. 1 in Verbindung mit § 165;

γ) er kann die fälligen Prämien, Kosten, Zinsen, Verzugszinsen einklagen, bei der Lebensversicherung jedoch nur mit Rücksicht auf das dem Versicherungsnehmer zustehende Kündigungsrecht (§ 165) für die laufende Versicherungsperiode. Mit dem Eingange der Prämien wird die Versicherung wieder wirksam. Der Pfandgläubiger hat keinen Anspruch auf Nachricht vom Zahlungsverzuge des Versicherungsnehmers. VA. **08*** 77.

II. Der Versicherer kann die fälligen Prämien einklagen, ohne zuvor eine Zahlungsfrist gesetzt zu haben. Er muß jedoch, wenn er nicht unter Umständen die Prozeßkosten tragen will, zuvor mahnen, es sei denn, daß der Tag der Fälligkeit der Prämie kalendermäßig feststeht (§ 284 BGB.).

4. Der Versicherungsnehmer ist im Verzuge, wenn die Zahlung der Prämie und der fälligen Zinsen und Kosten infolge eines Umstandes, den der Versicherungsnehmer zu vertreten hat, unterblieben ist (§§ 276 ff., 285 BGB.); hierzu rechnet natürlich nicht Geldmangel, Vergeßlichkeit u. dgl.

5. Wird nach dem Ablaufe der Frist, aber vor dem Eintritte des Versicherungsfalls, oder vor der Ausübung des Kündigungsrechts die Zahlung der Prämie mit Einschluß der geschuldeten

Zinsen und Kosten nachgeholt, so kann der Versicherer die Entschädigung nicht mehr ablehnen, er kann die Haftung aber auch nicht erst nach Ablauf einer gewissen Zeit, wie häufig bei Beginn der Versicherung vorgesehen, wieder eintreten lassen. VA. 10 33, 90. Für die Beseitigung der Verzugsfolgen genügt die rechtzeitige Absendung, sofern das Geld am Bestimmungsort ankommt. VA. 12* 83.

6. Bei einer Lebensversicherung, die mindestens drei Jahre bestanden hat und für welche die Prämie für diesen Zeitraum bezahlt ist (§ 173), muß in dem Mahnschreiben außerdem noch auf die eintretende Umwandlung der Versicherung hingewiesen werden. (§ 175 Abs. 2, 3.)

7. Bei der Gebäudeversicherung beträgt die Mahnfrist mindestens einen Monat (§ 91). Eine Fristbestimmung von weniger als zwei Wochen oder einem Monat ist unwirksam und es muß eine neue Frist gesetzt werden. Die Frist beginnt mit dem auf den Empfang des Schreibens folgenden Tage (§§ 130, 187, 188 BGB.). VA. 11 115.

8. Die Bestimmung des Abs. 3 ist nach der Begr. (S. 53) deshalb getroffen worden, weil der Versicherungsnehmer meist nicht in der Lage sein wird, die dem Versicherer entstandenen Kosten genau festzustellen und weil ihm die Berechnung der geschuldeten Zinsen Schwierigkeiten bereiten kann. Ob es aber nach dem Wortlaute des Gesetzes notwendig ist, daß der Betrag der Zinsenschuld zahlenmäßig angegeben werde oder ob es genügt, wenn nur Angaben hinsichtlich der Höhe des Zinsfußes und des Beginns der Verzinsung gemacht werden, sodaß sich der Versicherungsnehmer die Höhe der Schuld ausrechnen kann, ist zweifelhaft. Ferner bestehen Bedenken, ob die Zinsen schon vom Fälligkeitstage der Prämie ab oder erst nach dem Ablaufe der Respektfrist gefordert werden können. Im Zweifel werden die Zinsen vom Fälligkeitstage ab geschuldet. Für die Kosten wird oftmals ein Pauschalsatz (1 M) angegeben. VA. 11 115.

9. § 39 ist zu ungunsten des Versicherungsnehmers unabänderlich (§ 42); jedoch bleibt diese Beschränkung der Vertrags-

freiheit bei den in § 187 aufgeführten Versicherungszweigen außer Anwendung. Gemäß § 189 kann von der Einhaltung der Bestimmungen in gewissen Fällen abgesehen werden. Art. 4 Nr. 4 EG. gibt § 39 rückwirkende Kraft.

§ 40. Wird das Versicherungsverhältnis wegen unterbliebener oder unrichtiger Anzeige von Gefahrumständen oder wegen Gefahrerhöhung auf Grund der Vorschriften des zweiten Titels durch Rücktritt oder Kündigung aufgehoben, so gebührt dem Versicherer gleichwohl die Prämie, jedoch nicht über die laufende Versicherungsperiode hinaus.

Das Gleiche gilt, wenn das Versicherungsverhältnis wegen nicht rechtzeitiger Prämienzahlung gemäß § 39 gekündigt wird. Kündigt der Versicherer gemäß § 38 Abs. 2, so kann er nur eine angemessene Geschäftsgebühr verlangen. Ist mit Genehmigung der Aufsichtsbehörde in den Versicherungsbedingungen ein bestimmter Betrag für die Geschäftsgebühr festgesetzt, so gilt dieser als angemessen.

Endigt das Versicherungsverhältnis infolge der Eröffnung des Konkurses über das Vermögen des Versicherers, so kann der Versicherungsnehmer den auf die Zeit nach der Beendigung des Versicherungsverhältnisses entfallenden Teil der Prämie unter Abzug der für diese Zeit aufgewendeten Kosten zurückfordern.

1. Der Grundsatz von der Unteilbarkeit der Prämie, nach welchem der Versicherer die Prämie für eine Versicherungsperiode voll beanspruchen kann, wenngleich er nur für einen Teil dieser Zeit das Risiko getragen hat (§ 897 HGB.; RG. 21 329), ist im Gesetze nicht allgemein durchgeführt. Er liegt § 40, ferner den §§ 2 Abs. 2, 51 Abs. 2, 59 Abs. 3, 68 Abs. 2, 70 Abs. 3, 95, 96 Abs. 3,

113, 119, 158 Abs. 3 zugrunde. Für die Versicherungen auf Gegenseitigkeit gilt die besondere Vorschrift des § 25 VAG.

2. § 40 Abs. 1 bezieht sich nur auf Rücktritt oder Kündigung auf Grund der Bestimmungen über die Anzeigepflicht und über die Gefahrerhöhung und ist nicht anwendbar, wenn auf Grund anderer Verwirkungsbestimmungen (vgl. § 6) das Versicherungsverhältnis aufgehoben oder wenn der Vertrag angefochten wird; in diesen Fällen muß, soweit nichts anderes vereinbart ist, der Versicherer die Prämie herausgeben. Über seine Schadensersatzansprüche vgl. die Anm. 2, 3 zu § 22.

Der Versicherer behält nach § 40 die Prämie unter Umständen auch für eine Periode, während welcher er gar keine Gefahr trägt, z. B. wenn im Laufe des Dezember der Versicherungsnehmer die Gefahr erhöht: der Versicherer ist hier sofort frei und hat bis zum entsprechenden Tage des Januar Zeit zu kündigen; für das neue Jahr behält er die Prämie. Im Falle der teilweisen Aufhebung gemäß § 30 ist die Prämie verhältnismäßig zu teilen; kündigt der Versicherungsnehmer für den Rest, so gilt hier wieder § 40 für die ganze Prämie. War die Prämie auf mehrere Jahre im voraus bezahlt, so ist diese nachträglich ohne Zugrundelegung des für solche Versicherungen gewöhnlich gewährten Rabatts oder Freijahrs neu zu berechnen. Die Differenz zwischen dem sich hierbei ergebenden Betrag und der ursprünglich gezahlten Prämie ist dem Versicherungsnehmer zurückzuerstatten.

3. Auch wenn das Versicherungsverhältnis wegen nicht rechtzeitiger Prämienzahlung gekündigt wird, kann der Fall eintreten, daß der Versicherer für eine Periode, während welcher er keinerlei Gefahr trägt, die Prämie erhält. Vgl. Anm. 1.

4. Bei Berechnung der angemessenen Gebühr kann der Versicherer seine baren Auslagen und Aufwendungen an Zeit und Mühe in Ansatz bringen, nicht aber Provisionen, die den Vermittlern (Agenten) entgangen sind. VA. 12 138. Als Geschäftsgebühr ist bei der Kapitalsparversicherung 1 Proz. der Versicherungssumme, höchstens aber 50 ℳ, bei der Rentenversicherung 10 Proz.

des Jahresbetrags der Rente, höchstens aber 50 M festgesetzt. VA. 10 90. Da der Versicherer sich auf eine Vereinbarung, durch welche von dieser Vorschrift zum Nachteile des Versicherungsnehmers abgewichen wird, nicht berufen kann (§ 42), so folgt von selbst, daß ein ohne Genehmigung der Aufsichtsbehörde im voraus getroffenes Abkommen über die Höhe der Geschäftsgebühr für den Versicherungsnehmer nicht bindend ist und den Versicherer nicht von dem Nachweise der Angemessenheit des geforderten Betrags befreit. Anders liegt es bei den von den Zwangsvorschriften befreiten Versicherungen (§ 187; Begr. S. 55).

5. Als abzugsfähige Kosten kommen vor allem die Abschluß- und Inkassoprovisionen in Frage (vgl. auch die ähnliche Bestimmung in § 43 Abs. 4 VAG.). Wie die Kosten insbesondere die des Abschlusses auf die Versicherungszeit zu verteilen sind, läßt sich nicht allgemein sagen. Sind die von dem Versicherer für die Zeit vor der Eröffnung des Konkurses für die Versicherung aufgewandten Kosten größer als die vom Versicherungsnehmer zurückzufordernde Prämie, so steht dem Versicherer nicht ein Anspruch auf den Überschuß zu, der gegenüber einer anderen Forderung des Versicherungsnehmers zur Aufrechnung gestellt werden könnte; die Kosten dürfen die Prämienrückgewähr nicht übersteigen.

6. Über die Kündigung des Versicherungsverhältnisses durch den Versicherer im Falle der Eröffnung des Konkurses über das Vermögen des Versicherungsnehmers und über die dann vom Versicherer etwa zu leistenden Prämienrückzahlungen Anm. 1 zu § 14.

7. § 40 ist zwingend zugunsten des Versicherungsnehmers (§ 42); jedoch bleibt diese Beschränkung der Vertragsfreiheit bei den in § 187 aufgeführten Versicherungszweigen außer Anwendung. § 40 hat rückwirkende Kraft (Art. 4 Nr. 4 EG.).

§ 41. Ist die dem Versicherungsnehmer bei der Schließung des Vertrags obliegende Anzeigepflicht verletzt worden, das Rücktrittsrecht des Versicherers aber ausgeschlossen, weil dem anderen Teile ein Verschulden nicht zur Last fällt, so kann der Versicherer, falls mit Rücksicht auf die höhere Gefahr eine höhere Prämie angemessen ist, von dem Beginne der laufenden Versicherungsperiode an die höhere Prämie verlangen. Das Gleiche gilt, wenn bei der Schließung des Vertrags ein für die Übernahme der Gefahr erheblicher Umstand dem Versicherer nicht angezeigt worden ist, weil er dem anderen Teile nicht bekannt war.

Wird die höhere Gefahr nach den für den Geschäftsbetrieb des Versicherers maßgebenden Grundsätzen auch gegen eine höhere Prämie nicht übernommen, so kann der Versicherer das Versicherungsverhältnis unter Einhaltung einer Kündigungsfrist von einem Monate kündigen.

Der Anspruch auf die höhere Prämie erlischt, wenn er nicht innerhalb eines Monats von dem Zeitpunkt an geltend gemacht wird, in welchem der Versicherer von der Verletzung der Anzeigepflicht oder von dem nicht angezeigten Umstande Kenntnis erlangt. Das Gleiche gilt von dem Kündigungsrechte, wenn es nicht innerhalb des bezeichneten Zeitraums ausgeübt wird.

1. Der Anspruch auf die höhere Prämie kann nicht für die Vergangenheit, sondern nur für die laufende und für die zukünftigen Versicherungsperioden geltend gemacht werden. Voraussetzung ist objektive Verletzung der Anzeigepflicht bei der Schließung des Vertrags, aber Ausschluß des Rücktrittsrechts aus Gründen, die in der Person des Versicherungsnehmers liegen (mangelndes Verschulden oder Nichtkenntnis der Erheblichkeit). Also kein Recht auf Prämienerhöhung, wenn die Verletzung auf eigenes Verschulden des Versicherers zurückzuführen ist, oder wenn der Versicherer die Verletzung beim Abschlusse kannte oder die Frist für

den Rücktritt versäumt hat. Ausgeschlossen ist die Prämienerhöhung, insoweit es sich um eine während der Dauer der Versicherung eintretende Gefahrerhöhung handelt; hier sind Vorschriften über die Änderung der Prämie nicht erforderlich, da der Versicherer in diesem Falle gemäß §§ 23 ff. zur Kündigung befugt ist. Die Angemessenheit der höheren Prämie muß der Versicherer beweisen. Soweit allgemein anerkannte oder von dem betreffenden Versicherer regelmäßig zugrunde gelegte Tarife bestehen, sind diese maßgebend, mögen sie einen Bestandteil des Geschäftsplans im Sinne der §§ 4, 11, 13 VAG. bilden oder nicht. Bei einer Änderung der Tarife kommt es auf die zur Zeit des Vertragsabschlusses geltenden an und zwar auch in der Lebensversicherung. Selbstverständlich kann die höhere Prämie auch von der Entschädigungssumme in Abzug gebracht werden. Über einen besonderen Fall (unrichtige Altersangabe) in der Lebensversicherung § 162.

2. Die für den Geschäftsbetrieb maßgebenden Grundsätze sind in erster Linie nach dem genehmigten Geschäftsplane (§§ 1, 11, 13 VAG.), in zweiter Linie nach der tatsächlich befolgten geschäftlichen Übung des Versicherers und bei Versagen beider Anhaltspunkte nach der innerhalb des betreffenden Versicherungszweigs herrschenden Übung zu beurteilen. Es kommt auf die zur Zeit des Vertragsabschlusses maßgebenden Grundsätze an. Der Versicherer hat zu beweisen. Die Übernahme der höheren Gefahr kann der Versicherer beispielsweise ablehnen, wenn ihm verschwiegen wurde, daß in dem versicherten Hause ein Fabrikbetrieb stattfinde und er darlegt, daß er in dem betreffenden Stadtteile bereits so viel Fabrikrisiken versichert habe, als er zu gleicher Zeit höchstens zu decken pflege, oder wenn bei der Viehlebensversicherung der Versicherer, dem nicht mitgeteilt wurde, daß das zu versichernde Pferd bereits über 15 Jahre alt war, nachweist, daß er grundsätzlich so alte Pferde nicht versichere.

3. Kündigt der Versicherer das Versicherungsverhältnis, so ist der Anspruch auf die höhere Prämie dann aber auch für die Zeit, während der das Risiko noch weiter getragen wird, aus-

geschlossen. Ein solcher Anspruch würde in vielen Fällen (vgl. das Beispiel vom Fabrikbetriebe in der vorigen Anm.) in Frage kommen. Es ist zwar nicht aus dem Wortlaut, aber aus dem Sinne des Gesetzes zu entnehmen, daß die Befugnisse des Abs. 2 und des Abs. 3 sich gegenseitig ausschließen.

4. Der Versicherer muß vorsichtigerweise der von ihm gemäß § 20 abzugebenden Rücktrittserklärung alsbald hinzufügen, daß er nötigenfalls die höhere Prämie verlange oder daß er sich eventuell vorbehalte, nach genauer Kenntnis der tatsächlichen Gefahr zu kündigen. Jedoch beginnt die Frist für die Erklärungen über die Höhe der nunmehr zu zahlenden Prämie erst, wenn dem Versicherer genau bekannt ist, inwieweit die Anzeigepflicht verletzt und wie die Gefahr (auch das subjektive Risiko) tatsächlich beschaffen ist. Die Frist für das Verlangen der Prämienerhöhung ist keine Verjährungsfrist, sondern Befristung für eine vom Versicherer abzugebende Erklärung; diese Erklärung steht rechtlich der Minderung des Kaufpreises (§§ 462 ff. BGB.) gleich. Bei jeder neuen Entdeckung einer Verletzung der Anzeigepflicht kann der Versicherer von den Rechten des § 41 von neuem Gebrauch machen (§ 475 BGB.). Kündigung und Verlangen der Erhöhung können formlos erfolgen. Für die Zahlung der höheren Prämie gilt § 39.

5. Die Rechte des Versicherungsnehmers richten sich nach den allgemeinen Grundsätzen. Da auf seiner Seite kein Verschulden vorliegt, kann er nicht gezwungen werden, einen Vertrag mit einer höheren Prämie durchzuhalten, den er nicht abgeschlossen hätte, wenn er gewußt hätte, daß er eine höhere Prämie zahlen muß. Vgl. § 24 Anm. 1.

6. Die Vorschriften des § 41 sind zugunsten des Versicherungsnehmers zwingend (§ 42); es kann namentlich nicht bestimmt werden, daß die Folgen des Abs. 1 und Abs. 2 ohne Erklärung des Versicherers, und daß sie auch für die Vergangenheit eintreten. Die Beschränkungen der Vertragsfreiheit bleiben bei den in § 187 aufgeführten Versicherungszweigen außer Anwendung. § 41 hat rückwirkende Kraft (Art. 4 Nr. 4 EG.).

§ 42. Auf eine Vereinbarung, durch welche von den Vorschriften der §§ 37 bis 41 zum Nachteile des Versicherungsnehmers abgewichen wird, kann sich der Versicherer nicht berufen.

Nur die Vorschriften, die Zeit und Ort der Prämienzahlung betreffen (§§ 35, 36), sind nicht zwingend. Über die Rückwirkung des § 42 vgl. Art. 4 Nr. 4 EG.

Vierter Titel.

Versicherungsagenten.

Vorbemerkungen. 1. Der vorliegende Titel regelt die Frage, inwieweit innerhalb der aus dem Versicherungsvertrag entspringenden Rechtsverhältnisse die Versicherungsagenten im rechtsgeschäftlichen Verkehre mit dritten Personen als Vertreter des Versicherers zu gelten haben, inwieweit also vor allem die Handlungen und Unterlassungen der Agenten auf das Verhältnis zwischen dem Versicherer und dem Versicherungsnehmer unmittelbar Einfluß ausüben. Er behandelt diese Materie erschöpfend. Die gesetzlich dem Agenten zugewiesene Vertretungsmacht reicht nicht weiter, als hier bestimmt ist. Er ordnet aber nur diese Frage, nicht also die Vertretungsmacht außerhalb der Versicherungsverhältnisse z. B. wenn ein Versicherungsagent nebenher Hypotheken vermittelt. Er trifft ferner keine Bestimmungen, inwieweit das Verhalten des Agenten für die Beurteilung eines etwaigen Verschuldens des Versicherungsnehmers erheblich ist, endlich auch nicht allgemein, sondern nur für Einzelfälle (vgl. vor allem § 43) die Frage, ob und inwieweit der Versicherer für schuldhaftes Handeln des Agenten haftet. Auf die Vertreter und Vermittler öffentlicher Versicherungsanstalten findet der 4. Titel keine Anwendung (§ 192).

2. Der Agenturvertrag gehört zu den durch § 675 BGB. geregelten Dienstverträgen. JW. **08** 138; VA. **13*** 8. Der Begriff

des Agenten ergibt sich aus § 84 HGB.; § 16 VAG. Versicherungsagent ist, wer, ohne im Geschäftsbetriebe des Versicherers als Gehilfe angestellt zu sein, ständig damit betraut ist, für den Versicherer Versicherungsverträge zu vermitteln oder in dessen Namen abzuschließen. Er ist kraft dieser Tätigkeit Kaufmann (§ 1 Abs. 2 Nr. 7 HGB.). Die Gesamtheit aller Agenten und Inspektoren einer Versicherungsanstalt bildet deren Außenorganisation. Das Geschäftsgebiet pflegt in eine Anzahl von Generalagenturen zu zerfallen, die wieder in Agenturen eingeteilt sind. Den einzelnen Generalagenturen sind häufig einige Inspektoren beigegeben. Die Generalagentur ist keine Zweigniederlassung im Sinne des § 13 HGB. und keine Niederlassung im Sinne des § 21 ZPO. VA. **05*** 3; **07*** 44. Sie ist eine gewerbliche Einrichtung der Gesellschaft oder des Generalagenten. VA. **05*** 3.

3. Was zunächst die Agenten anlangt, so unterscheidet das Gesetz in Übereinstimmung mit der seitherigen Praxis zwischen Abschlußagenten (§ 45) und Vermittelungsagenten (§ 43). Erstere sind vornehmlich in der Feuer-, Hagel- und Transportversicherung üblich, aber nicht sehr häufig; meistens ist ihnen ein weites räumliches Gebiet zugewiesen. Die große Mehrzahl der Agenten, und zwar in den genannten Versicherungszweigen, soweit keine Abschlußagenten in Frage kommen, in den übrigen Versicherungszweigen fast ausnahmslos sind Vermittelungsagenten; auf sie bezieht sich daher § 45 nicht, während die Vertretungsmacht des Abschlußagenten diejenige des Vermittelungsagenten mit umfaßt („auch" § 45). Unerheblich für die Vertretungsmacht ist es, welchen Titel der Agent führt (Subdirektor, Generalagent, Hauptagent, Bezirksagent, Spezialagent, Agent). Der in München wohnende Subdirektor einer in Berlin domizilierten Lebensversicherungsanstalt wird daher im Sinne des Gesetzes der Regel nach bloßer Vermittelungsagent sein, während er unter gleichen Voraussetzungen bei einer Feuerversicherungsgesellschaft gewöhnlich Abschlußagent sein wird. Eine andere Frage ist es allerdings, ob auch in der Lebensversicherung nicht ein Versicherungsnehmer, der im geschäftlichen Verkehre mit einem Subdirektor stand, unter Umständen eher wird als entschuldigt gelten müssen, als derjenige, welcher diesen Verkehr mit einem Dorfagenten pflegte. Welchen Umfang die Vertretungsmacht eines Agenten hat, ist nach dem Rechte des Ortes zu beurteilen, an dem der Agent oder dessen Vertreter seine Geschäftstätigkeit entfaltet, die Agentur ihren Sitz hat. RG. **38** 196; **51** 149; JW. **10** 181[2].

4. Das innere Verhältnis zwischen Versicherer und Agenten (über den Abschluß von Pensaverträgen VA. **05** 40; **05*** 94; **09*** 84; **10*** 56), ebenso die öffentlich-rechtliche Stellung der letzteren werden durch das Gesetz nicht berührt.

5. Ebenso wird die Stellung der sonstigen Vertreter des Versicherers durch das Gesetz nicht geordnet. „Soweit der Versicherer Personen, die in seinem Geschäftsbetrieb als Gehilfen angestellt sind, also nicht zu den Agenten im Rechtssinne gehören, in derselben Weise wie Agenten verwendet, werden auf sie die Vorschriften über die Agenten zur entsprechenden Anwendung gebracht werden müssen" (Begr. S. 58). Die Stellung aller sonstigen Vertreter des Versicherers regelt sich nach allgemeinen Vorschriften (insbesondere HGB. Buch 1 Abschnitt 5). Mit dem Publikum treten von derartigen Personen namentlich die bereits erwähnten Inspektoren in Beziehung, und zwar sowohl bei der Anwerbung wie bei der Schadensregulierung. Über ihre Vertretungsmacht Baumgartner S. 36; ROHG. **6** 85; RG. **6** 190; Bolze **8** Nr. 526; **22** Nr. 490. Ebenso gelten bezüglich der Vertreter und Gehilfen der Agenten die allgemeinen Regeln. DJZ. **03** 549; VA. **04** 60. Unberührt sind auch die Bestimmungen der §§ 86, 115 VAG. über die Vertretungsmacht der von den beaufsichtigten Versicherungsunternehmungen zu bestellenden Hauptbevollmächtigten geblieben.

6. Die Vorschriften über die Versicherungsagenten haben rückwirkende Kraft (Art. 4 Nr. 5 EG.). Ob auch § 48 rückwirkende Kraft hat, ist bestritten. Bem. 9 zu Art. 4 EG.

§ 43. Ein Versicherungsagent gilt, auch wenn er nur mit der Vermittelung von Versicherungsgeschäften betraut ist, als bevollmächtigt, in dem Versicherungszweige, für den er bestellt ist:

1. Anträge auf Schließung, Verlängerung oder Änderung eines Versicherungsvertrags sowie den Widerruf solcher Anträge entgegenzunehmen;
2. die Anzeigen, welche während der Versicherung zu machen sind, sowie Kündigungs- und Rücktrittserklärungen oder sonstige das Versicherungsverhältnis betreffende Erklärungen von dem Versicherungsnehmer entgegenzunehmen;
3. die von dem Versicherer ausgefertigten Versicherungsscheine oder Verlängerungsscheine auszuhändigen;
4. Prämien nebst Zinsen und Kosten anzunehmen, sofern er sich im Besitz einer vom Versicherer unterzeichneten Prämienrechnung befindet; zur Unterzeichnung genügt eine im Wege der mechanischen Vervielfältigung hergestellte Namensunterschrift.

1. Auch wenn ein Versicherungsagent nur mit der Vermittelung von Versicherungsgeschäften betraut ist, hat seine Vertretungsmacht die durch § 43 gezogenen Grenzen. Ist dem Agenten eine weitergehende Befugnis eingeräumt, so schließt das die Anwendbarkeit des § 43 nicht aus. In welcher Weise die Bestellung des Agenten erfolgt, sagt das Gesetz nicht (§§ 46, 47). Die Vermittelung von Versicherungsverträgen, gewöhnlich Anwerbung (Akquisition) genannt, ist der wichtigste Beruf des Agenten. VA. **05** 32. Schon hieraus ergibt sich eine gewisse Verantwortlichkeit des Versicherers für diejenigen Erklärungen und Mitteilungen des Agenten, die den Versicherungslustigen zur Stellung eines Antrags zu veranlassen bezwecken. Diese Verantwortung besteht sowohl gegenüber anderen Versicherern, z. B. der Agent verdächtigt eine Konkurrenzanstalt, wie gegenüber dem Publikum; die Haftung des Agenten bestimmt sich nach §§ 823, 824, 826, die des Versicherers nach § 831 BGB. Hat der Agent durch arglistige Täuschung den Versicherungslustigen zur Unterzeichnung des Antrags zu bestimmen gewußt, so kann dieser gemäß § 123 Abs. 1, nicht Abs. 2 BGB., den Vertrag anfechten; der Agent ist insoweit kein Dritter, sondern Vertreter des Versicherers. JW. **04** 232[3]; VA. **04** 59, 170; **09*** 30; **10*** 102; Wallmann **11** 1501; a. A. LZ. **10** 53.

2. Nur auf den Versicherungszweig, für den der Agent bestellt ist, bezieht sich seine gesetzliche Vertretungsmacht. Wird der Agent in einem anderen Versicherungszweig oder für einen anderen Versicherer tätig, so verpflichtet diese Tätigkeit den Geschäftsherrn zu nichts. Erfolgt aber später der Abschluß in Kenntnis der auftragslosen Vermittelungstätigkeit, so hat für diese einzelne Versicherung der Agent die ihm gesetzlich eingeräumte Vertreterstellung. Was hier von einem Versicherungszweige gesagt ist, gilt auch für eine Versicherungsart, wenn also z. B. ein Agent, welcher nur für die Volksversicherung bestellt ist, ausnahmsweise einen Lebensversicherungsvertrag vermittelt.

3. Die Bevollmächtigung zur Entgegennahme von Anträgen bedeutet, daß der dem zuständigen Agenten ordnungsmäßig zugegangene Antrag als dem Versicherer selbst zugegangen gilt. VA. **06** 87. Dies ist namentlich insofern wichtig, als die Fristen, während welcher der Antragsteller nach § 145 BGB. oder bei der Feuerversicherung nach § 81 dieses Gesetzes an den Antrag auf Schließung, Verlängerung, Änderung des Versicherungsvertrags gebunden ist, schon mit der Stellung des Antrags bei dem Agenten und nicht erst mit der Übermittelung an den Versicherer zu laufen beginnen (Begr. S. 58). Ist der Antrag also dem Agenten ausgehändigt, so nützt dem Antragsteller ein Widerruf gemäß § 130 BGB., den er unmittelbar an die Direktion ergehen läßt, nichts mehr, selbst wenn der Antrag noch bei dem Agenten ruht und der Direktion noch nicht eingereicht ist. Was vom Antrage gilt, trifft auch für Ergänzungen, Erläuterungen, Abänderungen des Antrags zu. Auch der mündlich gestellte Antrag gilt als gleichzeitig dem Agenten und dem Versicherer zugegangen. Gibt der Agent einen Antrag gar nicht oder erst verspätet an das Abschlußorgan weiter, so ist der Regel nach eine Haftung des Versicherers nicht begründet, da er nach Handelsgebrauch gewöhnlich nicht verpflichtet ist, auf jeden bei ihm einlaufenden Antrag zu antworten, nur an den Agenten kann sich der Versicherungsnehmer unter Umständen halten. **VA. 03** 132.

4. Zu den Ergänzungen des Antrags gehört namentlich die Anzeige der Gefahrumstände, die meistens auf dem Antragsformulare selbst erfolgt. Auch zu ihrer Entgegennahme ist der Agent befugt. Aber nur zu ihrer Entgegennahme; er hat keine Vollmacht, die Anzeigepflicht des Versicherungslustigen abweichend vom Gesetz oder von den Versicherungsbedingungen zu bestimmen, wie er überhaupt zur Überschreitung der ihm regelmäßig zustehenden Befugnisse nicht berechtigt ist. **VA. 05** 32. Eine andere Frage ist es, ob es den Antragsteller entschuldigt, wenn er bei der Ausfüllung des Fragebogens den Ratschlägen des Agenten folgte oder gar diesem die Niederschrift überließ. Dem Agenten ist regelmäßig vom Versicherer die Beratung des Publikums bei Abfassung der Anzeigen übertragen, aber nur im Rahmen der Versicherungsbedingungen, zu denen im weiteren Sinne der Inhalt des Fragebogens gehört. Wo diese objektiv zweifelhaft erscheinen, gilt der Antragsteller als entschuldigt, wenn er sich an die Erklärungen des Agenten hält. **VA. 04** 61; **09*** 104. Wird z. B. gefragt, ob der Antragsteller schon lungenkrank gewesen sei, ob bereits von einem anderen Versicherer ein Versicherungsantrag von ihm abgelehnt worden sei, ob er schon eimal einen Brandschaden gehabt habe und von einem Versicherer entschädigt worden sei (**VA. 04** 60, 146; Wallmann **12** 1692; unter Umständen aber auch entschuldbar, wenn Agent für lesensunkundigen Antragsteller den Antrag ausgefüllt hat **VA. 07*** 41; **11*** 119), und erklärt der Agent, Krankheiten, Ablehnungen, Schäden, die über ein Jahr zurückliegen, brauchten nicht angegeben zu werden, so liegt trotzdem Verletzung der Anzeigepflicht vor, da gegenüber der Unzweideutigkeit der Frage die Erläuterung des

Agenten unbeachtlich war. JW. **07** 183 (Verschweigung eines Buckels); VA. **12*** 5 (Verschweigung einer fünf Jahre zurückliegenden Krankheit). Anders, wenn der Agent gegenüber der Frage nach Krankheiten erklärt, es brauchten nur solche angegeben zu werden, bei welchen ärztliche oder andere diese ersetzende Hilfe in Anspruch genommen worden sei (VA. **06*** 8), oder wenn er zu der nicht zweifelsfreien Frage, ob auch geringfügige Verletzungen, die ohne Hinterlassung irgendwelcher Folgen verheilt sind, angegeben werden müssen, den Antragsteller irreführend belehrt (JW. **12** 84; VA. **07*** 46; **10** 86; **11*** 10; **12*** 4), oder wenn er gegenüber der Frage, wem die zu versichernden Gegenstände gehören, darauf hinweist, Sachen der Ehefrau könnten mit zu den eigenen gerechnet werden. Hiermit stimmt die bisherige Rechtsprechung wesentlich überein. ROHG. **8** 56; **17** 22; RG. **22** 201; **27** 151; **39** 177; **46** 184, 190; **66** 275; JW. **04** 576[11]; **06** 145[33]; VA. **04** 61, 146, 176; **05*** 20, 66; **10*** 109; **12*** 11, 42, 77. Auch dann wird der Antragsteller von seiner eigenen Verantwortlichkeit für die Ausfüllung des Fragebogens nicht befreit, wenn es sich um Fragen handelt, die jeder Dritte also auch der Agent aus eigener Wahrnehmung beantworten konnte, z. B. Fragen nach der örtlichen Beschaffenheit (RG. **46** 184; VA. **04** 62; **07*** 27), es sei denn, daß die Beantwortung der Fragen eine besondere Sachkunde erheischte (z. B. Fragen nach der Bauart des Hauses). Aber auch abgesehen von dem zuletzt erwähnten Falle kann das Verhalten des Agenten den Antragsteller möglicherweise entschuldigen, so wenn es offenbar grob sachwidrig war (JW. **02** 145; VA. **06*** 21; **09*** 88) z. B. wenn er Örtlichkeiten, die er besichtigt hat, im Antrag unrichtig beschreibt (VA. **04** 38, 62), wenn der Agent besonders sorgfältig sein muß (der Versicherte kann nicht lesen RG. **66** 276; VA. **07*** 27). Als Vertreter des Antragstellers ist der Agent bei der Ausfüllung des Fragebogens nicht aufzufassen. RG. **9** 195; **22** 201; **27** 151; **39** 177. Der Versicherungsnehmer kann aber auch den Agenten beauftragen, in seinem (des Versicherungsnehmers) Namen den Antrag zu stellen. § 181 BGB. steht nicht entgegen. Wird durch mangelhafte

Nachprüfung des Versicherungsantrags seitens des Versicherungsnehmers die Unrichtigkeit verursacht, so hat hierfür der Versicherte einzustehen, auch wenn der Agent fahrlässig bei Ausfüllung des Fragebogens gehandelt hat. VA. **04** 32; **05*** 21.

5. Die für die Lebensversicherung in Betracht kommenden Anträge auf Rückkauf oder auf Umwandlung sind Anträge auf Änderung eines Versicherungsvertrags; übrigens, wenn sie als solche nicht angesehen werden, sind sie jedenfalls Erklärungen, die das Versicherungsverhältnis betreffen (Ziffer 2). Zu ihrer Entgegennahme ist also der Agent jedenfalls befugt.

6. Die Ermächtigung des Agenten zur Entgegennahme des Widerrufs bedingt für den Versicherungsnehmer nicht etwa das Recht, einen von ihm gestellten Antrag beliebig zu widerrufen, vielmehr geht diese Bestimmung nur dahin, daß der Widerruf, soweit er überhaupt zulässig ist, insbesondere also, wenn der Antragsteller sich die Befugnis dazu vorbehalten hat, gültig auch dem Agenten gegenüber erklärt werden kann.

7. Die während der Versicherung zu machenden Anzeigen betreffen vornehmlich die Veränderung der Gefahr und den Eintritt des Versicherungsfalls. Ziff. 2 gilt aber auch für andere Anzeigen z. B. für den Widerspruch aus § 5, für die Mitteilung einer Wohnungsänderung (§ 10), eines Wechsels des aus dem Versicherungsvertrage Berechtigten, für eine Anfechtungserklärung (statt einer Versicherungsaktiengesellschaft handelt es sich um einen Versicherungsverein auf Gegenseitigkeit; „Recht" **07** Nr. 1395.) Der Agent ist ferner zur Entgegennahme der nach Eintritt des Versicherungsfalls zu machenden Anzeigen, also der eigentlichen Schadensanzeige, des Krankheitsberichts usw., sowie schlechthin zur Entgegennahme aller das Versicherungsverhältnis betreffenden Erklärungen ermächtigt, also z. B. der Schadensberechnung und der dazu gehörigen Belege. Diese Vertretungsmacht erlischt auch (trotz der Worte: „während der Versicherung") nicht mit dem Ablaufe des Vertrags, sofern nur die Erklärungen und Mitteilungen das Versicherungsverhältnis betreffen. Sie besteht trotz des Wortlauts nicht bloß gegenüber dem Versicherungsnehmer, sondern auch gegenüber dritten Personen z. B. gegenüber dem bezugsberechtigten Dritten, dem Hypothekengläubiger. Ob auch Anzeigen von der Abtretung und Verpfändung eines Versicherungsanspruchs unter Ziffer 2 zu rechnen sind, dürfte zweifelhaft aber zu bejahen sein. Die Vertretungsmacht betrifft Anträge, Erklärungen und Mitteilungen jeder Art, z. B. Anträge auf Änderung der Versicherungssumme, auf Unterbrechung der Versicherung, auf schiedsgerichtliche Entscheidung oder z. B. Erklärungen wegen Aufrechnung mit Ansprüchen gegen den Versicherer, nicht etwa gegen den Agenten (anders VA. **05*** 30). Dagegen ist der Agent nicht zur Prozeßführung befugt; Klagezustellung an ihn ist wirkungslos („Recht“ **08** S. 542), es sei denn daß er Generalvollmacht hat (Feuerversicherung) VA. **11*** 121; über die Zustellung eines Pfändungsbeschlusses SeuffA. **63** 327. Soweit die Vertretungsmacht des Agenten reicht, ist er Vertreter des Versicherers gemäß § 278 BGB., dieser haftet z. B., wenn der Agent ihm übergebene Urkunden verliert. Auch die bisherige Rechtsprechung nahm an, daß der Agent befugt sei, Anzeigen und Erklärungen entgegenzunehmen, es sei denn etwas anderes vereinbart. Bolze **1** Nr. 758. Die Befugnis zur Entgegennahme von Erklärungen schließt nicht die Befugnis in sich, Erklärungen namens des Versicherers abzugeben, insbesondere nicht, den Versicherungsnehmer von seinen bedingungsmäßigen Verpflichtungen gegenüber dem Versicherer in irgendeinem Punkte zu befreien. RG. **50** 295; Bolze **2** Nr. 1063; **18** Nr. 495; VA. **04** 149; **12*** 116. So reicht die Vertretungsvollmacht des Agenten nicht so weit, um die bedingungsgemäße Verpflichtung des Versicherungsnehmers, die Prämien zu „bringen“ umzuwandeln in die Verpflichtung des Versicherers, die Prämien zu holen. Ein dem Versicherungsnehmer durch den Generalagenten erteilter ablehnender Bescheid hat nur Wirkung, wenn die Ermächtigung hierzu seitens des Versicherers dem Versicherungsnehmer mitgeteilt ist. VA. **05** 70.

Freilich können dem Versicherer erhebliche Nachteile erwachsen, wenn unzuverlässige Agenten die ihnen nur mündlich zugegangenen

Mitteilungen an ihn entweder gar nicht oder unvollständig oder unrichtig weitergeben. Diese Nachteile kann jedoch der Versicherer dadurch vermindern, daß er für diese Mitteilungen die schriftliche Form ausbedingt (vgl. auch § 47 Anm. 1 am Schlusse). Unterläßt der Agent die Weitergabe einer zu einem schriftlichen Antrage gestellten mündlichen Bedingung, ohne daß das Antragsformular die Klausel enthält, daß nur schriftliche Abmachungen zu gelten haben, so ist der Vertrag nicht wirksam zustande gekommen. VA. **08*** 47; **12*** 45 gegen **10*** 5, 6; **11*** 42. Weiter kann eine Ersatzpflicht des Versicherers begründet werden, wenn durch Verschulden seines Agenten eine antragswidrige Klausel in den Versicherungsschein aufgenommen ist. VA. **08*** 98; **09*** 88. Ermächtigt der Versicherungsnehmer den Agenten, in seinem Namen Erklärungen abzugeben, was gemäß § 181 BGB. zulässig ist, so binden ihn die Rechtshandlungen des Agenten und er haftet für dessen Verschulden. Aber auch wenn der Agent ohne Vertretungsmacht war, wird seine Arglist bei einem von ihm als Vertrauensmann des Versicherers abgeschlossenen Vergleiche gegen den Versicherer wirken. VA. **09*** 30.

8. Die Aushändigung des Scheins ist namentlich dann von Bedeutung, wenn mit ihr, was allerdings der Regel nach nur unter gleichzeitiger Zahlung der Prämie der Fall ist (§ 38), die Versicherung in Wirksamkeit treten soll. Die Aushändigung des echten Scheins bindet den Versicherer, auch wenn sie gegen seinen Willen erfolgt ist. Sie hat z. B. die Wirkungen der §§ 75, 76 Abs. 2. Die Vertretungsmacht bezieht sich auch auf die Aushändigung der Ersatzurkunden, sowie solcher Bescheinigungen, die zu dem Versicherungsscheine gehören oder anderweit zur Beurkundung der Verpflichtungen des Versicherers dienen (Nachträge zum Versicherungsscheine, Hinterlegungsscheine bei Policebeleihungen, Abschriften von Versicherungsanträgen, Hypothekenversicherungsscheine). Bei anderen Urkunden, welche nicht unter Ziffer 3 fallen z. B. bei Ablehnungsbescheiden gemäß § 12 Abs. 2 ist nach allgemeinen Grundsätzen zu beurteilen, inwieweit der Agent als befugt zu ihrer Aushändigung gilt. Ist der Agent vom Versicherungsnehmer zur Entgegennahme von Erklärungen und Urkunden des Versicherers besonders ermächtigt, so steht der Besitz des Agenten dem des Versicherungsnehmers gleich.

9. In den früheren Entwürfen des Gesetzes hieß es „fällige" Prämien. Daher ist der Agent nunmehr, falls die Voraussetzungen der Ziff. 4 sonst zutreffen, auch zur Annahme nicht fälliger Prämien befugt. Begr. S. 59; Bolze **6** Nr. 328. War die Frist des § 39 bereits verstrichen und nimmt der noch im Besitze der Rechnung oder der Quittung befindliche Agent die verspätete Zahlung an, so ist falls die Bedingungen eine solche Zahlungsannahme nicht besonders verbieten der Verzug des Versicherungsnehmers geheilt (Baumgartner S. 36; Bolze **2** Nr. 1076; **16** Nr. 467), es sei denn, letzterer wußte oder mußte wissen, daß der Agent die Zahlung gegen den ausdrücklichen Willen des Versicherers annehme. Stundung der Prämie oder Verlängerung der Respektfrist zu gewähren, ist der Agent nicht befugt. VA. **06*** 116; **08*** 39. Zur Annahme eines Wechsels an Zahlungsstatt durch den Agenten bedarf es besonderer Vollmacht. VA. **09*** 100.

10. § 86 Abs. 1 HGB. gilt für Versicherungsagenten nicht. Was die Leistungen des Versicherungsnehmers aus dem Vertrag anlangt, so ist der Agent gesetzlicher Empfangsbevollmächtigter, falls er sich im Besitze einer vom Versicherer ausgestellten Rechnung befindet. Der Rechnung steht eine Quittung schon nach allgemeinen Grundsätzen (§ 370 BGB.) gleich. Der Versicherungsnehmer kann verlangen, daß der Agent ihm die vom Versicherer unterzeichnete Prämienrechnung quittiere: daneben auch noch vom Versicherer eine Quittung gemäß § 368 BGB. zu beanspruchen, ist er dagegen nicht berechtigt (KB. I S. 41 ff.). Mechanisch hergestellte Unterschrift: § 793 Abs. 2 BGB. Wie die Rechnung oder Quittung in die Hand des Agenten gekommen ist, bleibt ihre Echtheit vorausgesetzt außer Betracht.

Der Grundsatz der Ziff. 4 muß auch für Eintrittsgelder, Legegelder, Gebühren, Geldstrafen, Zinsen für Policedarlehen u. dgl. gelten. Irgend welche die Verpflichtungen des Versicherungsnehmers ändernde Rechtsgeschäfte vorzunehmen, ist der Agent nicht befugt, er kann also die Bringschuld nicht in eine Holschuld verwandeln, nicht stunden, nicht an Stelle der Geldleistung anderweite Erfüllung annehmen. Befindet sich der Agent nicht im Besitze der Prämienrechnung oder -quittung, so kann überhaupt nicht an ihn gezahlt werden. Irrt sich der Versicherungsnehmer über die Befugnisse des Agenten, so läuft er Gefahr, zweimal zahlen zu müssen. ROHG. **19** 418; RG. **28** 389; Bolze **20** Nr. 557; SeuffA. **44** Nr. 175; **54** Nr. 243; VA. **04** 139, **05*** 30.

Der Agent ist von dem Versicherer als Hilfsperson bei dem Einkassierungsgeschäfte bestellt, letzterer haftet für Verschulden des Agenten nach § 831 BGB. Inwieweit es den Versicherungsnehmer entschuldigt, wenn er sich auf Angaben des Agenten verläßt, und inwieweit hiernach Leistungsverzug auf seiner Seite anzunehmen ist, richtet sich nach allgemeinen Grundsätzen. Es kommt vor, daß der Agent, wenn auch gegen das ausgesprochene Verbot des Versicherers für den Versicherungsnehmer die Zahlung der Beiträge übernimmt; versäumt der Agent dann diese Zahlung an den Versicherer, so kommt der Versicherungsnehmer in Verzug. Der Agent darf seine eigenen Schulden an den Versicherungsnehmer nicht gegen die von diesem zu zahlenden Prämien aufrechnen. RG. **46** 208. Er darf auch ohne Zustimmung des Versicherers nicht vereinbaren, daß die fälligen Prämien gegen eine etwaige Leistung des Versicherers aufgerechnet werden sollen. VA. **05** 31.

11. Für die Tätigkeit des Versicherers bei und nach Eintritt des Versicherungsfalls kommt dem Agenten (abgesehen von der Entgegennahme von Anzeigen und Erklärungen, Ziff. 2) eine gesetzliche Vertreterstellung nicht zu. Er kann also weder das Maß der Auskunftspflicht gemäß § 34 bestimmen, noch Weisungen gemäß §§ 62, 183 erteilen, noch bei der Feststellung der Entschädigungssumme in maßgebender Weise mitwirken, anerkennen, auf Einreden verzichten, ablehnende Bescheide erteilen. VA. **05*** 70. Es müssen besondere Umstände vorliegen, um den Agenten als bevollmächtigt erscheinen zu lassen. Jedoch ist der Agent regelmäßig berufen, sowohl hinsichtlich der Abwendung, wie hinsichtlich der Abschätzung des Schadens den Versicherungsnehmer zu beraten, der Versicherer haftet für ihn nach Maßgabe des § 831 BGB. Dem Versicherten, der sich auf die Ratschläge des Agenten verläßt, wird dies vielfach als Entschuldigungsgrund dienen können. Ermächtigt der Versicherungsnehmer den Agenten zur Führung der Verhandlungen und zur Empfangnahme der Leistung, so hat er die Handlungen des Agenten, z. B. auch die Folgen betrügerischer Schadensberechnung, gegen sich gelten zu lassen.

§ 44. Soweit nach den Vorschriften dieses Gesetzes die Kenntnis des Versicherers von Erheblichkeit ist, steht die Kenntnis eines nur mit der Vermittelung von Versicherungsgeschäften betrauten Agenten der Kenntnis des Versicherers nicht gleich.

1. Es handelt sich in § 44 um eine Kenntnis des Vermittelungsagenten, die dieser ohne eine Anzeige oder Erklärung im Sinne des § 43 erlangt hat. Sie kommt in folgenden Fällen in Betracht: a) nach § 2: Rückbeziehung der Versicherung, b) nach § 10: Änderung der Wohnung (vgl. § 104): indessen ist anzunehmen, daß der Agent, der dem Versicherungsnehmer Schriftstücke zu übersenden hat, dessen ihm bekannt gewordene Wohnungsänderung zu berücksichtigen hat, c) nach §§ 16, 17: Kenntnis von den verschwiegenen oder unrichtig angezeigten Gefahrumständen, d) nach § 20: Verletzung der Anzeigepflicht, e) nach §§ 24, 25, 27, 28: Gefahrerhöhung, f) nach § 33: Eintritt des Versicherungsfalls, g) nach §§ 51, 59: Betrügerische Über- und Doppelversicherung, h) nach §§ 70, 71, 114: Veräußerung der versicherten Sache, i) nach § 143 Abs. 2. Abgesehen von diesen Fällen, in welchen sich das Gesetz über die Kenntnis des Versicherers ausdrücklich ausläßt, muß § 44 aber auch dann Anwendung finden, wenn nach den das Versicherungsverhältnis beherrschenden Grundsätzen von Treu und Glauben die Kenntnis des Versicherers als ein den Versicherungsnehmer entschuldigender Umstand zu gelten hat: z. B. bei Verwirkungs-

klauseln, wie sie § 6 vorsieht (der Versicherer kann sich auf sie nicht berufen, wenn er in Kenntnis der Zuwiderhandlung das Vertragsverhältnis fortsetzt), bezüglich der Auskunftspflicht des Versicherungsnehmers. Auch hier also steht die Kenntnis des Agenten der des Versicherers nicht gleich.

Dagegen gilt § 44 nicht schlankweg, soweit nicht gerade Eigenheiten des Versicherungsrechts, sondern andere Gesetzesvorschriften in Betracht kommen, z. B. bei Anfechtung des Vertrags durch den Versicherer wegen Irrtums oder arglistiger Täuschung, bei Anfechtung des Vertrags durch den Versicherungsnehmer (Schadensersatzpflicht nach § 122 Abs. 2 BGB. ausgeschlossen, wenn der Versicherer den Grund der Anfechtbarkeit kannte), bei der Frage der Haftung des Versicherers gegenüber Hypothekengläubigern und anderen Realberechtigten (Kenntnis der Unrichtigkeit des Grundbuches § 892 BGB.), beim Konkurse des Versicherungsnehmers (Kenntnis von der Zahlungseinstellung oder von der betrügerischen Absicht des Gemeinschuldners §§ 30, 31 KO.). Man wird aber in allen diesen Fällen dem Versicherer die Kenntnis des Agenten aus allgemeinen Gründen nicht zurechnen können.

2. Unabhängig von der Vorschrift, daß die Kenntnis des Vermittelungsagenten derjenigen des Versicherers nicht gleich steht, ist die Frage, ob der Versicherungsnehmer als entschuldigt gilt, wenn er sich darauf verließ oder verlassen konnte, daß dem Agenten der anzuzeigende Umstand bekannt war. „Ob ein Verschulden vorliegt oder nicht, hat der Richter auf Grund der jeweiligen Sachlage festzustellen, und hierbei kann das von dem Agenten gegenüber dem Versicherungsnehmer betätigte Verhalten von wesentlicher Bedeutung sein." (Begr. S. 61.) Vgl. Anm. 4 zu § 43.

3. Soweit der Agent zur Vornahme von Rechtsgeschäften namens des Versicherers befugt ist, also bei der Aushändigung von Urkunden und der Annahme von Prämien (§ 43 Ziff. 3, 4), kommt seine Kenntnis, sein wirklicher Wille für die Wirksamkeit der Erklärungen in Betracht; der Versicherer bleibt insoweit aus dem

Spiele (§ 166 Abs. 1 BGB.). Hat der Agent also versehentlich die Versicherungsurkunde ausgehändigt oder ist er zur Annahme der verspäteten Zahlung durch betrügerische Vorspiegelungen des Versicherungsnehmers veranlaßt worden, so kann der Versicherer aus eigenem Rechte die Rechtshandlungen des Agenten anfechten.

§ 45. Ist ein Versicherungsagent zum Abschlusse von Versicherungsverträgen bevollmächtigt, so ist er auch befugt, die Änderung oder Verlängerung solcher Verträge zu vereinbaren sowie Kündigungs- und Rücktrittserklärungen abzugeben.

1. Die Vertretungsmacht des Abschlußagenten, den zahlreiche Versicherungszweige vor allem die Lebensversicherung nicht kennen, umfaßt die des Vermittelungsagenten mit; insoweit ist auf das zu § 43 Bemerkte zu verweisen. Die Abschlußvollmacht befugt auch zu Abweichungen von den allgemeinen Versicherungsbedingungen und Tarifen, sei es bei Abschluß, sei es bei Änderung oder Verlängerung des Vertrags. Der Abschlußagent kann kündigen und zurücktreten, und zwar nicht bloß auf Grund der Bestimmungen dieses Gesetzes, sondern auch, wenn nach sonstigen Vorschriften oder auf Grund besonderer Vereinbarungen ein Kündigungs- oder Rücktrittsrecht begründet ist. Er kann auch den Vertragsschluß und andere Erklärungen anfechten. Er darf Prämien erlassen, herabsetzen und stunden; er kann (anders als der Vermittelungsagent) auch, ohne Prämienrechnung oder Quittung zu besitzen, die Prämien in Empfang nehmen. § 44 gilt für ihn nicht; es ist also die Kenntnis des Abschlußagenten für den Versicherer erheblich; „Recht" **09** Nr. 157. Auch die bisherige Rechtsprechung schrieb dem Abschlußagenten erweiterte Befugnisse gegenüber dem Agenten zu. Baumgartner S. 50; Bolze **6** Nr. 328; **13** Nr. 479. Bei der Festsetzung der Leistung des Versicherers im Schadenfalle kommt dem Abschlußagenten eine besondere Vertretungsmacht an sich nicht zu, er kann nicht namens der Versicherers anerkennen oder ablehnen. Ein von ihm erteiltes

ablehnender Bescheid hat nur Wirkung, wenn die Ermächtigung hierzu seitens des Versicherers dem Versicherungsnehmer mitgeteilt ist. VA. 05* 70. Anders Baumgartner S. 174. Ebensowenig ist er an sich zum Verzicht auf Einreden und zu Vergleichen, sowie zur Eingehung von Wechselverbindlichkeiten und zur Prozeßführung befugt. (Begr. S. 61.) Hingegen bedarf er nicht gerade einer besonderen Vollmacht zur Ausübung dieser Rechte; sie können ihm vielmehr in der Agenturinstruktion oder in dem mit dem Versicherer abgeschlossenen Vertrag allgemein eingeräumt sein.

2. Soweit der Abschlußagent vertretungsberechtigt ist, kann er auch seinerseits Bevollmächtigte bestellen, und es kann sowohl er wie der Versicherer selbst durch Vollmacht dem Agenten eine über das gesetzliche Maß hinausgehende Befugnis geben. Baumgartner S. 194; Bolze 9 Nr. 418; ZHR. 14 627.

§ 46. **Ist der Versicherungsagent ausdrücklich für einen bestimmten Bezirk bestellt, so beschränkt sich seine Vertretungsmacht auf Geschäfte und Rechtshandlungen, welche sich auf Versicherungsverträge über die in dem Bezirke befindlichen Sachen oder mit den im Bezirke gewöhnlich sich aufhaltenden Personen beziehen. In Ansehung der von ihm vermittelten oder abgeschlossenen Verträge bleibt der Agent ohne Rücksicht auf diese Beschränkung zur Vornahme von Geschäften und Rechtshandlungen ermächtigt.**

1. Das Gesetz sagt nichts darüber, in welcher Weise die Bestellung des Agenten erfolgt. Es scheint, als ob die Begr. (S. 62) unter Bestellung den zwischen dem Versicherer und seinem Organe geschlossenen Vertrag verstehe. Indessen kann dies nicht die Meinung des Gesetzes sein, vielmehr muß die Bestellung, sofern sie Dritten gegenüber wirksam werden soll, in irgend einer Weise nach außen in die Erscheinung treten. Wenn also der Versicherer

es duldet, daß jemand als sein Agent tätig wird, so muß er die mit und von diesem Agenten vorgenommenen Rechtshandlungen gegen sich gelten lassen, auch wenn mit dem Agenten kein Anstellungsvertrag geschlossen worden ist. Die Bestellung kann auch durch öffentliche Kundmachung oder in sonst geeigneter Weise erfolgen. Ebenso erfolgt die Entziehung der Agenteneigenschaft nur in einer irgendwie nach außen erkennbaren Weise z. B. durch Mitteilung an die Versicherungsnehmer. Ist zweifelhaft, ob jemand als Abschluß- oder nur als Vermittelungsagent bestellt ist, so ist regelmäßig der geringere Umfang der Vollmacht anzunehmen.

2. § 46 berücksichtigt besonders den Fall der Bestellung für einen bestimmten Bezirk. Die Bestellung für einen bestimmten Versicherungszweig oder für eine bestimmte Versicherungsart ist bereits in § 43 Anm. 2 erörtert worden. Beide Beschränkungen bilden durchaus die Regel. Die Beschränkungen auf Bezirk und auf Zweig oder Art treten nicht besonders in Erscheinung; es ist Sache des Versicherungsnehmers, sich darüber zu vergewissern.

Es kommt also (anders als nach § 47) nicht darauf an, ob der Dritte (sei er Versicherungsnehmer oder ein anderer) den Umfang, in dem die Agentur übertragen worden ist, oder die spätere Entziehung oder Beschränkung im Sinne der §§ 43, 46 kannte oder ohne grobe Fahrlässigkeit kennen mußte. Beispiele: Der Versicherer betreibt Feuer- und Lebensversicherung, der Agent ist ursprünglich für beide Zweige bestellt worden, wird aber später auf einen beschränkt, die Generalagentur Ost- und Westpreußen wird geteilt, der Abschlußagent zum einfachen Vermittelungsagenten gemacht, der Agent durch einen anderen ersetzt. Verläßt sich der Dritte auf das Fortbestehen des ursprünglichen Zustandes, so ist der Versicherer nicht verantwortlich. Dieser Satz muß aber außer Anwendung treten, wenn das eigene Verschulden des Versicherers die Unkenntnis des Versicherungsnehmers herbeigeführt hat, wenn er also die nach der Verkehrssitte erforderliche Kundmachung unterlassen hat. Dies gilt auch von Beschränkungen, die ungewöhnlich sind und nach Treu und Glauben einer besonderen

Kennbarmachung bedürfen; z. B. wenn in derselben Stadt sich mehrere Agenten befinden, deren Bezirke straßenweise voneinander abgegrenzt sind; hier muß der Versicherer dafür sorgen, daß diese örtliche Beschränkung in irgendeiner Weise hervortritt. Ebenso wenn der in Berlin wohnende Generalagent für die Provinz Brandenburg ohne Berlin zuständig sein soll. Trifft den Versicherer kein Verschulden, so haftet er nicht, auch wenn anderseits ein Verschulden des Dritten nicht vorliegt, so, wenn der entlassene Agent sich ohne Wissen des Versicherers weiter als dessen Vertreter gebärdet.

Auch nach bisherigem Rechte kam es darauf an, „ob und wie die Bevollmächtigung in die äußere Erscheinung tritt". RG. 9 239; 50 75; Bolze 3 Nr. 436; 7 Nr. 344; VA. 05* 30.

Neben §§ 43, 46 gelten die allgemeinen Grundsätze des BGB: §§ 170, 171, 173. Die Vertretungsmacht des Agenten erlischt durch Tod oder Geschäftsunfähigkeit; die nach dem Tode des Agenten bei ihm eingehende Kündigung wirkt nicht mehr gegenüber dem Versicherer.

Überläßt der Versicherer die Bestellung der Agenten dem Generalagenten, so sind innerhalb der dem letzteren überhaupt zustehenden Vertretung die auf die Bestellung, deren Widerruf oder die Beschränkung des Agenten bezüglichen Handlungen des Generalagenten für den Versicherer bindend. Nimmt der Generalagent solche Rechtsakte ohne Befugnis vor, so haftet er persönlich. Für den Generalagenten wie für den Agenten gelten bei vollmachtlosem Handeln ferner §§ 177—180 BGB.

3. Die Zuständigkeit des Bezirksagenten wird beschränkt durch Versicherungsverträge über die im Bezirk befindlichen unbeweglichen und beweglichen Sachen. Jedoch kann nicht angenommen werden, daß die nur vorübergehende Verbringung versicherter beweglicher Sachen in den Bezirk eines Agenten dessen Zuständigkeit begründet. Ist ein Inbegriff von Sachen versichert, so kommt es darauf an, wo sich der Inbegriff befindet.

4. Der gewöhnliche Aufenthalt von Personen ist nicht gleichbedeutend mit ihrem Wohnsitze. Durch den Zusatz „gewöhnlich"

wird die Erheblichkeit eines rein zufälligen oder vorübergehenden Aufenthalts im Bezirke des Agenten ausgeschlossen. Für juristische Personen ist ihr Sitz maßgebend. Sinngemäß muß auch bei den in einem gewerblichen Betriebe genommenen Versicherungen der Ort der gewerblichen Niederlassung die Zuständigkeit begründen.

5. Vermittelt im Sinne des § 46 Satz 2 hat nur derjenige Agent, dessen Vermittelung zum Abschlusse geführt hat. Die Ermächtigung gilt sowohl für die an der Vermittelung beteiligten Agenten wie Generalagenten, soweit sie wirklich mit dem Versicherungsnehmer in Verbindung getreten sind, nicht etwa auch insoweit, als sie an der Abschlußprovision beteiligt sind. Die Ermächtigung des Gesetzes betrifft den Agenten persönlich, nicht die Agentur. Hat also z. B. ein Agent in Konstanz mit einer sich gewöhnlich in Breslau aufhaltenden Person einen Vertrag vermittelt, so geht die Ermächtigung nicht etwa später auf den Nachfolger in der Agentur Konstanz über. Selbstverständlich gibt der Satz 2 dem Agenten nicht eine unbeschränkte Vollmacht zu allen Geschäften und Rechtshandlungen, „sondern nur die im Satz 1 vorgesehene lokale Begrenzung seiner im übrigen nur mit dem Inhalte der vorhergehenden §§ 43—45 bestehen bleibenden Vollmacht wird im Satz 2 für die genannten Verträge beseitigt" (KB. I S. 45). Anderseits darf der Satz 2 auch nicht zu eng ausgelegt werden; wenngleich er daher nur von „Vornahme" spricht, so muß der Agent doch auch zur „Entgegennahme" von Geschäften und Rechtshandlungen als ermächtigt gelten.

§ 47. Eine Beschränkung der dem Versicherungsagenten nach den Vorschriften der §§ 43 bis 46 zustehenden Vertretungsmacht braucht ein Dritter nur dann gegen sich gelten zu lassen, wenn er die Beschränkung bei der Vornahme des Geschäfts oder der Rechtshandlung kannte oder infolge grober Fahrlässigkeit nicht kannte. Auf eine abweichende Vereinbarung kann sich der Versicherer nicht berufen.

1. Grob fahrlässig handelt derjenige, der die Pflicht zu der im **Verkehr erforderlichen Sorgfalt in besonders schwerer Weise** verletzt. **DJZ. 04** 814; **RG. 62** 302; **JW. 09** 109; **VA. 07*** 16.

2. Die nach §§ 43—46 dem Agenten zustehenden Befugnisse sind **abänderbar.** Der Versicherer kann dem Agenten von vornherein oder nachträglich die Vertretungsmacht ganz oder teilweise entziehen, ohne seine Bestellung als Agent zu widerrufen. Der Dritte, und zwar nicht bloß der Versicherungsnehmer, braucht aber die Beschränkung nur dann gegen sich gelten zu lassen, wenn er sie kannte oder wenn seine Unkenntnis auf grober Fahrlässigkeit beruhte, wobei dem Dritten die Kenntnis oder grobe Fahrlässigkeit seiner Gehilfen oder Vertreter ohne weiteres zugerechnet wird. Eine auf grobe Fahrlässigkeit zurückzuführende Unkenntnis wird meistens vorliegen, wenn die Beschränkung in den Antragsformularen oder in den Versicherungsbedingungen deutlich zum Ausdrucke gebracht ist. Das gilt auch zu ungunsten eines Dritten, dem die Bedingungen nicht bekannt geworden sind, z. B. des Gläubigers, der die Versicherungsforderung gepfändet hat, da er sich nach den Bedingungen hätte erkundigen müssen. Es gilt auch zu ungunsten des Versicherungsnehmers, wenn er durch das Verhalten des Agenten selbst in Irrtum über den Umfang der Vertretungsmacht versetzt worden ist; er hätte die Antragsformulare und die Versicherungsbedingungen lesen müssen. Jedoch muß die Beschränkung mit voller Deutlichkeit zum Ausdrucke gebracht sein; Unklarheiten schaden dem Versicherer, auch wird insoweit der Versicherungsnehmer entschuldigt, wenn er sich auf die Erläuterung durch den Agenten verläßt. Ebenso braucht der Versicherungsnehmer Kundgebungen des Versicherers nicht zu kennen, von denen er ohne eine über das gewöhnliche Maß hinausgehende Aufmerksamkeit nicht Kenntnis erlangen konnte, z. B. wenn die Beschränkung in der Zeitung angezeigt wird, anders natürlich, wenn ihm die dennoch erlangte Kenntnis nachgewiesen wird, anders auch, wenn die Beschränkung z. B. auf der Vorderseite der Prämienquittung zum Ausdrucke kommt. Der Versicherer kann sich endlich auch nicht auf Erklärungen berufen, mit denen er durch sein eigenes Handeln in Widerspruch geraten ist, z. B. wenn nach den Bedingungen der Agent nicht zur Empfangnahme von Prämien befugt ist, tatsächlich aber mit Duldung des Versicherers die Prämien einzieht.

Die Beweislast für die Kenntnis des Dritten und dafür, daß seine Unkenntnis auf grober Fahrlässigkeit beruht, trifft den Versicherer.

3. Soweit vereinbart ist, daß Erklärungen des Versicherungsnehmers dem Versicherer gegenüber nur in schriftlicher Form abgegeben werden können, ist die mündliche Erklärung dem Agenten gegenüber wirkungslos. „Hierin liegt keine Beschränkung der Vertretungsbefugnis des Agenten, vielmehr handelt es sich lediglich um eine Folge der für die Anzeigen des Versicherungsnehmers vorgeschriebenen Form" (Begr. S. 63), um eine sich aus dem Vertrage selbst ergebende Beschränkung, welche keiner besonderen Hervorhebung bedarf. In dieser Hinsicht besteht volle Vertragsfreiheit. Für Anzeigen, die ihre Grundlagen in dem allgemeinen bürgerlichen Recht haben (wie Verpfändungen, Abtretungen), kann stets schriftliche Form vereinbart werden. Anders liegt es, wenn für gewisse Anzeigen an sich Schriftlichkeit nicht vorgesehen ist, sondern nur insoweit, als sie nicht an den Versicherer unmittelbar, sondern an den Agenten erfolgen. Dann greift die Bestimmung des § 47 Platz, da dies eine Beschränkung der Vertretungsmacht des Agenten darstellt. Eine andere Frage ist es, inwieweit das Vertrauen auf mündliche Anzeigen an den Agenten, sofern Schriftlichkeit vorgeschrieben war oder auf Erklärungen desselben den Versicherungsnehmer, welchem die Wohltat des § 47 nicht zusteht etwa entschuldigt. Der Versicherer kann sie nicht schlechthin durch Aufnahme einer beschränkenden Bestimmung in die Versicherungsbedingungen regeln. SeuffA. **51** Nr. 52, 53 (vgl. § 43 Anm. 4). In jedem einzelnen Falle bleibt vielmehr zu prüfen, inwieweit dem Versicherungsnehmer ein Verschulden zur Last fällt. Über die rechtsgeschäftlich dem Agenten erteilte Vollmacht und ihre Beschränkungen gelten die allgemeinen Bestimmungen des BGB. (§§ 168 ff.).

4. Knüpft das Gesetz an bestimmte äußerlich in Erscheinung tretende Rechtstatbestände die Folgen einer Vertretungsmacht an, so können Beschränkungen, die der gutgläubige Dritte weder kannte noch kennen mußte, ihm gegenüber nicht geltend gemacht werden. Eine von vornherein getroffene Vereinbarung des Gegenteils würde gegen die öffentliche Ordnung verstoßen und nichtig sein; Satz 1 des § 47 kann deshalb auch bei den von den Zwangsvorschriften befreiten Versicherungen (§ 187) nur insoweit abgeändert werden, als an Stelle der groben Fahrlässigkeit die einfache gesetzt werden darf.

§ 48. Hat ein Versicherungsagent den Vertrag vermittelt oder abgeschlossen, so ist für Klagen, die aus dem Versicherungsverhältnisse gegen den Versicherer erhoben werden, das Gericht des Ortes zuständig, wo der Agent zur Zeit der Vermittelung oder Schließung seine gewerbliche Niederlassung oder in Ermangelung einer gewerblichen Niederlassung seinen Wohnsitz hatte.

Die nach Abs. 1 begründete Zuständigkeit kann durch Vereinbarung nicht ausgeschlossen werden.

1. Hat der Agent den Vertrag weder vermittelt noch abgeschlossen, so gilt volle Vertragsfreiheit.

2. Die nach Abs. 1 begründete Zuständigkeit besteht auch fort, wenn der Versicherungsnehmer später diesen Ort verläßt oder wenn der Agent, was vielfach vorkommt, außerhalb dieses Ortes tätig gewesen ist. Hat ein Agent z. B. in Schwerin i. M. seine Niederlassung und wirbt von da aus in der Provinz Schleswig-Holstein, so ist für Klagen, welche aus diesen Versicherungen gegen den Versicherer entstehen, auch Schwerin zuständig. Die Vorschrift dieses Paragraphen wird, im Gegensatze zu derjenigen des § 46 Satz 2 (vgl. dort Anm. 5) nicht auf den Agenten persönlich, sondern auf die Agentur zu beziehen sein. Stirbt also in dem vorstehend erwähnten Beispiele der Agent, so wird trotzdem in Schwerin

ein Gerichtsstand bleiben. Die Bestimmung bezieht sich auf Klagen gegen den Versicherer; dieser hat aber natürlich das Recht, vor demselben Gerichte Widerklage zu erheben. Ob die Klage von dem Versicherungsnehmer oder von einem anderen erhoben wird, ist unerheblich.

3. Der Gerichtsstand ist nicht ein ausschließlicher, wohl aber ein unausschließbarer. §§ 89, 115 VAG. Die entgegenstehende Vereinbarung ist nichtig. Für die von den Zwangsvorschriften befreiten Versicherungsverhältnisse (§ 187) kann Gegenteiliges vereinbart werden, da es sich um eine Schutzvorschrift für den Versicherungsnehmer handelt.

4. Ob § 48 rückwirkende Kraft hat, ist bestritten. Anm. 9 zu Art. 4 EG.

Zweiter Abschnitt.

Schadensversicherung.

Erster Titel.

Vorschriften für die gesamte Schadensversicherung.

I. Inhalt des Vertrags.

§ 49. Der Versicherer hat den Schadensersatz in Geld zu leisten.

1. Nach § 249 BGB. ist der Schadensersatz grundsätzlich durch Wiederherstellung des Zustandes zu leisten, der bestehen würde, wenn der zum Ersatze verpflichtende Umstand nicht eingetreten wäre. Entschädigung in Geld kann der Gläubiger nach seiner Wahl statt der Wiederherstellung fordern, wenn es sich um Verletzung einer Person oder Beschädigung einer Sache handelt. § 49 stellt entsprechend der im Versicherungsverkehre herrschenden Übung den Geldersatz als Regel auf. Gegenteilige Vereinbarung ist zulässig und in manchen Zweigen auch gebräuchlich

(z. B. Glas-, Maschinen-, Wasserleitungsschäden-, Auslosungsversicherung). Verzögert der Versicherer die Wiederherstellung, so kann der Versicherungsnehmer gemäß § 250 BGB. Geldersatz fordern. Der Versicherer hat unter den Voraussetzungen des § 251 BGB. das Recht, statt der Wiederherstellung Geldersatz zu gewähren. Erfüllungsort ist regelmäßig der Wohnort oder der Ort der gewerblichen Niederlassung des Versicherers, für Geldleistungen vgl. § 270 BGB. Ist eine Sache auszubessern oder auf einem Grundstück etwas herzustellen, so ist der Ort der belegenen Sache Erfüllungsort. Anm. zu § 36.

2. Außer der eigentlichen Ersatzpflicht treten mitunter nebenhergehende Verpflichtungen ein, z. B. in der Haftpflichtversicherung die Prozeßführungspflicht und die Verpflichtung, Sicherheit zu bestellen.

3. Der Versicherer hat Schadensersatz zu leisten. Ein Schaden besteht aber natürlich nicht mehr, wenn dem Versicherungsnehmer wegen des Schadens bereits von dritter Seite, z. B. in der Feuerversicherung von demjenigen, der den Brand verursacht hat, Ersatz geleistet worden ist.

§ 50. Der Versicherer haftet nur bis zur Höhe der Versicherungssumme.

1. Die Versicherungssumme bedeutet in der Schadensversicherung den vereinbarten Höchstbetrag der Leistung des Versicherers (ROHG. 5 121); jedoch bleibt der Zinsenbetrag (§§ 94, 124) bei der Berechnung, ob die Höhe der Versicherung überschritten wird, außer Betracht. Über die hieraus sich ergebenden weiteren Bedeutungen der Versicherungssumme §§ 51, 55—60, 95, 96, 100, 112, 119. Besonderheiten enthalten §§ 63 Abs. 1 Satz 2, 144, 150 Abs. 2, 3. In der Personenversicherung ist die Versicherungssumme der vereinbarte Betrag, welcher seitens des Versicherers im Versicherungsfalle zu gewähren ist. In abweichendem Sinne, nämlich in dem der Entschädigungssumme (vgl. §§ 97 ff.) gebraucht das BGB. in §§ 1046, 1128, 1130 den Ausdruck „Versicherungssumme.“

§ 51. **Ergibt sich, daß die Versicherungssumme den Wert des versicherten Interesses (Versicherungswert) erheblich übersteigt, so kann sowohl der Versicherer als der Versicherungsnehmer verlangen, daß zur Beseitigung der Überversicherung die Versicherungssumme, unter verhältnismäßiger Minderung der Prämie für die künftigen Versicherungsperioden, herabgesetzt wird.**

Schließt der Versicherungsnehmer den Vertrag in der Absicht, sich aus der Überversicherung einen rechtswidrigen Vermögensvorteil zu verschaffen, so ist der Vertrag nichtig; dem Versicherer gebührt, sofern er nicht bei der Schließung des Vertrags von der Nichtigkeit Kenntnis hatte, die Prämie bis zum Schlusse der Versicherungsperiode, in welcher er diese Kenntnis erlangt.

1. Aus § 51 ergibt sich, daß das Gesetz einmal die Überversicherung nicht verbietet (infolgedessen sind die landesrechtlichen Strafvorschriften wegen Überversicherung beseitigt Annalen d. Versicherungswesens **10** 774; VA. **11*** 35; **12*** 35) und daß es als Gegenstand der Schadensversicherung in Übereinstimmung mit § 795 HGB. das Interesse ansieht. In der Binnenversicherung wurde bisher angenommen, daß nicht dieses, sondern wenigstens in der Sachversicherung die Sache Gegenstand der Versicherung sei. RG. **35** 54; SeuffA. **43** Nr. 56; **45** Nr. 269; VA. **04** 39. Interesse ist „die Beziehung, kraft deren jemand durch eine gewisse Tatsache einen Vermögensschaden erleidet" (Ehrenberg S. 8). LZ. **10** 58. Die Interessen können sehr verschiedenartig sein, sie können an eine bestimmte Sache geknüpft wie bei der Feuer- und Hagelversicherung oder von der Beziehung zu einer Sache unabhängig sein wie bei der Haftpflichtversicherung. Bezieht sich das Interesse auf eine Sache, so kann der gemeine Wert oder der Wert, den sie für den Versicherungsnehmer hat, Gegenstand des Vertrags sein. Möglich ist es auch, den durch die Vernichtung oder

Beschädigung der Sache entstehenden Vermögensnachteil ohne oder mit Einschluß des entgehenden Gewinns zu versichern. Welches Interesse im einzelnen versichert ist und welcher Wert als Versicherungswert zu gelten hat, richtet sich nach dem Vertragsinhalt. Ergänzende Vorschriften sind in den §§ 52, 53, 54, 85, 86, 88, 140, 141, 151 getroffen.

2. Ob man bei der Haftpflichtversicherung von einem Versicherungswerte sprechen kann, ist zweifelhaft. Der Regel nach gibt es bei ihr keinen Versicherungswert, weil nicht ein einzelnes Vermögensinteresse versichert ist, sondern das ganze Vermögen des Versicherungsnehmers durch den Versicherungsfall betroffen wird. Ausnahmsweise, wenn nämlich die Haftpflicht in bestimmter Weise von vornherein durch Gesetz (z. B. § 702 BGB.) oder Vertrag (es begrenzt z. B. eine Gesellschaft, welche von den Bahnhöfen nach den Wohnungen Reisegepäck befördert, die Haftung für Verlust oder Beschädigung auf einen bestimmten Betrag) eingeschränkt ist, wohl auch dann, wenn bei einer Versicherung in bestimmter Eigenschaft (z. B. als Jäger) die Haftung des Versicherers völlig unbegrenzt ist, kann auch hier der Begriff des Versicherungswerts Anwendung finden. Anders die Begr. S. 145.

3. Da Leben und Arbeitsfähigkeit eines Menschen ihrem Werte nach nicht schätzbar sind, so kann bei der Personenversicherung von einer Überversicherung nicht die Rede sein. VA. 08* 52. Dagegen gibt es einen Versicherungswert auch bei anderen Versicherungszweigen als bei Sachversicherungen, z. B. bei der Kredit-, Hypotheken-, Streikversicherung.

4. Die Überversicherung kann ihren Grund darin haben, daß schon bei Schließung des Vertrags die Versicherungssumme auf eine Höhe gebracht worden ist, die über das Maß hinausging, das nach den zu jener Zeit maßgebenden Verhältnissen gerechtfertigt war oder darin, daß während der Dauer der Versicherung der Versicherungswert unter die Versicherungssumme herabsinkt (Begr.). So kann eine Überversicherung berechtigt sein, wenn Warenvorräte, Ernteerträgnisse, Viehbestände in Menge,

und Wert dem Wechsel unterliegen, der Versicherungsnehmer aber immer so hoch versichert sein will, daß er im Brandfalle keinen Schaden erleidet.

5. Eine Überversicherung im Sinne des Gesetzes liegt aber nur vor, wenn die Versicherungssumme den jeweiligen Versicherungswert erheblich übersteigt (vgl. § 57 Satz 2; HGB. § 793 Abs. 2; Begr. S. 65; KB. I S. 50). Unerhebliche Überschreitungen kommen nur insoweit in Betracht, als nur der wirkliche Wert zur Zeit des Eintritts des Versicherungsfalls ersetzt wird.

6. Für die Berechnung des Versicherungswerts ist maßgebend der Versicherungswert zu dem Zeitpunkt, in dem das Verlangen auf Herabsetzung der Versicherungssumme gestellt wird (Begr. S. 66). Ausnahme in § 57.

7. Der Anspruch auf Herabsetzung der Versicherungssumme kann jederzeit geltend gemacht werden; es gilt keine von der Kenntnis der Überversicherung an laufende Frist. Jedoch kann, wenn ein Ereignis eingetreten ist, das den Versicherungswert herabmindert, jeder Teil den anderen zu einer Erklärung darüber auffordern, ob er Herabsetzung der Versicherungssumme verlange. Die Herabsetzung erfolgt nicht durch einseitige Erklärung, sondern durch neue Vereinbarung; kommt keine Einigung zustande, so muß das Gericht entscheiden. Ist von vornherein der Versicherungswert als ein veränderlicher gedacht (Versicherung eines Warenlagers, § 54), so kommt es nicht darauf an, ob im Augenblicke der Wert hinter der Versicherungssumme zurückbleibt, sondern ob nach gegenwärtiger Sachlage ein dauerndes Bestehen der Überversicherung zu erwarten ist. Nach einmal erfolgter Herabsetzung kann nicht bei späterem Steigen des Versicherungswerts auf Grund des laufenden Vertrags eine Wiedererhöhung verlangt werden. Die Herabsetzung der Prämie erfolgt im Verhältnisse zur herabgesetzten Versicherungssumme, soweit Tarife vorhanden sind, unter deren Heranziehung. Der Versicherer behält die ursprüngliche Prämie für die zur Zeit der Herabsetzung, nicht der tatsächlichen Verminderung des Wertes laufende Versicherungsperiode, es sei denn, daß die Herabsetzung durch Gründe, die in der Person

des Versicherers liegen, verzögert worden ist. Anspruch auf Schadensersatz oder auf eine angemessene Geschäftsgebühr hat er daneben nicht, anders wenn die Überversicherung auf einem Verschulden des Versicherungsnehmers beruht. Umgekehrt hat bei Überversicherung, die auf Verschulden des Versicherers zurückzuführen ist, der Versicherungsnehmer Anspruch auf Schadensersatz. Die Frage, ob bei unrichtiger Angabe des Versicherungswerts der Versicherer wegen Irrtums oder Betrugs anfechten oder wegen Verletzung der Anzeigepflicht zurücktreten kann, wird durch § 51 nicht berührt; jedenfalls kann das nachträgliche Eintreten einer Überversicherung an sich nicht als Gefahrerhöhung im Sinne der §§ 23 ff. gelten.

8. § 51 Abs. 1 ist nicht zwingend. Abweichende Vereinbarungen sind u. a. dahin zulässig, daß eine steigende und fallende Versicherungssumme festgesetzt wird.

9. Gegen Überversicherungen bei denen eine unredliche Absicht obwaltet, trifft Abs. 2 besondere Vorkehrungen.

Die betrügerische Absicht des Versicherungsnehmers wird namentlich nach Eintritt eines Versicherungsfalls zutage treten, im übrigen nur selten nachweisbar, gegebenenfalls strafbar sein. Es gilt hier weder § 19 noch § 79, so daß es auf die Absicht des durch einen Vertreter abschließenden Versicherungsnehmers nicht ankommen würde; kannte letzterer jedoch die betrügerische Absicht des Vertreters oder mußte er sie kennen, so ist § 123 Abs. 2 Satz 2 BGB. entsprechend anwendbar. Wegen der Hypothekengläubiger § 100 Abs. 3. Bei teilweiser Nichtigkeit gilt nicht § 30, sondern § 139 BGB. Der Kenntnis des Versicherers im Sinne des Abs. 2 steht das Kennenmüssen nicht gleich; weiteren Schadensersatz gemäß § 826 BGB. kann er aber nur beanspruchen, sofern ihn nicht ein überwiegendes Verschulden trifft (§ 254 BGB.). Der Versicherer braucht die Nichtigkeit nicht alsbald geltend zu machen; er kann sich aber durch Fortsetzung des Versicherungsverhältnisses dritten Personen (z. B. dem Erwerber der versicherten Sache) schadensersatzpflichtig machen, ebenso, wenn ihm die betrügerische Absicht von vornherein bekannt war.

10. § 51 Abs. 2 ist absolut zwingendes Recht, weil gegen betrügerisches Verhalten gerichtet.

§ 52. Bezieht sich die Versicherung auf eine Sache, so gilt, soweit sich nicht aus den Umständen ein anderes ergibt, der Wert der Sache als Versicherungswert.

1. Grundsätzlich kann der Versicherungsnehmer nur sein eigenes Interesse versichern, Versicherung fremder Interessen („für fremde Rechnung" §§ 74 ff.) ist nur zulässig, wenn zwischen dem Versicherungsnehmer und dem Interessenten ein Rechtsverhältnis besteht, das die Versicherungsnahme rechtfertigt. An einer Sache können aber verschiedene Personen ein berechtigtes und somit versicherbares Interesse haben, außer dem Eigentümer der Nießbraucher, der Reallast-, der Grunddienstbarkeitsberechtigte. Auch Erbbaurecht, Lehn- und Leiherecht, Fideikommiß und ähnliche Berechtigungen, Bergwerkseigentum und andere Nutzungsrechte, Hypothek und Pfandrecht, ferner das obligatorische Recht des Käufers, Pächters, Mieters, Beschenkten auf den Erwerb des Besitzes geben ein versicherbares Interesse an der Sache. Diese Befugnis ist nicht zu verwechseln mit den Rechten, die aus der Versicherung des Eigentümers anderen Personen beispielsweise dem Hypothekengläubiger erwachsen. Nimmt der Hypothekengläubiger selbständig Versicherung z. B. weil der Eigentümer das Gebäude unversichert gelassen hat oder die Versicherung erloschen ist, so besteht sein Interesse in der hypothekarisch versicherten Forderung. Das versicherte Interesse muß als wesentlicher Vertragsinhalt angegeben werden: mangels Einigung hierüber ist der Vertrag nicht zustande gekommen. Indem § 52 den Wert der Sache im Zweifel als Wert des versicherten Interesses gelten läßt, ist bestimmt, daß im Zweifel das Eigentumsinteresse als Gegenstand der Versicherung anzusehen ist (Begr. S. 67). Darüber, daß nicht bloß der Eigentümer befugt ist, das Eigentumsinteresse zu versichern Bolze **8** Nr. 500 (Landschaft, welche das Grundstück in Zwangsverwaltung hat); SeuffA. **26** Nr. 175; **40** Nr. 226

(Verkäufer); RG. 26 218 (Versicherung der Nutzungen durch den Eigentümer trotz Verpachtung).

2. Der Regel nach gilt der Wert der Sache als Versicherungswert und ist auch für die Höhe der Ersatzpflicht des Versicherers zugrunde zu legen. Daneben ist versicherbar:

a) Der durch Untergang oder Beschädigung der Sache entstandene weitere Verlust, z. B. die durch den Untergang der versicherten Sache verloren gegangenen Frachten, Mieten, Pachtgelder, die an den Käufer zu zahlende Vertragsstrafe, der an anderen Sachen oder Vermögensgegenständen verursachte Schaden, z. B. Waren verderben, weil der Aufbewahrungsort unbenutzbar ist, Verlust der Kundschaft infolge Stillstands des Geschäfts, Verlust eines Prozesses oder Eintritt der Verjährung, weil wichtige Schriftstücke verbrannt sind. Alle diese Interessen sind regelmäßig nicht versichert; das Gegenteil muß aus den Umständen ersichtlich sein.

b) Der entgehende Gewinn (§ 53). Die Versicherung des weiteren Schadens sowie des entgehenden Gewinns wird als Chomageversicherung bezeichnet. Da die Versicherung nicht zu einem Gewinne führen soll (§ 55), muß der Versicherungsnehmer, falls der weitere Schaden und der entgehende Gewinn mitversichert ist, sich alles anrechnen lassen, was er infolge des Versicherungsfalls erspart oder erwirbt (z. B. Arbeitslöhne, Erlös der beschädigten Waren, Ersatz seitens eines Dritten §§ 55, 62, 67). Ist nur der Wert der Sache versichert oder daneben besonders der weitere Schaden oder der entgangene Gewinn, so muß genau untersucht werden, inwieweit gewisse Ersparnisse oder ein Erlös aus der beschädigten Sache auf den Wert der Sache, den weiteren Schaden oder den entgangenen Gewinn anzurechnen sind.

3. Das Gesetz sagt nicht, welcher Wert maßgebend ist. § 1984 ALR. II 8; §§ 795, 799, 872 ff. HGB. Sonderbestimmungen in §§ 86, 88, 140, 141 (sämtlich auch in anderen Zweigen ent-

sprechend anwendbar). Im Zweifel entscheidet hiernach bei der Sachversicherung auch heute der gemeine Wert.

4. Sind andere Gegenstände als Sachen versichert, so kann § 52 entsprechend angewendet werden; z. B. bei Versicherung von Patenten (gegen die Gefahr der Entwertung), von Hypotheken, Mietsforderungen, bei der Kreditversicherung. Auch hier gilt der Wert des versicherten Rechts im Zweifel als Versicherungswert; weiterer Schaden und entgangener Gewinn sind hier meistens nicht zu ersetzen.

§ 53. Die Versicherung umfaßt den durch den Eintritt des Versicherungsfalls entgehenden Gewinn nur, soweit dies besonders vereinbart ist.

1. § 252 BGB.: „Der zu ersetzende Schaden umfaßt auch den entgangenen Gewinn. Als entgangen gilt der Gewinn, welcher nach dem gewöhnlichen Laufe der Dinge oder nach den besonderen Umständen, insbesondere nach den getroffenen Anstalten und Vorkehrungen mit Wahrscheinlichkeit erwartet werden konnte." §§ 779, 801 HGB. Der entgangene Gewinn wird nur erstattet, wenn und soweit dies besonders vereinbart ist. Zulässig ist hiernach auch die sogenannte Konjunkturversicherung (gegründet auf das Steigen und Fallen der Warenpreise); über den Fall, daß durch den Brand der Marktpreis der verbrannten Waren gesteigert wird ZHR. **14** 626. Der entgangene Gewinn wird aber nur ersetzt, wenn und soweit trotz Eintritts des Versicherungsfalls durch andere Umstände der erwartete Gewinn tatsächlich nicht erzielt worden ist; z. B. ist bei der Versicherung von Waren auch der Gewinn aus einem demnächst abzuschließenden Verkaufe versichert, so wird letzterer nicht ersetzt, wenn es gelingt, rechtzeitig neue Waren zu beschaffen und den Verkauf unter den gleichen Umständen zu bewerkstelligen, ebenso in der Transportversicherung, wenn nach Untergang des Schiffs die Ware auf einem anderen Schiffe rechtzeitig im Bestimmungshafen eintrifft. RG. **36** 130. Der entgehende Gewinn kann im voraus durch Taxe (§ 57) festgesetzt werden;

ausgeschlossen ist eine derartige Festsetzung bei der Feuerversicherung (§ 89).

§ 54. Ist die Versicherung für einen Inbegriff von Sachen genommen, so umfaßt sie die jeweils zu dem Inbegriffe gehörigen Sachen.

1. Die Vorschrift des § 54 „entspricht einem praktischen Bedürfnisse und der mutmaßlichen Absicht der Beteiligten" (Begr. S. 67). Die Versicherung eines Inbegriffs ist sehr häufig. Sie kommt namentlich vor als Versicherung eines Warenlagers, einer Bibliothek, einer Herde. Der Begriff setzt eine Mehrheit nicht gleicher, beweglicher Sachen voraus, die im Verkehr als Einheit behandelt werden. Notwendig ist, daß die Sachen als Inbegriff versichert werden, nicht daß jede Sache für sich versichert wird; nur dann ist die Rechtsfolge des § 54 gegeben, daß die tatsächlich aus dem Inbegriff ausscheidenden und in ihn eintretenden Sachen ohne weiteres aus der Versicherung ausscheiden und in sie eintreten. RG. **52** 220 (Holzlager). Ist die Versicherung für einen nur der Gattung nach bezeichneten Viehbestand genommen, so sind die neugeborenen Tiere von selbst in die Versicherung einbezogen. Was im Zeitpunkte des Eintritts des Versicherungsfalls zum Inbegriffe gehörte, muß der Versicherungsnehmer beweisen; vielfach sind besondere Beweismittel vorgeschrieben (Anm. 1—3 zu § 34). Regelmäßig aber nicht unbedingt erfordert der Inbegriff die räumliche Zusammengehörigkeit der einzelnen Sachen; eine nur vorübergehende Entfernung einer einzelnen Sache hebt aber deren Zugehörigkeit zum Inbegriffe noch nicht auf. SeuffA. **19** Nr. 178. Über einen besonders häufigen Inbegriff (Hausrat) § 85.

2. Versicherung eines Inbegriffs ist nicht:

a) Die Versicherung einer Menge vertretbarer Sachen (§ 91 BGB.).

b) Die Versicherung des Zubehörs mit der Hauptsache. Regelmäßig wird die Versicherung das Zubehör mitumfassen, doch ist es üblich, dies (z. B. bei der Versicherung eines Landguts, einer Fabrik, eines Geschäftshauses) besonders zu vereinbaren. Stillschweigen kann deshalb nicht in allen Fällen als Einschluß des Zubehörs aufgefaßt werden. Ist das Zubehör versichert, so gilt dasselbe wie nach § 54.

c) Die Pauschalversicherung und die Versicherung nach Rubriken. Im ersteren Falle wird für eine Anzahl verschiedener Sachen eine einheitliche Versicherungssumme und Prämie festgesetzt (es versichert z. B. ein Kaufmann die sämtlichen während eines Jahres von ihm abzusendenden Waren unter Vereinbarung einer Gesamtversicherungssumme und Gesamtprämie gegen See- oder Binnentransportgefahr). Im zweiten Falle werden die versicherten Sachen in Gruppen eingeteilt und innerhalb jeder Gruppe zunächst die Versicherungssumme festgesetzt, die Prämie wird dann aus den Versicherungssummen der Gruppen berechnet, wofür es mehrere Methoden gibt. Beide Arten der Versicherung können zugleich Versicherungen eines Inbegriffs sein; insbesondere pflegt die Versicherung von Hausrat, Arbeitsgerät, Gutsinventar u. dgl. nach Rubriken (z. B. Kleider, Wäsche, Bücher) zu erfolgen, wobei dann die unter eine Rubrik fallenden Sachen einen Inbegriff im Sinne des § 54 bilden. Die Einteilung in Rubriken hat jedoch nicht die Bedeutung, daß Sachen, welche an sich unter die Versicherung fallen, bei Berechnung der Entschädigung nicht mitberücksichtigt werden, weil sie unter keine der Rubriken passen. SeuffA. **27** Nr. 62; **28** Nr. 245; ZHR. **14** 614; VA. **03** 150.

d) Die laufende Versicherung. Ihre Abgrenzung von der Pauschalversicherung und Inbegriffsversicherung ist deshalb besonders wichtig, weil gemäß § 187 Abs. 2 auf die laufende Versicherung die Zwangsvorschriften keine Anwendung finden. Das Gesetz versteht darunter diejenige Schadensversicherung, bei der „die versicherten Interessen bei der Schließung des Vertrags nur der Gattung nach bezeichnet und erst nach ihrer Entstehung dem Versicherer einzeln aufgegeben werden“. Es werden z. B. durch einen und denselben Vertrag eine Anzahl künftiger nach Zahl und Umfang noch ungewisser Interessen wie künftige Gütertransporte, künftig in einem Lagerhaus aufzubewahrende Waren in der Weise gegen Transport- oder Feuersgefahr versichert, daß zwar die Einzelsätze der Prämie im Voraus festgestellt sind, der Gesamtbetrag der seitens des Versicherungsnehmers zu leistenden Prämie aber sich erst durch die von dem Versicherer tatsächlich getragene Gefahr bestimmt. Hierbei kann entweder die Aufgabe (Anzeige) erst den Eintritt des Interesses in die Versicherung bewirken (konstitutive Wirkung), oder es kann die Anzeige nur zur Mitteilung über den von selbst erfolgenden Eintritt dienen (deklarative Wirkung). RG. **35** 50; **44** 31; Bolze **5** Nr. 699, 700; VA. **05*** 80.

3. Versicherung von Inbegriffen, Mengen, Pauschalversicherung, Versicherung nach Rubriken, laufende Versicherung können sämtlich auch in der Personenversicherung, namentlich in der Unfallversicherung (Versicherung der Arbeiterschaft eines Unternehmens, der Mitglieder eines Vereins) vorkommen; hier sind dieselben Grundsätze wie in der Sachversicherung (jedoch nicht § 187 Abs. 2), entsprechend anzuwenden. Ebenso können jene Begriffe auf die Versicherung nichtkörperlicher Gegenstände Anwendung finden (z. B. laufende Kreditversicherung).

§ 55. Der Versicherer ist, auch wenn die Versicherungssumme höher ist als der Versicherungswert zur Zeit des Eintritts des Versicherungsfalls, nicht verpflichtet, dem Versicherungsnehmer mehr als den Betrag des Schadens zu ersetzen.

1. In den §§ 55—57 handelt es sich um die Höhe des Ersatzes; hier wird der Begriff des Versicherungswerts zur Zeit des Eintritts des Versicherungsfalls, mitunter Ersatzwert genannt, zugrunde gelegt. Ist dieser Wert geringer als die Versicherungssumme, so liegt im Zeitpunkt des Eintritts des Versicherungsfalls Überversicherung vor. Ist eine solche vorhanden, was sich eben häufig erst nach dem Eintritte des Versicherungsfalls herausstellen wird und ist kein Totalschaden eingetreten, so kommt, insoweit das Versicherungsverhältnis überhaupt weiterbesteht, neben § 55 auch § 51 zur Anwendung.

2. § 55 ist, obgleich dies im Gesetze nicht weiter hervortritt, absolut zwingend; jede Vereinbarung, durch welche dem Versicherungsnehmer ein Ersatz zugesichert wird, der über den tatsächlichen Schaden hinausgeht, ist nichtig. Hierin liegt der grundlegende Unterschied zu der Personenversicherung (Anm. 2 zu § 1).

3. Ersetzt wird nur der durch den Versicherungsfall herbeigeführte Schaden; es ist deshalb der ursächliche Zusammenhang zwischen Versicherungsfall und Schaden nachzuweisen. Die Beweislast liegt dem Versicherungsnehmer ob. Es genügt indessen große Wahrscheinlichkeit (ROHG. 2 260; VA. 05* 13, 69). Steht der Eintritt des Versicherungsfalls und des Schadens fest und liegt der Zusammenhang zwischen Versicherungsfall und Schaden innerhalb des regelmäßigen Verlaufs der Dinge, so bedarf es keines weiteren Beweises. Für die sogenannte Unterbrechung des ursächlichen Zusammenhangs gelten die allgemeinen Regeln des bürgerlichen Rechts; wirken außer dem Versicherungsfalle noch andere Ursachen zur Entstehung des Schadens mit (z. B. neben einem Brande eine Explosion, deren Schaden der Versicherer in Abweichung von der Bestimmung des § 82 nicht zu tragen hat), so haftet der Versicherer doch für den ganzen Schaden, soweit nicht auf diese anderen Ursachen ein Teil des Schadens besonders zurückzuführen ist. Dagegen muß als Absicht der Vertragsteile angesehen werden, daß ein Ersatz nicht stattfinden soll, wenn und soweit der Schaden (nicht der Versicherungsfall) überwiegend auf andere Ursachen zurückzuführen ist, derart, daß nach dem regelmäßigen Verlaufe der Dinge der Schaden auch ohne den Eintritt des Versicherungsfalls entstanden wäre oder wenn infolge eines ungewöhnlichen Verlaufs ein ganz außerhalb der Berechnung liegender Schaden verursacht wird. Es wird z. B. bei einer Feuersbrunst das versicherte Vieh aus dem brennenden Grundstück in einen durchaus geeigneten festen Stall gebracht und dort eingeschlossen; während des Brandes stehlen Diebe

den ganzen Viehbestand. Häufiger noch werden diese Fälle sein, wenn vertragsmäßig auch der nicht an der versicherten Sache selbst entstandene Schaden zu ersetzen ist. Infolge Beteiligung am Löschen des Feuers versäumt z. B. der Versicherungsnehmer einen gerichtlichen Termin, so daß ein Versäumnisurteil ergeht, oder vergißt in der Aufregung, daß am folgenden Tage bei Vermeidung einer hohen Vertragsstrafe eine bestimmte Lieferung zu erfolgen hat. Nicht erforderlich ist es, daß der Versicherungsfall in erster Linie die versicherten Gegenstände betroffen hat, sofern nur durch ihn ein vertragsgemäß zu ersetzender Schaden an den letzteren entstanden ist. Nicht zu ersetzen ist ein Schaden, der in gleicher Weise auch ohne den Versicherungsfall eingetreten wäre, z. B. infolge der natürlichen Beschaffenheit der Ware, infolge der natürlichen Abnahme der Erwerbsfähigkeit mit dem Alter. Bolze. 10 Nr. 594; SeuffA. 60 357; JW. 06 16, 26. Dies gilt selbstverständlich auch, soweit der Schaden auf bestimmte Gefahren zurückzuführen ist, für die der Versicherer nicht haftet. Vorb. 2 zu § 16; Anm. 1 zu § 23. Dagegen kann der Versicherer nicht geltend machen, daß infolge besonderer Umstände dem Versicherungsnehmer vermutlich auch ohne den Eintritt des Versicherungsfalls ein Schaden entstanden sein würde, z. B. daß er voraussichtlich auch ohnedies das versicherte Haus demnächst hätte abbrechen müssen. Wallmann 40 882. Der Satz, daß die Versicherung nicht zu einem Gewinne führen darf, bedeutet nicht, daß der Versicherungsfall niemals zu einem Glücksfalle für Versicherungsnehmer werden darf (Bolze 16 Nr. 457). Er braucht sich also nicht anrechnen zu lassen, was er trotz Eintritts des Versicherungsfalls auf Grund anderer Ereignisse, sondern nur, was er durch den Versicherungsfall erspart oder erwirbt. RG. 36 130; Bolze 17 Nr. 493; §§ 52, 53, 62.

Vorstehende Grundsätze gelten auch bei der Personenversicherung, soweit bei ihr die Leistungspflicht des Versicherers dadurch bedingt ist, daß durch den Eintritt des Versicherungsfalls (z. B. Unfall) ein bestimmter Bedarfsfall (z. B. Erwerbsunfähigkeit, Krankheit) verursacht wird.

4. Während nach § 55 der Versicherungswert zur Zeit des Eintritts des Versicherungsfalls zu Grunde zu legen ist, kommt es bei der Transportversicherung auf den Versicherungswert zur Zeit des Beginns der Versicherung an (§§ 140 Abs. 1, 141 Abs. 1).

§ 56. Ist die Versicherungssumme niedriger als der Versicherungswert zur Zeit des Eintritts des Versicherungsfalls (Unterversicherung), so haftet der Versicherer für den Schaden nur nach dem Verhältnisse der Versicherungssumme zu diesem Werte.

1. Bei der Unterversicherung im Sinne des § 56 ist die Versicherungssumme niedriger als der Versicherungswert zur Zeit des Eintritts des Versicherungsfalls. Es erfolgt dann verhältnismäßiger Ersatz nach Maßgabe folgender Formel: x (die Ersatzleistung): Schaden = Versicherungssumme: Versicherungswert (zur Zeit des Eintritts des Versicherungsfalls, nicht zur Zeit des Vertragsschlusses). Dabei ist es nach § 56 gleichgültig, ob die Unterversicherung von vornherein bestand oder während der Vertragsdauer z. B. durch die Neuanschaffung von Sachen eingetreten ist, welche unter die Versicherung fallen. Betrug z. B. der Wert des versicherten Mobiliars bei Abschluß des Vertrags 30 000 ℳ, und war die Versicherungssumme auf 24 000 ℳ bestimmt, so hat, wenn zur Zeit des Brandfalles der Wert der Möbel sich bis auf 24 000 ℳ verringert hatte, der Versicherer den Schaden voll zu ersetzen; § 51 bietet hier dem Versicherer keinen Schutz.

2. § 56 ist nicht zwingend; namentlich sind folgende Abänderungen praktisch wichtig:

a) Die z. B. in der Einbruchsdiebstahlsversicherung übliche Versicherung auf erstes Risiko (au premier risque); hier haftet der Versicherer trotz der Unterversicherung bei Teilschäden bis zur vollen Höhe der Versicherungssumme.

b) Die teilweise Selbstversicherung nach Maßgabe des Verhältnisses zwischen Versicherungssumme und Versicherungswert zur Zeit des Vertragsschlusses. In dem oben erwähnten Falle würde also der Versicherer sowohl bei gänzlichem wie bei teilweisem Verluste $^4/_5$ des Schadens zu tragen haben. Dies wird in den meisten Fällen dem Willen der Parteien entsprechen, muß aber wegen der Abweichung von der gesetzlichen Regel klar vereinbart werden (Begr. S. 68). Weniger praktisch ist die Zugrundelegung des Wertes zur Zeit des Vertragsschlusses bei Inbegriffen z. B. Warenlagern; indessen kann auch hier von vornherein ein bestimmter Selbstversicherungsanteil vereinbart werden.

c) Es kann auch vereinbart werden, daß Schäden, die einen bestimmten Teil (z. B. drei vom Hundert) der Versicherungssumme nicht übersteigen, von dem Versicherungsnehmer getragen werden (sogenannte franchise, vor allem in der Transport- und Hagelversicherung üblich), und daß für den übrigen Schaden die gesetzliche Regel oder die unter a und b erwähnten Abweichungen gelten sollen.

3. Die unter a—c erwähnten Vereinbarungen kommen auch für die Haftpflichtversicherung in Frage, in der im übrigen der Regel nach eine Unterversicherung im Sinne des § 56 nicht vorkommt (Anm. 2 zu § 51).

4. Ist Schadensersatz durch Wiederherstellung zu leisten, so ist eine entsprechende Anwendung von § 56 nicht ausgeschlossen.

§ 57. Der Versicherungswert kann durch Vereinbarung auf einen bestimmten Betrag (Taxe) festgesetzt werden. Die Taxe gilt auch als der Wert, den das versicherte Interesse zur Zeit des Eintritts des Versicherungsfalls hat, es sei denn, daß sie den wirklichen Versicherungswert in diesem Zeitpunkt erheblich übersteigt. Ist die Versicherungssumme niedriger als die Taxe, so haftet der Versicherer, auch wenn die Taxe erheblich übersetzt ist, für den Schaden nur nach dem Verhältnisse der Versicherungssumme zur Taxe.

1. Die Taxe, die in der Seeversicherung (§ 793 HGB.), Transportversicherung, daneben aber auch in der Viehversicherung (Versicherung einzelner Tiere nach Beschreibung) eine Rolle spielt, ist vertragsmäßige Festsetzung des Versicherungswerts; sie verfolgt den Zweck, die Feststellung der Höhe des vom Versicherer zu leistenden Schadensersatzes zu erleichtern. Ob eine taxierte oder eine offene (d. h. nicht taxierte) Versicherung vorliegt, kann zweifelhaft sein; in solchen Fällen spricht die Vermutung gegen die Vereinbarung einer Taxe. RG. **19** 207; Bolze **15** Nr. 401. Auch dann, wenn zur Ermittelung des Versicherungswerts ein Abschätzungsverfahren stattgefunden hat, z. B. wenn in der nach Rubriken erfolgenden Versicherung innerhalb der einzelnen Rubrik für die zugehörigen Gegenstände bestimmte Beträge ausgeworfen worden sind, liegt hierin nicht ohne weiteres die Festsetzung einer Taxe. Begr. S. 69; Bolze **4** Nr. 758. Die Taxe ist vor allem streng zu unterscheiden von der Versicherungssumme; weder gilt die vereinbarte Versicherungssumme zugleich als Taxe, noch die vereinbarte Taxe zugleich als Versicherungssumme. Anders § 802 HGB. Die Festsetzung einer Taxe ohne gleichzeitige Vereinbarung einer Versicherungssumme wird jedoch kaum vorkommen. Daß die Versicherungssumme höher festgesetzt wird als die Taxe, dürfte nur selten sich ereignen; jedoch wird häufig die Taxe höher sein als die Versicherungssumme, dann liegt vereinbarte teilweise Selbstversicherung vor. Ist eine Taxe festgesetzt, so ist § 51 unanwendbar. Dagegen kann die Vereinbarung der Taxe von beiden Seiten wegen Irrtums oder Betrugs angefochten werden. Zur Anfechtung wegen Irrtums genügt jedoch der einfache Nachweis der Unrichtigkeit nicht (Anm. 2). Ist die Taxe auf diese Weise beseitigt, so kann nach § 51 gegebenenfalls die Herabsetzung der Versicherungssumme verlangt werden. Beschränkung der Zulässigkeit der Taxe §§ 87, 89.

2. Die Festsetzung einer Taxe bewirkt eine Abänderung der §§ 55, 56. Bei Unterversicherung wird Ersatz im Verhältnisse der Versicherungssumme zur Taxe geleistet. Die Taxe bewirkt nicht bloß eine Umkehrung der Beweislast, vielmehr kann die Erhöhung

der Taxe — von dem Falle der Anfechtung wegen Irrtums oder Betrugs abgesehen — überhaupt nicht gefordert werden, weder vom Versicherungsnehmer noch vom Versicherer, was für letzteren wegen der Ersatzpflicht bei Teilschäden wesentlich ist. RG. 11 10. Die Herabsetzung der Taxe kann bei unerheblicher Übersetzung nicht verlangt werden, so daß unter Umständen der Versicherungsnehmer mehr als den wirklichen Schaden ersetzt erhält. Den Beweis der erheblichen Übersetzung hat der Versicherer zu führen. Der Vorbehalt dieses Gegenbeweises ist absolut zwingendes Recht, weil er betrügerischem Handeln des Versicherungsnehmers vorbeugen soll. Wallmann 39, 740.

3. Die Bestimmung des Satz 3 kann abgeändert werden. Sie wird hinfällig, wenn die Festsetzung der Taxe erfolgreich angefochten worden ist.

§ 58. Wer für ein Interesse gegen dieselbe Gefahr bei mehreren Versicherern Versicherung nimmt, hat jedem Versicherer von der anderen Versicherung unverzüglich Mitteilung zu machen.

In der Mitteilung ist der Versicherer, bei welchem die andere Versicherung genommen worden ist, zu bezeichnen und die Versicherungssumme anzugeben.

1. § 58 regelt die mehrfache Versicherung desselben Interesses bei verschiedenen Versicherern, ohne daß eine Doppelversicherung (§ 59) vorliegt. Es hält sich also der Gesamtbetrag der Versicherungssummen innerhalb der Grenze des Versicherungswerts. Eine derartige Versicherung muß unbegrenzt zulässig sein. Es kann also der erste Versicherer vereinbaren, daß die anderweite Versicherung zunächst ihm selbst zur Deckung angeboten wird oder daß der Versicherungsnehmer einen Teil des Risikos unversichert läßt (obligatorische Selbstversicherung). Unter Umständen kann eine teilweise Selbstversicherung sogar als stillschweigend vereinbart gelten (Kreditversicherung). Die schuldhafte Verletzung der gesetzlichen oder vertragsmäßigen Verpflichtungen gibt dem

Versicherer oftmals mannigfache Rechte. So ist gegebenenfalls der Hagelversicherer von der Verpflichtung zur Leistung frei. VA. **10** 90. Ob auch weitergehende Folgen z. B. Kündigungsrecht des Versicherers vertraglich festgesetzt werden können, ist zweifelhaft. Begr. S. 71; KB. I S. 57, 58; KB. II S. 9, 10, § 6 Abs. 1 u. 3 und Anm. zu § 90. Bei Abschluß der zweiten Versicherung ist von der schon bestehenden Anzeige zu machen; das Bestehen der älteren Versicherung kann jedoch, auch wenn ausdrücklich eine dahingehende Frage gestellt ist, in der Schadensversicherung nicht ohne weiteres als Gefahrumstand, der Abschluß der zweiten Versicherung für den ersten Versicherer nicht als Gefahrerhöhung in Betracht kommen; es sind also ohne besondere Abmachungen nicht etwa neben § 58 die Vorschriften der §§ 16—32 anwendbar. Dagegen kann Anfechtung wegen Irrtums oder Betrugs in Frage kommen. Anders können die Umstände in der Personen-, vor allem der Unfallversicherung liegen. Hier kann der Abschluß einer zweiten Versicherung schon an sich als Gefahrerhöhung erheblich sein z. B. dann, wenn die gesamten Versicherungssummen nunmehr in Rücksicht auf die Einkommenverhältnisse des Versicherungsnehmers offenbar zu hoch sind.

Welche von zwei Versicherungen die ältere ist, entscheidet sich regelmäßig nach dem Tage des Abschlusses, jedoch wenn eine von beiden eine laufende Versicherung ist nach dem Tage, mit welchem das einzelne Risiko (durch Aufgabe oder von selbst) in die Versicherung eintritt. RG. **44** 31.

2. Weitere Angaben außer der in Abs. 2 vorgesehenen sowie auch bestimmte Formen (Schriftlichkeit) und Fristen können vertragsmäßig festgesetzt werden. Empfangsbefugnis des Agenten: § 43 Ziff. 2. Die Anzeige ist auch dann zu erstatten, wenn der Versicherer anderweit Kenntnis erlangt hat.

§ 59. **Ist ein Interesse gegen dieselbe Gefahr bei mehreren Versicherern versichert und übersteigen die Versicherungssummen zusammen den Versicherungswert (Doppelversicherung), so sind die Ver-**

sicherer in der Weise als Gesamtschuldner verpflichtet, daß dem Versicherungsnehmer jeder Versicherer für den Betrag haftet, dessen Zahlung ihm nach seinem Vertrag obliegt, der Versicherungsnehmer aber im ganzen nicht mehr als den Betrag des Schadens verlangen kann.

Die Versicherer sind im Verhältnisse zu einander zu Anteilen nach Maßgabe der Beträge verpflichtet, deren Zahlung ihnen dem Versicherungsnehmer gegenüber vertragsmäßig obliegt. Findet auf eine der Versicherungen ausländisches Recht Anwendung, so kann der Versicherer, für den das ausländische Recht gilt, gegen den anderen Versicherer einen Anspruch auf Ausgleichung nur geltend machen, wenn er selbst nach dem für ihn maßgebenden Rechte zur Ausgleichung verpflichtet ist.

Hat der Versicherungsnehmer eine Doppelversicherung in der Absicht genommen, sich dadurch einen rechtswidrigen Vermögensvorteil zu verschaffen, so ist jeder in dieser Absicht geschlossene Vertrag nichtig; dem Versicherer gebührt, sofern er nicht bei der Schließung des Vertrags von der Nichtigkeit Kenntnis hatte, die Prämie bis zum Schlusse der Versicherungsperiode, in welcher er diese Kenntnis erlangt.

1. I. Doppelversicherung ist mehrfache Versicherung eines Interesses gegen dieselbe Gefahr bei mehreren Versicherern, sofern die Versicherungssummen zusammen den Versicherungswert übersteigen. RG. 35 60. Indessen ist diese Begriffsbestimmung trotz des Wortlauts des § 59 nicht ganz richtig, da Doppelversicherung auch vorliegt, wenn keine Versicherungssumme festgesetzt ist, und auch da, wo ein Versicherungswert nicht in Frage kommt z. B. bei der Haftpflichtversicherung (§ 51 Anm. 2). Entscheidend ist, ob die Summe der von den einzelnen Versicherern vertrags-

mäßig zu zahlenden Entschädigungen den tatsächlich entstandenen und unter die Versicherung fallenden Schaden übersteigt. Doppelversicherung liegt auch dann vor, wenn der Schaden einschließlich oder infolge des weiteren Schadens oder des entgangenen Gewinns (§ 52) höher ist als die Summe der Entschädigungen, sofern keine der Versicherungen den weiteren Schaden oder den entgangenen Gewinn umfassen sollte. Doppelversicherung ist ferner dann vorhanden, wenn die Versicherungssummen zusammen den Versicherungswert nicht übersteigen, aber eine der Versicherungen auf erstes Risiko genommen ist (§ 56). Beispielsweise laufen bei einer Einbruchsdiebstahlversicherung, bei der Werte in Höhe von 10 000 ℳ in Frage kommen, zwei Versicherungen zu je 5000 ℳ, eine davon auf erstes Risiko: hier würden, wenn der Schaden 6000 ℳ beträgt, von dem einen Versicherer 5000 ℳ, von dem anderen 3000 ℳ zu vergüten sein: es liegt Doppelversicherung im Sinne des § 59 vor. Keine Doppelversicherung ist es, wenn zwar die Voraussetzungen des § 59 gegeben sind, im übrigen aber in Abweichung von der gesetzlichen gesamtschuldnerischen Haftung der spätere Versicherer nur dann in Anspruch genommen werden darf, wenn der Versicherungsnehmer wegen Zahlungsunfähigkeit des früheren Versicherers von diesem nicht befriedigt wird oder wenn im übrigen die frühere Versicherung nicht zu Recht besteht. Es können auch Doppelversicherung und Unterversicherung gleichzeitig vorliegen, so wenn vertragsmäßig für beide Versicherungen ein bestimmter Selbstbehalt des Versicherungsnehmers vereinbart war. Bei der taxierten Police tritt an Stelle des Versicherungswerts die Taxe, solange sie nicht angefochten ist, jedoch nur im Verhältnisse zu dem Versicherer, mit welchem die Taxe vereinbart worden ist.

2. a) Die Versicherungen müssen bei einer Mehrheit von Versicherern laufen. Sind sie bei demselben Versicherer abgeschlossen, so ist Überversicherung vorhanden und es gelten die §§ 51, 55. Es ist das namentlich wichtig, wenn die Bedingungen in Abänderung des § 59 anteilsmäßige Haftung der Versicherer

für den Fall der Doppelversicherung vorsehen und eine der Versicherungen sich als anfechtbar oder unwirksam erweist.

3. b) Das Interesse muß das gleiche sein. Doppelversicherung liegt nicht vor, wenn bei dem einen Versicherer der Wert der Sache selbst, bei dem anderen der entgangene Gewinn versichert ist (Bolze **16** Nr. 454), wohl aber, wenn ein Interesse gleichzeitig durch eine Versicherung auf eigene und eine Versicherung auf fremde Rechnung gedeckt wird, z. B. wenn ein Spediteur für die ihm übergebenen Güter Generalversicherung genommen hat und ein Teil der Güter gleichzeitig von dem Eigentümer versichert ist; es ist das ein Hauptfall der Doppelversicherung. Begr. S. 74 f.; anders RG. **35** 48. Ebenso liegt Doppelversicherung vor, wenn mehrere Personen unabhängig voneinander das Eigentümerinteresse für eigene Rechnung versichert haben, z. B. wenn sowohl Absender wie Empfänger der Waren, sowohl Eigentümer wie Pächter des Landguts Versicherung genommen haben, nicht aber, wenn die verschiedenen Interessen ungleichartig sind, auch wenn sie denselben Gegenstand betreffen, z. B. wenn der Eigentümer der Sache das Eigentumsinteresse und gleichzeitig der Hypothekengläubiger sein Interesse versichert hat, oder wenn Vermieter und Mieter sich gegen die gesetzliche Haftpflicht versichert haben und ein Unfall (Sturz auf dem Treppenflure) sich ereignet, für den beide haftpflichtig sind. Die Ausgleichung unter den verschiedenen Versicherungsnehmern und damit unter ihren Versicherern erfolgt hier nach den Grundsätzen des BGB.

4. c) Die Gefahr muß die gleiche sein. Allerdings kommt es nicht darauf an, daß die mehreren Verträge genau die gleichen Gefahren umfassen, sondern daß die Gefahr, auf welche im gegebenen Falle der Schaden zurückzuführen ist, unter mehrere Versicherungen fällt. Doppelversicherung liegt also vor, wenn Feuer- und Transportversicherung (Kairisiko RG. **44** 31; KB. I S. 55) oder Transport- und Haftpflichtversicherung (Zusammenstoß von Schiffen) oder Kredit- und Mietsverlustversicherung zusammentreffen, auch dann, wenn nur eine unrichtige Bezeichnung des einen Risikos vorliegt, z. B. die Kaskoversicherung der eigenen Fahrzeuge

eines Schleppschiffahrtsunternehmers in die Haftpflichtversicherung mit aufgenommen ist. RG. **47** 168. Keine Doppelversicherung liegt vor, wenn beim Zusammenstoße zweier Schiffe der eine Versicherer als Kasko-, der andere als Haftpflichtversicherer ersatzpflichtig ist; es greift dann § 67 Platz.

5. d) Beide Versicherungen müssen gleichzeitig bestehen. Doppelversicherung liegt also nicht vor, wenn die spätere Versicherung für den Zeitpunkt, in dem oder für den Fall, daß die frühere Versicherung ihr Ende erreicht, abgeschlossen wird, oder wenn eine der Versicherungen nichtig, anfechtbar oder für den Versicherer unverbindlich ist, oder wenn der frühere Versicherer zahlungsunfähig geworden ist. RG. **4** 48; **13** 111; Bolze **17** Nr. 490.

6. II. Die Doppelversicherung ist nicht verboten (über die Bedeutung des Verbots nach früherem preußischen Rechte VA. **07*** 99), nicht nichtig, auch nicht ungültig, soweit die spätere Versicherung den Versicherungswert übersteigt, es gilt auch nicht das System der anteilsmäßigen Haftung jedes Versicherers, vielmehr gilt gesamtschuldnerische Haftung mit gegenseitigem Ausgleichungsanspruche. Über die Zulässigkeit der Doppelversicherung bei Kreditversicherung VA. **05*** 80. Landesgesetzliche Strafbestimmungen über Doppelversicherung sind seit Inkrafttreten des VVG. aufgehoben. VA. **11*** 35; **12*** 35 (§ 51 Anm. 1). Für die Seeversicherung galt nach § 788 HGB. die spätere Versicherung als unwirksam, soweit sie sich auf den schon gedeckten Betrag bezog, anders bei gleichzeitigem Abschlusse (anteilsmäßige Haftung § 787); jetzt zu vgl. Art. 1 II des Gesetzes betr. Änderung der Vorschriften HGB. über die Seeversicherung. Für die Binnenversicherung stand die Rechtsprechung bisher auf dem Boden der gesamtschuldnerischen Haftung ohne Ausgleichungsanspruch. RG. **6** 177; **35** 48; VA. **05*** 80. Nach § 59 haftet jeder Versicherer nach Maßgabe der von ihm abgeschlossenen Versicherung, also bei Unterversicherung im Verhältnisse der Versicherungssumme zum Versicherungswerte oder zur Taxe; der Versicherungsnehmer kann von jedem Versicherer vollen Ersatz verlangen, einschließlich des entgangenen Gewinns selbstverständlich, sofern dieser versichert ist. Der Versicherungsnehmer kann aber im ganzen nicht mehr als den Betrag des Schadens verlangen. Der Leistung des Schadensersatzes durch Erfüllung steht gemäß § 422 Abs. 1 BGB. die Leistung an Erfüllungs Statt, die Hinterlegung und die Aufrechnung gleich.

7. III. Auf die unter den Versicherern bestehende Ausgleichungspflicht finden §§ 422 ff. BGB. Anwendung.. Dem Versicherer, welcher den vollen Schaden oder mehr als seinen Anteil vergütet hat, haften die übrigen, und zwar nicht gesamtschuldnerisch (§ 426 Abs. 1 Satz 1 BGB.), sondern jeder in Höhe des ihn betreffenden Anteils. Kann von einem Versicherer der auf ihn entfallende Beitrag nicht verlangt werden, so ist der Ausfall von den übrigen Versicherern nach gleichen Verhältnissen zu tragen. Beispiel (Begr. S. 72): Die versicherte Sache ist 10 000 ℳ wert, bei A. zu 8000 ℳ, bei B. u. C. zu je 4000 ℳ versichert, der Schaden beträgt 5000 ℳ. Hier haften dem Versicherungsnehmer A. für 4000 ℳ, B. und C. für je 2000 ℳ, der Versicherungsnehmer läßt sich von A. 4000 ℳ, von B. 1000 ℳ zahlen. Die Ausgleichung erfolgt im Verhältnisse von 4 : 2 : 2; A. muß 2500 ℳ, B. u. C. je 1250 ℳ übernehmen. A. hat also von B. 250 ℳ, von C. 1250 ℳ und, wenn er von letzterem nur 950 ℳ erhalten kann, von B. noch weitere 100 ℳ zu beanspruchen, während er den Rest des Ausfalls mit 200 ℳ selbst trägt.

8. Gegenüber dem Ausgleichungsanspruche kann jeder Versicherer die Einreden geltend machen, die ihm gegenüber dem Versicherungsnehmer zustehen würden. Ist also einem Versicherer die Gefahrerhöhung oder der Eintritt des Versicherungsfalls nicht angezeigt worden, so können ihn die übrigen unter Umständen zur Ausgleichung nicht heranziehen; sie können aber auch nicht etwa deswegen von dem Versicherungsnehmer Schadensersatz (in Höhe des auf jenen Versicherer entfallenden Anteils) fordern. Ebenso, wenn nach den Bedingungen des einen Versicherers schon leichte Fahrlässigkeit die Haftung ausschließt, während der andere Versicherer haftet, weil grobes Verschulden nicht vorliegt, oder wenn der eine Versicherer gerade für diesen Schaden

(z. B. entgehenden Gewinn) nicht haftet. Ebenso kann jeder Versicherer ein ihm etwa zustehendes Recht auf Kürzung der Entschädigung oder auf Aufrechnung mit einer Vertragsstrafe geltend machen. Hat sich der Versicherungsnehmer mit einem Versicherer verglichen, so kann dieser von den übrigen Versicherern nicht weiter herangezogen werden. Ist der Vergleich von dem Versicherungsnehmer und einem Versicherer zwecks Benachteiligung der übrigen Versicherer abgeschlossen worden, so können die letzteren wegen Betrugs oder wegen ungerechtfertigter Bereicherung Ansprüche erheben. Freilich trifft sie dann die Beweislast. Dagegen kann gegenüber dem Ausgleichung beanspruchenden Versicherer nicht eingewendet werden, daß ihm eine Einrede gegen den Entschädigungsanspruch zugestanden habe. Ist also dem B. rechtzeitig Anzeige erstattet worden, so kann er sich, wenn A. ihn zur Ausgleichung heranzieht, nicht darauf berufen, daß A. keine Anzeige erhalten habe und deshalb zur Verweigerung der Entschädigung berechtigt gewesen sei, auch wenn B., falls er zuerst in Anspruch genommen worden wäre, die Einrede der Verjährung hätte geltend machen können und somit von der Leistungspflicht völlig frei gewesen wäre.

9. Gegenstand des Ausgleichungsanspruchs ist die geleistete Entschädigung einschließlich der dem Versicherungsnehmer gemäß §§ 63, 66, 130 vergüteten Kosten. Der Versicherer kann aber von seinen Mitversicherern auch Erstattung der im gemeinsamen Interesse aufgewendeten Kosten verlangen, da die mehreren Versicherer insoweit eine Gemeinschaft bilden, namentlich also der eigenen Regulierungskosten einschließlich der Prozeßkosten und der für Abwendung und Wiederersatz des Schadens aufgewendeten Kosten, z. B. der Kosten eines für den Versicherungsnehmer geführten Rechtsstreits, der Aufwendungen für die Hebung eines gesunkenen Schiffes, für die Rechtsverfolgung gegen einen ersatzpflichtigen Dritten. Im allgemeinen gelten die Regeln des BGB. über Auftrag und auftraglose Geschäftsführung. Die Angemessenheit der vorgenommenen Maßregeln und der aufgewendeten Kosten kann von jedem Versicherer bestritten werden;

es kann auch die Richtigkeit der Abschätzung des Schadens in Zweifel gezogen werden. Für den Prozeß gelten die Grundsätze über Streitverkündung. Alles dies ändert sich, wenn wie häufig der Fall die Versicherer entweder gegenüber dem Versicherungsnehmer oder untereinander die Regulierung eines bestimmten Versicherers als für sich verbindlich anerkannt haben. Für betrügerisches Verhalten (Kollusion) haftet jeder Versicherer seinen Mitversicherern.

10. Wann ausländisches Recht auf eine Versicherung anzuwenden ist, sagt das Gesetz nicht; hier entscheiden allgemeine Regeln. Der Versicherungsnehmer kann auch dann den inländischen Versicherer in voller Höhe in Anspruch nehmen, wenn dieser keinen Rückgriff gegen den ausländischen Mitversicherer hat. Hat von mehreren inländischen Versicherern einer den Schaden bezahlt, so muß der auf einen ausländischen Mitversicherer entfallende Anteil, falls von diesem Ausgleichung nicht verlangt werden kann, von den inländischen Versicherern anteilsmäßig getragen werden.

11. IV. Die Rechtsfolgen, die eine in betrügerischer Absicht abgeschlossene Doppelversicherung auslöst, sind dieselben wie bei der in unredlicher Absicht eingegangenen Überversicherung (§ 51 Abs. 2). Der Vertrag ist nichtig, nicht nur anfechtbar; der Versicherer kann daher die Versicherung gar nicht bestehen lassen; anderseits hat der Versicherungsnehmer eventuell nur noch Prämie zu zahlen, für etwaigen weiteren dem Versicherer entstandenen Schaden hat er nicht einzutreten. Soweit die Voraussetzungen des § 59 Abs. 3 nicht vorliegen, kommt § 123 BGB. in Frage und daneben gelten auch die allgemeinen Bestimmungen des bürgerlichen Rechts über Schadensersatz bei unerlaubten Handlungen insbesondere § 826 BGB. (KB. I S. 59). Wegen der Hypothekengläubiger § 100 Abs. 3.

12. V. § 59 kann durch Vereinbarung abgeändert werden. Namentlich kann bestimmt werden, daß bei Doppelversicherung die Verbindlichkeit des Versicherers überhaupt aufhören oder daß bei schon bestehender Versicherung der zweite Vertrag nur bis zur Höhe des Versicherungswerts Geltung haben soll; in beiden Fällen muß der Versicherungswert zur Zeit des zweiten Vertragsschlusses entscheiden. Es kann auch anteilsmäßige Haftung aller Versicherer bestimmt werden. § 59 Abs. 3 ist absolut zwingendes Recht. Den Beweis muß der Versicherer führen; er kann sich auf die Richtigkeit auch dann berufen, wenn er von seinem Mitversicherer zur Ausgleichung herangezogen wird.

§ 60. Hat der Versicherungsnehmer den Vertrag, durch den die Doppelversicherung entstanden ist, ohne Kenntnis von der anderen Versicherung geschlossen, so kann er von jedem Versicherer verlangen, daß die Versicherungssumme, unter verhältnismäßiger Minderung der Prämie, auf den Betrag des Anteils herabgesetzt wird, den der Versicherer im Verhältnisse zu dem anderen Versicherer zu tragen hat.

Die Herabsetzung der Versicherungssumme und der Prämie wirkt von dem Beginne der Versicherungsperiode an, in welcher sie verlangt wird. Hatte die Gefahr für den einen Versicherer schon zu laufen begonnen, bevor der Vertrag mit dem anderen Versicherer geschlossen wurde, so wird dem ersten Versicherer gegenüber die Herabsetzung erst mit dem Zeitpunkte wirksam, in welchem sie verlangt wird.

Dem Versicherer steht im Falle der Herabsetzung der Prämie eine angemessene Geschäftsgebühr zu.

Das Recht, die Herabsetzung zu verlangen, erlischt, wenn der Versicherungsnehmer es nicht unverzüglich geltend macht, nachdem er von der Doppelversicherung Kenntnis erlangt hat.

1. Soweit bei den einzelnen Versicherungsverträgen Überversicherung vorliegt, kann diese gemäß § 51 Abs. 1 sowohl vom Versicherer als vom Versicherungsnehmer „unter verhältnis-

mäßiger Minderung der Prämie für die künftigen Versicherungsperioden" beseitigt werden, so können z. B. gegenüber einem Versicherungswerte von 10 000 ℳ zwei in Höhe von 15 000 ℳ abgeschlossene Versicherungsverträge auf je 10 000 ℳ herabgesetzt werden. Die dann noch vorhandene Doppelversicherung kann der Versicherungsnehmer, nicht auch ohne weiteres der Versicherer gemäß § 60 Abs. 1 aus dem Wege schaffen, wenn der Vertrag, durch den die Doppelversicherung entstanden ist, ohne Kenntnis von der anderen Versicherung geschlossen worden ist.

§ 60 wird namentlich praktisch, wenn Versicherung für fremde und für eigene Rechnung zusammentreffen. Die Herabsetzung erfolgt nach Verhältnis der Versicherungssummen. Nur auf die Kenntnis, nicht auf das Kennenmüssen des Versicherungsnehmers kommt es an; jedoch kann ihn Fahrlässigkeit zu Schadensersatz an den Versicherer verpflichten. Das Verlangen auf Herabsetzung oder auf teilweise Rückzahlung der Prämie kann vom Versicherungsnehmer mit rückwirkender Kraft auch dann noch gestellt werden, wenn das Risiko bereits abgelaufen oder der Versicherungsfall schon eingetreten ist, vorausgesetzt nur, daß der Versicherungsnehmer erst nachher Kenntnis von der Doppelversicherung erlangt hat (KB. I S. 55, 59).

2. Die Herabsetzung der Prämie kann zur Folge haben, daß die Prämie nötigenfalls zurückgezahlt werden muß. Im Falle des Abs. 2 Satz 2 ist wie in § 40 Abs. 3 die Prämie auch für Bruchteile einer Versicherungsperiode zu berechnen.

3. Die Berechnung der Geschäftsgebühr erfolgt nach allgemeinen objektiven Grundsätzen; der dem einzelnen Versicherer aus besonderen Gründen entstandene Schaden ist nicht zu berücksichtigen. Er kann für diesen aber Ersatz fordern, wenn den Versicherungsnehmer ein Verschulden trifft. Vgl. § 40 Abs. 2 und § 68 Anm. 2.

4. Die Beweislast für die Rechtzeitigkeit nach Abs. 4 wie für die Voraussetzungen des Abs. 1 trägt der Versicherungsnehmer; die Angemessenheit der Geschäftsgebühr hat der Versicherer zu beweisen.

5. § 60 ist entsprechend anzuwenden, wenn keine Versicherungssumme festgesetzt ist (Anm. 1 zu § 59), z. B. wenn die von einem Fabrikbesitzer für Rechnung seiner Angestellten abgeschlossene Haftpflichtversicherung mit einer solchen des Angestellten selbst zusammentrifft; ebenso ist § 60 entsprechend anzuwenden, wenn eine bestimmte Selbstversicherung des Versicherungsnehmers vereinbart worden ist.

6. § 60 ist nicht zwingend; es kann vereinbart werden, daß dem Versicherungsnehmer das Herabsetzungsrecht nicht zustehen soll, oder daß die verminderte Prämie erst vom Beginne der auf die Herabsetzung folgenden Periode an zu zahlen ist. Endlich kann auch bestimmt werden, daß nicht bloß der Versicherungsnehmer, sondern auch über die Bestimmungen des § 51 Abs. 1 hinaus der Versicherer die Herabsetzung der Versicherungssumme soll fordern können. Nach den allgemeinen Feuerversicherungsbedingungen kann der Versicherungsnehmer von jedem Versicherer die Herabsetzung der Versicherungssumme unter verhältnismäßiger Minderung der Prämie verlangen; die Herabsetzung der Versicherungssumme wirkt von dem Zeitpunkt an, in welchem sie verlangt wird, die Minderung der Prämie vom Beginne der auf die Herabsetzung folgenden Versicherungsperiode an.

§ 61. Der Versicherer ist von der Verpflichtung zur Leistung frei, wenn der Versicherungsnehmer den Versicherungsfall vorsätzlich oder durch grobe Fahrlässigkeit herbeiführt.

1. § 61 handelt von der Herbeiführung des Versicherungsfalls durch den Versicherungsnehmer, ist also unanwendbar, wenn eine Gefahrerhöhung, nicht die Herbeiführung des Versicherungsfalls vorliegt. Gefahrerhöhung ist für den Versicherer nicht nur hinsichtlich der Verteilung der Beweislast, sondern auch sonst das Günstigere. Ist diese vorhanden, so ist er grundsätzlich bei jedem Verschulden des Versicherungsnehmers frei (§ 25), ist Herbeiführung des Versicherungsfalls anzunehmen so nur bei

Vorsatz und grober Fahrlässigkeit. Ob Gefahrerhöhung oder Herbeiführung des Versicherungsfalls vorliegt, kann sehr zweifelhaft sein, z. B. wenn der Versicherungsnehmer feuergefährliche Stoffe in seinem Hause lagert und dieses in Brand gerät. Grundsätzlich ist zunächst zu prüfen, ob in dem Verhalten des Versicherungsnehmers eine Gefahrerhöhung oder eine Verletzung der ihm vertragsgemäß obliegenden Verpflichtungen (§§ 6, 32) zu finden ist, ohne Rücksicht auf den tatsächlich erfolgten Eintritt des Versicherungsfalls. Ist die Frage zu bejahen, so haftet der Versicherer vorbehaltlich der in §§ 6, 25, 26, 32 nachgelassenen Gegenbeweise nicht. Nur wenn in dem Verhalten des Versicherungsnehmers eine Gefahrerhöhung nicht zu erblicken ist, namentlich dann, wenn dieses Verhalten, z. B. Betreten eines feuergefährlichen Raumes mit offen brennender Flamme, nicht einen Zustand von gewisser Dauer, sondern einen unmittelbaren Erfolg herbeiführt, ist zu prüfen, ob § 61 anwendbar erscheint. Die Frage spielt übrigens ebenso in der Personenversicherung eine Rolle; das auf Grund einer Wette erfolgende schnelle Austrinken einer Flasche schwedischen Punsches ist, wenn der Tod des Versicherungsnehmers darauf erfolgt, nicht Gefahrerhöhung, sondern Herbeiführung des Versicherungsfalls (SeuffA. **43** Nr. 55). § 61 bezieht sich ferner nicht auf den ursächlichen Zusammenhang zwischen dem Eintritte des Versicherungsfalls und dem Schaden (Anm. 3 zu § 55); würde also der Versicherungsfall z. B. der Brand an sich keinen oder keinen erheblichen Schaden zur Folge gehabt haben, aber durch das Verhalten des Versicherungsnehmers z. B. durch Beseitigung der vorhandenen Schutzvorrichtungen, Unterlassen von Hilfeleistung ein größerer Schaden erst herbeigeführt worden sein, so kommt nicht § 61, sondern § 62 zur Anwendung, nach welchem der Versicherungsnehmer grundsätzlich jede Fahrlässigkeit zu vertreten hat. Würde im Anschluß an einen Versicherungsfall, für welchen der Versicherer haftet, das Verhalten des Versicherungsnehmers einen weiteren Schaden herbeigeführt haben, so würde für die Folgen des ersteren § 61, für die Folgen des letzteren § 62 maßgebend sein. Häufig wird aber auch die

Herbeiführung des Versicherungsfalls durch den Versicherungsnehmer und seine mangelhafte Sorge bei Abwendung und Minderung des Schadens so eng zusammenwirken, daß in entsprechender Anwendung des § 254 BGB. zu untersuchen ist, inwieweit der Schaden überwiegend auf die eine oder die andere Ursache zurückzuführen ist.

Ist das Verhalten des Versicherungsnehmers oder eines von mehreren Versicherungsnehmern (LZ. **12** 870) Ursache des Eintritts des Versicherungsfalls, so ist § 61 auch dann anwendbar, wenn noch mehrere andere Ursachen mitwirken, z. B. wenn mehrere Personen als Brandstifter beteiligt sind. § 61 muß selbst dann zur Anwendung kommen, wenn der Versicherungsnehmer vorsätzlich oder grobfahrlässig unterlassen hat, den Eintritt des Versicherungsfalls zu verhindern. Den Beweis des unter § 61 fallenden Verschuldens wie auch den des ursächlichen Zusammenhangs hat der Versicherer zu führen; in letzterer Hinsicht ist zu beachten, daß, wenn das Verhalten des Versicherungsnehmers nach allgemeinen Erfahrungsgrundsätzen den Eintritt des Versicherungsfalls zur Folge haben konnte, der Beweis vorbehaltlich des dem Versicherungsnehmer nachgelassenen Gegenbeweises als geführt gilt. Zuwiderhandeln gegen polizeiliche Vorschriften erzeugt indessen keine Vermutung für die Verursachung des Versicherungsfalls. Bolze **22** Nr. 475. § 26 ist zugunsten des Versicherungsnehmers auch hier anwendbar. § 61 enthält eine Verwirkungsklausel; er macht den Anspruch gegen den Versicherer von der Erfüllung einer Bedingung, dem Nichtvorliegen von Vorsatz und grober Fahrlässigkeit abhängig.

Im allgemeinen wurde bisher jede Fahrlässigkeit als Befreiungsgrund angesehen, für die Feuerversicherung galt Besonderes. RG. **14** 119; ZHR. **19** 271; SeuffA. **21** Nr. 76; **39** Nr. 328.

2. § 61 kann zugunsten oder zuungunsten des Versicherungsnehmers abgeändert werden, nur darf der Versicherer nicht die Haftung für vorsätzliches Verhalten übernehmen. Besonderheiten in §§ 125, 130, 131, 152.

3. Über die Frage, inwieweit der Versicherungsnehmer für das Verhalten anderer Personen einzustehen hat Anm. 10 zu § 6; LZ. 07 483 ff., 492; VA. 12* 117.

§ 62. Der Versicherungsnehmer ist verpflichtet, bei dem Eintritte des Versicherungsfalls nach Möglichkeit für die Abwendung und Minderung des Schadens zu sorgen und dabei die Weisungen des Versicherers zu befolgen; er hat, wenn die Umstände es gestatten, solche Weisungen einzuholen. Sind mehrere Versicherer beteiligt und sind von ihnen entgegenstehende Weisungen gegeben, so hat der Versicherungsnehmer nach eigenem pflichtmäßigen Ermessen zu handeln.

1. Die Weisungen des Versicherers können vor oder nach dem Versicherungsfall, in den allgemeinen Versicherungsbedingungen oder besonders erteilt sein. In der Haftpflichtversicherung können diese Weisungen auch darin bestehen, mit dem Dritten einen Rechtsstreit zu führen oder nicht zu führen, letzterenfalls vielmehr dessen Anspruch anzuerkennen oder zu befriedigen. Die Weisungen sind nicht wörtlich aufzufassen, sondern ihrem Sinne entsprechend; es ist nicht ausgeschlossen, daß der Versicherungsnehmer sich sogar durch Befolgung der Weisungen haftbar macht, sofern er nämlich erkennen mußte, daß der Versicherer bei Kenntnis der Sachlage andere Weisungen gegeben haben würde. Mehr als die Umstände gestatten oder als dem Versicherungsnehmer billigerweise zugemutet werden kann (§§ 34, 183), darf der Versicherer nicht verlangen; etwas Gegenteiliges kann auch nicht vereinbart werden. Der Versicherer haftet für den Schaden, der durch seine Weisungen verursacht wird und zwar unbedingt, sofern der Schaden das versicherte Interesse selbst betrifft, z. B. durch unzweckmäßige von ihm getroffene Löschmaßregeln werden Waren beschädigt, die vom Brand sonst verschont geblieben wären. Er haftet dagegen nur im Falle des Verschuldens, sofern der Versicherungsnehmer oder

andere Personen einen sonstigen durch Versicherung nicht gedeckten Schaden erleiden, z. B. wenn nicht versicherte Waren, die sich auf dem versicherten Grundstücke befanden, infolge der Anordnungen des Versicherers in Verderbnis geraten. Über Weisungen des Agenten Anm. 11 zu § 43.

2. Muß der Versicherungsnehmer nach pflichtmäßigem Ermessen handeln, so wird er auch in Rechnung zu ziehen haben, zu welchen Anteilen die einzelnen Versicherer den Schaden zu tragen haben. Ist der Versicherungsnehmer auch Selbstversicherer (§ 56), so hat er nicht schlechthin sich an die Weisungen des oder der Versicherer zu halten, vielmehr ist Satz 2 entsprechend auf diesen Fall anzuwenden.

3. Zur Verminderung des Schadens gehört insbesondere auch die Verwertung der beschädigten Sachen oder die sonstige Verwirklichung einer aus dem Versicherungsfalle sich ergebenden Gewinnmöglichkeit, ferner die Feststellung und Sicherung des Ersatzanspruchs gegen Dritte; schon aus diesem Grunde (vgl. auch Anm. 3 zu § 34) werden häufig sofortige Maßregeln zur Sicherung des Beweises zu treffen sein. Besonders geartet ist die Verpflichtung des Versicherungsnehmers bei der Haftpflichtversicherung, nach Möglichkeit für die Abwendung und Minderung des Schadens zu sorgen. Bei ihr erleidet ein Dritter, nicht der Versicherungsnehmer den eigentlichen Schaden, und der letztere hat nur dafür zu sorgen, daß dieser Schaden gar nicht oder nur in einem möglichst beschränkten Umfange geltend gemacht wird. Über die Haftung des Versicherungsnehmers für andere Personen Anm. 10 zu § 6. Der Versicherungsnehmer haftet für Dritte gemäß § 278 BGB. (RB. I S. 61). Über die dem Versicherungsnehmer in der Unfallversicherung obliegenden Pflichten § 183.

4. Der Versicherungsnehmer haftet bei Verletzung der ihm nach § 62 obliegenden Pflichten für jedes Verschulden; aus seiner Zuwiderhandlung erwächst dem Versicherer ein Schadensersatzanspruch, der gegen die Versicherungsforderung aufgerechnet werden kann. Ist zweifelhaft, inwieweit ein bestimmtes den Schaden vergrößerndes Ereignis z. B. das Inbrandgeraten des

Hintergebäudes eines Grundstücks auf den Versicherungsfall selbst oder auf das schuldhafte Verhalten des Versicherungsnehmers zurückzuführen ist, so ist § 254 BGB. entsprechend anzuwenden. Der Versicherungsnehmer handelt in Erfüllung der Schadensabwendungs- und -Minderungspflicht als Geschäftsführer des Versicherers, auch soweit er von diesem bestimmte Weisungen nicht erhalten hat; §§ 677 ff. BGB. sind entsprechend anwendbar. RG. 32 13; SeuffA. 48 Nr. 283. Vereinbarungen, nach welchen der Versicherungsnehmer im Falle einer Zuwiderhandlung gegen die Vorschriften des § 62 seiner Ansprüche verlustig gehen soll, unterliegen den durch § 6 Abs. 2, 3 vorgesehenen Beschränkungen.

5. Die Beweislast aus § 62 trägt in vollem Umfange der Versicherungsnehmer.

§ 63. Aufwendungen, die der Versicherungsnehmer gemäß § 62 macht, fallen, auch wenn sie erfolglos bleiben, dem Versicherer zur Last, soweit der Versicherungsnehmer sie den Umständen nach für geboten halten durfte. Der Versicherer hat Aufwendungen, die in Gemäßheit der von ihm gegebenen Weisungen gemacht worden sind, auch insoweit zu ersetzen, als sie zusammen mit der übrigen Entschädigung die Versicherungssumme übersteigen. Er hat den für die Aufwendungen erforderlichen Betrag auf Verlangen des Versicherungsnehmers vorzuschießen.

Bei einer Unterversicherung sind die Aufwendungen nur nach dem in den §§ 56, 57 bezeichneten Verhältnisse zu erstatten.

1. Im Anschluß an die in § 834 Nr. 3 HGB. für die Seeversicherung geltende Vorschrift geht § 63 davon aus, daß der Versicherer die Aufwendungen, die der Versicherungsnehmer bei dem Eintritte des Versicherungsfalls zur Abwendung oder Minderung des Schadens macht, auch wenn sie erfolglos bleiben,

insoweit zu tragen hat, als der Versicherungsnehmer sie den Umständen nach für geboten halten durfte. Auf den Ersatzanspruch sind §§ 669, 670, 683 BGB. entsprechend anwendbar. Ob der Versicherungsnehmer die Aufwendungen für geboten halten durfte, ist nach den Umständen zu entscheiden, wobei zwar die durch den Versicherungsfall hervorgerufene begreifliche Erregung, nicht aber die besonderen persönlichen Eigenschaften des Versicherungsnehmers, z. B. ein auffallender Mangel an geschäftlicher Erfahrung, außergewöhnliche Ungeschicklichkeit, zu seinen Gunsten zu berücksichtigen sind. Aufwendungen, für die der Versicherungsnehmer von dritter Seite, z. B. aus öffentlichen Mitteln, Ersatz beanspruchen kann, brauchen nicht ersetzt zu werden; ebenso kann der Versicherer abziehen, was der Versicherungsnehmer infolge seiner Aufwendungen etwa erworben hat. Wenn also beim Ausbruch eines Brandes in einem Dorfe der Versicherungsnehmer in seinem und zugleich im allgemeinen Interesse besondere Aufwendungen zum Löschen macht, so kann der Versicherer von dem gemäß § 63 geschuldeten Ersatze nicht bloß abziehen, was der Versicherungsnehmer von seinen Nachbarn als angemessene Entschädigung verlangen kann, sondern auch, was ihm etwa als besondere Belohnung aus Gemeindemitteln bewilligt wird. Indessen können in letzterem Falle die Umstände auch eine andere Entscheidung angemessen erscheinen lassen. Den Ersatz von Kosten, die zu dem abzuwendenden Schaden außer Verhältnis stehen, kann der Versicherungsnehmer regelmäßig nicht verlangen. § 63 Satz 1 ist insofern nicht zwingend, als der Versicherer die Weisung geben kann, Aufwendungen zu unterlassen oder doch nur bis zu einer bestimmten Höhe zu machen. Dagegen würde eine Vereinbarung, wonach der Versicherungsnehmer zwar alles zur Abwendung und Minderung des Schadens zu tun hat, jedoch Aufwendungen nicht oder nur im Falle des Erfolges ersetzt erhält, gegen Treu und Glauben verstoßen.

2. Wer die Kosten der von der Polizei ergriffenen Rettungsmaßregeln zu tragen hat, bestimmt § 63 nicht; sie werden der Regel nach dem Versicherungsnehmer zur Last fallen. Über die

Tragung der Kosten für Pflege und Fortentwicklung der beschädigten Erzeugnisse in der Hagelversicherung § 111.

3. Gemäß dem im § 50 wiedergegebenen Grundsatze hat der Versicherer auch die Aufwendungen, welche der Versicherungsnehmer für die Abwendung und Minderung des Schadens macht, nur insoweit zu erstatten, als sie zusammen mit der übrigen Entschädigung die Versicherungssumme nicht übersteigen (vgl. Ausnahmen in den §§ 144, 145, 150). Der Satz 2 legt dem Versicherer jedoch, insoweit von ihm gegebene Weisungen in Frage kommen, weitere Verpflichtungen auf. Die Bestimmung ist nicht zwingend; man wird aber den Versicherungsnehmer zu Aufwendungen, deren Ersatz er nicht verlangen kann, nicht für verpflichtet ansehen können. Es kann namentlich vereinbart werden, daß der Versicherer nach Eintritt des Versicherungsfalls durch Zahlung der ganzen Versicherungssumme sich von allen weiteren Verpflichtungen freimachen kann, vgl. §§ 840 f. HGB. Treffen Aufwendungen nach Weisung und ohne solche zusammen, so sind zunächst die letzteren auf die Versicherungssumme anzurechnen (KB. I S. 62).

4. Es entspricht nur den Grundsätzen der Billigkeit, daß der Versicherer, soweit er in den Fällen des Satz 1 und 2 für die Aufwendungen haftet, zur Vorschußleistung verpflichtet ist. Vgl. auch § 669 BGB. Das Gegenteil kann jedoch vereinbart werden und unter Umständen wird es gegen Treu und Glauben verstoßen, wenn der Versicherungsnehmer die Vornahme dringender Rettungsmaßregeln bis zur Vorschußleistung aufschiebt, obgleich er sich die Mittel ohne Schwierigkeiten anderweit verschaffen kann.

5. Bei Unterversicherung können dem Versicherer die Kosten nur zu einem verhältnismäßigen Teile zur Last gelegt werden. Etwas anderes kann vereinbart sein oder sich aus den Umständen ergeben. Aufwendungen, die auf Weisung des Versicherers gemacht worden sind, werden vom Versicherer voll zu erstatten sein, wenn sie nicht den Umständen nach geboten erscheinen. Diesen Gegenbeweis hat der Versicherungsnehmer zu führen, wie ihn auch im übrigen die Beweislast aus § 63 trifft.

§ 64. Sollen nach dem Vertrag einzelne Voraussetzungen des Anspruchs aus der Versicherung oder die Höhe des Schadens durch Sachverständige festgestellt werden, so ist die getroffene Feststellung nicht verbindlich, wenn sie offenbar von der wirklichen Sachlage erheblich abweicht. Die Feststellung erfolgt in diesem Falle durch Urteil. Das Gleiche gilt, wenn die Sachverständigen die Feststellung nicht treffen können oder wollen oder sie verzögern.

Sind nach dem Vertrage die Sachverständigen durch das Gericht zu ernennen, so ist für die Ernennung das Amtsgericht zuständig, in dessen Bezirke der Schaden entstanden ist. Durch eine ausdrückliche Vereinbarung der Beteiligten kann die Zuständigkeit eines anderen Amtsgerichts begründet werden. Eine Anfechtung der Verfügung, durch welche dem Antrag auf Ernennung der Sachverständigen stattgegeben wird, ist ausgeschlossen.

Eine Vereinbarung, durch welche von der Vorschrift des Abs. 1 Satz 1 abgewichen wird, ist nichtig.

1. Es muß eine Vereinbarung vorliegen, welche einzelne Voraussetzungen des Versicherungsanspruchs, z. B. den ursächlichen Zusammenhang zwischen Versicherungsfall und Ereignis, oder ob die Höhe des Schadens durch Sachverständige festgestellt werden soll. Sollen die Sachverständigen auch andere Fragen entscheiden, z. B. ob eine Gefahrerhöhung vorliegt, welche gegenüber dem Vertrag ein Kündigungsrecht gibt, so findet § 64 nicht Anwendung; die Sachverständigen entscheiden dann endgültig über die ihnen vorgelegte Frage als Schiedsrichter (arbitri). Im Rahmen des § 64 sind sie Schiedsgutachter (arbitratores), VA. **07*** 103, jedoch nur dann, wenn ihr Spruch für beide Vertragsteile verbindlich ist, nicht, wenn er nur als Unterlage für die weiteren Verhandlungen dient (vorläufige Abschätzung). ROHG. **3** 74; RG. **6** 201; **45** 350; VA. **07*** 103.

2. Über die Zusammensetzung der Sachverständigenkommission bestimmt das Gesetz nichts. Gewöhnlich wählt jeder Vertragsteil ein Mitglied, beide Mitglieder wählen eine dritte Person als Obmann oder der Obmann wird gelost oder er wird von einer Behörde ernannt. Es ist zulässig, zu vereinbaren, daß ein Vertragsteil sämtliche Sachverständige oder die Mehrzahl ernennt. Die Ernennung aller Sachverständigen oder eines Teiles kann unmittelbar oder mittelbar dem Gericht übertragen werden (Abs. 2). Die Bestimmung ist entsprechend anwendbar, wenn eine andere Instanz (Handels-, Landwirtschafts-, Handwerkskammer, Verwaltungsbehörde) oder eine bestimmte Person (Kreisarzt) bei der Bildung der Kommission mitzuwirken hat. Welches das zuständige Amtsgericht ist oder, anders ausgedrückt, wo der Schaden entstanden ist, kann sehr zweifelhaft sein, besonders bei der Transportversicherung. Es kommt dann darauf an, wo der Schaden zuerst äußerlich hervorgetreten ist. Bei der Haftpflichtversicherung muß vernünftigerweise, falls § 64 überhaupt in Frage kommt, der Ort entscheiden, wo der Schaden entstanden ist, für den der Versicherungsnehmer haftpflichtig gemacht wird. Die Vereinbarung über die Zuständigkeit eines besonderen Gerichts kann vor oder nach Eintritt des Versicherungsfalls getroffen werden. Für das Verfahren gilt § 164 FGG. Eine Anfechtung der Verfügung, durch die ein Sachverständiger ernannt wird, ist ausgeschlossen.

3. Wegen Befangenheit können Sachverständige zwar nicht abgelehnt werden, weil gewöhnlich die Bedingungen keine Bestimmungen über das Ablehnungsverfahren (wer sollte über die Ablehnung entscheiden?) enthalten werden, aber ein Spruch, an dem ein befangener Sachverständiger mitwirkt, kann angefochten werden. Z. 11 801.

4. Über das Verfahren ist nichts bestimmt; die Vorschriften der ZPO. (§ 1038) über schiedsrichterliches Verfahren sind nicht entsprechend anwendbar, sofern nicht in den Bedingungen solches vereinbart ist. VA. 04 73. Ist anzunehmen, daß die Parteien erst von dem Schlußergebnisse des Verfahrens Kenntnis erhalten sollen, so ist das Verlangen des Versicherten auf Erteilung einer

Abschrift des Gutachtens des von dem Versicherer benannten Sachverständigen, bevor auch der andere Sachverständige geurteilt hat, unstatthaft. VA. **12*** 118. Scheidet ein Sachverständiger aus, bevor das Verfahren zu Ende geführt ist, so muß das Verfahren unter analoger Anwendung der den ordentlichen Prozeß beherrschenden Grundregeln von neuem beginnen. Dagegen, daß der Obmann oder die Sachverständigen die Parteien hören, ist nichts einzuwenden. Regeln die Versicherungsbedingungen nicht den Gang des Verfahrens, so bilden Mängel des Verfahrens, z. B. Nichtbenutzung des vorliegenden Materials, einen selbständigen Anfechtungsgrund nur, insoweit sie Anlaß zu der Vermutung geben, daß die Schätzung der Sachverständigen sachwidrig ist. VA. **12*** 118. Das gleiche gilt, wenn der Spruch mangelhaft begründet ist. Baumgartner S. 641, 703; VA. **04** 73; **07** 54. Bei groben Verstößen gegen allgemeine Rechtsregeln (ein Geisteskranker hat keinen Vertreter VA. **05*** 63; die Sachverständigen geben getrennt, nicht gemeinsam ihr Gutachten ab VA. **10*** 97) ist das Verfahren nichtig.

5. Der Spruch ist nur dann unverbindlich, wenn er von der wirklichen Sachlage offenbar erheblich abweicht, also offenbar unbillig und sachwidrig ist (manifesta iniquitas). Einfache Erheblichkeit der Abweichung genügt nicht (KB. I S. 63 f.); so auch die bisherige Praxis. RG. **10** 130; Bolze **1** Nr. 891; Wallmann **39** 833. Flüchtigkeit und Oberflächlichkeit der Schätzer ist nicht gleichbedeutend mit offenbarer Unbilligkeit. VA. **09*** 37. Der Spruch kann auch dann unverbindlich sein, obwohl er äußerlich ordnungsmäßig aufgestellt ist. JW. **06** 35; VA. **06** 14. Selbstverständlich ist auch eine nicht klare, eine unvollständige oder in sich widerspruchsvolle Entscheidung nicht bindend. Wallmann **40** 1457; Bolze **12** Nr. 351; **15** Nr. 395. Beide Teile können den Spruch anfechten. Die Beweislast hat derjenige zu tragen, der die Unverbindlichkeit geltend macht.

6. Die neue Entscheidung erfolgt durch Urteil über den Versicherungsanspruch selbst; es hat nicht etwa zuvor ein Urteil über die von den Sachverständigen entschiedene Frage zu ergehen. Der

Anfechtende ist auch nicht verpflichtet, zunächst den Spruch einer neuen Sachverständigenkommission abzuwarten, wenn beispielsweise die Kommission ihre Aufgabe nicht in gehöriger, unanfechtbarer Weise zu lösen gewußt hat. VA. **08*** **24**. Es kann jedoch in den Bedingungen ein geordnetes Verfahren vorgesehen werden, wonach die Berufung gegen den Spruch zunächst an eine neue Kommission zu richten ist. Auf eine solche Bestimmung kann sich jedoch derjenige nicht berufen, der seinerseits die Unverbindlichkeit des Spruchs verschuldet hat. RG. **45** 350; Bolze **18** Nr. 500; VA. **04** 34; OLGRspr. **8** 175. Bei Amtsniederlegung eines Sachverständigen ist an seine irgendwie zum Ausdrucke gebrachte Meinung sein Nachfolger nicht gebunden. Das Gericht entscheidet nach freiem Ermessen; es kann den Spruch der Sachverständigen als Material benutzen, auch die Mitglieder der Kommission vernehmen. Bolze **22** Nr. 491.

7. Das Gesetz bestimmt nichts über das Verhältnis zwischen den Sachverständigen und den Vertragsteilen; erstere können für die Folgen der unrichtigen oder verzögerten Entscheidung unter Umständen verantwortlich gemacht werden. Ernennt der Versicherer nicht die von ihm zu bezeichnenden Sachverständigen und verweigert die Leistung, so ist Klage bei den ordentlichen Gerichten zulässig. Wallmann **07** 1601; JW. **08** 19; VA. **07*** 94. Sind passende Persönlichkeiten überhaupt nicht zu finden, so ist die Vereinbarung über Einsetzung von Sachverständigen hinfällig.

8. Abs. 1 Satz 1 ist zwingend; eine abweichende Vereinbarung ist nichtig, die Nichtigkeit wirkt für und gegen beide Teile und gilt für alle Versicherungen. Der Rechtsweg kann somit gegenüber der offenbar unrichtigen Abschätzung nicht verschlossen werden. Als selbstverständlich erwähnt das Gesetz nicht, daß eine Bestimmung, wonach der Versicherer oder ein von ihm abhängiges Organ endgültig unter Ausschluß des Rechtswegs darüber entscheidet, ob und inwieweit dem Versicherungsnehmer überhaupt ein Anspruch zusteht, gegen das öffentliche Recht (§ 13 GVG.) verstößt und nichtig ist. RG. **2** 311; **37** 427; SeuffA. **23** Nr. 133. Die Vor-

schriften des Abs. 2 gehören dem öffentlichen (Prozeß-) Recht an und sind schon deshalb der Parteiabrede entzogen, soweit sie nicht selbst auf solche Bezug nehmen.

9. Die Vorschriften des § 64, die mit § 184 im wesentlichen übereinstimmen, haben rückwirkende Kraft (Art. 4 Nr. 6 EG.).

§ 65. Auf eine Vereinbarung, nach welcher sich der Versicherungsnehmer bei den Verhandlungen zur Ermittelung und Feststellung des Schadens nicht durch einen Bevollmächtigten vertreten lassen darf, kann sich der Versicherer nicht berufen.

1. Dem Versicherungsnehmer kann auch nicht verwehrt werden, sich eines Beistandes oder sachverständigen Beraters zu bedienen. § 65 kommt überhaupt nicht in Frage, wenn der gesetzliche Vertreter, oder wenn an Stelle des Versicherungsnehmers ein anderer aus eigenem Rechte (Versicherung für fremde Rechnung, Ehemann an Stelle der Ehefrau, Hypothekengläubiger usw.) den Anspruch geltend macht, oder wenn der Versicherungsnehmer seinen Anspruch abgetreten hat. Über die Abtretung bestimmt das Gesetz nichts. Sie kann durch Vertrag verboten werden, insbesondere kommen Vereinbarungen in Frage, welche die Versicherungsforderung für unabtretbar erklären, solange sie nicht dem Versicherer gegenüber festgestellt ist. Eine Abtretung der Ansprüche aus der Versicherung, welche vor Eintritt des Versicherungsfalls und ohne gleichzeitige Übertragung des versicherten Interesses erfolgt, wird aus dem Gesichtspunkt ihrer Übereinstimmung mit den guten Sitten zu prüfen sein. § 65 bezieht sich nur auf das Regulierungsverfahren, auf dieses aber im weitesten Sinne z. B. auch, wenn dabei die Frage einer Verletzung der Anzeigepflicht sei es vor, sei es nach dem Eintritte des Versicherungsfalls (§§ 16, 27, 33) erörtert wird. Nicht ausgeschlossen sind Bestimmungen, wonach der Versicherungsnehmer bestimmte Auskünfte persönlich erteilen, sich vernehmen oder untersuchen lassen muß.

§ 66. Der Versicherer hat die Kosten, welche durch die Ermittelung und Feststellung des ihm zur Last fallenden Schadens entstehen, dem Versicherungsnehmer insoweit zu erstatten, als ihre Aufwendung den Umständen nach geboten war.

Die Kosten, welche dem Versicherungsnehmer durch die Zuziehung eines Sachverständigen oder eines Beistandes entstehen, hat der Versicherer nicht zu erstatten, es sei denn, daß der Versicherungsnehmer nach dem Vertrage zu der Zuziehung verpflichtet war.

Bei einer Unterversicherung sind die dem Versicherer zur Last fallenden Kosten nur nach dem in den §§ 56, 57 bezeichneten Verhältnisse zu erstatten.

1. Die Erstattung der Kosten kommt nur insoweit in Betracht, als ihre Aufwendung den Umständen nach geboten war, aber nicht wie in § 63 soweit der Versicherungsnehmer die Aufwendungen den Umständen nach für geboten halten durfte und nicht über den Betrag der Versicherungssumme hinaus (§ 50); anders § 840 HGB. Ausnahme § 150. In den Kosten des § 66 sind gegebenenfalls auch die durch § 34 entstehenden enthalten (KB. I S. 66).

Unabhängig von § 66 besteht für jeden Teil die Verpflichtung zum Schadenersatze für solche Aufwendungen, die er durch fahrlässige oder vorsätzliche Verletzung seiner Vertragspflichten verursacht hat, sowie die durch die ZPO. geregelte Tragung der Prozeßkosten.

2. Prinzipiell (Abs. 2) sollen dem Versicherer die Kosten nicht auferlegt werden können, wenn der Versicherungsnehmer bei der Schadensfeststellung aus freien Stücken die Hilfe eines Dritten in Anspruch nimmt. Abweichendes kann vereinbart werden. Über die Kosten eines schiedsgerichtlichen Verfahrens oder einer Abschätzung durch Sachverständige bestimmt § 66 nichts. Der Entwurf des Gesetzes von 1903 sah in § 60 Abs. 4 eine Verteilung im Verhältnisse des zugesprochenen zu dem streitigen Betrage vor.

Wenn die Bedingungen nichts anderes vorsehen, wird diese Lösung vielfach als angemessen zu gelten haben.

3. Daß bei Unterversicherung der Versicherer die Kosten der Ermittelung und Feststellung des Schadens nur verhältnismäßig zu erstatten hat, entspricht § 63 Abs. 2 und § 843 HGB. Diese Art der Verteilung greift jedoch nur Platz, soweit nichts anderes vereinbart ist und soweit sie nicht unbillig erscheint, z. B. wenn der Versicherer den Versicherungsnehmer veranlaßt hat, im Verhältnisse zur Versicherungssumme kostspielige Ermittelungen anzustellen, die er aus eigenem Antriebe nicht vorgenommen hätte.

4. § 66 kann durch Vereinbarung abgeändert werden; es können dem Versicherungsnehmer die Regulierungskosten vollständig auferlegt oder es kann ein bestimmter Teilungsmaßstab festgesetzt werden.

§ 67. Steht dem Versicherungsnehmer ein Anspruch auf Ersatz des Schadens gegen einen Dritten zu, so geht der Anspruch auf den Versicherer über, soweit dieser dem Versicherungsnehmer den Schaden ersetzt. Der Übergang kann nicht zum Nachteile des Versicherungsnehmers geltend gemacht werden. Gibt der Versicherungsnehmer seinen Anspruch gegen den Dritten oder ein zur Sicherung des Anspruchs dienendes Recht auf, so wird der Versicherer von seiner Ersatzpflicht insoweit frei, als er aus dem Anspruch oder dem Rechte hätte Ersatz erlangen können.

Richtet sich der Ersatzanspruch des Versicherungsnehmers gegen einen mit ihm in häuslicher Gemeinschaft lebenden Familienangehörigen, so ist der Übergang ausgeschlossen; der Anspruch geht jedoch über, wenn der Angehörige den Schaden vorsätzlich verursacht hat.

1. Die Verbindlichkeit des Versicherers zur Leistung wird nicht dadurch ausgeschlossen, daß ein Dritter dem Versicherungsnehmer

ersatzpflichtig ist. Da aber der Dritte infolge der Leistung des Versicherers nicht von seiner Verbindlichkeit befreit werden, noch die Versicherung zu einer Bereicherung des Versicherungsnehmers führen darf, so muß der Versicherer die Rechte des Versicherungsnehmers gegen den Dritten geltend machen können, er hat, soweit er dem Versicherungsnehmer den Schaden ersetzt, seinerseits Anspruch auf Schadloshaltung aus dem Werte, den das versicherte Interesse trotz des angenommenen Verlustes noch besitzt. Hat der Versicherer z. B. für ein verbranntes Haus oder für verloren gegangene Güter vollen Ersatz geleistet, so fällt ihm zu, was sich etwa aus dem Brandschutte noch verwerten oder was sich von den Gütern bergen oder wiederauffinden läßt. Über den Abandon in der Seeversicherung §§ 861 ff. HGB. und § 146 VVG. Bei der Versicherung von Forderungen (Kredit-, Mietsverlustversicherung) muß dem Versicherer, der vollen Ersatz geleistet hat, die Forderung abgetreten werden. Entsprechend bestimmt § 67, daß ein Ersatzanspruch des Versicherungsnehmers gegen dritte Personen auf den Entschädigung zahlenden Versicherer übergeht. Dies war schon bisher regelmäßig in den Versicherungsbedingungen bestimmt (vgl. auch § 255 BGB.); eine dahingehende Vereinbarung wurde von der Rechtsprechung als zulässige, im voraus erklärte Abtretung angesehen. **RG. 22** 145; Bolze **1** Nr. 1121; **7** Nr. 424. Für die Seeversicherung HGB. § 804 Abs. 1. Der Ersatzanspruch gegen den Dritten kann auf Vertrag (z. B. Dienstvertrag, Transportvertrag, Frachtvertrag, Garantievertrag, Haftung für Viehmängel beim Kaufe) oder auf Gesetz beruhen (z. B. §§ 426, 840 BGB., sowie vor allem die Haftung für unerlaubte Handlungen). Haftet dem Dritten wiederum eine andere Person, so kann der Versicherer nötigenfalls auch diesen Anspruch weiter verfolgen, insbesondere also, wenn der Dritte gegen seine gesetzliche Haftpflicht versichert war. Dies gilt auch dann, wenn der Versicherungsnehmer selbst zugleich der ersatzpflichtige Dritte ist, weil er verschiedene Vermögensmassen in sich vereinigt oder als Träger verschiedener Interessen in Betracht kommt, z. B. der Versicherungsnehmer beerbt den ersatzpflichtigen, aber gegen Haftpflicht versicherten Dritten, oder zwei bei verschiedenen Versicherern in Versicherung gegebene Schiffe desselben Eigentümers stoßen zusammen. RG. **32** 4; **47** 168. In allen diesen Fällen hat der Haftpflichtversicherer (oder der die Haftpflicht aus Schiffszusammenstößen mitdeckende Transportversicherer) dem Versicherer des beschädigten Gutes Ersatz zu leisten. Niemals aber kann der Versicherer aus § 67 einen Anspruch gegen den Versicherungsnehmer selbst herleiten. RG. **45** 50.

2. Der Übergang des Ersatzanspruchs auf den Versicherer erfolgt von Rechts wegen mit der Ersatzleistung; es bedarf keiner Abtretung. §§ 399 bis 404, 406 bis 410, 412 BGB. finden Anwendung. Der Versicherungsnehmer ist zur Auskunfterteilung, Auslieferung der nötigen Urkunden und zur Ausstellung einer öffentlich beglaubigten Abtretungsurkunde verpflichtet (§§ 402, 403 412 BGB.). RG. **25** 100. Der Dritte darf an den Versicherungsnehmer nicht mehr leisten, sobald er weiß, daß dieser von dem Versicherer Entschädigung erhalten hat. Der Versicherer wird gut tun, schon vor Auszahlung der Entschädigung dem Dritten von dem bevorstehenden Übergange der Forderung Mitteilung zu machen.

3. Das BGB. trifft in §§ 268, 426, 774 für ähnliche Fälle die gleiche Bestimmung wie in Satz 2. Leisten mehrere Versicherer Ersatz, so geht auf jeden ein verhältnismäßiger Teil des Anspruchs gegen den Dritten über. Liegt konkurrierendes Verschulden vor, so daß der Dritte nicht für den ganzen Schaden aufzukommen hat, so geht die Forderung an den Dritten nicht prozentual auf die Versicherer über (Begr.), sondern der Übergang der Forderung bestimmt sich dem Dritten gegenüber nach der Zahlung der Versicherungssumme, zwischen den Versicherern findet ein Ausgleichsverfahren statt. LZ. **10** 648. Dieselben Grundsätze müssen bei Doppelversicherung gelten. Erhält der Versicherungsnehmer den Schaden nur teilweise ersetzt, so bleibt er insoweit Gläubiger des Dritten und zwar mit dem Vorrange vor dem Versicherer oder vor den Versicherern. Brennt also beispielsweise ein nur zur Hälfte seines Wertes versichertes Haus infolge der Fahrlässigkeit eines Dritten ab und reicht dessen Vermögen nicht aus, um sowohl den

Versicherungsnehmer wie den Versicherer schadlos zu halten, so hat der dem Versicherungsnehmer wegen der nicht versicherten Hälfte verbleibende Ersatzanspruch den Vorrang vor dem auf den Versicherer übergegangenen Ersatzanspruch (Begr. S. 81). Dies kann jedoch durch Vertrag abgeändert werden. Nötigenfalls muß der Versicherer das, was er von dem Dritten zuviel erhalten hat, an den Versicherungsnehmer oder auch an seine Mitversicherer herauszahlen. Dabei ist es gleichgültig, ob der Versicherungsnehmer von dem Dritten Ersatz desselben Schadens fordert, für den die Versicherung genommen ist, oder des etwa weitergehenden Schadens, z. B. des entgangenen Gewinns. Einen unmittelbaren Ersatzanspruch aus der unerlaubten Handlung, welche die Ursache des Schadens war, hat der Versicherer nicht; § 823 BGB. ist unanwendbar; RG. 50 327. Liegt Versicherung für fremde Rechnung vor, so muß unter dem „Versicherungsnehmer" der „Versicherte" verstanden werden. LZ. 10 650. Für die Transportversicherung gilt der Satz 2 des Abs. 1 nicht, vgl. § 148.

4. In Satz 3 ist in erster Linie an Erlaß, Vergleich oder ähnliche Rechtsgeschäfte gedacht. Satz 3 (vgl. § 804 Abs. 3 HGB.) muß ferner Anwendung finden, sofern der Versicherungsnehmer vorsätzlich oder fahrlässig die Geltendmachung des Anspruchs gegen den Dritten erschwert oder vereitelt, z. B. indem er die zur Feststellung nötigen Schritte unterläßt oder den Anspruch verjähren läßt (Viehmängel!) oder in sonstiger Weise z. B. durch Nichtanzeige gegenüber dem Haftpflichtversicherer (oben Anm. 1) das Erlöschen des Anspruchs herbeiführt. Satz 3 ist aber auch auf den Fall der Doppelversicherung (§ 59) entsprechend anzuwenden, wenn der Versicherungsnehmer durch Unterlassungen die Geltendmachung des Ausgleichsanspruchs gegenüber dem anderen Versicherer vereitelt.

Der Versicherer hat nur zu beweisen, daß er durch das Verhalten des Versicherungsnehmers den Ersatzanspruch verloren hat; der Gegenbeweis, daß aus diesem Anspruche der Versicherer keine Befriedigung erhalten haben würde, liegt dem Versicherungsnehmer ob.

5. § 67 Abs. 1 kann durch Vereinbarung abgeändert werden, insbesondere dahin, daß der Versicherungsnehmer verpflichtet wird, seinerseits für Rechnung des Versicherers den Ersatzanspruch gegen den Dritten zu verfolgen. RG. 53 327.

6. Der Begriff des Familienangehörigen erfordert ein verwandschaftliches oder schwägerschaftliches Verhältnis, für das jedoch kein bestimmter Grad als Grenze gezogen ist. Die Definition des Wortes „Angehöriger" in § 52 Abs. 2 StGB. ist hier nicht maßgebend. Der Versicherer wird trotz Abs. 2 von seiner Leistungspflicht frei, soweit der Versicherungsnehmer von dem ersatzpflichtigen Angehörigen befriedigt wird; hat der Versicherer Ersatz geleistet und erhält der Versicherungsnehmer nachträglich von dem Angehörigen nochmals Ersatz, so kann ersterer auf Rückzahlung klagen.

7. Der Versicherungsnehmer oder der Dritte hat, sofern dies zweifelhaft ist, zu beweisen, daß die Voraussetzungen der Familienangehörigkeit und der häuslichen Gemeinschaft vorliegen; der Beweis des vorsätzlichen Handelns trifft den Versicherer.

8. § 67 Abs. 2 kann durch Vertrag dahin geändert werden, daß der Anspruch auch bei Fahrlässigkeit oder bei grober Fahrlässigkeit übergeht.

Besonderes gilt bei der Viehversicherung (§ 118), bei der Transportversicherung (§ 148).

§ 68. Besteht das Interesse, für welches die Versicherung genommen ist, bei dem Beginne der Versicherung nicht oder gelangt, falls die Versicherung für ein künftiges Unternehmen oder sonst für ein künftiges Interesse genommen ist, das Interesse nicht zur Entstehung, so ist der Versicherungsnehmer von der Verpflichtung zur Zahlung der Prämie frei; der Versicherer kann eine angemessene Geschäftsgebühr verlangen.

Fällt das Interesse, für welches die Versicherung genommen ist, nach dem Beginne der Versicherung

weg, so gebührt dem Versicherer die Prämie für die laufende Versicherungsperiode.

1. § 68 ist von § 2 zu unterscheiden. Während § 2 davon ausgeht, daß beim Vertragsschlusse bereits der Eintritt des Versicherungsfalls entweder unmöglich oder notwendig ist, setzt § 68 Abs. 1 das Nichtbestehen des Interesses in dem Zeitpunkte des Beginns der Versicherung voraus (Ristorno). Beispiele: die versicherte Sache ist nach Abschluß des Vertrags, aber vor Beginn der Versicherung zugrunde gegangen; die versicherte Reise wird aufgegeben; die Ausstellung, für deren Dauer die Versicherung genommen ist, findet nicht statt (Begr. S. 83); der Käufer einer Sache, der für diese bereits Versicherung genommen hat, erhält die Sache nicht; die versicherte Sache wird vor Beginn der Versicherung veräußert, während vertragsgemäß ein Übergang der Versicherung auf den Erwerber ausgeschlossen ist; der Gewerbebetrieb oder die Berufstätigkeit, für den die Haftpflichtversicherung genommen ist, werden noch vor deren Beginn aufgegeben. § 68 Abs. 1 betrifft also die Fälle, in denen das versicherte Interesse während der ganzen Versicherungszeit niemals bestanden hat, der Versicherer also niemals eine Gefahr getragen hat. Es genügt nicht Verringerung der Gefahr, z. B. nicht Abschwächung der gesetzlichen Vorschriften über die Haftpflicht, sondern nur gänzlicher Fortfall des versicherten Interesses. Bei teilweisem Fortfalle des letzteren greift § 51 Abs. 1 Platz. Geht beispielsweise ein für einen späteren Zeitpunkt versichertes Warenlager vor dem Beginne der Versicherung teilweise zugrunde, so kann der Versicherer wie der Versicherungsnehmer verlangen, daß die Versicherungssumme, soweit sie den Versicherungswert übersteigt, herabgesetzt und die Prämie verhältnismäßig gemindert wird. (Begr. S. 84.)

2. Hat der Versicherer eine Gefahr überhaupt nicht getragen, so kann er billigerweise auch die Gegenleistung nicht beanspruchen, vielmehr genügt es, wenn er statt der Prämie eine angemessene Geschäftsgebühr bekommt. Gleichgültig ist, ob der Versiche-

rungsnehmer selbst das Nichtentstehen des Interesses herbeigeführt hat oder dieses ohne sein Zutun fortgefallen ist. Jedoch kann unabhängig von § 68 der Versicherer bei Verschulden des Versicherungsnehmers Schadensersatz verlangen. Über die frühere Praxis Baumgartner S. 1157 ff.

3. Bei Fortfall des Interesses nach Beginn der Versicherung hat der Versicherer bei Anwendung des Grundsatzes, daß die für die einzelne Versicherungsperiode geschuldete Prämie nicht geteilt werden kann, Anspruch auf die Prämie für die laufende Versicherungsperiode. Ein Hauptfall ist der Tod des Versicherungsnehmers. Stirbt z. B. ein Rechtsanwalt, der gegen Haftpflicht für die ihn in seinem Berufe etwa treffenden Schadensersatzansprüche sowie als Jäger, Hausbesitzer versichert war, so fällt die Berufsversicherung und die Versicherung als Jäger fort, die Versicherung als Hausbesitzer geht auf seine Erben über. Weiterer Anwendungsfall: Wegfall des Interesses bei der Feuerversicherung durch Veräußerung der versicherten Sache. VA. **07*** 68; **10*** 106. Die laufende Versicherungsperiode ist diejenige, in der das Interesse wegfällt, nicht diejenige, in welcher der Versicherer von dem Wegfalle Kenntnis erhält (KB. I S. 68 f.). Hiernach bemißt sich auch, für welche Zeit der Versicherer noch die Prämie fordern kann. VA. **09** 278; **10** 91.

4. § 68 ist nicht zwingend; deshalb braucht die Angemessenheit der in den genehmigten Versicherungsbedingungen festgesetzten Geschäftsgebühr hier wie auch in § 66 Abs. 3 anders wie in § 40 nicht besonders hervorgehoben zu werden (Begr. S. 83). Die Beweislast trägt der Versicherungsnehmer, nur die Angemessenheit der Geschäftsgebühr hat der Versicherer zu beweisen.

II. Veräußerung der versicherten Sache.

Vorbemerkungen. 1. Der Versicherungsvertrag begründet ein obligatorisches Rechtsverhältnis zwischen Versicherer und Versicherungsnehmer (§ 1) und es kann bei ihm sowohl von Todes wegen als unter Lebenden ein Übergang der Rechte und Pflichten stattfinden. Von Todes wegen erfolgt dieser Übergang stets auf die Erben des Versicherungsnehmers; freilich wird damit sehr häufig für die Erben das Interesse wegfallen, für welches die Versicherung genommen ist; dann greift § 68 Platz. Ein Übergang der Rechte und Pflichten auf die Erben des Versicherers ist seltener, kommt aber dann vor, wenn der Versicherer ein Einzelunternehmer ist. Daß unter Lebenden die Ansprüche des Versicherers auf die Prämie jederzeit abgetreten werden können, ist selbstverständlich; auch die Ansprüche des Versicherungsnehmers aus dem Vertrage sind abtretbar, sofern nicht die Abtretung vertragsmäßig ausgeschlossen ist, §§ 398, 399 BGB. (vgl. aber RG. **27** 339). Letztere kann sowohl vor wie nach dem Eintritte des Versicherungsfalls geschehen. Erfolgt sie vor dem Eintritt ohne gleichzeitigen Übergang des versicherten Interesses, so ist zu prüfen, ob das Rechtsgeschäft nicht wider die guten Sitten verstößt (Anm. 1 zu § 65). Einer uneingeschränkten Abtretung nach dem Eintritte des Versicherungsfalls kann außer dem Vertrage auch das Gesetz entgegentreten, so z. B., wenn in der Feuerversicherung gesetzlich bestimmt ist, daß die Zahlung der Entschädigungssumme nur zur Wiederherstellung des Gebäudes erfolgen darf (§§ 97, 193 Abs. 1). Vgl. auch § 15.

2. Abgesehen von diesen Fällen geht die Versicherung an sich nicht über, wenn das ihren Gegenstand bildende Interesse seinen Träger wechselt; dem Versicherer gegenüber bleibt der ursprüngliche Versicherungsnehmer berechtigt und verpflichtet. Eine Ausnahme bildet nur die Sachversicherung; hier hat das Gesetz für den Fall der Veräußerung der versicherten Sache in den §§ 69 bis 73 besondere Vorschriften getroffen. Bisher schrieben die Versicherungsbedingungen vielfach vor, daß die Veräußerung der versicherten Sache die Versicherung erlöschen lasse, sofern nicht der Versicherer auf Anzeige von der Veräußerung den Eintritt des Erwerbers in die Versicherung genehmige; die Veräußerung wurde wie eine Gefahrerhöhung behandelt. Erfolgte die Genehmigung, so galt nunmehr der Erwerber an Stelle des Veräußerers als Versicherungsnehmer. Die Gültigkeit einer solchen Abrede wurde von den Gerichten anerkannt. ROHG. **5** 1; SeuffA.

57 240. Sie bleibt auch fernerhin von Bedeutung, soweit Vertragsfreiheit gilt. Nach § 2163 ALR. II 8 (über die Entstehungsgeschichte ZHR. 47 236) blieb bei einem Wechsel in der Person des Eigentümers der versicherten Sache die Versicherung bestehen, sofern nicht mit der Veräußerung eine Veränderung des Ortes, der Aufsicht, der Art der Aufbewahrung oder der Nachbarschaft verbunden war. Die Bestimmung bezog sich allerdings nur auf die Feuerversicherung, ist jedoch auch auf andere Schadensversicherungen, insbesondere die Hagelversicherung ausgedehnt worden. RG. 35 179. Über ihre Auslegung ROHG. 5 1; RG. 5 316. Für das Seerecht galt nach § 899 Abs. 1 HGB. nicht der Grundsatz des von selbst eintretenden Übergangs der Versicherung; jedoch konnten durch Vertrag zwischen Veräußerer und Erwerber die Ansprüche aus der Versicherung ohne Zuziehung des Versicherers auf den Erwerber übertragen werden (jetzt geändert Art. 1 XV. des Gesetzes betr. Änderung der Vorschriften des HGB. über die Seeversicherung).

Das Gesetz läßt bei der Sachversicherung, mag diese bewegliche oder unbewegliche Sachen betreffen, im Anschluß an § 571 Abs. 1 BGB. das Rechtsverhältnis auf den Erwerber übergehen (§ 69). Die Veräußerung wird jedoch ähnlich wie eine unabhängig vom Willen des Versicherungsnehmers eintretende Gefahrerhöhung behandelt (§ 70). Sie ist unverzüglich anzuzeigen (§ 71); nach der Anzeige hat der Versicherer das Recht, mit Monatsfrist zu kündigen; bei unterlassener Anzeige wird der Versicherer nach Ablauf eines Monats frei (§ 71). Anderseits kann auch der Erwerber kündigen und zwar ohne Kündigungsfrist (§ 70). Für die Ausübung des Kündigungsrechts gilt in beiden Fällen eine Frist von einem Monat (§§ 70, 71). Alle diese Bestimmungen sind zwingendes Recht zugunsten des Erwerbers (§ 72).

Besonderes gilt für die Hagelversicherung (§ 114), für die Viehversicherung (§ 128) und für die Transportversicherung (§§ 142, 143).

3. Die übrigen Bestimmungen des Gesetzes bleiben daneben bestehen. An sich gilt nach ihm der Grundsatz, daß mit der Ver-

äußerung der versicherten Sache nicht ohne weiteres eine Gefahrerhöhung verbunden ist; freilich kann mit ihr eine solche verknüpft sein, dann gelten §§ 23—32. Sie kann durch die Person des Erwerbers begründet sein, z. B. ein gegen Feuer versichertes Haus wird an einen Brandstifter, versichertes Vieh mit der Wirtschaft (§ 128 Abs. 2) an eine wegen Tierquälerei vorbestrafte Person veräußert. Vor allem aber wird häufig mit der Veräußerung insofern eine Gefahrerhöhung Hand in Hand gehen, als mit ihr eine Veränderung der Benutzungsart, des Aufenthaltsorts verbunden ist. Ebenso tritt bei Entfernung der veräußerten Sachen aus den Räumlichkeiten oder dem Gebiet, auf das sich die Versicherung bezieht, diese der Regel nach außer Kraft (Begr. S. 87 f.). Bezieht sich die Versicherung auf einen Inbegriff von Sachen, so scheiden die veräußerten Sachen, wenn sie aus dem Inbegriff ausscheiden (Buch aus der Bibliothek, Bild aus der Gemäldegalerie), ohne weiteres auch aus der Versicherung aus (§ 54). Wird dagegen von mehreren versicherten Sachen ein Teil veräußert, so sind für diesen Teil §§ 69 ff. anwendbar.

4. §§ 69 ff. beziehen sich nur auf die Veräußerung von Sachen. Bei Schadensversicherungen, die sich nicht an eine Sache knüpfen, kann eine entsprechende Anwendung in Frage kommen, soweit das versicherte Interesse Bestandteil eines Inbegriffs ist, der als solcher veräußert werden kann. So z. B. bei der für einen bestimmten Geschäftsbetrieb genommenen Kredit- oder Streikversicherung, auch bei der vom Hauseigentümer genommenen Versicherung gegen Mietsausfälle. Für die Haftpflichtversicherung sieht § 151 Abs. 2 den Übergang ausdrücklich vor. Auch bei der für einen Fabrikbetrieb genommenen Kollektivunfallversicherung kann ein Übergang des Rechtsverhältnisses auf den Erwerber im Sinne der Vertragsteile liegen. RG. 12 38; Bolze 2 Nr. 1060. In allen diesen Fällen sind aber die Bestimmungen der §§ 69 ff. nicht zwingend.

5. Der Übergang der Mitgliedschaft bei Versicherungsvereinen auf Gegenseitigkeit und das Erlöschen der Haftung des Veräußerers für die Verbindlichkeiten des Vereins wird durch §§ 69 ff. nicht

berührt; hier gilt das besondere Recht dieser Vereine (Begr. S. 82). Dieses wird vielfach dazu führen, daß ein Übergang der Versicherung nicht stattfindet, so wenn z. B. ein Gegenstand, welcher bei einem auf Geistliche als Mitglieder beschränkten Versicherungsvereine a. G. versichert ist, an einen Nichtgeistlichen veräußert wird.

6. Für die Rechtsnachfolge durch Beerbung, Gütergemeinschaft usw. gelten §§ 69 ff. gleichfalls nicht. Der Übergang der Versicherung tritt hier zwar von selbst ein, jedoch herrscht völlige Vertragsfreiheit; es ist nicht unzulässig, zu vereinbaren, daß in solchen Fällen die Versicherung erlischt, daß sie ruht, bis der Versicherer ihren Übergang auf den Erwerber genehmigt hat, daß ersterer dem letzteren gegenüber ein unbefristetes Kündigungsrecht hat. Dasselbe gilt von Übertragungen, welche keine Veräußerungen darstellen; denn nur für diese gelten die §§ 69 ff. So z. B., wenn der Pächter, der selbständig Versicherung genommen hatte, mit Zustimmung des Eigentümers sein Pachtrecht einem anderen überläßt.

§ 69. Wird die versicherte Sache von dem Versicherungsnehmer veräußert, so tritt an Stelle des Veräußerers der Erwerber in die während der Dauer seines Eigentums aus dem Versicherungsverhältnisse sich ergebenden Rechte und Pflichten des Versicherungsnehmers ein.

Für die Prämie, welche auf die zur Zeit des Eintritts laufende Versicherungsperiode entfällt, haften der Veräußerer und der Erwerber als Gesamtschuldner.

Der Versicherer hat in Ansehung der durch das Versicherungsverhältnis gegen ihn begründeten Forderungen die Veräußerung erst dann gegen sich gelten zu lassen, wenn er von ihr Kenntnis erlangt; die Vorschriften der §§ 406 bis 408 des Bürgerlichen Gesetzbuchs finden entsprechende Anwendung.

1. Damit der Erwerber an die Stelle des Veräußerers tritt, muß die Sache selbst veräußert sein. Die Veräußerung von Bestandteilen und Zubehörstücken läßt die Versicherung nicht übergehen. Ebensowenig genügt die Abtretung einer aus dem Eigentum an der Sache sich ergebenden Forderung, auch wenn gerade das Interesse, das sich an diese Forderung knüpft, versichert ist, z. B. Abtretung der Fracht, wenn nur diese versichert, der Mietsforderungen, wenn die Versicherung gegen den Mietsausfall genommen ist. Vorausgesetzt wird ferner, daß die Versicherung von dem Eigentümer der Sache genommen ist (Versicherung des Eigentümerinteresses), so daß mit dem Eigentum auch das Interesse übergeht. Hat der Besitzer, der Pächter oder der Hypothekengläubiger die Sache selbständig versichert, so geht auf den neuen Besitzer, Pächter oder Gläubiger die Versicherung nicht über (Vorb. 6). Ebensowenig, wenn der Eigentümer die Sache nicht veräußert, sondern verpachtet, vermietet, verleiht oder verpfändet; ob in diesen Fällen eine Gefahrerhöhung anzunehmen ist, wird nach den hierüber geltenden Grundsätzen zu entscheiden sein. Ist dies nicht der Fall, so bleibt der Eigentümer allein aus dem Vertrage berechtigt und verpflichtet. Anderer Meinung Baumgartner S. 656. Dagegen wird es als Veräußerung im Sinne des § 69 anzusehen sein, wenn die Sache verkauft und übergeben wird und der Verkäufer sich das Eigentum bis zur vollen Zahlung des Kaufpreises vorbehält, anderseits kann sich der Versicherer nicht auf §§ 69, 70 berufen, wenn der Eigentümer das Eigentum zwar einem anderen übertragen hat, aber selbst in Besitz und Genuß der Sache bleibt (constitutum possessorium). Zur Anwendung des § 69 gehört eine Veräußerung, die den Besitz der Sache und das Eigentümerinteresse auf einen anderen übergehen läßt. Bolze **23** Nr. 359. Auch Scheingeschäfte und fiduziarische Übertragungen schließen die Anwendbarkeit des § 69 aus. ROHG. **25** 40. Unter Veräußerung fällt nicht bloß die entgeltliche Übertragung unter Lebenden, sondern auch die schenkungsweise gemachte oder auf Vermächtnis beruhende Übertragung. Dagegen läßt der Übergang durch Erbfolge das Versicherungsverhältnis unberührt; dasselbe

muß auch von der Übertragung im Wege der Gutsüberlassung oder ähnlicher Geschäfte gelten (ROHG. **23** 92; anders Busch Arch. **26** 282), sowie von denjenigen Änderungen der Eigentumsverhältnisse, die auf dem ehelichen Güterrechte beruhen. Auch auf die Übertragung eines Handelsgeschäfts ist § 69 nicht zu beziehen, ebensowenig auf den Fall der Umwandlung der Gesellschaftsform, selbst wenn die Übereignung des Gesellschaftsvermögens im Wege der Einzelübertragung erfolgt, z. B. der Gegenseitigkeitsverein, dem das versicherte Haus gehört, wird in eine Aktiengesellschaft umgewandelt. In gleicher Weise ist der Fall zu beurteilen, daß der Kaufmann, der sein Warenlager versichert hat, sein Geschäft in eine offene Handelsgesellschaft verwandelt, sofern er selbst geschäftsführender Gesellschafter ist (vgl. den umgekehrten Fall bei Bolze **1** Nr. 1126). Das Gleiche gilt bei der Umwandlung von Gesamthandseigentum in Bruchteilseigentum und umgekehrt trotz der notwendigen Auflassung. RG. **56** 96; **57** 432. In allen diesen Fällen finden jedoch die Bestimmungen der §§ 69 ff. sehr häufig entsprechende Anwendung.

2. Für den Zeitpunkt des Übergangs der Versicherung ist nicht der Veräußerungsvertrag entscheidend, sondern der Übergang des Eigentums, sofern aber dieser mit dem der Übergabe nicht zusammenfällt (Grundstücke), die letztere. VA. **04** 39; anders Bolze **20** Nr. 538.

3. Von dem Zeitpunkte des Übergangs an treffen alle Verpflichtungen, die dem Versicherungsnehmer obliegen, den Erwerber mit Ausnahme der in Abs. 2 erwähnten Verpflichtung zur Zahlung der laufenden Prämie. Die Handlungen, die der Veräußerer nach dem Übergange vornimmt, gelten nicht als Handlungen des Versicherungsnehmers, so, wenn er eine Gefahrerhöhung vornimmt oder den Versicherungsfall herbeiführt. Gesetzliche oder vertragsmäßige Fristen, die bereits zu laufen begonnen hatten, laufen zugunsten wie zu ungunsten des Erwerbers weiter. Ebenso kann sich der Versicherer dem Erwerber gegenüber auf alle Tatsachen berufen, die der Veräußerer gegen sich gelten lassen müßte, z. B. auf die Nichtigkeit oder Anfechtbarkeit des Vertrags, auf Verletzungen der Anzeigepflichten oder anderer Obliegenheiten, auf Verzug in der Prämienzahlung (Anm. 5). Der Erwerber kann sich dem Versicherer gegenüber auch nicht etwa auf seinen guten Glauben bezüglich des Inhaltes des Versicherungsscheins berufen; der Versicherer kann geltend machen, daß der Inhalt des Scheines mit dem tatsächlich Vereinbarten oder mit späteren Änderungen des Vertrags in Widerspruch steht. Da sich der Übergang von selbst kraft Gesetzes vollzieht, bedarf es keines Nachtrags zum Versicherungsscheine (VA. 12 50); es liegt kein steuerpflichtiger Akt im Sinne des preuß. Stempelgesetzes vor. VA. 12 50, 138.

4. Die Gesamtschuldnerschaft von Veräußerer und Erwerber (vgl. auch § 571 Abs. 2 BGB.) für die Prämie, die auf die zur Zeit des Eintritts laufende Versicherungsperiode entfällt, steht im Gegensatze zu dem in Abs. 1 ausgesprochenen Prinzip. Die Ausgleichung zwischen Veräußerer und Erwerber richtet sich nach dem zwischen ihnen bestehenden Rechtsverhältnisse; grundsätzlich kann angenommen werden, daß jeder Teil die Prämie für die Zeit zu zahlen hat, während der ihm die Gefahr des Untergangs und der Beschädigung der Sache droht. Erfolgt der Übergang der Versicherung schon vor deren Beginne, z. B. das vom nächsten 1. Januar ab versicherte Haus wird am 15. Dezember veräußert, so wird sinngemäß anzunehmen sein, daß Veräußerer und Erwerber für die erste Prämie gesamtschuldnerisch haften.

5. Bis der Versicherer Kenntnis von der Veräußerung erlangt, sei es durch den Veräußerer, sei es durch den Erwerber, sei es durch einen Dritten, gilt ihm gegenüber der Veräußerer weiter als Versicherungsnehmer; er kann also mit befreiender Wirkung an den Veräußerer leisten (§ 407 Abs. 1 BGB.); Rechtsgeschäfte zwischen dem Versicherer und Veräußerer (§ 407 Abs. 1 BGB.), sowie ein zwischen diesen Personen ergangenes rechtskräftiges Urteil (§ 407 Abs. 2 BGB.) wirken auch zwischen Versicherer und Erwerber; der Versicherer kann auch dem Erwerber gegenüber mit Forderungen gegen den Veräußerer aufrechnen (§ 406 BGB.). Der Fall des weiteren Übergangs durch Weiterveräußerung der ver-

sicherten Sache ist gemäß § 408 BGB. entsprechend zu behandeln. Bis zur erlangten Kenntnis kann der Versicherer alle auf die Versicherung bezüglichen Rechtsgeschäfte gültig mit dem Veräußerer vornehmen, also ihm gegenüber Rücktritts- und Kündigungserklärungen abgeben, ihm Zahlungsfristen bestimmen usw. Nicht entsprechend anwendbar sind §§ 572 ff. BGB.; Verfügungen des Veräußerers über die Ansprüche aus der Versicherung auch über noch nicht fällige hat der Erwerber gegen sich gelten zu lassen.

6. § 69 ist zugunsten des Erwerbers zwingend, jedoch nicht für die von den Zwangsvorschriften befreiten Versicherungen (§ 187). Es kann also nicht vereinbart werden, daß die Versicherung nicht auf den Erwerber übergeht, oder daß dieser geringere Rechte haben soll als der Veräußerer, oder daß entgegen Abs. 2 der Erwerber auch für frühere Prämienrückstände haften soll, oder daß der Versicherer in noch größerem Umfang als in Absatz 3 vorgesehen den Veräußerer weiterhin als legitimiert ansehen darf, z. B. daß es immer einer Anzeige des letzteren bedürfen solle.

7. § 69 hat keine rückwirkende Kraft; da § 2163 ALR. aufgehoben ist und somit seit dem 1. Januar 1910 keine Anwendung finden kann, richten sich die Wirkungen der Veräußerung im Verhältnis zwischen Versicherer und Veräußerer nach dem seitherigen Rechte. LZ. 12 191.

§ 70. Der Versicherer ist berechtigt, dem Erwerber das Versicherungsverhältnis unter Einhaltung einer Frist von einem Monate zu kündigen. Das Kündigungsrecht erlischt, wenn der Versicherer es nicht innerhalb eines Monats von dem Zeitpunkt an ausübt, in welchem er von der Veräußerung Kenntnis erlangt.

Der Erwerber ist berechtigt, das Versicherungsverhältnis ohne Einhaltung einer Kündigungsfrist zu kündigen. Das Kündigungsrecht erlischt, wenn es nicht innerhalb eines Monats nach dem Erwerb ausgeübt wird; hatte der Erwerber von der Versicherung keine Kenntnis, so bleibt das Kündigungsrecht bis zum Ablauf eines Monats von dem Zeitpunkt an bestehen, in welchem der Erwerber von der Versicherung Kenntnis erlangt.

Wird das Versicherungsverhältnis auf Grund dieser Vorschriften gekündigt, so hat der Veräußerer dem Versicherer die Prämie zu zahlen, jedoch nicht über die zur Zeit der Beendigung des Versicherungsverhältnisses laufende Versicherungsperiode hinaus; eine Haftung des Erwerbers für die Prämie findet in diesen Fällen nicht statt.

1. I. Wenn auch durch den unmittelbaren Übergang des Versicherungsverhältnisses der Erwerber gegen die Gefahr eines Zwischenzustandes, während dessen er ohne Deckung ist, geschützt werden soll (§ 69), so folgt hieraus doch noch nicht, daß der Versicherer auch gegenüber dem Erwerber zur Durchhaltung des Vertrags verpflichtet ist. Der Versicherer muß die Möglichkeit haben, den Vertrag kündigen zu können, wenn er hinsichtlich der Persönlichkeit des neuen Versicherten Bedenken hat. Infolgedessen besteht sein Kündigungsrecht auch dann, wenn in der Art der Benutzung, Aufbewahrung und Bewahrung der Sache nichts geändert wird, aber eine Änderung in der Person des Versicherten eingetreten ist, z. B. der Schiffer verkauft sein Schiff und führt es als Kapitän des neuen Eigentümers weiter, der Geschäftsführer einer Gesellschaft kauft das dieser gehörige Haus, der Gutspächter wird Eigentümer. Der Versicherer darf aber — im Gegensatze zu dem Erwerber (Abs. 2) — nicht auf sofort, sondern nur unter Einhaltung einer mindestens einen Monat betragenden Frist kündigen. Um den Zustand der Ungewißheit möglichst abzukürzen, muß das Kündigungsrecht innerhalb eines Monats von dem Zeitpunkt an ausgeübt werden, in welchem der Versicherer von der Veräußerung Kenntnis erhält. Wenn der Versicherer von dem Eigentumsübergange, bevor dieser erfolgt ist, Kenntnis erlangt, so läuft die Frist doch erst von dem Zeitpunkte des Übergangs an; sie kann

also nicht abgelaufen sein, ehe der Übergang erfolgt. Unter Umständen wird aber der Versicherer nach Treu und Glauben verpflichtet sein, auf eine vor der Veräußerung an ihn gerichtete Anfrage sich zu erklären und sein Stillschweigen auf eine Anzeige kann als Zustimmung gedeutet werden. Bolze 8 Nr. 509. Kenntnis von der Veräußerung ist auch dann anzunehmen, wenn der Versicherer von dem obligatorischen Veräußerungsgeschäft erfährt; es ist für ihn insoweit ohne Belang, wann die Übergabe oder Auflassung stattfindet.

2. II. Das Kündigungsrecht des Erwerbers ist zeitlich nicht begrenzt; er kann auf sofort oder mit Frist (spätestens für den Schluß der Versicherungsperiode) kündigen. Nur die Ausübung des Kündigungsrechtes ist an eine Frist von einem Monate gebunden. Wenn der Erwerber auf sofort gekündigt hat, ist er doch bis zur Wirksamkeit der Kündigung versichert und kann Ansprüche aus dem Vertrage geltend machen, wenn sich inzwischen ein Versicherungsfall ereignet hat. Hatte der Erwerber von der Versicherung Kenntnis, bevor er Eigentümer wurde, so läuft für ihn die Frist doch erst von dem Zeitpunkte des Eigentumsübergangs an. Ob der Erwerber die Kenntnis von der Versicherung durch den Versicherer oder durch den Veräußerer oder durch einen Dritten erlangt, ist gleichgültig. Die Zustimmung der Hypothekengläubiger kann der Versicherer in Hinblick auf § 72 nicht verlangen. LZ. **12** 443.

3. III. Dem Versicherer gegenüber ist der Erwerber zu keiner Prämienzahlung verpflichtet, auch nicht für diejenige Zeit, während der er versichert gewesen ist; dem Versicherer haftet nur der Veräußerer. Will aber der Erwerber einen ihm zustehenden Versicherungsanspruch geltend machen, so wird er sich die Aufrechnung mit rückständigen Prämien oder mit sonstigen Forderungen des Versicherers gefallen lassen müssen. Für die Zeit, während der er versichert ist, treffen ihn die Verpflichtungen des Versicherungsnehmers, insbesondere die Anzeigepflichten.

4. Über das Verhältnis des Erwerbers zum Veräußerer sagt Abs. 3 nichts. Im Zweifel wird er einen der Zeit seines Eigentums entsprechenden Anteil an der Prämie zu zahlen haben. VA. **05***

115. Hat der Veräußerer die Prämien im Voraus gezahlt, so sind sie ihm, nicht dem Erwerber zurückzuerstatten. Auf eine Vereinbarung zwischen dem Erwerber und dem Veräußerer über die Verteilung der Prämienlast, oder auf einen etwaigen Verzicht des Erwerbers auf das Kündigungsrecht kann sich der Versicherer nicht berufen.

5. IV. § 70 ist wie § 69 zwingend. Es kann daher nicht ausbedungen werden, daß der Erwerber überhaupt nicht oder nur nach einer gewissen Zeit kündigen darf, ferner daß er dem Versicherer gegenüber für die Prämie hafte. Dagegen können zwischen dem Versicherer und dem Veräußerer abweichende Abreden getroffen werden, namentlich dahin, daß der Veräußerer sich verpflichtet, für die Fortsetzung des Vertragsverhältnisses durch den Erwerber zu sorgen. Solche Abmachungen binden zwar den Erwerber nicht, verpflichten jedoch den Veräußerer dem Versicherer gegenüber zum Schadensersatze. Gegenüber den Forderungen des Erwerbers kann ein solcher Schadensersatzanspruch auch nicht aufrechnungsweise geltend gemacht werden.

6. Bei teilweiser Veräußerung der versicherten Sachen kann der Versicherer nur bezüglich des veräußerten Teiles kündigen. Das Gegenteil kann jedoch mit dem Veräußerer vereinbart werden. Ist an verschiedene Erwerber veräußert worden, so steht der Versicherer jedem Erwerber völlig selbständig gegenüber. Veräußert der Erwerber die versicherten Sachen ganz oder teilweise weiter, so geht mit dem Eigentum auch die Versicherung und damit auch das Kündigungsrecht des Abs. 2, 3 auf den neuen Erwerber über.

7. Unabhängig von § 70 besteht bei etwaiger Doppelversicherung das Recht auf Herabsetzung der Versicherungssumme gemäß § 60.

§ 71. Die Veräußerung ist dem Versicherer unverzüglich anzuzeigen. Wird die Anzeige weder von dem Erwerber noch von dem Veräußerer unverzüglich gemacht, so ist der Versicherer von der Verpflichtung zur Leistung frei, wenn der Versicherungsfall später

als einen Monat nach dem Zeitpunkt eintritt, in welchem die Anzeige dem Versicherer hätte zugehen müssen.

Die Verpflichtung des Versicherers zur Leistung bleibt bestehen, wenn ihm die Veräußerung in dem Zeitpunkte bekannt war, in welchem ihm die Anzeige hätte zugehen müssen. Das Gleiche gilt, wenn zur Zeit des Eintritts des Versicherungsfalls die Frist für die Kündigung des Versicherers abgelaufen und eine Kündigung nicht erfolgt ist.

1. Damit der Versicherer in der Lage ist, durch Kündigung das Erlöschen seiner Verbindlichkeiten herbeiführen zu können, muß ihm die Veräußerung unverzüglich angezeigt werden. Sowohl die Anzeige des Veräußerers wie des Erwerbers genügt. Es kann nicht vereinbart werden, daß nur einer von ihnen oder daß beide anzuzeigen haben. Die Anzeige kann gleichzeitig mit der Kündigung (§ 70 Abs. 2) erfolgen. Wann die Anzeige zu erstatten ist, ob schon nach dem Abschlusse des Kaufvertrags oder erst nach dem Übergange des Eigentums, sagt das Gesetz nicht. Die Anzeigefrist kann erst von dem Eigentumsübergang an gerechnet werden, da die Veräußerung ähnlich wie die Gefahrerhöhung behandelt worden ist. Auch dann, wenn schon vor dem Eigentumsübergange die Gefahr des Untergangs und der Verschlechterung auf den Erwerber übergegangen ist, wird nicht anders zu entscheiden sein. In allen Fällen genügt aber auch die vorgängige Anzeige. Nicht ausreichend ist die Mitteilung, daß die versicherte Sache veräußert sei, sondern es ist notwendig, daß auch die Person des Erwerbers angegeben wird.

Die Anzeige kann unrichtig sein: der Eigentumsübergang ist tatsächlich nicht erfolgt, sei es, daß überhaupt unwahre Angaben gemacht sind, sei es, daß der obligatorische Veräußerungsvertrag nicht erfüllt oder die Übereignung rückgängig gemacht worden ist. In solchem Falle wird der angebliche Erwerber nicht Versicherungsnehmer, er haftet nicht für die Prämie und kann keine Ansprüche aus der Versicherung geltend machen. Wohl aber kann der Versicherer, sofern er gutgläubig ist, sich auf die Richtigkeit der Anzeige verlassen; der Veräußerer muß also Rechtsgeschäfte, die der Versicherer mit dem angeblichen Erwerber vorgenommen hat, gegen sich gelten lassen; §§ 409, 576 BGB. sind auch ohne besondere Gesetzesvorschrift für entsprechend anwendbar zu erachten.

Werden von mehreren Seiten widersprechende Anzeigen erstattet, so wird sich im allgemeinen der Versicherer, sofern er nicht ohne Mühe den richtigen Sachverhalt ermitteln kann, an die Anzeige des Veräußerers halten dürfen. Werden nach Eintritt des Versicherungsfalls von beiden Seiten Ansprüche erhoben, so ist der Versicherer zur Hinterlegung berechtigt. § 372 BGB., § 75 ZPO.

2. Wird die Anzeige weder von dem Erwerber noch von dem Veräußerer unverzüglich gemacht, so löst dieses, ähnlich wie bei der unterbliebenen Anzeige einer Gefahrerhöhung (§ 28 Abs. 1), die Folge aus, daß der Versicherer nicht für einen Versicherungsfall haftet, der später als einen Monat nach dem Zeitpunkt eintritt, in welchem die Anzeige dem Versicherer hätte zugehen müssen. Die Haftung des Versicherers bleibt bestehen, wenn die Voraussetzungen des Abs. 2 erfüllt sind.

§ 72. Auf eine Bestimmung des Versicherungsvertrags, durch welche von den Vorschriften der §§ 69 bis 71 zum Nachteile des Erwerbers abgewichen wird, kann sich der Versicherer nicht berufen. Jedoch kann für die Kündigung, zu der nach § 70 Abs. 2 der Erwerber berechtigt ist, sowie für die Anzeige der Veräußerung die schriftliche Form bedungen werden.

1. Zum Nachteile des Erwerbers dürfen abweichende Bestimmungen nicht getroffen werden; der Versicherer kann sich deshalb namentlich nicht ausbedingen, daß die Versicherung ruht, bis er über die Genehmigung der Veräußerung entschieden hat, oder daß die Versicherung mit der Veräußerung erlischt oder daß der Versicherer überhaupt nicht oder nur mit Zustimmung der Hypothekengläubiger kündigen dürfe. VA. 12* 88. Dagegen sind

Vereinbarungen, welche für den Veräußerer ungünstigere Bestimmungen enthalten, zulässig, so z. B., daß er dem Versicherer bis zum Ablaufe des Versicherungsvertrags für die Prämie haftet. Die Vorschriften der §§ 69—71 sind, da sie nicht den gutgläubigen Erwerber als solchen schützen sollen, nicht absolut zwingend. Für Versicherungen, auf welche die im Gesetze vorgesehenen Beschränkungen der Vertragsfreiheit keine Anwendung finden (§ 187), gilt daher die im § 72 Satz 1 enthaltene Beschränkung nicht.

2. Die Bestimmung des Satz 2 beruht auf denselben Erwägungen wie die des § 31 Satz 2.

§ 73. Bei einer Zwangsversteigerung der versicherten Sache finden die Vorschriften der §§ 69 bis 72 entsprechende Anwendung.

1. Bei der Zwangsversteigerung unbeweglicher Sachen geht die Versicherung mit dem Zuschlag über (Reichsgesetz über die Zwangsversteigerung und Zwangsverwaltung § 90), bei der Versteigerung beweglicher Sachen erst mit der Übergabe. Die Versicherungsforderung geht im Immobiliarzwangsvollstreckungsverfahren ohne weiteres auf den Erwerber über. VA. 04 182. Ist der Eigentümer selbst Ersteher, so bleiben §§ 69—72 außer Anwendung. Auch andere Fälle der zwangsweisen Übereignung stehen der Zwangsversteigerung gleich, so die Wegnahme der Sache durch den Gerichtsvollzieher zwecks Herausgabe an den Vollstreckungsgläubiger, die Enteignung und die Konfiskation. § 73 ist zugunsten des Erwerbers zwingend. — Wegen der Zwangsverwaltung § 14 Abs. 2.

III. Versicherung für fremde Rechnung.

Vorbemerkungen. 1. Eine Versicherung für fremde Rechnung liegt vor, wenn der, welcher den Vertrag mit dem Versicherer im eigenen Namen abschließt, durch diesen Vertrag das Interesse eines anderen versichert (Begr. S. 88).

2. Die Versicherung fremder Interessen kann in der Weise erfolgen, daß der Abschließende nur als Vertreter des Interessenten

auftritt und für diesen Versicherung nimmt. Dann ist der letztere Versicherungsnehmer, der Vertreter wird weder berechtigt noch verpflichtet. Es gelten die allgemeinen Grundsätze des bürgerlichen Rechts über die Stellvertretung (vgl. aber § 2 Abs. 3, § 19). Jedoch muß der Wille, in fremden Namen zu handeln, deutlich hervortreten (§ 74 Abs. 2).

3. Der Abschließende kann aber die Versicherung fremden Interesses auch so nehmen, daß er selbst als Vertragspartei auftritt; er handelt im eigenen Namen für einen anderen. Dann liegt Versicherung für fremde Rechnung vor. Im allgemeinen gelten auch hier die Grundsätze des bürgerlichen Rechts über mittelbare Stellvertretung. Jedoch sehen §§ 74 bis 80 eine Reihe von Besonderheiten vor.

4. a) Bei der Versicherung für fremde Rechnung sind der Versicherungsnehmer, d. h. der dem Versicherer gegenüberstehende Vertragsteil, und der Versicherte, d. h. der Träger des versicherten Interesses, verschiedene Personen. Das Gesetz regelt das Verhältnis des Versicherers zu diesen beiden Personen und zwar dahin, daß der Versicherungsnehmer aus dem Vertrage verpflichtet wird; er hat also vor allem die Prämie zu zahlen. Die Rechte aus dem Vertrage hat hingegen der Versicherte (§ 75 Abs. 1). Allerdings wird seine Verfügungsmacht wieder erheblich eingeschränkt: ohne Zustimmung des Versicherungsnehmers kann er über seine Rechte nicht verfügen oder sie gerichtlich geltend machen, es sei denn, daß er im Besitze des Versicherungsscheines ist (§ 75 Abs. 2). Dieser ist grundsätzlich dem Versicherungsnehmer auszuhändigen. Die Verfügung über die Rechte gegenüber dem Versicherer steht dem Versicherungsnehmer zu (§ 76 Abs. 1). Obgleich der Versicherte aus dem Vertrage nicht selbst verpflichtet wird, kann ihm gegenüber mit den Forderungen aus der Versicherung aufgerechnet werden (§ 78). Die Rechtsform der Versicherung für eigene oder fremde Rechnung (für Rechnung „wem es angeht") behandelt § 80.

5. b) Nicht jede Versicherung einer fremden Sache ist Versicherung eines fremden Interesses. Man kann eine fremde Sache im eigenen Interesse versichern (der Käufer versichert die auf seine

Gefahr zur Absendung gebrachte Ware, der Nießbraucher oder Pächter versichert die stehende Frucht gegen Hagelschaden RG. **26** 117) oder man versichert das eigene Interesse an der Unversehrtheit der Sache dem Eigentümer gegenüber.

6. c) Die Befugnis, fremde Interessen zu versichern, kann auf den verschiedenartigsten Rechtsverhältnissen beruhen. Insbesondere ist die Versicherung für fremde Rechnung in der Sachversicherung häufig, vor allem in solchen Gewerbebetrieben, in denen fremde Sachen zum Verkauf oder zur Beförderung, Aufbewahrung, Bearbeitung angenommen werden (z. B. bei Kommissionären, Spediteuren, Lagerhaltern §§ 390, 407, 417 HGB.; Färbern, Kürschnern, Goldschmieden usw. Begr. S. 88). Nicht minder gehört hierher der Fall, daß die Dienstherrschaft zugleich mit ihrem Eigentume die Habe des Gesindes versichert (§ 85). Weiterhin kommt die Versicherung für fremde Rechnung auch in der Haftpflichtversicherung vor (§ 151 Abs. 1), indem Betriebsunternehmer für ihre Angestellten, Körperschaften für ihre Vertreter Verträge abschließen (Begr. S. 88). Sie beschränkt sich jedoch nicht auf die Schadensversicherung; auch in der Personen-, vor allem in der Unfallversicherung spielt sie eine Rolle, wenn z. B. ein Betriebsunternehmer sein Personal gegen Betriebsunfälle versichert. VA. **08** *16. Wegen der überwiegenden Bedeutung, welche die Versicherung für fremde Rechnung für die Schadensversicherung hat, und mit Rücksicht auf ihre geschichtliche Entwickelung aus der Seeversicherung als einer reinen Schadensversicherung, erschien es dem Gesetzgeber zweckmäßig, sie einheitlich im allgemeinen Teile der Vorschriften über die Schadensversicherung zu regeln. Für die Unfallversicherung sind einzelne Vorschriften aus diesem Unterabschnitte, soweit sie passen, für anwendbar erklärt worden. § 179 Abs. 2 (KB. I S. 69).

7. d) Gesetzlich vorgeschrieben ist die Versicherung für fremde Rechnung als Versicherung des Nießbrauchers für Rechnung des Eigentümers (§ 1045 Abs. 1 BGB.); häufig ist sie auf Grund eines besonderen Auftrags des Versicherten genommen. Aber auch beim Mangel dieser Voraussetzungen ist der Vertragsschluß als auftragslose Führung fremder Geschäfte zulässig; es bedarf dann der nachträglichen Genehmigung des Versicherten. Erscheint jedoch die Befugnis zum Abschlusse der Versicherung durch keine dieser Voraussetzungen gegeben, so ist der Vertrag unwirksam; der Versicherte erwirbt daraus keine Rechte. Dem Versicherer haftet der Versicherungsnehmer. Der Versicherer braucht sich jedoch vor Eintritt des Versicherungsfalls um die Befugnis des Versicherungsnehmers zum Abschlusse des Vertrags nicht zu kümmern (§ 76 Abs. 3). Das Rechtsverhältnis zwischen dem Versicherungsnehmer und dem Versicherten wird durch das Gesetz nicht berührt. Eine Ausnahme bildet nur § 77 (Anspruch des Versicherten auf Aushändigung des Versicherungsscheins, Vorzugsrecht des Versicherungsnehmers im Konkurse des Versicherten).

8. Die Vorschriften über die Versicherung für fremde Rechnung sind nicht zwingend.

§ 74. Die Versicherung kann von demjenigen, welcher den Vertrag mit dem Versicherer schließt, im eigenen Namen für einen anderen, mit oder ohne Benennung der Person des Versicherten, genommen werden (Versicherung für fremde Rechnung).

Wird die Versicherung für einen anderen genommen, so ist, auch wenn der andere benannt wird, im Zweifel anzunehmen, daß der Vertragschließende nicht als Vertreter, sondern im eigenen Namen für fremde Rechnung handelt.

1. Die Bestimmung des Abs. 1 entspricht § 781 Abs. 1 HGB. Voraussetzung ist, daß überhaupt feststeht, daß die Versicherung für fremde Rechnung genommen worden ist. Sehr häufig ist die Person des Versicherten noch nicht bekannt. Vielfach wird auch die Versicherung für Rechnung einer großen Zahl von Personen abgeschlossen, die dann nicht namentlich aufgeführt werden, so z. B. bei den von einem Lagerhalter oder Spediteur genommenen Versicherungen. Immer muß aber bestimmt sein, welches Inter-

esse seinem objektiven Bestande nach versichert sein soll, andernfalls ist der Vertrag nicht zustande gekommen.

2. Abs. 2 entspricht § 783 Abs. 2 HGB.: „Im Zweifel wird angenommen, daß selbst die auf das Interesse eines benannten Dritten sich beziehende Versicherung eine Versicherung für fremde Rechnung sei" und dem Grundsatze des § 164 Abs. 2 BGB., der noch daneben seine Bedeutung behält.

§ 75. Bei der Versicherung für fremde Rechnung stehen die Rechte aus dem Versicherungsvertrage dem Versicherten zu. Die Aushändigung eines Versicherungsscheins kann jedoch nur der Versicherungsnehmer verlangen.

Der Versicherte kann ohne Zustimmung des Versicherungsnehmers über seine Rechte nur verfügen und diese Rechte nur gerichtlich geltend machen, wenn er im Besitz eines Versicherungsscheins ist.

1. Der Versicherte erwirbt die Rechte aus dem Vertrag unmittelbar ohne Abtretung seitens des Versicherungsnehmers. (Anders bisher für die Binnenversicherung RG. **35** 48; SeuffA. **45** Nr. 269; **46** Nr. 124.) Der Ausdruck „Rechte aus dem Versicherungsvertrage" umfaßt nicht bloß den Anspruch auf die Entschädigung, sondern auch alle anderen Ansprüche auf Leistungen des Versicherers mit Ausnahme des Anspruchs auf Ausstellung des Versicherungsscheins (Anm. 3), also auch den Anspruch auf Erteilung von Abschriften (§ 3 Abs. 3), auf Rückzahlung von Prämien im Falle der Aufhebung des Vertrags, auf Ersatz von Aufwendungen und Kosten, auf Bewirkung der Sicherheitsleistung (§ 150 Abs. 3). Aus der Person des Versicherten heraus ist nötigenfalls zu beurteilen, ob und in welcher Höhe ein berechtigtes Interesse vorliegt.

2. Lehnt der Versicherte den Erwerb der Rechte ab, so kommt § 68 und zwar je nachdem Abs. 1 oder Abs. 2 zur Anwendung.

3. Mit Rücksicht auf die Rechtsfolgen, die sich nach Abs. 2 und § 76 an den Besitz des Scheins knüpfen, kann seine Aushändigung nur der Versicherungsnehmer verlangen. Folglich ist auch nur der Versicherungsnehmer berechtigt, die Ausstellung einer Ersatzurkunde oder die Kraftloserklärung des Scheins zu verlangen. Stellt der Versicherer dem Versicherten einen Schein aus, so tut er dies auf eigene Gefahr. Ob der Versicherte von dem Versicherungsnehmer die Aushändigung des Scheins verlangen kann, hängt von dem zwischen ihnen bestehenden Rechtsverhältnis ab. Regelmäßig wird der Versicherungsnehmer zur Aushändigung nur gegen Erfüllung der ihm zustehenden Ansprüche auf Ersatz seiner Auslagen, insbesondere der Prämie, eventuell der Provision usw., verpflichtet sein.

4. Die Verfügung über die Ansprüche aus der Versicherung fällt der Regel nach dem Versicherungsnehmer zu. Der Versicherte kann über diese Rechte nur verfügen und diese Rechte gerichtlich geltend machen, wenn der Versicherungsnehmer zustimmt oder wenn der Versicherte im Besitze des Versicherungsscheins ist. Der Besitz des Scheins ersetzt die Zustimmung des Versicherungsnehmers. Dies setzt aber voraus, daß der Versicherte nicht widerrechtlich in den Besitz des Scheins gekommen ist; dem auf Zahlung belangten Versicherer steht der entsprechende Einwand zu. Wer weder Versicherter noch Versicherungsnehmer ist, kann auf den Besitz des Scheins keine Ansprüche stützen, sofern er nicht nachweist, daß der Berechtigte ihm seine Ansprüche abgetreten hat. Ist der Versicherte im Besitze des Scheins, so kann auch der Versicherer ihm gegenüber Rechtsgeschäfte vornehmen, z. B. ihm gegenüber kündigen, anfechten, zurücktreten, aufrechnen usw.

§ 76. Der Versicherungsnehmer kann über die Rechte, welche dem Versicherten aus dem Versicherungsvertrage zustehen, im eigenen Namen verfügen.

Ist ein Versicherungsschein ausgestellt, so ist der Versicherungsnehmer ohne Zustimmung des Versicherten zur Annahme der Zahlung sowie zur Über-

tragung der Rechte des Versicherten nur befugt, wenn er im Besitze des Scheines ist.

Der Versicherer ist zur Zahlung an den Versicherungsnehmer nur verpflichtet, wenn dieser ihm gegenüber nachweist, daß der Versicherte seine Zustimmung zu der Versicherung erteilt hat.

1. Den grundlegenden Rechtssatz für die Versicherung für fremde Rechnung formuliert § 76 dahin, daß der Versicherungsnehmer über die Rechte aus dem Versicherungsvertrag im eigenen Namen, wenn auch für Rechnung des Versicherten, verfügen darf. (Anders bisher § 886 HGB., jetzt Art. 1 XI des Gesetzes betr. Änderung der Vorschriften des HGB. über die Seeversicherung.) Der Versicherungsnehmer kann also den Widerspruch aus § 5 erheben, er hat das Recht gemäß § 30 Abs. 2 zu kündigen, Vereinbarungen über Änderung und Verlängerung des Vertrags, sowie über den Gerichtsstand, über die Herabsetzung der Versicherungssumme im Falle der Überversicherung oder Doppelversicherung zu treffen, den Ersatzanspruch geltend zu machen, alle Verhandlungen über die Höhe der Entschädigung zu führen, Vergleiche abzuschließen, Verzichtserklärungen abzugeben, im eigenen Namen Klage zu erheben usw. Auch zur Annahme der Entschädigung (vgl. aber Anm. 2, 3), zur Entgegennahme aller Erklärungen des Versicherers ist er befugt. Die Handlungen des Versicherungsnehmers unterbrechen die Verjährung. In allen diesen Beziehungen bedarf der Versicherungsnehmer weder der Zustimmung des Versicherten noch des Besitzes des Versicherungsscheins. Der Versicherer hat sich um etwaige gegenteilige Erklärungen des Versicherten nicht zu bekümmern, es sei denn, daß dieser den Versicherungsschein vorweist (§ 75 Abs. 2). Eine Ausnahme gilt nur für den Fall eines arglistigen Zusammenwirkens des Versicherers und des Versicherungsnehmers zu ungunsten des Versicherten. Der Versicherungsnehmer kann nicht bloß die Rechte des Versicherten auf einen anderen übertragen (vgl. aber Anm. 2), sondern auch sein eigenes Verfügungsrecht; letzteres kann und zwar sowohl

von vornherein wie auch während der Versicherung dem Versicherten selbst übertragen werden. Die Übergabe des Versicherungsscheins steht der Übertragung der Rechte aus dem Versicherungsscheine gleich. Veräußert der Versicherungsnehmer den Geschäftsbetrieb in welchem die Versicherung genommen ist (z. B. das Lagerhaus), so tritt der Erwerber in seine Rechte und Pflichten ein. Hiervon unabhängig ist der Übergang der Rechte des Versicherten bei Übertragung des Eigentums an der versicherten (z. B. im Lagerhause niedergelegten) Sache.

2. Ist kein Versicherungsschein ausgestellt, so kann der Versicherungsnehmer die Entschädigungssumme in Empfang nehmen und die Rechte des Versicherten übertragen, ohne dem Versicherer gegenüber des Einverständnisses des Versicherten zu bedürfen. Ist ein Versicherungsschein ausgestellt, so gilt für den Versicherten nach § 75 Abs. 2 der Besitz des Scheins als Zustimmung des Versicherungsnehmers zur Verfügung über die Rechte aus der Versicherung. Deshalb ist umgekehrt der Versicherungsnehmer, der nicht im Besitze des Scheins ist, nur mit Zustimmung des Versicherten zur Empfangnahme der Leistung und zur Übertragung der Rechte des Versicherten befugt. Das Gesetz spricht nur von Annahme der Zahlung, doch bezieht sich dies auch auf Entgegennahme anderer Erfüllungshandlungen, wie Aufrechnung, Annahme an Zahlungsstatt, Entschädigung in natura. Will ein Dritter die Entschädigungsforderung pfänden, so wird er zweckmäßigerweise den Pfändungsbeschluß sowohl dem Versicherungsnehmer wie dem Versicherten zustellen. Zur Klage gegen den Versicherer ist der Versicherungsnehmer auch ohne Vorlegung des Scheins nach Abs. 1 berechtigt.

3. In Abs. 1 und 2 ist bestimmt, ob und unter welchen Voraussetzungen der Versicherer an den Versicherungsnehmer leisten darf; Abs. 3 entscheidet die Frage, ob er an ihn leisten muß. Während des Laufes der Versicherung kann der Versicherer das Fehlen der Zustimmung des Versicherten nicht geltend machen, auch wenn er ausnahmsweise hieran ein Interesse hat; dagegen gibt ihm nach Eintritt des Versicherungsfalls dieser Mangel eine Einrede gegen den Anspruch des Versicherungsnehmers. Letzterer

hat nachzuweisen, daß die Zustimmung des Versicherten, sei es als vorgängige Einwilligung, sei es als nachträgliche Genehmigung, erteilt worden ist. Auch der Indossator der an Order gestellten Police muß die Zustimmung des Versicherten nachweisen. Bolze 1 Nr. 1123. Selbstverständlich kann der Versicherer, wenn der Versicherungsnehmer die Zustimmung des Versicherten zum Abschlusse der Versicherung nachgewiesen hat, den Gegenbeweis führen, daß der Versicherte später diese Zustimmung zurückgenommen oder in gültiger Weise auf die Rechte aus der Versicherung Verzicht geleistet hat. Unabhängig von der Frage der Zustimmung ist die Frage, ob das versicherte Interesse in der Person des Versicherten tatsächlich vorhanden ist; dies ist nötigenfalls nachzuweisen. Begr. S. 92. Vgl. § 80.

§ 77. Der Versicherungsnehmer ist nicht verpflichtet, dem Versicherten oder, falls über das Vermögen des Versicherten der Konkurs eröffnet ist, der Konkursmasse den Versicherungsschein auszuliefern, bevor er wegen der ihm gegen den Versicherten in bezug auf die versicherte Sache zustehenden Ansprüche befriedigt ist. Er kann sich für diese Ansprüche aus der Entschädigungsforderung gegen den Versicherer und nach der Einziehung der Forderung aus der Entschädigungssumme vor dem Versicherten und dessen Gläubigern befriedigen.

1. Die Bestimmung des Abs. 1, die mit § 888 HGB. übereinstimmt, ergibt sich im übrigen schon aus § 273 BGB.; § 49 KO. (Begr. S. 92). Welche Ansprüche dem Versicherungsnehmer zustehen, sagt das Gesetz nicht, regelmäßig hat der Versicherte die gezahlte Prämie sowie die sonstigen Auslagen zu ersetzen und den Versicherungsnehmer von weiteren Verpflichtungen gegenüber dem Versicherer zu befreien. Soweit es der Verkehrsgewohnheit entspricht, z. B. in der Transportversicherung, kann der Versicherungsnehmer auch Provision fordern. Selbstverständlich kann er

auch wegen anderer Ansprüche den Versicherungsschein unter Umständen zurückbehalten, z. B. wenn ihm die versicherte Sache verpfändet worden ist. Besonderes ist in § 1045 BGB. bestimmt, wonach der Nießbraucher, und in § 1385 Ziff. 3 BGB., wonach der Ehemann die Kosten der Versicherung gegenüber dem Eigentümer oder der Ehefrau zu tragen hat. Händigt der Versicherungsnehmer den Schein dem Versicherten aus, bevor er wegen seiner Ansprüche befriedigt worden ist, so hat er zwar den Anspruch auf Wiederherausgabe des Scheins; jedoch hat der Besitz des Scheins für den Versicherten die im § 75 Abs. 2 bezeichnete Legitimationswirkung.

2. Das Recht auf vorzugsweise Befriedigung gilt innerhalb und außerhalb des Konkurses. Es gilt nur, solange die Entschädigungssumme noch gesondert vorhanden ist. Der Versicherungsnehmer kann das Recht auf vorzugsweise Befriedigung dem Versicherer gegenüber geltend machen, auch soweit der Versicherte zur Empfangnahme der Entschädigungssumme legitimiert erscheint.

3. Gerät der Versicherungsnehmer in Konkurs, so hat der Versicherte (§ 75) in Ansehung der Entschädigungsforderung das Recht der Aussonderung und, falls der Konkursverwalter diese eingezogen hat, auf Befriedigung als Massegläubiger. § 46 Satz 2 KO.

Gerät der Versicherer in Konkurs, so gilt das zu § 13 Bemerkte.

§ 78. Der Versicherer kann gegen die Entschädigungsforderung eine Forderung, die ihm gegen den Versicherungsnehmer zusteht, insoweit aufrechnen, als sie auf der für den Versicherten genommenen Versicherung beruht.

1. Abweichend von dem Grundsatze des § 75 Abs. 1, nach dem der Versicherer nicht befugt ist, mit Forderungen, die ihm gegen den Versicherungsnehmer zustehen, aufzurechnen (ebenso bisher

§ 890 HGB., jetzt abgeändert durch Art. 1 XII), läßt § 78 diese Aufrechnung zu, wenn die Forderung des Versicherers durch das Versicherungsverhältnis begründet ist und wenn die Forderung auf der für den Versicherten genommenen Versicherung beruht. Andernfalls ist die Aufrechnung unzulässig. Mit Forderungen gegen den Versicherten kann der Versicherer immer aufrechnen, da ersterem ja die Entschädigungsforderung zusteht (§ 75 Abs. 1). Auf der Versicherung beruhen nicht bloß Ansprüche auf die Prämie, sondern auch auf Schadensersatz. Der Versicherte haftet aber für diese Ansprüche im übrigen nicht. Die Frage der Zulässigkeit der Aufrechnung ist verschieden von der Frage, wem die Aufrechnung gültig erklärt werden kann; dies richtet sich nach der Legitimation zur Verfügung über die Versicherungsforderung (§§ 75, 76).

§ 79. Für das dem Versicherer im Falle der Verschweigung oder der unrichtigen Anzeige eines Gefahrumstandes zustehende Rücktrittsrecht kommt nicht nur die Kenntnis und die Arglist des Versicherungsnehmers, sondern auch die Kenntnis und die Arglist des Versicherten in Betracht. Der Einwand, daß die Anzeige eines erheblichen Umstandes ohne Verschulden unterblieben oder unrichtig gemacht ist, kann dem Versicherer nur entgegengesetzt werden, wenn weder dem Versicherungsnehmer noch dem Versicherten ein Verschulden zur Last fällt.

Ist die Versicherung so genommen, daß sie in einem vor der Schließung des Vertrags liegenden Zeitpunkte beginnt, so ist der Versicherer von der Verpflichtung zur Leistung frei, wenn der Versicherungsnehmer oder der Versicherte bei der Schließung weiß, daß der Versicherungsfall schon eingetreten ist.

Auf die Kenntnis des Versicherten kommt es nicht an, wenn der Vertrag ohne sein Wissen geschlossen

worden ist oder eine rechtzeitige Benachrichtigung des Versicherungsnehmers nicht tunlich war.

Hat der Versicherungsnehmer den Vertrag ohne Auftrag des Versicherten geschlossen und bei der Schließung den Mangel des Auftrags dem Versicherer nicht angezeigt, so braucht dieser den Einwand, daß der Vertrag ohne Wissen des Versicherten geschlossen ist, nicht gegen sich gelten zu lassen.

1. Eine allgemeine Regel darüber, inwieweit das Verhalten des Versicherungsnehmers oder das des Versicherten für die Leistungspflicht des Versicherers von Bedeutung ist, läßt sich nicht aufstellen. § 79 regelt die Frage nur für die Obliegenheiten beim Abschlusse des Vertrags. Im übrigen ist bei jeder einzelnen vom Versicherungsnehmer handelnden Vorschrift zu untersuchen, ob bei der Versicherung für fremde Rechnung der Versicherungsnehmer oder der Versicherte als diejenige Person anzusehen ist, auf die es ankommt. Die Erfüllung der Obliegenheiten vor Eintritt des Versicherungsfalls liegt im allgemeinen dem Versicherungsnehmer ob (§ 6 Abs. 1), auch die Verpflichtungen im Falle einer Gefahrerhöhung treffen ihn. SeuffA. **45** Nr. 269; **46** Nr. 124. Er hat auch nach Eintritt des Versicherungsfalls Anzeige zu erstatten und die sonstigen Obliegenheiten zu erfüllen (§ 6 Abs. 2). Dagegen ist auch der Versicherte verpflichtet, Auskunft zu erteilen und Belege zu beschaffen, sowie den Schaden abzuwenden und zu mindern und hierbei die Weisungen des Versicherers zu befolgen. Hat er den Versicherungsfall durch Vorsatz oder grobe Fahrlässigkeit herbeigeführt, so ist der Versicherer ebensogut frei, als wenn solches Verhalten dem Versicherungsnehmer zur Last fällt (§ 61). Besonderes muß gelten, wenn der Versicherte Auftrag zum Abschlusse der Versicherung gegeben hat oder nachträglich dem Vertrage zustimmt. Von dem Zeitpunkte der Kenntnis an treffen auch ihn die Verpflichtungen, Erhöhungen der Gefahr zu vermeiden und nötigenfalls anzuzeigen. Er steht dann für sein eigenes Verhalten und für das des Versicherungsnehmers ein.

Die Prämie hat der Versicherungsnehmer zu zahlen; § 14 ist anwendbar, wenn über sein Vermögen der Konkurs eröffnet wird. Die Folgen betrügerischer Über- und Doppelversicherung treten sowohl ein, wenn dem Versicherungsnehmer wie dem Versicherten ein Betrug zur Last fällt.

Bei Abschluß des Vertrags kommt es (wie bei Abschluß durch einen Vertreter § 19) auf Kenntnis, Arglist und Verschulden sowohl des Versicherungsnehmers wie des Versicherten an. Auf das Anfechtungsrecht wegen arglistiger Täuschung bezieht sich Abs. 1 sowenig wie § 19 (Anm. 2 zu § 19).

2. Abs. 2 entspricht § 2 Abs. 3.

3. Der Versicherte wird durch Abs. 3 hier günstiger gestellt, als wenn für ihn ein Vertreter ohne Vertretungsmacht in seinem des Versicherten Namen abschließt. Unmöglichkeit der rechtzeitigen Benachrichtigung ist nicht erforderlich, sondern nur Untunlichkeit (nicht ohne Anwendung außergewöhnlicher Maßregeln, § 807 Abs. 2 HGB.). Die Vorschrift des Abs. 3, die sich an § 785 Abs. 4 und § 807 Abs. 2, 3 HGB. anlehnt, wird vor allem dann praktisch, wenn zur Zeit des Abschlusses des Vertrags der Versicherte, nicht aber der Versicherungsnehmer von dem schon erfolgten Eintritte des Versicherungsfalls Kenntnis hatte. Den Entlastungsbeweis hat der Versicherte oder für ihn der Versicherungsnehmer zu führen.

4. Die Frage, ob der Versicherer, dem der Mangel des Auftrags verschwiegen worden ist, den Vertrag wegen Irrtums oder arglistiger Täuschung anfechten kann, wird durch Abs. 4 nicht berührt. Die Vorschriften der §§ 16 ff. finden auf die Anzeige des Fehlens des Auftrags nicht Anwendung. Daß der Auftrag erteilt worden war oder daß der Mangel des Auftrags angezeigt worden ist, hat der Versicherungsnehmer zu beweisen; auch steht ihm der Nachweis offen, daß der Versicherer anderweit Kenntnis erhalten hatte.

§ 80. Ergibt sich aus den Umständen nicht, daß die Versicherung für einen anderen genommen werden soll, so gilt sie als für eigene Rechnung genommen.

Ist die Versicherung für Rechnung „wen es angeht" genommen oder ist sonst aus dem Vertrage zu entnehmen, daß unbestimmt gelassen werden soll, ob eigenes oder fremdes Interesse versichert ist, so kommen die Vorschriften der §§ 75 bis 79 zur Anwendung, wenn sich ergibt, daß fremdes Interesse versichert ist.

1. Um Streitigkeiten abzuschneiden, gibt § 80 Abs. 1 übereinstimmend mit § 781 Abs. 3 HGB. eine Auslegungsregel. Voraussetzung der Gültigkeit des Vertrags ist, daß der Versicherungsnehmer, auf dessen (eigene) Rechnung die Versicherung nach Abs. 1 geht, ein versicherbares Interesse hat. RG. 11 218. Kann er nach dem Eintritte des Versicherungsfalls ein solches nicht nachweisen, so ist der Versicherer zur Zahlung nicht verpflichtet. Es kann beispielsweise bei Versicherung schwimmender Ware zweifelhaft sein, ob sie für Rechnung des Absenders oder des erst aufzusuchenden Käufers versichert ist (RG. 19 207), oder bei Versicherung der in einem Lagerhause befindlichen Güter, ob sie für Rechnung des Eigentümers oder für Rechnung des für unversehrte Rückgabe haftenden Lagerhalters versichert sind. RG. 35 48; Bolze 18 Nr. 462. Die Vorschrift bedeutet eine Begünstigung des Versicherungsnehmers, der sonach in zweifelhaften Fällen Zahlung an sich verlangen kann; dem Versicherer steht der Gegenbeweis offen.

2. Häufig ist bei Abschluß der Versicherung noch ungewiß, wem das versicherte Interesse zusteht; die Versicherung wird dann für Rechnung des noch unbestimmten Interessenten, für Rechnung „wen es angeht", oder als Versicherung für eigene oder (häufig auch „und/oder") fremde Rechnung genommen (§ 781 Abs. 2 HGB.). Mindestens zur Zeit des Eintritts des Versicherungsfalls muß jedoch das Interesse entweder als eigenes oder als fremdes feststehen. ROHG. 14 122. Bei Geltendmachung des Entschädigungsanspruchs hat der Versicherungsnehmer darzulegen, welches Inter-

esse er vertritt. RG. **11** 218. Vertritt er fremdes Interesse, so finden die Vorschriften über die Versicherung für fremde Rechnung Anwendung, während andernfalls die Bestimmungen über die Versicherung für eigene Rechnung Platz greifen. Es schadet nichts, wenn sich der Versicherungsnehmer bei Abschluß des Versicherungsvertrags noch im Irrtume darüber befand, wessen Interesse versichert wurde (Bolze **11** Nr. 426).

Zweiter Titel.

Feuerversicherung.

Vorbemerkung. §§ 82—84 behandeln Begriff und Umfang der Feuerversicherung, §§ 86—88 die Höhe der Entschädigung, §§ 89, 90 die Chomageversicherung, §§ 92—98 den Eintritt des Versicherungsfalls und seine Folgen, §§ 99—107 die Rechte der Realgläubiger. Die übrigen Paragraphen enthalten Einzelbestimmungen.

Die Feuerversicherung ist der wichtigste Zweig der Versicherung gegen elementare Ereignisse. Viele Bestimmungen sind auf andere Elementarversicherungen sinngemäß zu übertragen, so z. B. die Vorschriften über die Höhe des Ersatzes. Als Versicherungsfall gilt der Eintritt des elementaren Ereignisses selbst, nicht der Eintritt des Schadens; beide Ereignisse können zeitlich auseinanderfallen, insbesondere wenn die Versicherung nur den mittelbaren Schaden deckt. Anderseits ist der Versicherungsfall erst vorhanden, wenn das elementare Ereignis nach außen erkennbar wird, z. B. kann das Feuer unbemerkt schon längere Zeit vorhanden sein, bevor es zum sichtbaren Brande wird. „Couponpolicen" sind in der Feuerversicherung nicht zulässig. VA. **10** 117.

Die Feuerversicherung darf nur von Aktiengesellschaften oder Versicherungsvereinen auf Gegenseitigkeit betrieben werden (VAG. § 6 Abs. 2. Übergangsbestimmungen in §§ 101—103). — Über die Bemühungen des Aufsichtsamtes zur Unterbringung der „notleidenden Risiken" VA. **05** 36; **06** 72. Über die Allgemeinen Versicherungsbedingungen für Feuerversicherung nebst Zusatzbedingungen für die Landwirtschaft der Vereinigung der in Deutschland arbeitenden Priv. Feuer-Versicherungs-Gesellschaften VA. 09 266.

§ 81. Bei der Feuerversicherung erlischt ein dem Versicherer gemachter Antrag auf Schließung, Verlängerung oder Änderung des Vertrags, wenn er nicht binnen zwei Wochen angenommen wird. Die Vorschriften des § 149 des Bürgerlichen Gesetzbuchs bleiben unberührt.

Wird der Antrag einem Abwesenden gemacht, so beginnt die Frist mit der Absendung des Antrags.

Abweichende Bestimmungen sind nichtig. An die Stelle der Frist von zwei Wochen kann jedoch eine andere festbestimmte Frist gesetzt werden.

1. § 81 gilt für Anträge unter Gegenwärtigen wie unter Abwesenden. Er bezieht sich auf Anträge auf Schließung, Verlängerung, Änderung des Vertrags, nicht auch auf Anträge auf Aufhebung des Vertrags. Die Annahmeerklärung muß binnen zwei Wochen (Anm. 4) dem Antragsteller zugegangen sein, vorbehaltlich der Bestimmung in § 10, die jedoch für den Abschluß des Vertrags nicht in Betracht kommt. Die Frist des § 81 wird auch bei der kleineren Sachversicherung (Einbruchsdiebstahl-, Wasserleitungsschäden-, Sturmschäden-, Glasversicherung) angewendet. VA. 11 19.

2. Nimmt der Antragsempfänger (Versicherer) rechtzeitig den Antrag an, geht aber seine Annahmeerklärung dem Antragsteller infolge nicht regelmäßiger Beförderung verspätet zu und mußte der Antragsteller dies erkennen, so muß er die Verspätung unverzüglich anzeigen sofern es nicht schon vorher geschehen ist; verzögert er die Absendung der Anzeige, so gilt die Annahme als nicht verspätet (§ 149 BGB.). — § 10 VVG. wird durch § 149 BGB. nicht berührt. Ebenso bleiben §§ 150 ff. BGB. daneben in Kraft; die verspätete Annahme gilt als neuer Antrag.

3. Wird der Antrag an einen Agenten gerichtet, so ist der Zeitpunkt maßgebend, in welchem der Antragsteller den Antrag an den Agenten absendet oder bei ihm abgibt (§ 43 Abs. 1 Nr. 1). Es verkürzt sich also die Frist für den Versicherer.

4. Eine Bestimmung, durch welche von den Vorschriften der Abs. 1, 2 abgewichen wird, ist an sich nichtig; nur die Dauer der Frist kann verlängert oder verkürzt werden; immer muß sie aber kalendermäßig genau begrenzt sein. Wird davon abgegangen, so gilt die gesetzliche Frist. Auf die Nichtigkeit kann sich sowohl der Versicherer wie der andere Teil berufen; dennoch ist § 81 zu den zugunsten des Versicherungsnehmers gegebenen Vorschriften zu rechnen und muß auch, obgleich er sich auf ein einseitiges Rechtsgeschäft (Bindung an den Antrag) bezieht, im Sinne der §§ 187 ff. zu den Beschränkungen der Vertragsfreiheit gezählt werden. Die Nichtigkeit abweichender Bestimmungen läßt die Gültigkeit des Antrags selbst regelmäßig unberührt (§ 139 BGB.). Eine Verlängerung der Frist hat das Aufsichtsamt bisher nicht gestattet. VA. **10** 90.

§ 82. Der Versicherer haftet für den durch Brand, Explosion oder Blitzschlag entstehenden Schaden.

1. §§ 82—84, die den Umfang der Gefahr regeln, haben keinen zwingenden Charakter.

2. Der Begriff der Feuerversicherung ist ein dreifacher; sie ist Brand-, Explosions-, Blitzschlagsversicherung. Ein Vertrag ist als Feuerversicherungsvertrag anzusehen, wenn er die Versicherung gegen diese drei Ereignisse einzeln oder in beliebiger Verbindung miteinander zum Gegenstande hat. Beispielsweise ist auch die nur gegen Explosionsschäden genommene Versicherung im Sinne der §§ 81 ff. Feuerversicherung. § 82 enthält zugleich eine Auslegungsvorschrift. Ist ein Feuerversicherungsvertrag geschlossen, ohne daß näher bestimmt ist, welche Gefahren der Versicherer übernimmt (der Fall wird allerdings selten vorkommen), so bestimmt sich der Umfang der Versicherung nach § 82. Im übrigen ist § 82 frei abänderlich; vor allem pflegen die Versicherungs-

bedingungen die Explosionsgefahr (abgesehen von der Explosion von Leuchtgas) auszuschließen oder gegen diese Gefahr nur gegen Zahlung einer höheren Prämie Deckung zu gewähren.

3. Der Begriff des Brandes ist zweifelhaft; nicht jede Einwirkung von Feuer oder Hitze genügt. Der Brand kann auch durch Selbstentzündung hervorgerufen sein. Kein Brand ist die Verglühung durch Einwirkung der Sonnenhitze oder anderer Wärme. ROHG. **5** 196. Ein durch Brand verursachter Schaden wird nur dann anzunehmen sein, wenn das schadenbringende Feuer die Gefahr eines unbeherrschbaren Weitergreifens in sich geschlossen hat. Der Umfang des verursachten Schadens ist unerheblich. So kann es kommen, daß bei einem Gardinenbrand eine ganz minderwertige Gardine ersetzt werden muß. VA. **10** 13, 172; JW. **08** Nr. 5; VA. **10*** 116; **11*** 72, 73. Geht man von dieser Begriffsbestimmung aus, so sind als Brandschäden nicht anzusehen (Bagatellschäden) solche Schäden, die Sachen dadurch erleiden, daß sie bestimmungsgemäß einem Feuer ausgesetzt werden, so z. B. die Pfanne beim Braten, Gegenstände die zum Trocknen aufgehängt sind (Begr. S. 98; KB. I S. 70; KB. II S. 12); ferner nicht sogenannte „Sengschäden": der Zigarrenfunken beschädigt eine kostbare Tischdecke; beim Plätten verbrennt Wäsche; ferner nicht „Sprungschäden": Glas springt durch Einwirkung brennender Lampen und endlich nicht „Rauch- und Rußschäden".

4. Ist die Haftung für Explosionsschäden ausgeschlossen, so ist es zweifelhaft, ob der Versicherer für die Folgen der durch einen Brand hervorgerufenen Explosion einzutreten hat; ebenso zweifelhaft ist es, ob falls ein solcher Ausschluß nicht erfolgt ist, der Versicherer auch den Schaden zu ersetzen hat, der an den versicherten Gegenständen durch eine in der Nachbarschaft hervorgerufene Explosion entstanden ist. Wallmann **39** 847; VA. **08*** 26; **09*** 40; über den Begriff der Explosion Z. **11** 227.

5. Der durch Explosion oder Blitzschlag verursachte Schaden braucht kein Feuerschaden zu sein. Der Versicherer haftet also z. B. auch für den durch einen kalten Blitzschlag ohne Ausbruch eines Brandes entstandenen Schaden, sowie für die Trümmerschäden, die eine Explosion verursacht hat, ohne daß ein Feuer ausgebrochen ist. Begr. S. 97; KB. II S. 11.

§ 83. Im Falle eines Brandes hat der Versicherer den durch die Zerstörung oder die Beschädigung der versicherten Sachen entstehenden Schaden zu ersetzen, soweit die Zerstörung oder die Beschädigung auf der Einwirkung des Feuers beruht oder die unvermeidliche Folge des Brandereignisses ist. Der Versicherer hat auch den Schaden zu ersetzen, der bei dem Brande durch Löschen, Niederreißen oder Ausräumen verursacht wird; das Gleiche gilt von einem Schaden, der dadurch entsteht, daß versicherte Sachen bei dem Brande abhanden kommen.

Auf die Haftung des Versicherers für den durch Explosion oder Blitzschlag entstehenden Schaden finden diese Vorschriften entsprechende Anwendung.

1. Die Versicherung umfaßt nur den durch Zerstörung oder Beschädigung der versicherten Sachen an diesen verursachten Schaden, aber nicht nur als unmittelbaren, sondern auch im Gegensatze zu der derzeitigen Übung als mittelbaren. Während also die Haftung des Versicherers sich gegenwärtig nur ausnahmsweise auf einen Schaden der letzteren Art erstreckt (z. B. auf den Schaden, der in Brauereien für die Gerste oder das Bier infolge der durch einen Brand verursachten Betriebsunfähigkeit der Dörr- oder Kühlanlagen entsteht, oder für den Schaden, welcher in Zuckerfabriken an den Zwischenprodukten der Rüben dadurch entsteht, daß sie infolge einer durch ein Brandereignis herbeigeführten Betriebsstörung verderben, oder die Versicherung von Waren in Kühlhäusern [VA. 04 91]), hat nach dem Gesetze der Versicherer derartige Schäden an sich durchweg zu tragen. Der Schaden muß aber die unvermeidliche Folge des Versicherungsfalls sein, wobei es nicht darauf ankommt, ob der Versicherungsnehmer in der Lage

war, dem Eintritte des Schadens vorzubeugen, sondern ob dieser auf einer ungewöhnlichen, nicht in den Kreis der Berechnung zu ziehenden Verkettung der Umstände beruht, z. B. ein versichertes Pferd scheut vor einer Flamme, geht durch und verunglückt tötlich. Der entgehende Gewinn ist regelmäßig nicht mitversichert (§ 53). — Die versicherten Sachen müssen bereits anfangen zu brennen oder der Brand muß wenigstens unmittelbar drohen. LZ. 10 56.

2. Der Versicherer eines Gebäudes hat Schäden, welche an den versicherten Gebäuden durch das Ausräumen von nicht bei ihm versicherten beweglichen Gegenständen entstehen, zu tragen (Räumungsschäden). VA. 09 171.

3. Die Haftung des Versicherers für versicherte Sachen, die bei dem Brande abhanden kommen, entspricht den geltenden Versicherungsbedingungen. Das Abhandenkommen muß im inneren Zusammenhange mit dem Brande stehen.

4. Die Vorschrift des § 83 ist keine zwingende; infolgedessen kann durch besondere Vereinbarung die Haftung des Versicherers sowohl erweitert, wie beschränkt werden. Erweiterungen kommen namentlich in der Richtung vor, daß der Versicherer auch den Schaden übernimmt, der dem Versicherungsnehmer aus seiner Ersatzpflicht gegenüber bestimmten Personen (Vermietern, Mietern, Nachbarn) erwächst. Hier kann es zweifelhaft sein, inwieweit die Grundsätze über die Haftpflichtversicherung Anwendung finden.

§ 84. Der Versicherer haftet nicht, wenn der Brand oder die Explosion durch ein Erdbeben oder durch Maßregeln verursacht wird, die im Kriege oder nach Erklärung des Kriegszustandes von einem militärischen Befehlshaber angeordnet worden sind.

1. An sich ist es gleichgültig, auf welche Ursache das Brand- oder Explosionsereignis zurückzuführen ist; § 84 schließt jedoch bei bestimmten Ursachen die Haftung des Versicherers aus. Unter

seine Bestimmung fallen auch solche Brandschäden, die im Falle des Bombardements einer Stadt entstehen. VA. 11 116. Über den Begriff des Krieges VA. 08* 106; 09* 66. Über Entschädigungspflicht für einen durch Erdbeben entstandenen Schaden VA. 07* 68. Der Versicherer kann die Haftung auch für die Fälle des § 84 übernehmen; er kann anderseits weitere Ursachen (Aufruhr, Landfriedensbruch) ausschließen.

2. Ob der Versicherer, ohne daß sogenannte Außenversicherung oder Freizügigkeit vereinbart ist, auch dann haftet, wenn versicherte bewegliche Sachen zur Zeit des Brandes einen anderen Aufbewahrungsort haben, als zur Zeit des Vertragsabschlusses, richtet sich einmal nach der besonderen Fassung der Bedingungen und hängt sodann mit der Frage der Gefahrerhöhung zusammen. (§§ 23 ff.).

§ 85. Ist die Versicherung für einen Inbegriff von Sachen genommen, so erstreckt sie sich auf die Sachen der zur Familie des Versicherungsnehmers gehörenden sowie der in einem Dienstverhältnisse zu ihm stehenden Personen, sofern diese Personen in häuslicher Gemeinschaft mit dem Versicherungsnehmer leben. Die Versicherung gilt insoweit als für fremde Rechnung genommen.

1. Über die Versicherung eines Inbegriffs § 54. Über einheitliche Sachen VA. 11* 78.

2. Satz 1 enthält eine Auslegungsvorschrift. Über die Familienangehörigen § 67 Abs. 4. Die Bestimmung ist nur für die Versicherung von Hausrat u. dgl. von Bedeutung.

3. Über die Versicherung für fremde Rechnung, die natürlich nur hinsichtlich derjenigen Sachen Anwendung finden, die den Angehörigen oder Bediensteten gehören §§ 74 ff.

4. § 85 ist auch außerhalb der Feuerversicherung entsprechend anzuwenden, z. B. bei der Versicherung gegen Wasserleitungsschäden, gegen Einbruchsdiebstahl.

§ 86. Als Versicherungswert gilt bei Haushalts- und sonstigen Gebrauchsgegenständen, bei Arbeitsgerätschaften und Maschinen derjenige Betrag, welcher erforderlich ist, um Sachen gleicher Art anzuschaffen, unter billiger Berücksichtigung des aus dem Unterschiede zwischen alt und neu sich ergebenden Minderwerts.

1. Nur bei Haushaltsgegenständen im gewöhnlichen Sinne des Wortes wird der Abzug gemacht. Werden Kunstgegenstände (z. B. alte Zinnsachen) in einem Haushalte zu Haushaltungszwecken verwendet, so kommt § 86 nicht zur Anwendung und es kann kein Abzug auf Grund des Alters vorgenommen werden (KB. I S. 73). Derartige Gegenstände sind aber schon beim Abschlusse des Vertrags nicht als Haushaltungs-, sondern als Kunstgegenstände oder dgl. zu behandeln.

2. Nach § 52 gilt der Wert der Sache als Versicherungswert; hiervon wird durch § 86 für die Feuerversicherung eine Ausnahme geschaffen. Nicht der Verkaufswert, erst recht nicht der Tröbelwert der Sachen soll entscheiden, sondern der Neuanschaffungswert aber unter billiger Berücksichtigung des aus dem Unterschiede zwischen alt und neu sich ergebenden Minderwerts. Der Versicherungswert ist sonach einer fortwährenden Veränderung unterworfen, da der zu Neuanschaffungen erforderliche Betrag dem Wechsel unterworfen ist und der Abnutzungsbetrag steigt. Der Versicherungsnehmer wird daher infolge eines Brandes sehr häufig zu einer Geldaufwendung genötigt sein, welche ihm sonst jedenfalls zur Zeit erspart geblieben wäre; dies läßt sich aber nicht vermeiden, wenn die Versicherung nicht zu einer Bereicherung führen soll. Sind die versicherten Sachen inzwischen veraltet und in gleicher Art nur mit besonderen Schwierigkeiten zu beschaffen, werden z. B. bestimmte Maschinen oder Möbel regelmäßig nicht mehr hergestellt, so ist als Anschaffungswert einzusetzen, was angemessenerweise für die als Ersatz dienenden Gegenstände aufzuwenden wäre. Auf Waren bezieht sich § 86 nicht.

3. § 86 ist frei abänderlich; nur Abreden, welche dem Versicherungsnehmer die Möglichkeit verschaffen würden, sich durch den Versicherungsfall zu bereichern, sind nichtig.

§ 87. Ist bei der Versicherung beweglicher Sachen eine Taxe vereinbart, so gilt die Taxe als der Wert, den das versicherte Interesse zur Zeit der Schließung des Vertrags hat, es sei denn, daß sie den wirklichen Versicherungswert in diesem Zeitpunkt erheblich übersteigt. Eine Vereinbarung, nach welcher die Taxe als der Wert gelten soll, den das versicherte Interesse zur Zeit des Eintritts des Versicherungsfalls hat, ist nichtig.

1. Nach § 57 Satz 2 gilt eine Taxe als der Wert, den das versicherte Interesse zur Zeit des Eintritts des Versicherungsfalls hat, es sei denn, daß sie den wirklichen Versicherungswert in diesem Zeitpunkte erheblich übersteigt. Diese Vorschrift findet in der Feuerversicherung nur auf die Versicherung unbeweglicher Sachen Anwendung. Bei der Versicherung beweglicher Sachen ist durch § 87 Satz 1 die Vereinbarung einer Taxe in ihrer Wirkung dahin eingeschränkt, daß sie nur den Versicherungswert zur Zeit der Schließung des Vertrags feststellt. Im Streitfalle „liegt dem Versicherungsnehmer der Nachweis ob, daß die Verhältnisse bei dem Eintritte des Versicherungsfalls noch dieselben waren, wie zur Zeit des Vertragsschlusses. Der Versicherer seinerseits kann geltend machen, daß die Taxe schon den Wert, den die Sachen zur Zeit des Vertragsabschlusses hatten, erheblich überstiegen habe; für diese Behauptung trifft aber ihn die Beweislast." (Begr. S. 101). Über die Zulässigkeit von Abreden (Verkaufspreisklausel), nach denen für lieferungsfertige Waren nicht der gemeine Wert, sondern der durch eine andere Tatsache ermittelte, zur Zeit des Brandes der Ware zukommende Vermögenswert vergütet wird VA. **12** 123.

2. Ist die Versicherungssumme niedriger als die Taxe, so kommt auch bei der Feuerversicherung beweglicher Sachen die

Bestimmung des § 57 Satz 3 zur Anwendung, derzufolge in einem solchen Falle, auch wenn die Taxe erheblich übersetzt ist, der Versicherer für den Schaden nur nach dem Verhältnisse der Versicherungssumme zur Taxe haftet (Begr. S. 101).

3. Zwischen der Zeit der Festsetzung des Versicherungswerts bei Beginn der Versicherung und der Zeit des Versicherungsfalls besteht eine Entwertungsmöglichkeit, für die aus öffentlichem Interesse der Feuerversicherer nicht einzustehen hat. Daher ist Satz 2 absolut zwingend. Durch ihn dürften auch Vereinbarungen ausgeschlossen sein, welche für die Abnutzung beweglicher Sachen eine festbestimmte Quote der Taxe festsetzen. Auch die Versicherung des „subjektiven Liebhaberwertes" d. h. die auf rein persönlichen Beziehungen eines Einzelnen beruhende Wertschätzung einer Sache ist nicht zulässig, dagegen ist der „objektive Liebhaberwert" d. h. der Wert, den ein bestimmter, wenn auch engerer Kreis von Personen aus besonderen Gründen beweglichen Sachen beimißt, versicherungsfähig. VA. 12 9, 138. Eine beim Abschlusse des Vertrags getroffene Vereinbarung nach der die für bestimmte bewegliche Sachen zu gewährende Entschädigung im voraus ziffernmäßig festgestellt wird, ist zulässig, wenn der Versicherer, falls der sich hiernach ergebende Betrag den der wirklichen Sachlage entsprechenden übersteigt, nur den letzteren zu ersetzen hat. VA. 11 117.

4. § 87 ist auch auf die Versicherung der in § 86 bezeichneten Sachen anwendbar. Daneben bleiben aber die besonderen Vorschriften dieses Paragraphen maßgebend. Begr. S. 101.

§ 88. Als Versicherungswert gilt bei Gebäuden der ortsübliche Bauwert unter Abzug eines dem Zustande des Gebäudes, insbesondere dem Alter und der Abnutzung entsprechenden Betrags.

1. Der ortsübliche Bauwert ist der Betrag, für welchen nach den ortsüblichen Preisen ein Bauwerk gleicher Art errichtet werden kann (Begr. S. 102). Für Maschinen gilt § 86, auch wenn sie

wesentliche Bestandteile des Gebäudes sind. § 88 kann durch die Versicherungsbedingungen abgeändert werden, es können also z. B. für die Abnutzung bestimmte Quoten der Taxe vereinbart werden. Vor allem aber wird es Aufgabe der Bedingungen sein, für solche Fälle Sorge zu tragen, in denen aus besonderen Gründen der Wert des versicherten Gebäudes geringer ist als der ortsübliche Bauwert abzüglich der Abzugsquote, z. B. bei Mühlen, welche durch die Fortschritte der Technik und die Konkurrenz der Großmühlen veraltet sind, bei Leichenhallen auf geschlossenen Friedhöfen (Begr. S. 102; KB. I S. 75).

§ 89. Bei der Versicherung des durch den Eintritt des Versicherungsfalls entgehenden Gewinns kann eine Taxe nicht vereinbart werden.

Bestimmungen über die Berechnung des entgehenden Gewinns können mit Genehmigung der Aufsichtsbehörde in den Versicherungsbedingungen getroffen werden. Übersteigt das Ergebnis der Berechnung den der wirklichen Sachlage entsprechenden Betrag, so hat der Versicherer nur diesen Betrag zu ersetzen.

1. Die Vereinbarung einer Taxe gemäß §§ 57, 87 bei der Versicherung des durch den Eintritt des Versicherungsfalls entgehenden Gewinns (Chomageversicherung) ist, um nicht einen Anreiz zur Herbeiführung von Bränden zu geben, ausgeschlossen. Die Höhe des dem Versicherungsnehmer durch einen Brandschaden möglicherweise entgehenden Gewinns läßt sich bei dem Abschlusse des Vertrags nicht zuverlässig abschätzen, vielmehr kann erst aus den Verhältnissen zur Zeit des Brandes ermittelt werden, welchen Gewinn der Versicherungsnehmer ohne dieses Ereignis erzielt haben würde. Die rein ziffernmäßig im voraus getroffene Festsetzung der für den entgangenen Gewinn zu gewährenden Entschädigung, bei der auf den nachweislich erlittenen Schaden keine Rücksicht genommen wird, ist somit ungültig. VA. **11** 117. Abgesehen von den in §§ 89, 90 getroffenen Bestimmungen ist die

Versicherung des Ersatzes des mittelbaren Sachschadens zulässig. So wird die Versicherung gegen Mietverlust infolge von Brand, Blitzschlag, Explosion, Wasserleitungsschäden, Sturm oder Einsturz, die Versicherung von Betriebsverlusten infolge von Brand, Blitzschlag, Explosion, Wasserleitungsschäden betrieben. VA. **10** 118; **11** 227; **12** 123.

2. Es kann z. B. in Anwendung von Abs. 2 Satz 1 vereinbart werden, daß der entgehende Gewinn auf einen bestimmten Teil des Wertes der Waren geschätzt wird, „wie die Marktpreise der Fabrikate, die Höhe der vorliegenden Aufträge berücksichtigt werden, und in welchem Umfange für die Ermittelung der erheblichen Tatsachen die Geschäftsbücher maßgebend sein sollen" (Begr. S. 103). Die Vereinbarung ist aber nur gültig, wenn sie in aufsichtsbehördlich genehmigten allgemeinen Versicherungsbedingungen enthalten ist.

3. Erhebliches Überschreiten der Taxe (§§ 57, 87) ist nicht erfordert. Die Beweislast trifft den Versicherer.

§ 90. Wer in Ansehung derselben Sache bei dem einen Versicherer für entgehenden Gewinn, bei einem anderen Versicherer für sonstigen Schaden Versicherung nimmt, hat jedem Versicherer von der anderen Versicherung unverzüglich Mitteilung zu machen.

In der Mitteilung ist der Versicherer, bei welchem die andere Versicherung genommen worden ist, zu bezeichnen und die Versicherungssumme anzugeben.

1. Wer für ein Interesse gegen dieselbe Gefahr bei mehreren Versicherern Versicherung nimmt, hat nach § 58 jedem Versicherer von der anderen Versicherung unverzüglich Mitteilung zu machen. Ob bei mehrfacher Versicherung der Versicherer zur sofortigen Kündigung des Vertrags berechtigt ist, kann zweifelhaft sein. VA. **10** 91. § 90 erweitert die Verpflichtung des § 58 dahin, daß der Versicherungsnehmer entsprechende Anzeigen auch dann zu erhalten hat, wenn bei dem einen Versicherer eine Feuerversicherung unter Ausschluß des entgehenden Gewinns genommen und bei einem anderen Versicherer in Ansehung derselben Sache der entgehende Gewinn versichert wird (Begr. S. 104). Die Verletzung verpflichtet zum Schadensersatze; zur Verwirkung des Anspruchs führt sie nur, wenn dies besonders vereinbart ist (§ 6 Abs. 1).

§ 91. Bei der Gebäudeversicherung muß die im Falle einer nicht rechtzeitigen Zahlung der Prämie nach § 39 zu bestimmende Zahlungsfrist mindestens einen Monat betragen.

1. Die Dauer der Nachfrist ist bei der Feuerversicherung auf mindestens einen Monat festgesetzt, um auch den dringlich Berechtigten Gelegenheit zu geben, ihrerseits die Prämie zu zahlen und dadurch die Versicherung aufrecht zu erhalten (§§ 103, 105). Umfaßt eine Versicherung zugleich mit dem Gebäude auch bewegliche Gegenstände, so gilt für das ganze Versicherungsverhältnis die Monatsfrist.

2. § 91 ist ebenso wie § 39 zwingend und rückwirkend (Art. 4 Nr. 4 EG.).

§ 92. Der Pflicht zur Anzeige des Versicherungsfalls wird genügt, wenn die Anzeige binnen zwei Tagen nach dem Eintritte des Versicherungsfalls erfolgt. Durch die Absendung der Anzeige wird die Frist gewahrt.

Auf eine Vereinbarung, durch welche die Dauer oder die Berechnung der Frist zum Nachteile des Versicherungsnehmers anders bestimmt ist, kann sich der Versicherer nicht berufen.

1. Für die Berechnung der Frist gelten §§ 187 ff. BGB.; die Frist läuft also mit dem zweiten Tage nach dem Brandtage ab. Daß die Frist nicht zu laufen beginnt, bevor der Versicherungsnehmer Kenntnis von dem Eintritte des Versicherungsfalls hat,

ergibt sich aus § 33. Bei Nichteinhaltung der Frist gelten auch im übrigen §§ 6, 33.

2. Es genügt, wenn die Anzeige vor Ablauf des letzten Tages der Frist abgesendet wird. Auch Absendung durch gewöhnlichen Brief ist ausreichend, der Versicherer kann telegraphische Anzeige gewöhnlich nicht verlangen.

3. Abreden, durch welche die Dauer oder die Berechnung der Frist zum Nachteile des Versicherungsnehmers anders bestimmt werden, sind unzulässig und geben dem Versicherer auch nicht einen Anspruch auf Schadensersatz. Andere Vereinbarungen, z. B. daß die Anzeige eigenhändig unterzeichnet zu erstatten ist, sind gültig, unterliegen aber der Beschränkung des § 6 Abs. 2.

§ 93. Bis zur Feststellung des an einem Gebäude entstehenden Schadens darf der Versicherungsnehmer ohne Einwilligung des Versicherers nur solche Änderungen vornehmen, welche zur Erfüllung der ihm nach § 62 obliegenden Pflicht oder im öffentlichen Interesse geboten sind.

1. Durch die Bestimmung soll der Gefahr einer Verdunkelung des Tatbestandes vorgebeugt werden. Aus der Verletzung erwächst dem Versicherer ein Anspruch auf Schadensersatz; für weitergehende Vereinbarungen gilt die Beschränkung des § 6 Abs. 2. Unerhebliche Veränderungen oder Veränderungen, die zur Erfüllung der dem Versicherungsnehmer nach § 62 obliegenden Rettungspflicht oder im öffentlichen Interesse geboten sind oder auf einem Gebot der Menschlichkeit beruhen (§ 26), kommen nicht in Betracht. Veränderungen, die ein Dritter vorgenommen hat, sind dem Versicherungsnehmer zuzurechnen, wenn der Dritte als sein Vertreter zu betrachten ist, oder wenn er die Vornahme der Änderungen veranlaßt oder zugelassen hat.

§ 94. Die Entschädigung ist nach dem Ablauf eines Monats seit der Anzeige des Versicherungsfalls mit

vier vom Hundert für das Jahr zu verzinsen, soweit nicht aus besonderen Gründen eine weitergehende Zinspflicht besteht.

Ist der Schaden bis zum Ablauf eines Monats seit der Anzeige des Versicherungsfalls noch nicht vollständig festgestellt, so kann der Versicherungsnehmer in Anrechnung auf die Gesamtforderung die Zahlung des Betrags verlangen, den der Versicherer nach Lage der Sache mindestens zu zahlen hat.

Der Lauf der in den Abs. 1, 2 bezeichneten Fristen ist gehemmt, solange infolge eines Verschuldens des Versicherungsnehmers die Festsetzung des Schadens nicht erfolgen kann.

1. Die Zinsen der Entschädigungssumme sind zu zahlen, auch wenn diese ihrer Höhe nach noch nicht feststand, auch noch gar nicht feststehen konnte. Ist bei Ablauf des Monats, der nicht mit der Absendung, sondern mit dem Zugehen der Anzeige des Versicherungsfalls beginnt, die Höhe der Entschädigung noch nicht festgestellt und läßt sich auch nicht übersehen, welcher Betrag nach Lage der Sache mindestens zu zahlen sein wird (Abs. 2), so sind die Zinsen erst nach der Feststellung, jedoch bis zu dem aus Abs. 1 sich ergebenden Zeitpunkte zurückzuberechnen. Über den Zeitpunkt der Fälligkeit des Versicherungsanspruchs § 11. Besondere Gründe, welche einen höheren Zinsfuß rechtfertigen, können in den Bedingungen vereinbart werden. Auch Verzugszinsen gehören hierher; ob solche zu zahlen sind, bestimmt sich unabhängig von § 94 nach den Vorschriften des § 288 BGB. Sowohl Verzugs- wie sonstige Zinsen sind auch dann zu entrichten, wenn ihr Betrag zusammen mit der Hauptleistung die Versicherungssumme (§ 50) übersteigt (Begr. S. 105).

2. Abs. 2 setzt voraus, daß außer Zweifel gestellt ist, ob der Versicherer überhaupt zu leisten verpflichtet ist; wird dies von ihm bestritten, so ist hierüber nötigenfalls im Prozeß zu entscheiden. Die Mindesthöhe der Entschädigung ist nach Lage der Sache zu

bestimmen. Der Versicherer kann den Gegenbeweis antreten, daß der vom Versicherungsnehmer als Mindestentschädigung geforderte Betrag zu hoch gegriffen sei.

3. Abs. 3 findet beispielsweise Anwendung, wenn der Versicherungsnehmer die erforderliche Auskunft nicht oder nur mangelhaft erteilt oder die Benennung eines Sachverständigen zur Abschätzung des Schadens verzögert. Jedoch findet Abs. 3 dann keine Anwendung, wenn die Festsetzung des Schadens aus Gründen, welche von dem Willen der Parteien unabhängig sind, z. B. Fehlen der polizeilichen Unbedenklichkeitserklärung, der behördlichen Auszahlungsgenehmigung (VA. 11 10) oder aus solchen nicht erfolgen kann, die zwar in der Person des Versicherungsnehmers liegen, an denen den Versicherungsnehmer aber kein Verschulden trifft, z. B. wenn er (oder sein Erbe) seine Legitimation nicht darzutun vermag. KB. I S. 76 ff.; KB. II S. 14.

4. § 94 ist nicht zwingend; sämtliche Bestimmungen können auch zu ungunsten des Versicherungsnehmers abgeändert werden. Die Beweislast aus Abs. 1, 2 trifft den Versicherungsnehmer, aus Abs. 3 den Versicherer. Abs. 1 ist nicht rückwirkend; Abs. 2 und 3 sind rückwirkend (Art. 4 Nr. 7 EG.).

§ 95. Der Versicherer haftet nach dem Eintritt eines Versicherungsfalls für den durch einen späteren Versicherungsfall verursachten Schaden nur bis zur Höhe des Restbetrags der Versicherungssumme. Für die künftigen Versicherungsperioden gebührt ihm nur ein verhältnismäßiger Teil der Prämie.

1. Satz 1 kann trotz des entgegenstehenden Wortlauts nur gelten, wenn der Versicherer Entschädigung geleistet hat und nur für denjenigen Betrag, den er geleistet hat; hat der Versicherungsnehmer einen Teil des Schadens selbst zu tragen, so ist dieser nicht von der Versicherungssumme abzuziehen. Zu der eigentlichen Entschädigung sind auch die Kosten und Aufwendungen, für die der Versicherer nach §§ 63, 66 haftet, hinzuzurechnen, um den

Restbetrag, für den die Versicherung noch gilt, zu ermitteln, nicht aber die nach § 94 etwa geschuldeten Zinsen. Will der Versicherungsnehmer, nachdem der Schaden, den die versicherten Gegenstände erlitten haben, beseitigt ist, die Versicherung in der alten Höhe wieder herstellen, so muß er eine Nachversicherung nehmen. Bei der Gebäudeversicherung wird oftmals vereinbart, daß sich mit der Wiederherstellung des Gebäudes die Versicherungssumme von selbst wieder auf den früheren Betrag erhöht.

2. Als laufende Periode im Sinne des Satz 2 ist die zur Zeit des Eintritts des Versicherungsfalls laufende zu betrachten. Etwaige bereits für weitere Versicherungsperioden vorausbezahlte Prämien sind, eventuell unter Abzug eines angemessenen Betrages für Verwaltungskosten, zurückzuerstatten. Jedoch kann das Gegenteil vereinbart werden.

§ 96. Nach dem Eintritt eines Versicherungsfalls ist jeder Teil berechtigt, das Versicherungsverhältnis zu kündigen.

Die Kündigung ist nur bis zum Ablauf eines Monats seit dem Abschlusse der Verhandlungen über die Entschädigung zulässig. Der Versicherer hat eine Kündigungsfrist von einem Monat einzuhalten. Der Versicherungsnehmer kann nicht für einen späteren Zeitpunkt als den Schluß der laufenden Versicherungsperiode kündigen.

Kündigt der Versicherungsnehmer, so gebührt dem Versicherer gleichwohl die Prämie für die laufende Versicherungsperiode. Kündigt der Versicherer, so gilt das Gleiche in Ansehung desjenigen Teiles der Prämie, welcher auf den dem Schaden entsprechenden Betrag der Versicherungssumme entfällt; von der auf den Restbetrag der Versicherungssumme entfallenden Prämie gebührt dem Versicherer nur der Teil, welcher der abgelaufenen Versicherungszeit entspricht.

1. Der Wortlaut des Gesetzes läßt nicht zweifelsfrei erkennen, ob das Kündigungsrecht auch gegeben sein soll, wenn der Versicherer begründeterweise die Leistung der Entschädigung verweigert oder wenn der Versicherungsnehmer gar keinen Anspruch geltend gemacht hat. Es muß (nach dem Inhalte von Abs. 2) angenommen werden, daß nur ein Ereignis, das von beiden Seiten als Versicherungsfall behandelt worden ist, zur Kündigung berechtigt. Hat also der Versicherungsnehmer einen Brandfall überhaupt nicht angezeigt und keine Entschädigung beansprucht, so greift § 96 nicht Platz. Dagegen kann der Versicherer auch dann kündigen, wenn er jede Entschädigung ablehnt und der Versicherungsnehmer sich dabei beruhigt, der Versicherungsnehmer auch dann, wenn der Versicherer die beanspruchte Entschädigung in voller Höhe ohne weiteres bezahlt. In allen diesen Punkten kann aber Abweichendes vereinbart werden. Hat der Versicherungsnehmer einmal Anspruch auf Entschädigung erhoben, so bleibt dem Versicherer das Kündigungsrecht sogar dann, wenn der Versicherungsnehmer seinen Anspruch freiwillig wieder fallen läßt. Sind mehrere Gegenstände in einem Vertrage versichert, so gilt, selbst wenn der Versicherungsfall nur einen Teil betrifft, das Kündigungsrecht für das ganze Vertragsverhältnis.

2. Die Frist zur Abgabe der Kündigungserklärung wird durch Erhebung der Klage nicht verlängert; sie wird auch nicht dadurch, daß der Versicherungsnehmer nach Empfang eines endgültigen Bescheids neue Verhandlungen anzuknüpfen versucht, wohl aber dadurch, daß der Versicherer auf solche Verhandlungen sich wiederum einläßt, aufs neue in Lauf gesetzt. Die Frist endigt für den Versicherer mit der Erteilung, für den Versicherungsnehmer mit dem Zugehen des endgültigen Bescheids. Beginn und Dauer der Frist können durch Vereinbarung geändert werden.

3. Es ist Tatfrage, was als Abschluß der Verhandlungen zu verstehen ist; regelmäßig wird dieser Zeitpunkt durch die Erklärung des Versicherers, daß er Schadensersatz in bestimmter Höhe zu leisten bereit sei, oder daß er die Entschädigung verweigere, bestimmt werden. Schweigt der Versicherer vollständig, so wird

nach den Umständen zu beurteilen sein, von welchem Zeitpunkt ab der Versicherungsnehmer verständigerweise das Schweigen als Ablehnung anzusehen hat. Vgl. auch § 158 Abs. 2, der Anerkennung der Entschädigungspflicht oder Verweigerung der Entschädigung fordert.

4. Die Kündigungsfrist beträgt für den Versicherer einen Monat, sofern er nicht aus anderen Gründen ohne Frist kündigen kann, auch kann dies als Abweichung von § 96 vereinbart werden. Solange die Haftung des Versicherers noch dauert, gilt für sie die Beschränkung des § 95, so auch im Falle der Kündigung des Versicherungsnehmers (Anm. 5).

5. Der Versicherungsnehmer kann für jeden beliebigen Zeitpunkt innerhalb der laufenden Versicherungsperiode kündigen. Dadurch, daß er die Möglichkeit hat, die Wirkung seiner Kündigung bis zum Schlusse der laufenden Versicherungsperiode hinauszuschieben, kann er sich die Deckung bis zu dem Zeitpunkte sichern, bis zu welchem er die Prämien zu entrichten hat. Die einmal getroffene Wahl des Endzeitpunktes der Versicherung kann der Versicherungsnehmer ohne Zustimmung des Versicherers nicht ändern. Für einen späteren Zeitpunkt als den Schluß der laufenden Versicherungsperiode kann er nicht kündigen. Als laufende Versicherungsperiode im Sinne dieses Satzes gilt diejenige, in welcher die Kündigung erfolgt; fällt der Abschluß der Verhandlungen auf den 30. November 1906, so kann der Versicherungsnehmer an jedem beliebigen Tage des Dezember, aber nicht zu einem späteren Zeitpunkt als zum 31. Dezember 1906 kündigen; fällt der Abschluß auf den 5. Dezember 1906, so läuft die Kündigungsfrist bis zum 5. Januar 1907, und der späteste Zeitpunkt, für den gekündigt werden kann, ist, je nachdem im Dezember oder Januar gekündigt wird, der 31. Dezember 1906 oder 1907.

6. Laufende Versicherungsperiode im Sinne des Abs. 3 ist diejenige, während der das Versicherungsverhältnis infolge der Kündigung sein Ende erreicht. Die im Satz 2 vorgeschriebene Teilung der Prämie setzt die Anwendung des § 95 voraus; es kommt nicht sowohl auf die Höhe des Schadens als der geleisteten

Entschädigung an; für denjenigen Teil des Risikos, für den der Versicherer gemäß § 95 weiter haften würde, wenn er nicht gekündigt hätte, soll er keine Prämie erhalten. Bei beiderseitiger Kündigung gilt die Berechnung nach Satz 2. Auch Abs. 3 kann durch Vereinbarung geändert werden.

§ 97. Ist der Versicherer nach den Versicherungsbestimmungen nur verpflichtet, die Entschädigungssumme zur Wiederherstellung des versicherten Gebäudes zu zahlen, so kann der Versicherungsnehmer die Zahlung erst verlangen, wenn die bestimmungsmäßige Verwendung des Geldes gesichert ist.

1. Der Ausdruck „Versicherungsbestimmungen" ist § 1130 BGB., der neben § 97 in Betracht kommt, entlehnt. Sowohl durch Landesgesetz (vgl. unten § 193) als durch die Satzung oder die Versicherungsbedingungen kann bestimmt werden, daß die Entschädigungssumme bloß zur Wiederherstellung des versicherten Gegenstandes zu zahlen ist. § 97 betrifft nur die Gebäudeversicherung, bei der eine solche Wiederherstellungsklausel tatsächlich allein vorkommt. Der Versicherungsnehmer muß in diesem Falle, um die Entschädigung fordern zu können, die Wiederherstellung entweder schon bewirkt oder wenigstens gesichert haben. Sichern ist weniger als Sicherheitsleistung gemäß § 232 BGB. Was als Sicherung genügt, ist nach der Landesgesetzgebung (§ 193 Abs. 2) oder den Versicherungsbedingungen, nötigenfalls nach billigem Ermessen zu beurteilen, z. B. wird das Anfahren von Baumaterialien oder die Inangriffnahme des Baus regelmäßig zunächst ausreichend sein und die Versicherungsforderung ratenweise je nach Fortschreiten des Baus fällig werden. Bolze 14 Nr. 457. Vgl. aber OLGRspr. 8 139. Häufig wird auch ein Vertrauensmann gestellt, an den die Zahlungen erfolgen (Begr. S. 108). Die Wiederherstellung ist dahin zu verstehen, daß gleichartige Gebäude wiederherzustellen sind oder dahin, daß Gebäude wiederherzustellen sind, die denselben wirtschaftlichen Zwecken dienen wie die abgebrannten.

VA. **07*** 73. Wird von der Polizei der Wiederaufbau des abgebrannten Gebäudes untersagt, so gilt der Versicherungsnehmer als von dieser Verpflichtung entbunden; ebenso, wenn der Fiskus als Eigentümer des Grund und Bodens vertragsmäßig die Platzbenutzung nach erfolgtem Brande dem Versicherungsnehmer kündigt. VA. **10*** 112; **11*** 122. Die Gebäudereste können unter Umständen bei Bemessung der Entschädigungsleistung Berücksichtigung finden. VA. **09*** 64.

§ 98. Im Falle des § 97 kann die Forderung des Versicherungsnehmers auf die Entschädigungssumme vor der Wiederherstellung des Gebäudes nur an den Erwerber des Grundstücks oder an solche Gläubiger des Versicherungsnehmers übertragen werden, welche Arbeiten oder Lieferungen zur Wiederherstellung des Gebäudes übernommen oder bewirkt haben. Eine Übertragung an Gläubiger des Versicherungsnehmers, die bare Vorschüsse zur Wiederherstellung gegeben haben, ist wirksam, wenn die Verwendung der Vorschüsse zur Wiederherstellung erfolgt.

1. Auch im Falle des § 97, wenn also die Entschädigungssumme nur zur Wiederherstellung des versicherten Gebäudes zu zahlen ist, kann diese an sich unbeschränkt abgetreten und verpfändet werden. Der § 98 will nun den Baugläubigern, welche möglicherweise durch die Wiederaufbauklausel gesichert zu sein glaubten, „dadurch einen Schutz für ihre Ansprüche gewähren, daß er die Forderung des Versicherungsnehmers auf die Entschädigungssumme vor der Wiederherstellung des Gebäudes dem Zugriffe anderer Gläubiger entzieht"(Begr. S. 108). Freilich ist es dem Versicherungsnehmer unbenommen, selbst das Geld vom Versicherer zu erheben und es zum Nachteile der Baugläubiger zu verausgaben. Gemäß § 851 ZPO. unterliegt die Pfändbarkeit der Entschädigungsforderung den gleichen Beschränkungen wie die Übertragbarkeit (KB. I S. 18 ff.).

Vorbemerkungen zu den §§ 99—107. 1. Bereits in den Bemerkungen zu § 52 ist darauf hingewiesen, daß nicht bloß für den Eigentümer, sondern für alle, die ein dingliches Recht an einer Sache haben, ein versicherbares Interesse an ihrer Erhaltung besteht. Für dieses Interesse können sie selbständig Versicherung nehmen. Ebenso ist denkbar, daß ihr Interesse vom Eigentümer mitversichert wird, oder daß sie mit ihrem zugleich das Interesse des Eigentümers versichern (Versicherung für fremde Rechnung). Es kann aber auch durch ausdrückliche Gesetzesvorschrift bestimmt werden, daß die vom Eigentümer genommene Versicherung die Interessen der dinglich Berechtigten ohne weiteres mit umfaßt, und daß das dingliche Recht folgeweise auch bei Untergang oder Beschädigung der Sache die Forderung gegen den Versicherer ergreift. In §§ 1127—1130 BGB. ist diese Wirkung der Hypothek beigelegt, gleiches gilt nach §§ 1107, 1192, 1200 BGB. für die Grundschuld, Rentenschuld und Reallast. Die Vorschriften des BGB. werden durch §§ 99 ff. ergänzt. Während aber das BGB. die Frage behandelt, inwieweit die Forderung gegen den Versicherer dem Gläubiger haftet und unter welchen Voraussetzungen der Versicherer mit Wirkung gegen den Gläubiger befugt erscheint, an den Versicherungsnehmer (das BGB. spricht vom Versicherten) zu zahlen, ordnet im VVG. nur § 99 als Ergänzung des § 1130 BGB. die gleiche Frage. §§ 100—105 behandeln die Einwirkung der hypothekarischen Haftung auf das Versicherungsverhältnis selbst und geben in Anknüpfung an schon bestehende Bestimmungen von Statuten und Versicherungsbedingungen dem Gläubiger ein Recht gegen den Versicherer auch in den Fällen, in denen der Versicherungsnehmer den Anspruch verwirkt hat, indem in der Person des Gläubigers die Versicherung entweder überhaupt oder für einen gewissen Zeitraum aufrechterhalten wird.

2. Bezüglich der Bestimmungen des BGB. sei folgendes bemerkt: Die Grundlage für die Vorschriften, nach denen die für den Eigentümer genommene Versicherung die Interessen der dinglich Berechtigten mit umfaßt, bildet der § 1127 Abs. 1. „Sind Gegenstände, die der Hypothek unterliegen, für den Eigentümer oder den

Eigenbesitzer des Grundstücks unter Versicherung gebracht, so erstreckt sich die Hypothek auf die Forderung gegen den Versicherer." Die folgenden Paragraphen ordnen sodann, wie sich diese erweiterte Haftung der Versicherungsforderung äußert, welche Beschränkungen und Verpflichtungen sie also dem Versicherer und dem Versicherungsnehmer auferlegt. Die hier in Rede stehenden Paragraphen betreffen alle möglichen Versicherungen, also nicht nur die Feuer-, sondern z. B. auch die Sturm- und Wasserleitungsschädenversicherung. § 1127 gilt für alle Gegenstände, welche der Hypothek unterliegen, also nicht nur für den Grund und Boden und für die Bestandteile des Grundstücks, sondern unter Umständen auch für die vom Grundstücke getrennten Erzeugnisse und für die Zubehörstücke desselben (§§ 1120 ff. BGB.). Im Gegensatze zu § 1127 bezieht sich § 1128 nur auf die Versicherung von Gebäuden (auch auf versicherte Maschinen? VA. 09* 42), § 1129 nur auf die Versicherung anderer Gegenstände als Gebäude. Bei jener braucht der Hypothekengläubiger keine besonderen Handlungen vorzunehmen und es darf der Versicherer mit Wirkung gegen ihn die Versicherungssumme nur unter den in diesem Paragraphen angegebenen Bedingungen an den Versicherungsnehmer zahlen; bei dieser hingegen muß der Hypothekengläubiger zwecks Wahrung seiner Rechte die Versicherungssumme besonders beschlagnahmen; solange letzteres nicht geschehen ist, kann sie vom Versicherer ohne weiteres an den Versicherungsnehmer ausgezahlt werden. Der § 1130 trifft sodann für den Fall Bestimmungen, daß der Versicherer nur verpflichtet ist, die Versicherungssumme zur Wiederherstellung des versicherten Gegenstandes zu zahlen. Er wird, wie bereits erwähnt wurde, durch § 99 VVG. ergänzt, welcher aber im Gegensatze zu den §§ 1127 ff. BGB. in Übereinstimmung mit den folgenden Paragraphen des VVG. nur für die Feuerversicherung und von dieser auch nur für die Gebäudefeuerversicherung gilt.

3. Für die übrigen Versicherungszweige oder Versicherungsarten gilt völlige Vertragsfreiheit; durch Vereinbarung können jedoch die Bestimmungen der §§ 99 ff. für anwendbar erklärt

werden, woraus dann den Gläubigern unmittelbar Rechte erwachsen.

4. Die Bestimmungen des BGB. sind ebenso wie die Vorschriften der §§ 99—107 VVG. absolut zwingendes Recht, entgegenstehende Vereinbarungen des Versicherers und des Versicherungsnehmers wirken nicht gegen den Gläubiger, entgegenstehende Vereinbarungen des Versicherers und des Hypothekengläubigers nicht gegen den gutgläubigen Erwerber der Hypothek; sie haben rückwirkende Kraft (Art. 4 Nr. 8 EG.). Übergangsbestimmung, solange das Grundbuch nicht angelegt ist, in Art. 5 EG.

§ 99. Im Falle des § 97 ist eine Zahlung, welche ohne die Sicherung der bestimmungsmäßigen Verwendung des Geldes geleistet wird, dem Hypothekengläubiger nur wirksam, wenn ihm der Versicherer oder der Versicherungsnehmer angezeigt hat, daß ohne Sicherung geleistet werden soll, und seit dem Empfange der Anzeige ein Monat verstrichen ist.

Soweit die Entschädigungssumme nicht zu einer den Versicherungsbestimmungen entsprechenden Wiederherstellung verwendet werden soll, kann der Versicherer mit Wirkung gegen den Hypothekengläubiger erst zahlen, wenn er oder der Versicherungsnehmer die Absicht, von der bestimmungsmäßigen Verwendung abzuweichen, dem Hypothekengläubiger angezeigt hat und seit dem Empfange der Anzeige ein Monat verstrichen ist.

Die Vorschriften des § 1128 Abs. 1 Satz 2, 3 des Bürgerlichen Gesetzbuchs finden entsprechende Anwendung.

1. § 99 knüpft unmittelbar an § 1130 BGB. an, nach dem der Versicherer dem Hypothekengläubiger gegenüber befreit wird, wenn er zwecks Wiederherstellung des versicherten Gegenstandes

in einer den Versicherungsbestimmungen entsprechenden Weise zahlt. Da nach § 97 der Versicherungsnehmer die Zahlung erst verlangen kann, wenn die bestimmungsmäßige Verwendung des Geldes gesichert ist, würde der Versicherer, der, ohne daß zuvor die Verwendung des Geldes gesichert ist, Zahlung leistet, Gefahr laufen, daß von den Hypothekengläubigern die Wirksamkeit der Zahlung ihnen gegenüber bestritten wird. Der Versicherer muß hiernach, wenn er gleichwohl eine solche Zahlung machen will, entweder auf eigene Gefahr handeln oder sich die Zustimmung sämtlicher Hypothekengläubiger verschaffen. Um die mit der Einholung der Zustimmung der Hypothekengläubiger verbundenen Weiterungen zu vermeiden, gibt § 99 ebenso wie § 1128 BGB. in der Anzeige an die Gläubiger von der bevorstehenden Zahlung ein Mittel, das die ausdrückliche Zustimmung der Hypothekengläubiger wirksam ersetzt. Ihr Schweigen während Monatsfrist gilt als Zustimmung. Die Zahlung kann alsdann geleistet werden, ohne daß die Wiederherstellung zuvor gesichert worden ist. Widerspricht ein Gläubiger, so kann der Versicherer die Zahlung verweigern, bis der Versicherungsnehmer nachweist, daß die Wiederherstellung gesichert ist; ob der Gläubiger dem Versicherungsnehmer gegenüber verpflichtet ist, den Widerspruch zurückzunehmen, ist zwischen diesen beiden auszumachen.

2. Die Regelung in Abs. 2 ist genau die gleiche wie in Abs. 1. Vielfach wird es nicht möglich oder nicht zweckmäßig sein, die Entschädigungssumme bestimmungsgemäß zur Wiederherstellung zu verwenden, so z. B., wenn aus baupolizeilichen Gründen der Wiederaufbau verboten wird (Anm. 1 zu § 97). Zu vgl. auch Art. 110 und 120 Abs. 2 Nr. 3 EG.BGB.

3. § 1128 Abs. 1 Satz 2, 3 lauten: „Der Hypothekengläubiger kann bis zum Ablaufe der Frist dem Versicherer gegenüber der Zahlung widersprechen. Die Anzeige (sc. des Versicherers an den Gläubiger) darf unterbleiben, wenn sie untunlich ist; in diesem Falle wird der Monat von dem Zeitpunkt an berechnet, in welchem die Versicherungssumme fällig wird." Was das BGB. hier Versicherungssumme nennt, ist die Entschädigung des VVG.

Die Fälligkeit richtet sich nach den sonst geltenden Vorschriften (vgl. insbesondere § 94). Der dem Versicherungsunternehmer gegenüber erklärte Widerspruch ist für den Versicherer unbeachtlich.

§ 100. Hat im Falle der Gebäudeversicherung ein Hypothekengläubiger seine Hypothek dem Versicherer angemeldet, so wirkt eine Kündigung, ein Rücktritt oder eine sonstige Tatsache, welche die Beendigung des Versicherungsverhältnisses zur Folge hat, gegenüber dem Hypothekengläubiger erst mit dem Ablauf eines Monats, nachdem die Beendigung und, sofern diese noch nicht eingetreten war, der Zeitpunkt der Beendigung ihm durch den Versicherer mitgeteilt worden oder in anderer Weise zu seiner Kenntnis gelangt ist. Dies gilt jedoch nicht, wenn das Versicherungsverhältnis wegen nicht rechtzeitiger Prämienzahlung gekündigt oder durch den Konkurs des Versicherers beendigt wird.

Auf die Wirksamkeit einer Vereinbarung zwischen dem Versicherer und dem Versicherungsnehmer, durch welche die Versicherungssumme oder der Umfang der Gefahr, für die der Versicherer haftet, gemindert wird, finden diese Vorschriften entsprechende Anwendung.

Eine sich aus dem § 51 Abs. 2 oder dem § 59 Abs. 3 ergebende Nichtigkeit des Versicherungsvertrags kann gegenüber einem Hypothekengläubiger, der seine Hypothek dem Versicherer angemeldet hat, nicht geltend gemacht werden. Das Versicherungsverhältnis endigt jedoch ihm gegenüber mit dem Ablauf eines Monats, nachdem die Nichtigkeit ihm durch den Versicherer mitgeteilt worden oder in anderer Weise zu seiner Kenntnis gelangt ist.

1. Für die Rechte, die § 100 dem Hypothekengläubiger bei der Gebäudeversicherung gibt, ist die Anmeldung der Hypothek Voraussetzung. Wann die Anmeldung erfolgt, ist gleichgültig, sofern sie dem Versicherer nur vor dem Rücktritte, der Kündigung oder der sonstigen Aufhebungstatsache zugeht. Es genügt mündliche Anmeldung, da sie keiner Form bedarf. Diese Bestimmung ist für den Versicherer um so ungünstiger, als sie absolut zwingend ist (Vorbemerkung 4 vor § 99) und als für die Anmeldung, im Gegensatze zu den Anzeigen aus § 31, nicht einmal die schriftliche Form bedungen werden kann. Auch der Agent ist regelmäßig zur Empfangnahme der Anmeldung befugt (§ 43 Ziff. 2).

Die Anmeldung ist Willenserklärung, Geltendmachung des hypothekarischen Rechts gegenüber dem Versicherer. Sie kann wegen Irrtums angefochten werden. Der Regel nach wird dem Versicherer die bloße Anmeldung der Hypothek genügen; auf Verlangen muß ihm jedoch der Gläubiger in entsprechender Anwendung des § 1160 BGB. den Hypothekenbrief, oder wenn ein solcher nicht erteilt ist, die grundbuchamtlichen Nachweise seiner Berechtigung vorlegen. Geht die Hypothek über, so muß der Erwerber sie erneut anmelden und sich als Gläubiger ausweisen, andernfalls bleibt der erste Anmelder dem Versicherer gegenüber legitimiert. Selbstverständlich gilt auch hier der öffentliche Glaube des Grundbuchs und des Hypothekenbriefes (§§ 891—893, 1155 BGB.).

2. Das Gesetz will alle Fälle der von seiten des Versicherers oder von selbst erfolgenden Aufhebung des Versicherungsverhältnisses treffen, soweit sie auf dem VVG. oder auf den Versicherungsbedingungen beruhen. Hierher gehört nicht bloß der Rücktritt wegen Verletzung der Anzeigepflicht und die Kündigung wegen Gefahrerhöhung, sondern auch die Fälle, in denen wegen Verletzung besonderer Obliegenheiten der Versicherer vertragsmäßig (vorbehaltlich der Bestimmungen des § 6) berechtigt ist, zurückzutreten oder zu kündigen, oder in denen solchenfalls der Vertrag von selbst erlöschen soll, ferner die Kündigung in den Fällen des Konkurses des Versicherungsnehmers (§ 14), der Ver-

äußerung des Gebäudes (§ 70), des Eintritts eines Schadensfalls (§ 96). Ausnahmen in Satz 2 (vgl. Anm. 4). Satz 1 gilt auch, wenn die Versicherung ordentlicherweise gekündigt wird oder durch Ablauf der vereinbarten Zeitdauer oder durch Eintritt einer auflösenden Bedingung ihr Ende erreicht. Nicht aber, wenn die Versicherung von Anfang an nichtig ist, z. B. im Falle des § 2, oder wenn der Versicherer den Vertrag wegen Irrtums oder Betrugs mit Erfolg ansicht. § 100 findet aber, da die Bestimmung ganz allgemein gehalten ist, auch bei Kündigung oder Rücktritt des Versicherungsnehmers, z. B. auch in den Fällen des § 30 Abs. 2 und des § 70 Abs. 2 Anwendung.

3. § 100 fordert die Mitteilung des Zeitpunktes der Beendigung; sofern aber diese bei der Mitteilung schon eingetreten ist, genügt es, daß diese Tatsache mitgeteilt wird. Die Versicherung dauert zugunsten des Hypothekengläubigers einen Monat vom Zugehen der Mitteilung an fort. Wird die Beendigung als erst in Zukunft eintretend mitgeteilt, so bedarf es nicht der kalendermäßigen Angabe eines Zeitpunktes; es genügt, wenn die Benachrichtigung so erfolgt, daß der Gläubiger hiernach den Zeitpunkt der Beendigung sich berechnen kann. Eine Form ist für die Mitteilung nicht vorgeschrieben. Der Grund des Rücktritts, der Kündigung oder der Beendigung braucht nicht angegeben zu werden. Wegen des Zugehens der Anzeige an einen Hypothekengläubiger, der seine Wohnung ohne entsprechende Mitteilung an den Versicherer gewechselt hat, § 104. Die anderweit erlangte Kenntnis, nicht aber das Kennenmüssen steht der Anzeige gleich.

4. Für die Zeit des Fortbestehens der Versicherung hat der Versicherer, sofern dies nicht aus anderen Bestimmungen (z. B. § 40) zu entnehmen ist, keinen Anspruch auf Prämie weder gegenüber dem Versicherungsnehmer, noch gegenüber dem Hypothekengläubiger, und zwar auch dann nicht, wenn er auf Grund des § 100 dem letzteren Ersatz leisten muß.

5. Nur gegenüber dem Hypothekengläubiger, der gemäß § 100 angemeldet hat, dauert die Haftung des Versicherers fort, und sie erlischt anderseits nur gegenüber demjenigen, der die

Mitteilungen gemäß § 100 erhalten oder anderweit Kenntnis erlangt hat.

6. Unrichtige Mitteilungen des Versicherers bleiben wirkungslos, können ihn aber unter Umständen zum Schadensersatze verpflichten.

7. In gewissen Grenzen besteht hiernach (wie auch nach § 101) ein selbständiges Recht des Hypothekengläubigers aus der Versicherung, das nicht durch Verzicht des Versicherten beseitigt werden kann. VA. 08* 30. Die Verpflichtungen des Versicherungsnehmers treffen ihn jedoch nicht. Weder braucht er die Gefahr anzuzeigen, noch Anzeige vom Versicherungsfalle zu machen, noch den Schaden abzuwenden oder zu mindern, noch Auskunft zu erteilen. Trotzdem wird dem Hypothekengläubiger dann ein Anspruch gegen den Versicherer nicht zustehen, wenn er durch sein eigenes Verhalten Anlaß zu der Auflösung des Versicherungsverhältnisses gegeben hat, z. B. wenn er selbst die Nichtanzeige oder die Erstattung der unrichtigen Anzeige oder die Erhöhung der Gefahr oder die Verletzung von Obliegenheiten verschuldet hat; es würde wider Treu und Glauben verstoßen, wenn er in einem solchen Falle sich auf das Fortbestehen der Haftung des Versicherers ihm gegenüber berufen wollte

8. Im Konkurse des Versicherers erlischt dessen Haftung auch gegenüber dem Hypothekengläubiger mit Ablauf eines Monats nach der Konkurseröffnung (§ 13 Satz 1). Über die Kündigung und Befreiung des Versicherers im Falle nicht rechtzeitiger Prämienzahlung vgl. die Erläuterungen zu §§ 103, 105.

9. Abs. 2 läßt auch alle die Haftung des Versicherers vermindernden Vereinbarungen mit dem Versicherungsnehmer dem Hypothekengläubiger gegenüber erst mit Ablauf der Monatsfrist des Abs. 1 wirksam werden. Solche Vereinbarungen können die Herabsetzung der Versicherungssumme betreffen und zwar gleichgültig, von welcher der Vertragsparteien sie verlangt wird (vgl. z. B. auch § 51 Abs. 1, § 60 Abs. 1) oder sie können die Umwandlung einer auf erstes Risiko genommenen Versicherung in eine gewöhnliche (Unterversicherung) bezwecken oder den Versicherer von der

Haftung für gewisse geringfügige Schäden befreien (Franchise) oder bestimmte Gefahren (Blitz-, Explosionsgefahr) von der Versicherung ausnehmen. Dagegen fällt unter Abs. 2 nicht eine Verminderung der Haftung, die von selbst (z. B. durch Verringerung des Versicherungswertes) eintritt, so insbesondere auch nicht die nach § 95 durch Leistung der Entschädigung eintretende Verminderung der Haftung; hier schützen den Hypothekengläubiger die §§ 1127 ff. BGB. und § 99. Weiterhin unterliegen auch solche Vereinbarungen nicht den Bestimmungen des Abs. 2, durch welche dem Versicherungsnehmer erhöhte Verpflichtungen auferlegt werden oder die Geltendmachung des Versicherungsanspruchs erschwert wird; sie bedürfen also keiner Mitteilung an den Hypothekengläubiger.

10. Im Falle betrügerischer Über- und Doppelversicherung ist der Versicherungsvertrag zwar nichtig, ausnahmsweise jedoch gegenüber dem Hypothekengläubiger wirksam. Der Versicherer bringt ihm gegenüber das Versicherungsverhältnis erst durch die Mitteilung der Nichtigkeit mit Monatsfrist zur Beendigung. Anderweit erlangte Kenntnis steht der Mitteilung gleich. Für Schäden, welche sich innerhalb dieser Frist ereignen, haftet der Versicherer dem Hypothekengläubiger weiter, erst mit deren Ablauf wird er auch ihm gegenüber frei. Hat der Hypothekengläubiger selbst betrügerisch gehandelt, so ist die Versicherung auch ihm gegenüber nichtig, nicht nur anfechtbar (Begr. S. 112).

§ 101. Ist bei der Gebäudeversicherung der Versicherer wegen des Verhaltens des Versicherungsnehmers von der Verpflichtung zur Leistung frei, so bleibt gleichwohl seine Verpflichtung gegenüber einem Hypothekengläubiger bestehen, ohne Unterschied, ob die Hypothek angemeldet ist oder nicht. Das Gleiche gilt, wenn der Versicherer nach dem Eintritte des Versicherungsfalls von dem Vertrage zurücktritt.

Die Vorschrift des Abs. 1 Satz 1 findet keine Anwendung, wenn der Versicherer wegen nicht rechtzeitiger Prämienzahlung von der Verpflichtung zur Leistung frei ist.

1. Schon bisher enthielten die Statuten der Sozietäten und die Versicherungsbedingungen vielfach die Bestimmung, daß der Versicherer, wenn der Entschädigungsanspruch durch Schuld des Versicherungsnehmers diesem verloren gegangen ist, die Entschädigung soweit nötig zur Befriedigung der Hypotehkengläubiger zu verwenden hat. Die Rechtsprechung nahm an, daß aus einer solchen Vertragsbestimmung dem Hypothekengläubiger ein unmittelbarer Anspruch gegen den Versicherer erwachse. ROHG. **17** 66; RG. **8** 169; **25** 218; Bolze **8** Nr. 511. Hieran anknüpfend läßt § 101 die Verpflichtung des Versicherers dem Hypothekengläubiger gegenüber in allen Fällen bestehen, in denen der Versicherer dem Versicherungsnehmer gegenüber mit Rücksicht auf dessen Verhalten von der Verpflichtung zur Leistung frei ist. Der Gläubiger wird hiernach vornehmlich in den Fällen geschützt, in denen der Versicherungsnehmer seiner Ansprüche aus der Versicherung deshalb verlustig geht, weil er ohne Einwilligung des Versicherers eine erhebliche Erhöhung der Gefahr vorgenommen hat (§ 25 Abs. 1), oder in den die rechtzeitige Anzeige einer Gefahrerhöhung oder einer Veräußerung der versicherten Sache versäumt worden ist (§ 28 Abs. 1, § 71), oder in denen der Versicherungsnehmer gegen die Bestimmung des § 6 verstoßen oder den Versicherungsfall vorsätzlich oder grob fahrlässig herbeigeführt hat (§ 61). § 101 gilt aber nicht, wenn die Befreiung des Versicherers ohne Rücksicht auf ein vertragswidriges Verhalten eintritt, z. B. wenn der Versicherer sich von vornherein Befreiung von gewissen Schäden, z. B. von Explosionsschäden, ausbedungen hat oder bestimmte Abzüge zu machen berechtigt ist; dagegen findet § 101 auch dann Anwendung, wenn auf Grund vertragswidrigen Verhaltens des Versicherungsnehmers eine teilweise Befreiung des Versicherers eintritt. Auch dann haftet der Versicherer dem

Hypothekengläubiger, wenn der Versicherungsnehmer versäumt hat, seinen Anspruch innerhalb der bedingungsmäßigen Frist von sechs Monaten (§ 12 Abs. 2) geltend zu machen, nicht aber im Falle der Anspruchsverjährung (§ 12 Abs. 1); übrigens muß auch in ersterem Falle der Versicherer das Recht haben, die Frist dem Hypothekengläubiger gegenüber durch die ihm gleichfalls erklärte Ablehnung in Lauf zu bringen.

2. Die Schadensersatzpflicht des Versicherungsnehmers gegenüber dem Versicherer besteht in gleicher Weise wie sonst. Ist der Versicherer z. B. wegen Verletzung der Anzeigepflicht dem Versicherungsnehmer gegenüber frei, während er dem Hypothekengläubiger haftet, so kann er von dem Versicherungsnehmer Ersatz des Schadens verlangen, der ihm durch das schuldhafte Verhalten des Versicherungsnehmers verursacht worden ist; dieser Schaden wird meistens in dem Mehrbetrage der Prämie bestehen, die der Versicherer bei richtiger Anzeige verlangt hätte (§ 41 Abs. 1). Weist der Versicherer jedoch nach, daß er bei richtiger Anzeige das Risiko überhaupt nicht in Deckung genommen oder in Deckung behalten hätte, so wird dieser Schaden die dem Hypothekengläubiger gezahlte Entschädigungssumme umfassen. Der Entschädigungssumme treten die dem Versicherer durch die Versicherung entstandenen Auslagen (Provisionen, Abgabe an den Rückversicherer usw.) hinzu; die vereinnahmten Prämien können abgezogen werden. Das gleiche gilt, wenn der Versicherungsnehmer den Eintritt des Versicherungsfalls vorsätzlich oder grobfahrlässig herbeigeführt hat; auch hier haftet er dem Versicherer auf Ersatz des Betrags, den dieser dem Hypothekengläubiger zahlen muß.

3. Der Hypothekengläubiger hat grundsätzlich dem Versicherer gegenüber keine Verpflichtungen zu erfüllen. Jedoch muß angenommen werden, daß der Versicherer dem Hypothekengläubiger gegenüber frei ist, wenn dieser selbst den Eintritt des Versicherungsfalls vorsätzlich oder grobfahrlässig herbeigeführt hat, oder wenn ihn eine Verantwortung für das vertragswidrige Verhalten des Versicherungsnehmers trifft, z. B. wenn er die Gefahrerhöhung oder die Nichtanzeige des Eintritts des Versicherungsfalls schuld-

hafterweise veranlaßt hat. Wenn der Versicherungsnehmer den Hypothekengläubiger beerbt, so kann er dessen Anspruch geltend machen, auch wenn ihm selbst gegenüber der Versicherer frei war; letzterer kann aber mit seinem Schadensersatzanspruch aufrechnen. Wallmann 40 847. § 101 gilt für angemeldete wie für nicht angemeldete Hypotheken. Zugunsten des Versicherers gilt der öffentliche Glaube des Grundbuchs und des Hypothekenbriefs. Er zahlt also mit befreiender Wirkung an den durch Buch und Brief legitimierten Gläubiger und erwirbt von ihm die Hypothek gemäß § 102.

4. Der Rücktritt nach Eintritt des Versicherungsfalls kann auf Gesetz (§§ 16, 21) oder auf Vertrag (§ 6) beruhen. Der Rücktritt kann für den Hypothekengläubiger sowohl nach § 100 wie nach § 101 in Betracht kommen; tritt der Versicherer nach Eintritt eines Teilschadens zurück, so haftet er gemäß §§ 100, 101 dem Hypothekengläubiger gegenüber für den bereits eingetretenen Schadensfall, sowie für weitere Fälle bis zum Ablauf eines Monats nach Mitteilung des Rücktritts an den Hypothekengläubiger.

5. Nach Abs. 2 erlischt die Haftung auch gegenüber dem Hypothekengläubiger; dieser wird aber durch §§ 103, 105 geschützt.

§ 102. Soweit der Versicherer auf Grund der Vorschriften der §§ 100, 101 den Hypothekengläubiger befriedigt, geht die Hypothek auf ihn über. Der Übergang kann nicht zum Nachteil eines gleich- oder nachstehenden Hypothekengläubigers geltend gemacht werden, dem gegenüber die Verpflichtung des Versicherers zur Leistung bestehen geblieben ist.

1. Soweit der Versicherer den Hypothekengläubiger befriedigt, erlischt die Forderung. Damit erlischt entweder auch die Hypothek, sofern nämlich die Befriedigung des Gläubigers im Wege der Zwangsvollstreckung erfolgt ist (§ 1181 BGB.), oder sie geht bei freiwilliger Zahlung auf den Eigentümer des Grundstücks über (§ 1163 BGB.). In den Fällen, in denen der Versicherer dem

Versicherungsnehmer gegenüber von der Verpflichtung zur Leistung frei ist, würde hierin eine ungerechtfertigte Bereicherung des Versicherungsnehmers liegen. Deshalb stellt § 102 den Versicherer in diesem Falle ebenso, wie § 1164 BGB. den persönlichen Schuldner, der von dem Eigentümer Ersatz verlangen kann; die Hypothek geht in Höhe der Ersatzleistung des Versicherers auf diesen über. Die Forderung, für welche die Hypothek bestellt ist, geht nicht auf den Versicherer über, vielmehr tritt an ihre Stelle die Forderung des Versicherers wegen ungerechtfertigter Bereicherung oder auf Schadensersatz. Erreicht die Entschädigung nicht die Höhe der Hypothek, so bleibt diese in Höhe des Überrestes für den bisherigen Gläubiger bestehen. Auf den Versicherer finden §§ 1144 ff. BGB. Anwendung; er kann Zug um Zug mit der Zahlung der Entschädigungssumme die Mitwirkung des Gläubigers zur Berichtigung des Grundbuchs oder die Übergabe der dazu erforderlichen Urkunden verlangen. Ist die Hypothek eine Gesamthypothek, so ist in entsprechender Anwendung des § 1174 BGB. anzunehmen, daß, soweit sie auf den Versicherer überhaupt übergeht, sie nur als Hypothek an dem Grundstück, auf dem sich das versicherte Gebäude befindet, bestehen bleibt, während sie an den übrigen Grundstücken erlischt.

Wenn nur zwecks Wiederherstellung gezahlt wird, findet § 102 keine Anwendung, der Gläubiger wird hier nicht befriedigt, vielmehr tritt an Stelle des untergegangenen Gebäudes, das für die Hypothek haftete, ein neues (Begr. S. 114).

2. Im Falle des § 101 tritt also der Versicherer hinter allen Hypothekengläubigern zurück, im Falle des § 100 nur hinter denjenigen, die ihre Hypothek angemeldet haben. Satz 2 gilt selbstverständlich auch zugunsten des Hypothekengläubigers, dessen Hypothek nur zum Teil (Anm. 1) auf den Versicherer übergegangen ist.

§ 103. Bei der Gebäudeversicherung hat der Versicherer dem Hypothekengläubiger, der seine Hypothek angemeldet hat, unverzüglich Mitteilung

zu machen, wenn dem Versicherungsnehmer nach den §§ 39, 91 für die Zahlung der Prämie eine Frist bestimmt wird. Das Gleiche gilt, wenn das Versicherungsverhältnis nach dem Ablaufe der Frist wegen unterbliebener Prämienzahlung gekündigt wird.

1. § 103 will die Hypothekengläubiger schützen, wenn der Versicherer wegen nicht rechtzeitiger Zahlung der Prämie das Versicherungsverhältnis kündigt oder von der Verpflichtung zur Leistung an den Versicherten frei ist (§§ 100 Abs. 1 Satz 2, 101 Abs. 2). Die Frist sebst braucht nicht auch dem Hypothekengläubiger gegenüber bestimmt zu werden, die Mitteilung, daß eine Frist gesetzt worden ist, genügt. Die Mitteilung wird die Dauer der Frist enthalten müssen, braucht aber nicht den in § 39 Abs. 2, 3 vorgeschriebenen Inhalt zu haben. Das Unterlassen der Mitteilung macht den Versicherer schadensersatzpflichtig; der Schadensersatz kann in der Entschädigungssumme selbst bestehen, sofern der Hypothekengläubiger nachweist, daß er bei rechtzeitiger Mitteilung durch Zahlung der Prämie die Versicherung aufrechterhalten hätte. Auf die Unterlassung kann sich jedoch der Hypothekengläubiger nicht berufen, wenn er anderweit rechtzeitig Kenntnis erlangt hat.

2. Zu Satz 2 vgl. § 38 Abs. 2, § 39 Abs. 1.

§ 104. Hat der Hypothekengläubiger seine Wohnung geändert, die Änderung aber dem Versicherer nicht mitgeteilt, so genügt für eine Mitteilung der in den §§ 100, 103 bezeichneten Art die Absendung eines eingeschriebenen Briefes nach der letzten dem Versicherer bekannten Wohnung. Die Mitteilung wird in dem Zeitpunkte wirksam, in welchem sie ohne die Wohnungsänderung bei regelmäßiger Beförderung dem Hypothekengläubiger zugegangen sein würde.

1. § 104, der § 10 entspricht, bezieht sich nur auf die ganz bestimmten Mitteilungen gemäß §§ 100, 103; im übrigen gelten die allgemeinen Rechtsgrundsätze, nach denen der Absender die Gefahr des Verlustes eines Briefes zu tragen hat. Ist die Wohnung des Gläubigers im Grundbuch eingetragen, so kann sich der Versicherer an diese Angabe halten, sofern sich der Gläubiger mit ihm nicht in Verbindung gesetzt hat. Eine allgemeine Verpflichtung des Versicherers, das Grundbuch auf etwaige Wohnungsangaben der Hypothekengläubiger einzusehen, besteht jedoch nicht. Die Kosten der Benachrichtigung hat der Versicherer zu tragen. Es kann aber im Vertrage bestimmt werden, daß der Versicherer Ersatz derselben vom Versicherungsnehmer fordern darf.

§ 105. Bei der Gebäudeversicherung darf der Versicherer, auch wenn der Versicherungsnehmer widerspricht, die von einem Hypothekengläubiger angebotene Prämienzahlung nicht ablehnen.

1. Die Bestimmung enthält eine Ausnahme von dem Grundsatze des § 267 BGB.; der Hypothekengläubiger soll immer in der Lage sein, die Versicherung aufrecht zu erhalten; gleichgültig ist es hierbei, ob er die Hypothek dem Versicherer angemeldet hat oder nicht.

§ 106. Ist das Grundstück mit einer Reallast, Grundschuld oder Rentenschuld belastet, so finden die Vorschriften der §§ 99 bis 105 entsprechende Anwendung.

1. Die §§ 1127 ff. BGB. gelten nach § 1192 BGB. für die Grundschuld, nach § 1200 BGB. für die Rentenschuld, nach § 1107 BGB. für die Reallast. Auf den Nießbrauch sind die für die Hypotheken gegebenen Vorschriften nicht ausgedehnt. Das Verhältnis des Versicherers zu dem Nießbraucher und dem Eigentümer wird ausschließlich im BGB. (§§ 1046, 1070, 1077 in Verbindung mit § 407) geregelt. Hiernach wird der Versicherer, welcher von dem Nießbrauche Kenntnis hat, durch die Leistung der Entschädigungssumme nur befreit, wenn er an den Nießbraucher und den Eigentümer gemeinschaftlich zahlt (Begr. S. 116).

§ 107. **Die durch die Vorschriften der §§ 100 bis 106 begründeten Rechte können nicht zugunsten solcher Hypotheken, Grundschulden oder Rentenschulden geltend gemacht werden, die dem Versicherungsnehmer zustehen.**

1. Es kommt darauf an, ob zur Zeit des Eintritts des Versicherungsfalls die Hypothek dem Versicherungsnehmer zusteht; erwirbt er sie später, z. B. beerbt er den Hypothekengläubiger, so kann er seine Rechte gegen den Versicherer aus der Hypothek geltend machen. Ebenso kann dies tun, wer die Hypothek vom Versicherungsnehmer erworben hat, jedoch nur dann, wenn der Erwerb sich vor Eintritt des Versicherungsfalls vollzogen hat. § 107 gilt auch für Grundschulden und Rentenschulden. Nicht erwähnt ist die Reallast, indessen wird er auch bei ihr entsprechend anzuwenden sein, wenn für den Versicherungsnehmer, der ja nicht Eigentümer des Grundstücks zu sein braucht, eine Reallast an diesem besteht.

Dritter Titel.

Hagelversicherung.

§ 108. **Bei der Hagelversicherung haftet der Versicherer für den Schaden, der an den versicherten Bodenerzeugnissen durch die Einwirkung des Hagelschlags entsteht.**

1. Die Hagelversicherung darf nur von Versicherungsvereinen auf Gegenseitigkeit oder von Aktiengesellschaften betrieben werden. § 6 Abs. 2 VAG. Übergangsbestimmungen ebenda §§ 101 ff.

2. Nur Bodenerzeugnisse (Korn, Feldfrüchte, Wein, Obst usw.), ohne Rücksicht darauf, ob sie noch wesentliche Bestandteile des Grund und Bodens oder ob sie schon von demselben getrennt sind, sind Gegenstand der Hagelversicherung **Z. 13 440.** Bezieht sich die

Versicherung auf andere Sachen, z. B. Fenster, Glasplatten, Schiefer- oder Ziegeldächer, so gelten nur die allgemeinen Vorschriften des ersten Abschnitts und des ersten Titels des zweiten Abschnitts.

Das Verfahren bei der Schadensermittelung sowie eine etwaige Bestimmung darüber, ob Schäden geringeren Umfangs (z. B. von weniger als 8—12 %) nicht vergütet, und ob von der Entschädigungssumme ein gewisser Bruchteil zur Deckung der Kosten der Schadensfeststellung abgezogen werden soll, ist der Regelung durch die Versicherungsbedingungen überlassen. Begr. S. 117.

§ 109. Bei der Hagelversicherung braucht die Frist, die nach § 5 Satz 1 dem Versicherungsnehmer für die Erhebung eines Widerspruchs gegen die Richtigkeit des Versicherungsscheins zu gewähren ist, nur eine Woche zu betragen.

1. § 109 beruht auf einem Beschlusse der Reichstagskommission. Dieselbe ging davon aus, daß bei der Hagelversicherung, bei welcher sich Versicherungsnahme und Vertragsabschluß der Hauptsache nach auf die kurze und für den Versicherer gefahrvolle Zeit vom 15. Mai bis 15. Juni zusammendrängt, die baldige Herstellung einer gesicherten Rechtslage für den Versicherer von besonderer Bedeutung sei, um ihn vor Benachteiligungen durch den Versicherungsnehmer zu schützen (KB. I S. 82 ff.; Begr. S. 118). Vgl. im übrigen die Erläuterungen zu § 5. Das dort Gesagte gilt auch hier, abgesehen davon, daß die Widerspruchsfrist nicht einen Monat, sondern nur eine Woche zu betragen braucht.

§ 110. Der Pflicht zur Anzeige des Versicherungsfalls wird genügt, wenn die Anzeige binnen vier Tagen nach dem Eintritte des Versicherungsfalls erfolgt. Durch die Absendung der Anzeige wird die Frist gewahrt.

Auf eine Vereinbarung, durch welche die Dauer oder die Berechnung der Frist zum Nachteile des Ver-

sicherungsnehmers anders bestimmt ist, kann sich der Versicherer nicht berufen.

Vgl. §§ 33, 92 und die Anmerkungen dazu.

§ 111. Bis zur Feststellung des Schadens darf der Versicherungsnehmer an den von dem Hagelschlage betroffenen Bodenerzeugnissen ohne Einwilligung des Versicherers nur solche Änderungen vornehmen, welche nach den Regeln einer ordnungsmäßigen Wirtschaft nicht aufgeschoben werden können.

1. Veränderungen, welche die Herabminderung des entstandenen Schadens bezwecken, können bei der Hagelversicherung kaum in Frage kommen. Der Beweis für die Unaufschiebbarkeit der vorzunehmenden Arbeiten liegt ebenso wie der Nachweis der Höhe des durch den Hagel verursachten Schadens dem Versicherungsnehmer ob. Auch können die Versicherungsbedingungen den Versicherungsnehmer verpflichten, unter allen Umständen Probestücke von bestimmter Art und Größe in unverändertem Zustande zu belassen (Begr. S. 118). Bei bestimmten Bodenerzeugnissen, namentlich bei Hackfrüchten, werden die Kosten, die der Versicherungsnehmer zur Minderung des Schadens oder für die Pflege und Fortentwickelung der beschädigten Erzeugnisse aufwendet ,dem Versicherungsnehmer auferlegt. VA. **09** 156.

§ 112. Tritt nach dem Eintritt eines Versicherungsfalls in derselben Versicherungsperiode ein neuer Versicherungsfall ein, so haftet der Versicherer für den dadurch verursachten Schaden nur bis zur Höhe des Restbetrags der Versicherungssumme.

1. Der Grundsatz der Herabminderung der Versicherungssumme, der auch bei der Feuerversicherung (§ 95 Satz 1) zur Anwendung kommt, gilt aber hier nur innerhalb einer Versicherungsperiode (§ 9); aus diesem Grunde findet bei § 112 im Gegensatze zu § 95

Satz 2 keine Herabsetzung der Prämie statt. Bei einer für mehrere Jahre genommenen Hagelversicherung mindert natürlich der in dem einen Jahre entstandene Schaden die Haftung des Versicherers für den in einem späteren Jahre eintretenden Schaden nicht; die Hagelversicherung soll für jedes Erntejahr dem Versicherungsnehmer volle Deckung gewähren (Begr. S. 119). Anders in der Viehversicherung § 119.

§ 113. Nach dem Eintritt eines Versicherungsfalls ist jeder Teil berechtigt, das Versicherungsverhältnis zu kündigen, der Versicherer nur für den Schluß der Versicherungsperiode, in welcher der Versicherungsfall eingetreten ist, der Versicherungsnehmer spätestens für diesen Zeitpunkt. Kündigt der Versicherungsnehmer für einen früheren Zeitpunkt, so gebührt dem Versicherer gleichwohl die Prämie für die laufende Versicherungsperiode.

1. § 113 räumt entsprechend § 96 Abs. 1 (Feuerversicherung) beiden Teilen die Befugnis ein, das Versicherungsverhältnis nach dem Eintritt eines Versicherungsfalls zu kündigen. Weder eine Kündigungsfrist noch eine Frist, innerhalb welcher vom Eintritte des Versicherungsfalls an gerechnet die Kündigung zu erklären ist, wird vom Gesetze vorgesehen. Der Versicherungsnehmer kann für jeden Zeitpunkt, aber nicht für später als für den Schluß der laufenden Versicherungsperiode, der Versicherer hingegen nur für den Schluß der laufenden Versicherungsperiode kündigen; jedoch behält der Versicherer in jedem Falle die volle Prämie für diese Periode.

2. § 113 ist nicht zwingend; das Kündigungsrecht ist vielfach beseitigt. VA. 09 156.

§ 114. Im Falle der Veräußerung oder der Zwangsversteigerung der versicherten Bodenerzeugnisse kann der Versicherer dem Erwerber das Versicherungs-

verhältnis nur für den Schluß der Versicherungsperiode kündigen, in welcher er von dem Eigentumsübergange Kenntnis erlangt; die im § 70 Abs. 1 vorgesehenen Beschränkungen des Kündigungsrechts finden keine Anwendung.

Wird der Eigentumsübergang dem Versicherer nicht rechtzeitig angezeigt, so ist der Versicherer, wenn der Versicherungsfall nach dem Schlusse der Versicherungsperiode eintritt, in welcher ihm die Anzeige hätte zugehen müssen, von der Verpflichtung zur Leistung frei. Die Verpflichtung bleibt jedoch bestehen, wenn der Versicherer von dem Eigentumswechsel so früh Kenntnis erlangt hat, daß er zum Schlusse der Versicherungsperiode kündigen konnte.

Auf eine Vereinbarung, durch welche von diesen Vorschriften zum Nachteile des Erwerbers abgewichen wird, kann sich der Versicherer nicht berufen.

1. Auch für die Hagelversicherung gelten §§ 69 ff., nur einzelne Abweichungen sind vorgesehen. An Stelle des § 70 Abs. 1 tritt Abs. 1 des § 114. Der Versicherer ist auch hier weder an eine Kündigungsfrist noch an eine Frist für die Ausübung des Kündigungsrechts gebunden. § 70 Abs. 2, 3 gilt auch für die Hagelversicherung. Geht man davon aus, daß als versicherte Sache die Bodenerzeugnisse anzusehen sind, so bleibt bei jeder Veräußerung des Grund und Bodens die Identität der versicherten Sache erhalten. Um jedoch Erwerbern entgegenzukommen, die unselbständige Parzellen zu ihrer eigenen Wirtschaft hinzukaufen, unterscheiden die Gesellschaften zwischen Aufteilungen, durch welche selbständige Güter entstehen, und solchen, bei denen die Parzellen in schon bestehenden Gütern aufgenommen werden. In dem ersten Falle muß der Erwerber in den Vertrag eintreten, in dem zweiten soll er mit Schluß der laufenden Versicherungsperiode entlassen werden.

2. § 71 Abs. 1 Satz 1 gilt auch hier, Abs. 1 Satz 2 und Abs. 2 werden durch den Abs. 2 des § 114 ersetzt. Für die Beurteilung der Frage, ob der Versicherer noch rechtzeitig hätte kündigen können, ist auf die Erfordernisse eines geordneten Geschäftsbetriebs Rücksicht zu nehmen; der Versicherungsnehmer kann sich z. B. nicht darauf berufen, daß er am vorletzten Tage der Versicherungsperiode dem Agenten Mitteilung gemacht habe. Die Beweislast trägt der Versicherungsnehmer.

§ 115. Erwirbt jemand auf Grund eines Nießbrauchs, eines Pachtvertrags oder eines ähnlichen Verhältnisses die Berechtigung, die versicherten Bodenerzeugnisse zu beziehen, so finden die im Falle einer Veräußerung oder Zwangsversteigerung der Bodenerzeugnisse geltenden Vorschriften entsprechende Anwendung.

1. Zu den ähnlichen Verhältnissen gehören die des ehelichen Güterrechts (Begr. S. 121). Die Einrichtung einer Zwangsverwaltung ist nicht hierher zu rechnen, da der Zwangsverwalter die Nutzungsbefugnis nicht erwirbt, sondern von dem Gerichte verliehen erhält, ferner nutzt er nicht für sich, sondern für andere. LZ. **12** 743; VA. **12*** 76.

Vierter Titel.

Viehversicherung.

Vorbemerkungen. 1. Die Viehversicherung unterscheidet die Versicherung von Verlusten am lebenden Tier, die Viehlebensversicherung, und die Versicherung von Schäden, welche dem Versicherungsnehmer nach der Schlachtung eines ihm gehörenden Tieres dadurch entstehen, daß das Fleisch des Tieres amtlich beanstandet wird, die Schlachtviehversicherung. Als besondere Arten der Viehlebensversicherung kommen noch vor: die Versicherung gegen Verluste bei notwendigen Operationen, insbesondere bei Kastrationen (Operationsversicherung), gegen Unfälle auf der Weide (Weideversicherung), die Versicherung tragender Stuten (Stutenversicherung), sowie endlich die Versicherung von Tieren gegen Unfälle bei Transporten (Viehtransportversicherung). Bei der letzterwähnten Versicherungsart ist aus den Umständen zu entscheiden, ob etwa Transportversicherung anzunehmen ist. Keine Viehversicherung liegt vor bei Versicherung von Vieh gegen Diebstahl, bei Versicherung gegen die Haftpflicht aus Viehmängeln. Viehversicherung im Sinne dieses Gesetzes ist nur die Viehlebensversicherung in ihren verschiedenen Arten, nicht auch die Schlachtviehversicherung; für die letztere kommen vielmehr nur diejenigen Vorschriften des Gesetzes in Betracht, welche für alle Zweige der Schadensversicherung gelten.

2. Gegenstand der Viehlebensversicherung ist dem Gesetze nach regelmäßig nur der Schaden, welcher durch den Tod des versicherten Tieres entsteht (§ 116 Abs. 1 Satz 1); daneben sind auch Versicherungen für den Schaden üblich, der durch eine Krankheit oder einen Unfall verursacht ist, ohne daß der Tod des Tieres eintritt (§ 116 Abs. 2), vor allem Versicherungen von Pferden gegen Wertminderungen, welche durch nicht tödliche Huf- und Beinleiden herbeigeführt werden.

3. Das Gesetz hat der besonderen Regelung durch die allgemeinen Versicherungsbedingungen eine Reihe von Fragen vorbehalten, welche in der Viehversicherung eine Rolle spielen; so die Regelung der Frage, ob sich die Haftung des Versicherers nur auf einen Bruchteil des Schadens, etwa auf 70—80 vom Hundert, beschränken soll, ob die Haftung des Versicherers bei Feuer-, Überschwemmungs- und Erdbebenschäden ausgeschlossen sein soll, ob bei dem Beginne der Versicherung bis zum Ablauf einer gewissen Wartezeit (Karenzzeit) eine Haftung des Versicherers nicht eintreten soll (über die Entschädigungspflicht des Versicherers für ein in der Karenzzeit erkranktes, aber erst nach ihrem Ablaufe verendetes Tier VA. **09*** 36), ob es endlich Voraussetzung der Versicherung ist, daß fortgesetzt der gesamte Viehbestand der gleichen Gattung versichert ist. Weiterhin ist auch den allgemeinen Versicherungsbedingungen überlassen, Bestimmungen darüber zu treffen, in welcher Weise die Verwertung eines verendeten Tieres zu erfolgen hat.

4. Von nicht unerheblicher Einwirkung auf die Viehlebensversicherung ist die neuere Viehseuchengesetzgebung. Zur wirksamen Bekämpfung der ansteckenden Tierkrankheiten hat diese Gesetzgebung den Besitzern solcher Tiere, die gewissen Seuchen erliegen oder als seuchenverdächtig getötet werden müssen, Entschädigung aus öffentlichen Mitteln zugesichert, sofern die vorgeschriebene Anzeige rechtzeitig erstattet wird. Viehseuchengesetz vom 26. Juni 1909 (RGBl. S. 519). Dieser Viehseuchengesetzgebung trägt das VVG. im § 117 Ziffer 1 insofern Rechnung, als es dem Versicherungsnehmer eine Entschädigung insoweit nicht gewährt, als ihm auf Grund des Viehseuchengesetzes Entschädigungsansprüche zustehen oder unter gewissen Voraussetzungen zugestanden hätten. Da hier der Versicherungsnehmer seinen Entschädigungsanspruch anderweitig geltend machen kann, so liegt für die Haftung des Versicherers kein Bedürfnis vor. „Anderseits würde die gewissenhafte Befolgung der seuchenpolizeilichen Bestimmungen gefährdet werden, wenn das Gesetz dem Versicherungsnehmer in denjenigen Fällen, in welchen ihm das öffentliche Recht wegen Verletzung dieser Bestimmungen die Entschädigung versagt, auf Grund des Versicherungsvertrags einen Ersatzanspruch gewährte" (Begr. S. 122).

5. Die Viehversicherung kann in jeder Unternehmungsform betrieben werden (§ 6 Abs. 2 VAG.), sofern nicht der Bundesrat von der ihm in § 117 Nr. 1 VAG. erteilten Ermächtigung Gebrauch macht, was bisher nicht geschehen ist.

6. Über Mustersatzungen von Viehversicherungsvereinen und Schlachtviehversicherungsvereinen VA. 09 31 ff., 55, 66 ff.; über die allgemeinen Versicherungsbedingungen für die Viehlebensversicherung ebenda S. 39 ff.

§ 116. Bei der Viehversicherung haftet der Versicherer für den Schaden, der durch den Tod des ver-

sicherten Tieres entsteht. Wird der Tod durch eine Krankheit oder einen Unfall herbeigeführt, so gilt als Betrag des Schadens der Wert, den das Tier unmittelbar vor Eintritt der Erkrankung oder des Unfalls gehabt hat.

Die Versicherung kann auch für den Schaden genommen werden, der durch eine Krankheit oder einen Unfall entsteht, ohne daß der Tod des Tieres eintritt.

1. Das Wort Unfall braucht nicht in demselben Sinne wie bei der Unfallversicherung verstanden zu werden, vielmehr ergänzen sich Unfall und Erkrankung dahin, daß hierunter jede Wertverminderung des Tieres fällt, die durch Einwirkung auf seinen Körper verursacht ist. Oftmals wird ein Inbegriff von Sachen (Herde § 54) versichert. Gehört zu dem Inbegriff ein auf Probe gekauftes Tier, so beginnt die Versicherung erst mit Ablauf der Probezeit. VA. **07*** 61. Die Verpflichtung zur Nachversicherung, wenn der Versicherte die Stückzahl einer bestimmten Tiergattung während der Dauer der Versicherungszeit erhöht, besteht nur bei Neuanschaffungen, nicht bei natürlichem Zuwachs. VA. **06*** 108. Über Versicherung nach Gattungen (Fohlenversicherung) VA. **06*** 109. Auf Probe gekaufte Tiere der versicherten Gattung, die in denselben Betrieb eingestellt werden, brauchen nicht nachversichert zu werden. VA. **04** 74. Über die Bedeutung der Ohrmarken für den Beweis der Versicherung VA. **05*** 109.

2. Als Versicherungswert gilt, wie sich aus § 52 ergibt, der Wert des versicherten Tieres. Nach diesem Werte bestimmt sich die Höhe des von dem Versicherer zu leistenden Schadensersatzes. Bildet der Tod den Versicherungsfall, so soll doch der Gesundwert des Tieres ersetzt werden, also der Wert, den das Tier in dem Augenblicke gehabt hat, der dem Eintritte der Krankheit oder des Unfalls unmittelbar voranging. Wo die Erkrankung oder der Unfall selbst den Versicherungsfall darstellen, ist dieses Ergebnis selbstverständlich. Ob der Unfall oder die Erkrankung den Tod herbeigeführt haben, ist nach den allgemeinen Grundsätzen über den ursächlichen

Zusammenhang zu beurteilen; war der Wert des Tieres schon vorher, z. B. durch eine nicht tödlich verlaufene Krankheit vermindert, so wird nur dieser geringere Wert ersetzt. Von der Entschädigungssumme kann ein „Mindesterlös" für den Körper versicherter Tiere abgezogen werden. VA. 10 35.

3. Die Minderwertsversicherung, die vielfach nur auf den Minderwert beschränkt war, welcher durch Huf- oder Beinleiden an den versicherten Tieren entsteht, wird nunmehr auch auf sonstige Leiden ausgedehnt. Der Nachweis, daß das Tier zu der im Versicherungsschein angegebenen Verwendungsart dauernd unbrauchbar geworden sei, gilt schon dann als erbracht, wenn das Tier auch bei mindestens zwei Monate lang fortgesetzter tierärztlicher Behandlung nicht wieder gebrauchsfähig wurde und die notwendigen Behandlungs- und Fütterungskosten den vierten oder fünften Teil der Versicherungssumme übersteigen. VA. 10 35, 88, 91.

§ 117. Die Versicherung umfaßt nicht:

1. **den infolge einer Seuche oder Krankheit entstehenden Schaden, soweit dem Versicherungsnehmer nach gesetzlicher Vorschrift ein Anspruch auf eine Entschädigung aus öffentlichen Mitteln zusteht oder zustehen würde, wenn der Anspruch nicht durch eine Zuwiderhandlung gegen seuchenpolizeiliche Vorschriften verwirkt worden wäre;**
2. **den Schaden, welcher durch Maßregeln verursacht wird, die im Kriege oder nach der Erklärung des Kriegszustandes von einem militärischen Befehlshaber angeordnet worden sind.**

1. Die Ausnahmen des § 117 entsprechen den gegenwärtig in Gebrauch befindlichen Versicherungsbedingungen.

2. Zu Ziffer 1 vgl. die Vorbemerkung 4. Der Versicherer ist auch dann nicht zur Leistung verpflichtet, wenn der Anspruch des Versicherungsnehmers auf Entschädigung aus öffentlichen Mitteln

nicht verwirklicht wird, z. B. wenn der Versicherungsnehmer ihn verjähren läßt. Beschränkt sich die Entschädigung, welche aus öffentlichen Mitteln gewährt wird, auf einen Bruchteil des Schadens, oder ergibt sich vermöge der in den Seuchengesetzen vielfach vorgesehenen besonderen Taxvorschriften eine Differenz zwischen dem wirklichen Schaden und der Entschädigung aus öffentlichen Mitteln, so kann für diese Unterschiede Versicherung genommen werden.

3. Das Pferdegeld, das den Offizieren aus Anlaß des Haltens von Pferden bar oder durch Anrechnung auf die zur Beschaffung der Pferde erhobenen Vorschüsse gezahlt wird, ist ebensowenig wie die Entschädigungen, die die Militärverwaltung den Offizieren für in pferdegeldberechtigten Rationsstellen befindliche Pferde zahlt, eine Entschädigung aus öffentlichen Mitteln. Infolgedessen darf das Pferdegeld von den Versicherungsgesellschaften nicht auf den von ihnen den Offizieren zu leistenden Schadensersatz angerechnet werden. VA. 12 49.

4. Der Ausschluß der Haftung für den Fall des Krieges (Ziffer 2) entspricht der auf die Feuerversicherung bezüglichen Vorschrift des § 84.

§ 118. **Steht dem Versicherungsnehmer ein Anspruch auf Gewährleistung wegen eines Mangels des versicherten Tieres gegen einen Dritten zu, so geht der Anspruch auf den Versicherer über, soweit dieser dem Versicherungsnehmer den Schaden ersetzt. Der Übergang kann nicht zum Nachteile des Versicherungsnehmers geltend gemacht werden. Geht ein Anspruch auf Gewährleistung durch Verschulden des Versicherungsnehmers verloren, so wird der Versicherer von seiner Ersatzpflicht insoweit frei, als er aus dem Anspruch Ersatz hätte erlangen können.**

1. Nach § 67 Abs. 1 Satz 1 geht der dem Versicherungsnehmer zustehende Anspruch auf Schadensersatz gegen einen Dritten auf den Versicherer insoweit über, als er dem Versicherungsnehmer

den Schaden ersetzt hat. Da aber bei Viehmängeln von Ausnahmen abgesehen (z. B. Schadensersatz wegen Fehlens zugesicherter Eigenschaften, wegen Arglist) nur Wandelung in Betracht kommt, diese aber nicht auf Schadensersatz gerichtet ist, so bedarf der § 67 für die Viehversicherung einer Ergänzung, wenn die Ersatzleistung des Versicherers nicht dem Veräußerer zugute kommen oder zu einer Bereicherung des Versicherungsnehmers führen soll (Begr. S. 123). Diese Ergänzung bildet § 118. Das Recht auf Wandelung haben Versicherer und Versicherungsnehmer gemeinschaftlich, falls nur teilweiser Ersatz geleistet worden ist. §§ 481 ff. BGB. gelten nur für Pferde, Esel, Maulesel, Maultiere, Rindvieh, Schafe und Schweine, für andere Tiere (Hunde, Ziegen, Geflügel usw.) bleibt es bei den allgemeinen Vorschriften der §§ 459 ff. BGB., aber auch hier greift § 118 durch. Die Beweislast trägt der Versicherer.

2. Die Bestimmung des Satz 2 schließt sich an § 67 Abs. 1 Satz 2 an. Der Anspruch des Versicherungsnehmers auf Ersatz der in § 488 BGB. bezeichneten Kosten geht also dem Anspruche des Versicherers vor.

3. Satz 3 entspricht § 67 Abs. 1 Satz 3. Der Unterschied in der Fassung ist ohne Bedeutung. Der Versicherungsnehmer haftet namentlich für die Wahrung der Anzeigefrist (§ 485 BGB.) und der Verjährungsfrist (§§ 477, 490 BGB.). Die Beweislast trägt der Versicherer.

4. § 118 ist ebenso wie § 67 abänderbar.

§ 119. Der Versicherer haftet nach dem Eintritt eines Versicherungsfalls für den durch einen späteren Versicherungsfall verursachten Schaden nur bis zur Höhe des Restbetrags der Versicherungssumme. Für die künftigen Versicherungsperioden gebührt ihm nur ein verhältnismäßiger Teil der Prämie.

1. § 119 stimmt mit § 95 (Feuerversicherung) überein. Das Kündigungsrecht des § 96 gilt hier nicht. Es ist gleich, ob der weitere

Versicherungsfall in derselben oder in einer späteren Periode eintritt. Anders bei der Hagelversicherung § 112.

§ 120. Der Versicherer ist befugt, jederzeit auf seine Kosten eine Besichtigung und Untersuchung der versicherten Tiere vorzunehmen.

1. Der Versicherer darf sein Recht nur innerhalb der durch die Rücksicht auf Treu und Glauben gezogenen Grenzen ausüben, insbesondere trotz des Wortes „jederzeit" nicht zur Unzeit (§ 242 BGB.); auch kann er seinen Anspruch im Klagewege (gegebenenfalls durch einstweilige Verfügung) durchsetzen. Die dem Versicherer eingeräumte Befugnis schließt auch das Recht für ihn ein, eine Untersuchung der versicherten Tiere durch Sachverständige vornehmen zu lassen.

§ 121. Außer dem Tode ist auch jede erhebliche Erkrankung sowie jeder erhebliche Unfall eines versicherten Tieres dem Versicherer unverzüglich anzuzeigen. Auf die Anzeige der Erkrankung oder des Unfalls finden, auch wenn die Versicherung nur gegen den Schaden genommen ist, der durch den Tod des Tieres entsteht, die für die Anzeige des Versicherungsfalls geltenden Vorschriften entsprechende Anwendung.

1. Im Falle des § 116 Abs. 1 Satz 1 tritt der Versicherungsfall erst mit dem Tode des versicherten Tieres ein, während nach Satz 2, falls der Tod durch eine Krankheit oder einen Unfall herbeigeführt worden ist, als Schadensbetrag der Wert gilt, den das Tier bei Eintritt der Erkrankung oder des Unfalls gehabt hat. „Dieser Haftung gegenüber ist es für den Versicherer von größter Bedeutung, daß er die Tatsachen, welche einen solchen Schaden zur Folge haben können, unverzüglich erfährt" (Begr. S. 125). Der § 121 ordnet deshalb neben der Anzeigepflicht von dem Eintritte des Versicherungsfalls, welche er nicht berührt (§ 33), noch eine

solche hinsichtlich jeder erheblichen Erkrankung sowie jedes erheblichen (§ 122 Bem. 1) Unfalls eines versicherten Tieres an. Verletzt der Versicherungsnehmer diese Pflicht, so hat der Versicherer auch ohne besondere Vereinbarung ein Recht auf Schadensersatz. Außerdem können durch Vertrag noch Folgen anderer Art ausgemacht werden, z. B. Vertragsstrafe, Prämienerhöhung, Kündigungsrecht des Versicherers, Abzug von der Entschädigung. Hingegen ist eine Vertragsbestimmung, nach welcher infolge Verletzung dieser Anzeigepflicht der Versicherer zum Rücktritte berechtigt oder von der Verpflichtung der Leistung frei sein soll, nur dann wirksam, wenn die Verletzung auf Vorsatz oder auf grober Fahrlässigkeit beruht (§ 6 Abs. 2).

2. Daß und wann eine Erkrankung oder ein Unfall eingetreten ist, hat der Versicherer ebenso wie die Erheblichkeit zu beweisen; dafür, daß die Anzeigepflicht erfüllt worden ist, trifft den Versicherungsnehmer die Beweislast.

§ 122. Erkrankt das versicherte Tier oder erleidet es einen Unfall, so hat der Versicherungsnehmer, sofern nicht die Erkrankung oder der Unfall unerheblich ist, unverzüglich einen Tierarzt oder, wenn dies untunlich ist, einen Sachkundigen zuzuziehen.

1. Unbillig ist es, wenn bei jeder noch so geringfügigen Erkrankung (VA. **06*** 66) dem Versicherungsnehmer die Beiziehung eines Tierarztes auf eigene Kosten auferlegt und an die Nichtbefolgung dieser Vorschrift der Verlust des Entschädigungsanspruchs geknüpft wird. VA. **10** 92.

2. Einen wissenschaftlichen Irrtum des Tierarztes hat der Versicherte nicht zu vertreten. VA. **10*** 31. Bei Beauftragung des Tierarztes mit der Berichterstattung liegt § 278 BGB. nicht vor. VA. **11*** 115.

3. „Als sachkundig darf der Versicherungsnehmer jeden ansehen, von dem sich ein verständiges Urteil über die zur Abwendung weiteren Schadens dienlichen Maßregeln erwarten läßt" (Begr.

S. 125). Ob der Versicherungsnehmer verpflichtet war, dem Rate des Tierarztes oder des Sachverständigen Folge zu leisten, ist nach den Umständen des einzelnen Falles zu beurteilen; ebenso auch die Frage, ob die Zuziehung eines Tierarztes „untunlich" war. Letzteres wird der Regel nach anzunehmen sein, wenn ein Tierarzt weder an dem Orte selbst, an dem das Tier erkrankt oder verunglückt ist, noch in einer Entfernung von 15 Kilometern wohnt. BA. 10 91.

4. Die Kosten trägt abgesehen von der Ausnahme des § 123 Abs. 2 der Versicherungsnehmer. Im Falle der Unterlassung hat der letztere Schadensersatz zu leisten; vertragsmäßig kann auch die Verwirkungsfolge festgesetzt werden, §§ 6, 32.

5. Die Erkrankung oder den Unfall hat der Versicherer, die Unerheblichkeit der Erkrankung oder des Unfalls hat der Versicherungsnehmer zu beweisen.

6. Der Versicherungsvertrag kann übrigens die Obliegenheiten des Versicherungsnehmers in anderer Weise regeln, als dies der § 122 tut; so kann der Vertrag namentlich bestimmen, daß die Zuziehung des Tierarztes erst zu erfolgen braucht, wenn der Versicherer sie verlangt (Begr. S. 125).

§ 123. Die Kosten der Fütterung und der Pflege sowie die Kosten der tierärztlichen Untersuchung und Behandlung gehören nicht zu den nach § 63 von dem Versicherer zu erstattenden Aufwendungen.

Die Kosten der ersten tierärztlichen Untersuchung bei Erkrankung eines versicherten Tieres haben der Versicherungsnehmer und der Versicherer zu gleichen Teilen zu tragen.

1. Wer die Kosten der etwa notwendig gewordenen Tötung und Wegschaffung trägt, bestimmt das Gesetz nicht; diese Frage wird zweckmäßig in den Bedingungen geordnet. Über den Anspruch auf Ersatz der Futterkosten eines versicherten Pferdes BA. 09* 62.

§ 124. Die Verzinsung der Entschädigungsforderung sowie das Recht des Versicherungsnehmers auf eine Abschlagszahlung bestimmt sich nach § 94.

1. Als Anzeige des Versicherungsfalls im Sinne dieses Paragraphen ist nicht die durch § 121 vorgeschriebene Anzeige anzusehen. Die Bestimmung über die Verpflichtung des Versicherers zu einer Abschlagszahlung hat rückwirkende Kraft (Art. 4 Nr. 7 EG.).

§ 125. Hat der Versicherungsnehmer vorsätzlich oder aus grober Fahrlässigkeit das Tier schwer mißhandelt oder schwer vernachlässigt, so ist der Versicherer von der Verpflichtung zur Leistung frei, es sei denn, daß der Schaden nicht durch die Mißhandlung oder die Vernachlässigung entstanden ist. Als schwere Vernachlässigung gilt es insbesondere, wenn bei einer Erkrankung oder einem Unfalle die Zuziehung eines Tierarztes oder eines Sachkundigen der Vorschrift des § 122 zuwider unterlassen worden ist.

1. Nach § 61 ist der Versicherer von der Verpflichtung zur Leistung frei, wenn der Versicherungsnehmer den Versicherungsfall vorsätzlich oder durch grobe Fahrlässigkeit herbeigeführt hat, und es kann nach den Versicherungsbedingungen eine Befreiung auch dann vereinbart werden, wenn die Fahrlässigkeit des Versicherungsnehmers keine grobe ist. Der § 125 ergänzt den § 61, indem er die Befreiung des Versicherers auf weitere Fälle ausdehnt. Dabei braucht der Versicherer nur zu beweisen, daß dem Tiere eine schwere Mißhandlung oder eine schwere Vernachlässigung durch Vorsatz oder grobe Fahrlässigkeit des Versicherungsnehmers widerfahren ist; den ursächlichen Zusammenhang zwischen jener Behandlung und dem Eintritte des Versicherungsfalls hat der Versicherer nicht darzutun; vielmehr trifft den Versicherungsnehmer die Beweislast, daß ein solcher Zusammenhang nicht besteht.

2. Was als schwere Mißhandlung oder als schwere Vernachlässigung gilt, ist im Einzelfalle unter Würdigung aller in Betracht kommenden Umstände zu entscheiden. Liegen jedoch die Voraussetzungen des Satz 2 vor, so ist ohne weiteres bereits auf Grund des Gesetzes eine schwere Vernachlässigung anzunehmen; der Regel nach wird als solche auch mangelhafte Fütterung zu gelten haben (Begr. S. 126).

§ 126. Der Versicherungsnehmer darf eine Nottötung nur mit Einwilligung des Versicherers vornehmen, es sei denn, daß die Erklärung des Versicherers nicht abgewartet werden kann. Ist durch das Gutachten des Tierarztes oder, falls die Zuziehung eines Tierarztes untunlich ist, zweier Sachkundigen vor der Tötung festgestellt, daß die Tötung notwendig ist und die Erklärung des Versicherers nicht abgewartet werden kann, so muß der Versicherer die Feststellung gegen sich gelten lassen.

Ist der Vorschrift des Abs. 1 Satz 1 zuwider eine Nottötung erfolgt, so ist der Versicherer von der Verpflichtung zur Leistung frei.

1. Daß die Nottötung nicht als vorsätzliche Herbeiführung des Versicherungsfalls im Sinne des § 61 gelten kann, wird als selbstverständlich vorausgesetzt. Erteilt der Versicherer seine Einwilligung nicht, so ist der Versicherungsnehmer trotzdem zur Tötung befugt, wenn das Verhalten des Versicherers wider Treu und Glauben verstößt. VA. **10*** 103. Die Einwilligung kann nötigenfalls im Rechtswege gefordert werden (Erlaß einer einstweiligen Verfügung). Vor der Tötung ist nur Klage auf deren Genehmigung, nicht auf Entschädigung zulässig. VA. **04** 36. Auch dann ist die Verweigerung des Einverständnisses gegenstandslos, wenn von der zuständigen Behörde die Tötung angeordnet wird. Zur Erklärung des Einverständnisses ist der Agent nur befugt, wenn ihm insoweit Vollmacht erteilt ist.

2. Die Nottötung kann auch ohne Einwilligung des Versicherers erfolgen, wenn der Eingang dieser Einwilligung nicht abgewartet werden kann. Dies wird namentlich dann der Fall sein, „wenn einerseits der Zustand des Tieres eine Wiederherstellung nicht mehr erwarten läßt, anderseits die sofortige Tötung das einzige Mittel bietet, den Schlachtwert des Tieres noch nutzbar zu machen oder den Geboten der Menschlichkeit entsprechend die Leiden des Tieres abzukürzen" (Begr. S. 127). Daß derartige Umstände vorgelegen haben, muß der Versicherungsnehmer beweisen, während den Versicherer lediglich die Beweispflicht dafür trifft, daß der Versicherungsnehmer das Tier getötet hat oder hat töten lassen. Jedoch ist der Versicherungsnehmer der ihm obliegenden Beweispflicht überhoben, falls er dartun kann, daß die Voraussetzungen des Satz 2 gegeben waren und es darf dann der Versicherer die Feststellung des Tierarztes oder des Sachkundigen selbst wegen offenbarer Unrichtigkeit nicht anfechten, sofern nicht das Verhalten des Versicherungsnehmers gegen Treu und Glauben verstoßen hat. Absichtlich ist hier im Gegensatze zu den §§ 122, 125 die Zuziehung zweier Sachkundiger gefordert.

3. Der Versicherer ist selbst dann frei, wenn auch ohne die Tötung das Tier später gestorben wäre. Dagegen ist er zur Leistung verpflichtet, wenn trotz Nichtbeobachtung der Vorschriften des Abs. 1 die Voraussetzungen vorgelegen haben, unter denen er seine Einwilligung hätte erteilen müssen (Anm. 1) und z. B. auch dann, wenn Tierarzt oder Sachkundige zu Unrecht die Tötung für notwendig erklärt haben (VA. 10* 31). Der Versicherer kann aber nicht schlechthin unter allen Umständen die Nottötung verbieten. Das Recht auf Entschädigung entsteht mit dem zur Tötung zwingenden Ereignis, auch wenn seine Geltendmachung durch die Tötung bedingt ist. VA. 04 36.

§ 127. Endigt das Versicherungsverhältnis, nachdem das versicherte Tier erkrankt ist oder einen Unfall erlitten hat, so hat die Beendigung auf die Haftung des Versicherers keinen Einfluß, wenn die Erkrankung

oder der Unfall den Tod binnen zwei Wochen nach der Beendigung herbeiführt.

1. Der Eintritt des Versicherungsfalls wird auf den Beginn der Erkrankung oder den Zeitpunkt des Unfalls zurückverlegt (§§ 116, 121). Führt die Erkrankung oder der Unfall — und zwar unabhängig davon, ob die Gewährfrist etwa vier Wochen beträgt — nicht binnen zwei Wochen nach dem Ablaufe der Versicherung zum Tode, so haftet der Versicherer nicht mehr; war die Versicherung auch für Unfälle oder Erkrankungen ohne tödliche Folge genommen, so ist der Minderwert zu ersetzen, den das Tier zur Zeit des Ablaufs der Versicherung hatte. Für die zwei Wochen ist keine Prämie zu zahlen.

§ 128. **Wird ein versichertes Tier veräußert, so endigt in Ansehung dieses Tieres das Versicherungsverhältnis; dem Versicherer gebührt gleichwohl die Prämie, jedoch nicht über die laufende Versicherungsperiode hinaus. Tritt vor dem Schlusse der laufenden Versicherungsperiode oder binnen zwei Wochen nach der Veräußerung infolge eines Hauptmangels der Tod des Tieres ein, so bleibt der Versicherer dem Versicherungsnehmer insoweit haftbar, als dieser dem Erwerber kraft Gesetzes zur Gewährleistung verpflichtet ist.**

Geht das Eigentum an dem Inventar eines Grundstücks mit dem Eigentum oder dem Besitze des Grundstücks auf einen anderen über, so behält es in Ansehung der zum Inventare gehörenden Tiere bei den Vorschriften der §§ 69 bis 73 sein Bewenden.

1. Die Regel des § 69 wird hier durchbrochen, weil in der Viehversicherung das sogenannte subjektive Risiko eine entscheidende Rolle spielt. Unter Veräußerung ist entsprechend § 73 auch die Zwangsversteigerung zu verstehen (§ 806 ZPO., Begr. S. 128). Auf das Ausscheiden des versicherten Tieres findet § 54 Anwendung.

2. Wegen der Frist von zwei Wochen vgl. § 127. Voraussetzung der Haftung ist a) daß das versicherte Tier zu den in § 481 BGB. bezeichneten gehört, b) daß es infolge eines Hauptmangels (§ 482 BGB. und Kaiserliche Verordnung vom 27. März 1899) stirbt, c) daß der Veräußerer von dem Erwerber auf Gewährleistung (Wandelung, Schadensersatz, Lieferung eines mangelfreien Tieres) begründeterweise in Anspruch genommen wird. Die Versicherung trägt insoweit zugleich den Charakter der Haftpflichtversicherung; doch gelten in erster Linie die Bestimmungen über Viehversicherung. Zweifelhaft ist, ob die Bestimmung entsprechend anzuwenden ist, wenn auch die Folgen einer nicht tödlichen Erkrankung versichert sind und nach der Veräußerung, aber noch innerhalb der laufenden Versicherungsperiode der Erwerber Ansprüche wegen eines Hauptmangels erhebt. Es kann vorkommen, daß der Versicherer zwei Tiere entschädigen muß, obwohl er nur für ein Tier die Prämie erhalten hat, indem er einmal wegen eines Hauptmangels bezüglich des veräußerten Tieres und dann für das von dem Versicherungsnehmer für das veräußerte Tier neu eingestellte, aber gleichfalls verendete Tier in Anspruch genommen wird.

3. Abs. 2 ist eine weitere Ausnahme von Abs. 1 Satz 1. Das Grundstück braucht kein landwirtschaftliches zu sein; die Bestimmung ist sogar auch dann entsprechend anzuwenden, wenn ein Geschäftsbetrieb mit Inventar, zu dem Tiere gehören (z. B. eine Brauerei), übergeht.

4. Abs. 2 ist zwingend, vgl. §§ 72, 73, während Abs. 1 sowohl zugunsten wie zu ungunsten des Versicherungsnehmers abgeändert werden kann.

Fünfter Titel.

Transportversicherung.

Vorbemerkungen. 1. Die Vorschriften über die Transportversicherung umfassen sowohl die Versicherung von Gütern gegen die Gefahren der Beförderung zu Lande und auf Binnengewässern, als die Versicherung von Schiffen gegen die Gefahren der Binnenschiffahrt. Transportversicherung ist somit die Versicherung gegen die Gefahren, die der Transport, d. h. die Fortbewegung eines Gegenstandes oder einer Person von einem Orte zum andern, mit sich bringt; sie erstreckt sich auf Transportgüter und Transportmittel. VA. **09*** 69. Das VVG. schließt sich nach Möglichkeit den sehr viel ausführlicheren Bestimmungen des HGB. über Seeversicherung an. In gewissen Grenzen können diese Bestimmungen zu entsprechender Ergänzung herangezogen werden. Die allgemeinen Vorschriften des VVG. passen zum Teile für die Transportversicherung nicht, so z. B. die Bestimmungen über die Prämie, über die Versicherungsperiode. Über den Transportversicherungsschein Anm. **8** zu § 3. Für die Transportversicherung von Gütern bleiben die in dem VVG. vorgesehenen Beschränkungen der Vertragsfreiheit außer Anwendung; es gilt also Vertragsfreiheit (§ 187 Abs. 1).

Der Titel ist so eingeteilt, daß §§ 129—133 den Umfang der dem Versicherer zur Last fallenden Gefahr, §§ 134—139 die zeitliche Begrenzung der Haftung des Versicherers, §§ 140, 141 den Versicherungswert, §§ 142—148 einzelne Besonderheiten behandeln.

2. Die Valorenversicherung (Versicherung von Wertgegenständen, die in Briefen oder Paketen versandt werden) ist eine Art der Transportversicherung.

Die Automobilversicherung ist nach der Ansicht des Aufsichtsamtes Schadensversicherung und daher aufsichtspflichtig (VA. **07** 17, 102; **08** 17, 96, 154). Das Reichsgericht (RG. **72** 418; VA. **10*** 77) rechnet die Automobilversicherung zur Transportversicherung im Sinne der Tarifstelle 70 des preuß. Stempelgesetzes vom 31. Juli 1895. Seitdem behandelt das Aufsichtsamt die Automobilversicherung als aufsichtsfrei (VA. **10** 122).

Die Transportversicherung untersteht nicht der behördlichen Aufsicht. § 116 VAG.

§ 129. Bei der Versicherung von Gütern gegen die Gefahren der Beförderung zu Lande oder auf Binnengewässern trägt der Versicherer alle Gefahren, denen die Güter während der Dauer der Versicherung ausgesetzt sind.

Bei der Versicherung eines Schiffes gegen die Gefahren der Binnenschiffahrt trägt der Versicherer alle Gefahren, denen das Schiff während der Dauer der Versicherung ausgesetzt ist. Der Versicherer haftet auch für den Schaden, den der Versicherungsnehmer infolge eines Zusammenstoßes von Schiffen dadurch erleidet, daß er den einem Dritten zugefügten Schaden zu ersetzen hat.

1. Unter der Binnenschiffahrt versteht man die Schiffahrt auf allen Gewässern außer der offenen See.

2. Der Umfang der Versicherung wird für die Güter und für die Schiffsversicherung in den Absätzen 1 und 2 mit genau den gleichen Worten bestimmt. Gegenstand der Versicherung ist das Interesse daran, daß ein bestimmter Transport ohne Unfall verläuft. Dieses Interesse steht in der Regel teils dem Eigentümer des Beförderungsmittels zu, der auch die Fracht empfängt, teils dem Eigentümer oder sonstigen Interessenten der Ladung. Die Fracht (über den Begriff der versicherten Fracht VA. 08* 105) kann auch getrennt von dem Transportmittel selbst (dem Kasko des Schiffes; über Mustersatzungen von kleinen Kaskoversicherungsvereinen VA. 09 244) versichert werden. In der Transportversicherung spielt ferner die Versicherung des bei glücklicher Ankunft der Ladung zu erwartenden (imaginären) Gewinns eine besondere Rolle (HGB. §§ 801, 802). Die Versicherung des erwarteten Gewinns künftiger kontraktlich nicht bereits gesicherter Frachtreisen ist ein durch Versicherung auf behaltene Fahrt versicherbares Interesse, jedoch nicht Frachtversicherung, sondern Schiffs-(Kasko-)Versicherung. VA. 07* 107. Die Versicherung des Be-

förderungsmittels pflegt aber, wenn sie für eine kalendermäßig bestimmte Zeit genommen wird, nicht bloß die während dieser Zeit stattfindenden Transporte, sondern auch die Zwischenzeit zu umfassen (Schiff im Hafen). Als Versicherung von Transportmitteln kommt neben der Schiffsversicherung z. B. die des rollenden Materials von Eisenbahnen in Betracht.

3. Der Versicherer trägt alle Gefahren. Ebenso wie seine Haftung bei der Seeversicherung grundsätzlich nicht auf Seeunfälle beschränkt ist, haftet er auch bei der Landtransportversicherung nicht nur für eigentliche Schiffahrts- oder sonstige Transportunfälle. VA. **10*** 79. Er kann sich nicht durch den Nachweis befreien, daß der Eintritt des Schadens mit der Beförderung nicht in ursächlichem Zusammenhange stehe und auch ohne diese eingetreten sein würde; jedoch machen §§ 131 ff. von diesem Grundsatze weitgehende Ausnahmen, und für die Regel wird ein „Unfall" als Versicherungsfall vorausgesetzt (§§ 131, 137, 146; RG. **10** 22).

4. Die Haftung für den Schaden, den der Versicherungsnehmer infolge eines Zusammenstoßes von Schiffen dadurch erleidet, daß er den einem Dritten zugefügten Schaden zu ersetzen hat, gilt nur für den Zusammenstoß von Schiffen, nicht von anderen Fahrzeugen. Sie entstammt dem Seerecht (§ 820 Ziff. 7 HGB.). Für die Schadensersatzpflicht sind § 92 BSchG., §§ 734—739 HGB. maßgebend. Ein Schadensersatzanspruch des Schiffseigners ist nicht gegeben, wenn ein anderes ihm gehöriges Schiff durch Schuld der Besatzung den Zusammenstoß herbeiführt. RG. **45** 50; **51** 362. Die Versicherung ist im Umfange des Abs. 2 Satz 2 zugleich Haftpflichtversicherung; zum Teil sind die für diese geltenden Grundsätze hierher zu übertragen, so z. B. § 153 über die Anzeigepflicht, ferner der, daß der Versicherer Feststellung der Ersatzpflicht in einem auf seine Rechnung zu führenden Prozesse des Versicherungsnehmers verlangen darf (RG. **38** 55). Der Kollisionsschaden ist auf Schiff und Fracht zu verteilen und von dem Kasko- und dem Frachtversicherer anteilig zu tragen (RG. **38** 60). Ist die Versicherung besonders gegen die Schadensersatzpflicht aus Zusammenstößen genommen, so gelten die Regeln der Haftpflichtversicherung (RG. 47 168; 50 158). Gründet sich die Haftpflicht des Versicherungsnehmers auf eine andere Tatsache als einen Schiffszusammenstoß, z. B. auf das Anrennen des Schiffes gegen einen Pier oder eine Hafenmauer, so haftet der Versicherte nicht (RG. 35 113). — Über Berge- und Hilfslohn Anm. 4 zu § 133.

§ 130. Der Versicherer haftet nicht für einen Schaden, der von dem Versicherungsnehmer vorsätzlich oder fahrlässig verursacht wird. Er hat jedoch den von dem Versicherungsnehmer durch eine fehlerhafte Führung des Schiffes verursachten Schaden zu ersetzen, es sei denn, daß dem Versicherungsnehmer eine bösliche Handlungsweise zur Last fällt.

1. § 130 weicht von den allgemeinen Bestimmungen in § 61 insofern ab, als nach § 61 der Versicherer von der Verpflichtung zur Leistung frei ist, wenn der Versicherungsnehmer den Versicherungsfall vorsätzlich oder grob fahrlässig herbeiführt. Ob der Schiffseigner oder der Absender der Güter Versicherungsnehmer ist, bleibt außer Betracht.

2. Der Versicherer trägt also die Gefahr des sogenannten nautischen Verschuldens (BSchG. § 4 Abs. 2), ausgenommen den Fall des böswilligen Verhaltens. Zum Begriffe der Böswilligkeit, die über den Vorsatz hinausgeht und auch den äußersten Grad grober Fahrlässigkeit (luxuria) mitumfaßt BSchG. § 75; HGB. § 202; ROHG. 17 301; RG. 1 22. Wem die nautische Führung obliegt, kann zweifelhaft sein, so wenn mehrere Schiffe zu einem Schleppzuge vereinigt sind (RG. 50 305). Den Gegensatz zu dem nautischen Verschulden bildet das sogenannte administrative Verschulden des Schiffers. ROHG. 17 344; 18 290; BA. 10 42.

§ 131. Bei der Versicherung von Gütern haftet der Versicherer nicht für einen Schaden, der von dem Absender oder dem Empfänger in dieser Eigenschaft vorsätzlich oder fahrlässig verursacht wird.

Das Gleiche gilt von einem Schaden, der durch die natürliche Beschaffenheit der Güter, namentlich durch inneren Verderb, Schwinden, gewöhnliche Leckage, sowie durch mangelhafte Verpackung der Güter oder durch Ratten oder Mäuse verursacht wird; ist jedoch die Reise durch einen Unfall, für den der Versicherer haftet, ungewöhnlich verzögert worden, so fällt der Schaden dem Versicherer insoweit zur Last, als er infolge der Verzögerung eingetreten ist.

1. § 131 gibt sachlich die Vorschriften des § 821 Nr. 3, 4 HGB. wieder. Der Absender oder Empfänger muß in d i e s e r Eigenschaft den Schaden verursacht haben. In Betracht kommen hierbei, wie sich aus § 134 ergibt, nur Schäden, die sich zwischen der Annahme durch den Frachtführer und der Ablieferung an den Empfänger ereignet haben. Der Absender läßt beispielsweise versicherte Güter schuldhafter Weise mit feuergefährlichen Gegenständen verladen, infolgedessen ereignet sich unterwegs ein Unfall. Wallmann **40** 35, 86; JW. **06** 12.

2. Gewöhnliche Leckage im Gegensatze zur außergewöhnlichen: § 106 der Allg. Seeversicherungsbedingungen; RG. **56** 400; VA. **04** 40.

3. Die Abgrenzung des Schadens ist vielfach sehr schwierig. VA. **06*** 29.

§ 132. Bei der Versicherung eines Schiffes haftet der Versicherer nicht für einen Schaden, der daraus entsteht, daß das Schiff in einem nicht fahrtüchtigen Zustand oder nicht gehörig ausgerüstet oder bemannt die Reise antritt.

Das Gleiche gilt von einem Schaden, der nur eine Folge der Abnutzung des Schiffes im gewöhnlichen Gebrauch ist oder nur durch Alter, Fäulnis oder Wurmfraß verursacht wird.

1. Auch die Fälle, in denen nach § 132 bei der Schiffsversicherung die Verbindlichkeit des Versicherers zum Schadensersatz ausgeschlossen bleiben soll, sind § 821 Nr. 1, 2 HGB. entnommen. Bei der Versicherung von Gütern trägt der Versicherer auch diese Gefahren. RG. 7 5; Bolze 12 Nr. 482; SeuffA. 47 Nr. 50; BA. 05* 111. Nicht berücksichtigt ist die Vorschrift des Handelsgesetzbuchs, nach welcher der Versicherer einen Schaden nicht zu ersetzen hat, der daraus entsteht, daß das Schiff ohne die gehörigen Papiere in See gesandt ist (Begr. S. 132). Über das Fehlen der erforderlichen Begleitpapiere Begr. S. 132.

2. Für außergewöhnliche Abnutzung haftet der Versicherer.

§ 133. Die Versicherung gegen die Gefahren der Binnenschiffahrt umfaßt die Beiträge zur großen Haverei. Sind ausschließlich Güter des Schiffseigners verladen, so umfaßt die Versicherung auch die Aufopferungen, welche zur großen Haverei gehören würden, wenn das Eigentum an den Gütern einem anderen zustände.

Die Vorschriften der §§ 835 bis 839 des Handelsgesetzbuchs finden entsprechende Anwendung. Eine vom Schiffer aufgestellte Dispache ist für den Versicherer nur verbindlich, wenn er der Aufstellung durch den Schiffer zugestimmt hat.

1. Abs. 1 Satz 1 entspricht § 834 Nr. 1 HGB. Große Haverei hat zur Voraussetzung eine unmittelbar drohende, gegenwärtige, gemeinsame Gefahr für Schiff und Ladung BA. 09* 67. Über Schiff und Fracht als Havariebeteiligte BA. 11* 82. Die Grundsätze über die Verteilung der Haverei enthalten §§ 78 ff. BSchG. Auch insoweit schließt die Transportversicherung eine Haftpflichtversicherung in sich. Die besondere Haverei (§ 78 Abs. 3 a. a. O.) trifft selbstverständlich den Versicherer. Auch bei Totalverlust (§ 146) kann besondere Haverei vorliegen. BA. 06* 131.

2. Abs. 1 Satz 2 entspricht § 834 Nr. 2 HGB. Es wird hier

große Haverei fingiert und der Schaden zwischen Kasko und Ladung und ihren Versicherern verteilt. Liegt Unterversicherung vor, so greift § 56 Platz, derzufolge der Versicherer den Schaden nur nach dem Verhältnisse der Versicherungssumme zum Versicherungsgesetze zu ersetzen hat.

3. Der Versicherer haftet nur, soweit überhaupt ein Versicherungsfall vorgelegen hat (§ 836 HGB.). Die ordnungsmäßig aufgemachte Dispache ist grundsätzlich dem Versicherer gegenüber maßgebend (§§ 835, 837). Der Versicherer haftet auch für den Ausfall, den der Versicherungsnehmer an den ihm zugesprochenen Havereibeiträgen erlitten hat (§ 838), und für den ganzen Schaden, wenn die Aufmachung der Dispache ohne Verschulden des Versicherungsnehmers unterblieben ist (§ 839). Wichtig ist, daß der in der Dispache zugrunde gelegte Wert ohne Rücksicht auf den Versicherungswert maßgebend ist (§ 835 Abs. 1 u. f.). Die Aufstellung der Dispache ist an sich Sache des Schiffers (§ 87 BSchG.); hiervon macht Abs. 2 Satz 2 im Interesse des Versicherers eine Ausnahme. BA. **09*** 67. Über das für die Dispache maßgebende örtliche Recht RG. **32** 6; **38** 3.

4. Berge- und Hilfslohn gehen zu Lasten des Versicherers. Sie sind auch zu zahlen, wenn das rettende und das gerettete Schiff demselben Schiffseigner gehören. RG. **32** 4; **58** 190; Wallmann **39** 2231.

§ 134. Die Versicherung von Gütern erstreckt sich auf die ganze Dauer der versicherten Reise.

Die Versicherung beginnt mit dem Zeitpunkt, in welchem die Güter von dem Frachtführer zur Beförderung oder, wenn die Beförderung nicht sofort erfolgen kann, zur einstweiligen Verwahrung angenommen werden. Sie endigt mit dem Zeitpunkt, in welchem die Güter dem Empfänger am Ablieferungsort abgeliefert oder, wenn sich ein Ablieferungshindernis ergibt, rechtmäßig hinterlegt oder verkauft werden.

1. §§ 134—137 beziehen sich auf die Güter, §§ 138, 139 auf die Schiffsversicherung.

2. Durch einen Aufenthalt, den die Beförderung erleidet, wird die Versicherung nicht unterbrochen (Begr. S. 133). Bolze 13 Nr. 475. Dies gilt aber nur, wenn die Verzögerung nicht auf einem Umstande beruht, den der Versicherungsnehmer zu vertreten hat. Zum Begriffe der versicherten Reise RG. 7 27; 13 86.

3. Abs. 2 Satz 1 weicht von § 824 Abs. 1 HGB.: „wenn die Güter . . . vom Lande scheiden" ab. VA. 06* 69. Für die Binnenversicherung RG. 31 50; 39 195; Bolze 13 Nr. 469; SeuffA. 49 Nr. 43. Die Versicherung umfaßt nach § 132 auch das sogenannte Kairisiko. Bolze 19 Nr. 595.

4. Auch Abs. 2 Satz 2 regelt das Ende der Versicherung anders als § 824 Abs. 1 HGB.: „mit dem Zeitpunkt, in welchem die Güter... wieder an das Land gelangen". Bei dem Vorliegen eines Ablieferungshindernisses ist die Dauer der Haftung verschieden. Erhält der Frachtführer von dem Absender die Weisung, das Gut an einen Dritten abzuliefern, so gilt nunmehr dieser als Empfänger und die Versicherung endigt mit der Ablieferung des Gutes an ihn. Jedoch kann, wie sich schon aus Abs. 1 ergibt, der Absender durch die Bezeichnung eines anderen Empfängers die Haftung des Versicherers nicht auf eine Reise erstrecken, für welche die Versicherung nicht genommen ist. Der Versicherer wird deshalb frei, sobald die Güter, um in die Hände eines solchen Empfängers zu gelangen, von dem ursprünglichen Bestimmungsorte nach einem anderen Orte weiterbefördert werden, und ebensowenig haftet er, wenn sich der Absender die Güter wieder zusenden läßt, für die Rückbeförderung (Begr. S. 133). Über Verkauf und Hinterlegung durch den Frachtführer § 437 HGB.; §§ 52—54 BSchG.; Eisenbahnverkehrsordnung § 70; sie müssen rechtmäßig erfolgt sein, d. h. es müssen die Voraussetzungen des § 437 Abs. 1, 2, § 52 Abs. 1, 2 vorliegen.

§ 135. Unter die Versicherung gegen die Gefahren der Beförderung von Gütern auf Eisenbahnen fällt auch die Beförderung zur Eisenbahn sowie die Beförderung von der Eisenbahn an den Empfänger, wenn sie durch die Eisenbahnverwaltung oder unter ihrer Verantwortlichkeit erfolgt.

1. Über die Beförderung durch bahnamtliche Rollfuhrunternehmer § 68 Abs. 3 Eisenbahnverkehrsordnung. Die Versicherung gilt also auch, während die Güter bei der Bahn lagern, abgesehen von dem Fall eines Ablieferungshindernisses; § 70 Abs. 2 Eisenbahnverkehrsordnung. Begr. S. 134.

§ 136. Sind Güter gegen die Gefahren der Beförderung auf Binnengewässern versichert, so trägt der Versicherer die Gefahr der Benutzung von Leichterfahrzeugen bei der Verladung oder der Ausladung, wenn die Benutzung ortsüblich ist.

1. § 136 entspricht § 824 Abs. 3 HGB. Selbstverständlich haftet der Versicherer, wenn die Umladung in Leichterfahrzeuge infolge eines Unfalls notwendig wird (§ 137 Abs. 2 S. 1). Als „Leichter" ist jedes Schiff anzusehen, das den Transport des versicherten Gutes vom Lande nach dem zur Ausführung des Transports bestimmten Schiffe besorgt. VA. **07*** 80.

§ 137. Werden die versicherten Güter in anderer Art als mit dem Schiffe befördert, mit welchem sie nach dem Versicherungsvertrage befördert werden sollen, so haftet der Versicherer nicht.

Werden jedoch die Güter nach dem Beginne der Versicherung infolge eines Unfalls, für den der Versicherer haftet, mit einem anderen als dem im Versicherungsvertrage bestimmten Schiffe oder zu Lande befördert, so fällt die Beförderung unter die Versicherung. Das Gleiche gilt, wenn nach dem Beginne der Versicherung ohne Zustimmung des Versicherungsnehmers die Beförderung geändert oder die Reise des Schiffes aufgegeben wird.

Die Versicherung umfaßt in den Fällen des Abs. 2 die Kosten der Umladung und der einstweiligen Lagerung sowie die Mehrkosten der Weiterbeförderung.

1. Abs. 1 entspricht § 816 Satz 1, Abs. 2 § 816 Satz 2, § 828 Abs. 2 Satz 1, Abs. 3 § 828 Abs. 2 Satz 2. Es handelt sich in § 137 um einen Fall der Gefahrerhöhung; Abs. 2 Satz 1 ergibt sich als Folgerung aus § 26. Nicht unter § 137 fällt die Änderung des Reiseweges. Über diesen Unterschied RG. 25 92; 48 10. Wird die Reise aufgegeben, so tritt der Endhafen an die Stelle des Bestimmungshafens (§ 828 Abs. 1 HGB.; unten § 138). Ist der Versicherungsnehmer Schiffseigner, so hat er für die Entschließungen des Schiffers einzustehen und kann nicht geltend machen, daß die Änderung ohne seine Zustimmung (Abs. 2 Satz 2) erfolgt sei. Für die in Abs. 3 bezeichneten Mehrkosten haftet der Versicherer, jedoch nicht über die Versicherungssumme hinaus. Liegt Unterversicherung vor, so treffen, wie sich aus Abs. 3 im Zusammenhange mit § 56 ergibt, die Kosten den Versicherten nur zu einem verhältnismäßigen Teile (Begr. S. 135).

2. Über die sogenannte Eskalenklausel, nach der dem Versicherungsnehmer die Wahl zwischen verschiedenen Bestimmungshäfen und die Bestimmung der Reihenfolge des Anlaufens überlassen bleibt RG. 3 142.

§ 138. Die Versicherung eines Schiffes beginnt, wenn sie für eine Reise genommen ist, mit dem Zeitpunkt, in welchem mit der Einnahme der Ladung angefangen wird, oder, wenn keine Ladung einzunehmen ist, mit der Abfahrt. Sie endigt mit dem Zeitpunkt, in welchem die Löschung der Ladung am Bestimmungsorte beendigt ist, oder, wenn keine Ladung zu löschen ist, mit der Ankunft am Bestimmungsorte. Wird die Löschung von dem Versicherungsnehmer ungebührlich verzögert, so endigt die Versicherung mit dem Zeitpunkt, in welchem die Löschung beendigt sein würde, falls die Verzögerung nicht stattgefunden hätte.

Wird vor der Beendigung der Löschung für eine neue Reise Ladung eingenommen, so endigt die Versicherung mit dem Zeitpunkt, in welchem mit der Einnahme angefangen wird.

Wird nach dem Beginne der Versicherung die versicherte Reise aufgegeben, so tritt in Ansehung der Beendigung der Versicherung der Ort, wo die Reise aufhört, an die Stelle des Bestimmungsorts.

1. § 138 ist § 823 und § 828 Abs. 1 HGB. nachgebildet. Ungebührliche Verzögerung der Löschung §§ 48 ff. BSchG. Die Einnahme von Ballast wird der Einnahme von Ladung regelmäßig gleichstehen. Die Fahrt mit Ballast ist für Binnenschiffe ohne praktische Bedeutung. Gefahr einer Zureise in Ballast trifft den Frachtversicherer an sich nicht, sondern nur, wenn auch die Zureise versichert ist. VA. **08*** 107.

§ 139. Ist ein auf Zeit versichertes Schiff bei dem Ablaufe der vereinbarten Versicherungszeit unterwegs, so gilt das Versicherungsverhältnis als verlängert bis zur Ankunft des Schiffes am nächsten Bestimmungsort und, falls an diesem gelöscht wird, bis zu dem nach § 138 für die Beendigung der Versicherung maßgebenden Zeitpunkte. Der Versicherungsnehmer kann die Verlängerung, solange das Schiff noch nicht unterwegs ist, durch eine gegenüber dem Versicherer abzugebende Erklärung ausschließen.

1. Für Beginn und Ende einer Versicherung auf Zeit ist die allgemeine Vorschrift des § 7 maßgebend. Die in § 139 für einen besonderen Fall getroffene Regelung entspricht § 831 Abs. 1

HGB. Daß die Prämie bei Verlängerung der Versicherung (weiter zu entrichten ist (§ 831 Abs. 2), versteht sich von selbst (Begr. S. 136).

§ 140. Als Versicherungswert der Güter gilt der gemeine Handelswert und in dessen Ermangelung der gemeine Wert, den die Güter am Orte der Absendung in dem Zeitpunkte haben, welcher nach den §§ 134 bis 136 für den Beginn der Versicherung maßgebend ist, unter Hinzurechnung der Versicherungskosten sowie derjenigen Kosten, welche bis zur Annahme der Güter durch den Frachtführer entstehen.

Der sich nach Abs. 1 ergebende Wert der Güter gilt auch bei dem Eintritte des Versicherungsfalls als Versicherungswert.

Haben die Güter eine Beschädigung erlitten, so ist bei der Berechnung des Schadens festzustellen, in welchem Verhältnisse der Handelswert oder gemeine Wert, den die Güter im unbeschädigten Zustand am Ablieferungsorte haben würden, zu dem Werte steht, den sie dort im beschädigten Zustande haben; ein diesem Verhältnis entsprechender Bruchteil des Versicherungswerts gilt als Betrag des Schadens.

1. Maßgebend ist zunächst der Wert des versicherten Interesses, das nicht mit dem Eigentümerinteresse übereinzustimmen braucht. Nur soweit es hiernach auf die Ermittelung des Wertes der versicherten Sachen ankommt, gelten §§ 140 ff. Abs. 1 enthält eine Ausnahme von § 52 und stimmt mit § 799 HGB. überein, vgl. §§ 430, 611 HGB. Der Handelswert wird durch den Marktpreis, der gemeine Wert durch den unter normalen Verhältnissen zu erzielenden Verkaufspreis bestimmt. Nicht der Zeitpunkt des Vertragsschlusses ist maßgebend, sondern der Beginn der Gefahr. Von dem Betrage des sich hieraus ergebenden Wertes hängt es

also namentlich ab, ob gemäß § 51 Abs. 1 oder § 60 Abs. 1 ein Anspruch auf Herabminderung der Versicherungssumme wegen Überversicherung oder Doppelversicherung geltend gemacht werden kann (Begr. S. 137).

2. Der gleiche nach Abs. 1 sich ergebende Wert gilt bei dem Eintritte des Versicherungsfalls als Versicherungswert. Änderungen des Versicherungswertes während der Dauer der Versicherung bleiben also ohne Einfluß.

3. Abs. 3 ist § 875 HGB. nachgebildet. „Die Ermittelung des Wertes, welchen die Güter im beschädigten Zustande haben, erfolgt durch öffentlichen Verkauf oder, wenn der Versicherer einwilligt, durch Abschätzung" § 875 Abs. 2; ROHG. **24** 395; Bolze **2** Nr. 1058. Nach § 875 Abs. 3 trägt der Versicherer außerdem die Besichtigungs-, Abschätzungs- und Verkaufskosten. Sehr wichtig ist in der Transportversicherung die Unterscheidung zwischen Totalverlust und Teilverlust; vielfach wird vertragsmäßig die Haftung für Teilverlust ganz oder mit Ausnahme bestimmter Fälle ausgeschlossen. Über diese Unterscheidung RG. **13** 122; **15** 161; SeuffA. **11** Nr. 170; **34** Nr. 325.

§ 141. Als Versicherungswert des Schiffes gilt der Wert, den das Schiff bei dem Beginne der Versicherung hat. Dieser Wert gilt auch bei dem Eintritte des Versicherungsfalls als Versicherungswert.

Bei einer Beschädigung des Schiffes gelten, falls das Schiff ausbesserungsfähig ist, die nach den §§ 709, 710 des Handelsgesetzbuchs zu berechnenden Ausbesserungskosten als Betrag des Schadens.

1. § 141 Abs. 1 entspricht § 795 HGB. Der gemeine Wert ist nicht entscheidend. Der Ersatz, den der Versicherer bei gänzlichem Verluste des Schiffes zu leisten hat, besteht in der vollen Höhe jenes Wertes, wenn zugleich die Versicherungssumme nicht niedriger ist, in einem verhältnismäßigen Bruchteil des Wertes, wenn Unterversicherung vorliegt (Begr. S. 137).

2. Im Anschluß an § 872 HGB. sieht Abs. 2 vor, daß die Ausbesserungskosten als Betrag des Schadens zu gelten haben. Inwieweit dieser Schaden von dem Versicherer zu erstatten oder von dem Versicherungsnehmer zu tragen ist, bestimmt sich nach dem Verhältnisse des Versicherungswerts des Schiffes zu der Versicherungssumme. Nach §§ 709, 710 HGB., § 85 BSchG. sind die Ausbesserungskosten durch Sachverständige am Orte der Ausbesserung oder am Orte der Beendigung der Reise zu schätzen; ist die Aufnahme einer Taxe nicht ausführbar, so entscheidet der Betrag der für die Ausbesserung wirklich verwendeten Kosten. Der so ermittelte volle Betrag der Ausbesserungskosten gilt als Schaden, wenn das Schiff zur Zeit des Unfalls noch nicht ein volles Jahr zu Wasser war. Dasselbe gilt von einzelnen Teilen des Schiffes, wenn diese noch nicht ein volles Jahr in Gebrauch waren. Im übrigen sind abzuziehen: 1. der Unterschied zwischen alt und neu (1/3 der Ausbesserungskosten, 1/6 bei den Ankerketten, nichts bei den Ankern), 2. der volle Erlös oder Wert der noch vorhandenen alten Stücke, welche durch neue ersetzt oder zu ersetzen sind. Finden beide Abzüge statt, so ist zunächst der Abzug zu 2, von dem Restbetrage der zu 1 zu machen. Der Anspruch des Versicherungsnehmers ist nicht davon abhängig, daß die Ausbesserung tatsächlich ausgeführt wird. Kosten der Verbringung nach dem Reparaturhafen SeuffA. 42 113, des Anlandziehens Wallmann 39 581.

§ 142. Bei der Versicherung von Gütern ist der Versicherer nicht berechtigt, das Versicherungsverhältnis wegen einer unabhängig von dem Willen des Versicherungsnehmers eingetretenen Erhöhung der Gefahr oder wegen einer Veräußerung der versicherten Güter zu kündigen. Der Versicherungsnehmer ist nicht verpflichtet, eine solche Gefahrerhöhung oder eine Veräußerung dem Versicherer anzuzeigen.

1. Der Versicherer kann sich, wenn unabhängig von dem Willen

20*

des Versicherungsnehmers eine Erhöhung der Gefahr eintritt (§ 27 Abs. 1) oder wenn die versicherte Sache veräußert wird (§ 70 Abs. 1), dadurch von der Haftung befreien, daß er das Versicherungsverhältnis unter Einhaltung einer einmonatlichen Frist kündigt. Aus naheliegenden Gründen können diese Bestimmungen bei der Transportversicherung nicht oder nur unter Einschränkungen zur Anwendung kommen. Damit werden auch die Bestimmungen der §§ 27 Abs. 2, 28, 71 gegenstandslos. Gleichgültig ist es, ob die Versicherung auf Zeit oder für einen bestimmten Transport genommen ist, und ob die Gefahrerhöhung oder Veräußerung vor Antritt der Reise, ja selbst vor Beginn der Versicherung erfolgt ist. Selbstverständlich gilt § 142 nur, insoweit der Versicherer überhaupt haftet; ist z. B. das Kriegsrisiko nicht übernommen, so kann nicht bei Ausbruch eines Krieges der Versicherer gemäß § 142 haftbar gemacht werden. Von der Zwangsversteigerung muß dasselbe gelten wie von der Veräußerung.

§ 143. Wird bei der Versicherung eines Schiffes das Versicherungsverhältnis, während das Schiff unterwegs ist, von dem Versicherer wegen einer unabhängig von dem Willen des Versicherungsnehmers eingetretenen Erhöhung der Gefahr oder wegen Veräußerung des Schiffes gekündigt, so wirkt die Kündigung nicht vor der Beendigung der Reise. Tritt während des bezeichneten Zeitraums ein Versicherungsfall ein, so wird die Verpflichtung des Versicherers zur Leistung nicht dadurch berührt, daß die Anzeige der Gefahrerhöhung oder der Veräußerung unterblieben ist.

Ist die Verpflichtung zur Anzeige schon vor dem Beginne der Reise verletzt, so finden die Vorschriften des Abs. 1 nur Anwendung, wenn die Gefahrerhöhung oder die Veräußerung dem Versicherer vor dem Beginne der Reise bekannt geworden ist.

Bei einer Zwangsversteigerung des versicherten Schiffes finden die Vorschriften über die Veräußerung entsprechende Anwendung.

1. Ebenso wie in § 142 kommt es nicht darauf an, ob die Versicherung auf Zeit oder für eine bestimmte Reise genommen ist. Die entgegen § 143 erfolgte Kündigung ist nicht nichtig, sie wird mit der Beendigung der Reise wirksam. Dies gilt auch, wenn die Beendigung vorzeitig erfolgt, sei es selbst infolge eines Umstandes, für den der Versicherer haftet.

2. Dem Versicherungsnehmer steht der Gegenbeweis offen, daß dem Versicherer die Gefahrerhöhung oder Veräußerung vor Beginn der Reise (nicht: Beginn der Versicherung) bekannt geworden ist, sei es durch Anzeige des Versicherungsnehmers, sei es auf anderem Wege. Jedoch kann nur eine solche Kenntnis in Betracht kommen, die so rechtzeitig erlangt ist, daß der Versicherer noch vor Beginn der Reise kündigen konnte (Begr. S. 139).

§ 144. Aufwendungen, die der Versicherungsnehmer gemäß § 62 zur Abwendung oder Minderung des Schadens macht, fallen, soweit der Versicherungsnehmer sie für geboten halten durfte, dem Versicherer ohne Rücksicht darauf zur Last, ob sie zusammen mit der übrigen Entschädigung die Versicherungssumme übersteigen.

Sind Aufwendungen zur Abwendung oder Minderung oder zur Ermittelung und Feststellung eines Schadens oder zur Wiederherstellung oder Ausbesserung der durch einen Versicherungsfall beschädigten Sache gemacht oder Beiträge zur großen Haverei geleistet oder ist eine persönliche Verpflichtung des Versicherungsnehmers zur Entrichtung solcher Beiträge entstanden, so haftet der Versicherer für den Schaden, der durch einen späteren Versicherungsfall verursacht wird, ohne Rück-

sicht auf die ihm zur Last fallenden früheren Aufwendungen und Beiträge.

1. Der Grundsatz des § 50, daß der Versicherer nur bis zur Höhe der Versicherungssumme haftet, erleidet bereits durch § 63 eine Ausnahme; durch Abs. 1 wird er noch weitergehend durchbrochen, indem hier alle vom Versicherungsnehmer notwendig aufgewendeten Rettungskosten ohne Rücksicht auf die Höhe der Versicherungssumme dem Versicherer zur Last gelegt werden. Vgl. §§ 834 Nr. 3, 840 HGB. Über Kosten der Bergung des gesunkenen Schiffes Bolze **6** Nr. 588; Wallmann **40** 17.

2. Für die Kosten der Ermittelung und Feststellung gilt § 66, der Versicherer haftet also nur bis zur Höhe der Versicherungssumme. Anders §§ 834 Ziff. 4, 840 HGB.

3. Vorausgesetzt wird in Abs. 2, daß der Versicherer für die Beiträge zur großen Haverei haftet (§ 133). Sie stehen den Rettungskosten gleich. Eine persönliche Verpflichtung zur Entrichtung wird nach § 90 Abs. 2 BSchG. nur für den Empfänger beitragspflichtiger Güter, wenn ihm bei deren Annahme die Beitragspflicht bekannt war, und nur in Höhe des aus den Gütern zu erzielen gewesenen Beitrags begründet.

4. Abs. 2 gilt nur für die hier bezeichneten Aufwendungen und Beiträge, nicht für die Ersatzleistung selbst, zu der also die Havereibeiträge nicht zu rechnen sind. Bei den Ausbesserungskosten kommt es darauf an, ob sie den zu ersetzenden Schaden selbst bilden (nach § 141 Abs. 2) oder zur Abwendung oder Minderung des Schadens aufgewendet worden sind. Vgl. §§ 50, 95, 112, 119.

§ 145. Der Versicherer ist nach dem Eintritt eines Versicherungsfalls berechtigt, sich durch Zahlung der Versicherungssumme von allen weiteren Verbindlichkeiten zu befreien. Der Versicherer bleibt jedoch zum Ersatze der Kosten verpflichtet, welche zur Abwendung oder Minderung des Schadens oder zur Wiederher-

stellung oder Ausbesserung der versicherten Sache verwendet worden sind, bevor seine Erklärung, daß er sich durch Zahlung der Versicherungssumme befreien wolle, dem Versicherungsnehmer zugegangen ist.

1. Satz 1 entspricht § 841 HGB. Das Recht des Versicherers besteht nur nach Eintritt eines Versicherungsfalls. Eine Frist für die Ausübung des Wahlrechts ist nicht vorgeschrieben, anders § 842 HGB.

2. Zu Satz 2 ist § 841 Abs. 4 HGB. zu vergleichen. Das Zugehen der Erklärung entscheidet; ob der Versicherungsnehmer noch in der Lage ist, weitere Aufwendungen zu verhindern, ist unerheblich. Auf die Kosten zur Ermittelung und Feststellung des Schadens bezieht sich die Bestimmung nicht.

§ 146. Bei der Versicherung gegen die Gefahren der Binnenschiffahrt hat der Versicherungsnehmer jeden Unfall, der das Schiff oder die Ladung trifft, auch wenn dadurch ein Entschädigungsanspruch für ihn nicht begründet wird, dem Versicherer unverzüglich anzuzeigen, sofern der Unfall für die von dem Versicherer zu tragende Gefahr von Erheblichkeit ist.

1. § 146 geht weiter als § 33 Abs. 1, er legt aber dem Versicherungsnehmer nicht die Verpflichtung auf, dem Versicherer jedweden Unfall anzuzeigen (Begr. S. 141). Seine Bestimmung ergibt sich schon aus den Vorschriften über die Gefahrerhöhung. Sie ist wichtig namentlich für die Fälle, in denen der Versicherer für Beschädigung vertragsmäßig nicht haftet. Totalverlust eines Schiffes liegt nur dann vor, wenn es unrettbar, d. h. ohne Aussicht auf Wiedererlangung untergegangen ist; er wird nicht dadurch ausgeschlossen, daß einzelne Teile des Wracks oder des Inventars gerettet sind. VA. 04 154. Er umfaßt auch solche Fälle, wo durch juristische Vorgänge (Preisgabe des Schiffs durch den Reeder aus freier Entschließung) der Wert des Gegenstandes dem Versicherten völlig entzogen ist. VA. 11* 37.

§ 147. Ist die Versicherung für eine Reise genommen, die teils zur See, teils auf Binnengewässern oder zu Lande ausgeführt wird, so finden auf die Versicherung, auch soweit sie die Reise auf Binnengewässern oder zu Lande betrifft, die Vorschriften des Handelsgesetzbuchs über die Seeversicherung entsprechende Anwendung. Unberührt bleiben die Vorschriften des § 133 Abs. 2 Satz 2, des § 134 Abs. 2 und des § 135 über die Dispache des Schiffers, über den Beginn und das Ende der Versicherung sowie über die Haftung des Versicherers für die Beförderung zu und von der Eisenbahn.

1. Bei Versicherung einer Reise, die teils zur See, teils zu Lande oder auf Binnengewässern ausgeführt wird (durchgehende oder durchstehende Police), müßten teils die Vorschriften des HGB. über die Seeversicherung, teils die Vorschriften des VVG. Anwendung finden. Im Interesse einer übersichtlicheren Rechtslage bestimmt § 147, daß die Bestimmungen des HGB. auf die ganze Reise Anwendung finden, sofern nicht in einzelnen Beziehungen (Satz 2) von den für die Binnentransportversicherung geltenden Vorschriften abgesehen werden kann. VA. **09*** 66. Über den Begriff von Schiff und Fracht als Havariebeteiligte beim Durchkonnossement VA. **11*** 82.

§ 148. Die Vorschrift des § 67 Abs. 1 Satz 2 findet auf die Transportversicherung keine Anwendung.

1. Nach § 67 Abs. 1 Satz 1 gehen Ansprüche auf Ersatz des Schadens, die dem Versicherungsnehmer gegen einen Dritten zustehen, insoweit auf den Versicherer über, als dieser dem Versicherungsnehmer den Schaden ersetzt, und nach Satz 2 ebenda kann dieser Übergang nicht zum Nachteile des Versicherungsnehmers geltend gemacht werden. Diese Einschränkung paßt nicht für die Transportversicherung, da bei ihr einmal in erheblichem

Umfange teilweise Selbstversicherung vereinbart wird und da ferner bei ihr Ersatzansprüche gegen Dritte eine nicht unbedeutende Rolle spielen und schon für die Prämienberechnung von Einfluß sind. KB. I S. 96. Aus diesen Erwägungen heraus wurde auf Veranlassung der Reichstagskommission der jetzige § 148 in das Gesetz eingefügt.

Sechster Titel.

Haftpflichtversicherung.

Vorbemerkungen. 1. In den §§ 149—152 werden Begriff und Umfang der Haftpflichtversicherung, in den §§ 153—158 die beiderseitigen Rechte und Pflichten nach Eintritt des Versicherungsfalls behandelt.

2. Die Haftpflichtversicherung ist Schadensversicherung (nicht bloße Rechtsschutzversicherung VA. 09* 58; Begr. S. 146), die sich, abgesehen von der zu der Transportversicherung gehörigen Bestimmung des § 129 Absatz 2 Satz 2 (vgl. auch aus der Viehversicherung § 128 Abs. 1 Satz 2), vornehmlich aus Anlaß des Reichshaftpflichtgesetzes vom 7. Juni 1871 entwickelt hat. Man versteht unter Haftpflichtversicherung die Versicherung gegen einen Vermögensschaden, der dem Versicherungsnehmer dadurch erwächst, daß er kraft gesetzlicher Vorschrift oder auf Grund eines Vertrages einem Dritten haftpflichtig wird (Begr. S. 143). Der Betrieb der Haftpflichtversicherung ist den Versicherungsvereinen auf Gegenseitigkeit und den Aktiengesellschaften vorbehalten (§ 6 VAG., Übergangsbestimmungen §§ 101 ff.).

Die Haftpflichtversicherung umfaßt nach dem VVG. zweierlei:

3. a) Die Ersatzpflicht im Sinne des § 149. Sie trifft Haftpflichtansprüche wegen „Personenschäden“, d. h. wegen Tötung, Verletzung des Körpers oder Beschädigung der Gesundheit eines Menschen, wegen „Sachschäden“, d. h. wegen Beschädigung, Vernichtung oder Verlust einer fremden Sache (körperliche Gegenstände jeder Art einschließlich der Tiere), wegen sonstiger „Ver-

mögensschäden", d. h. wegen einer Vermögenseinbuße, die weder durch eine Personen- noch durch eine Sachbeschädigung herbeigeführt ist. Die Haftpflichtversicherung wegen Vermögensschädigung wird gegen die Folgen der in Ausübung des Berufs oder Amtes erwachsenden Haftpflicht gewährt. Sie kommt also für Beamte, Offiziere, Rechtsanwälte, Notare, Vormünder, Konkursverwalter usw. in Betracht, welche infolge fahrlässiger Verletzung der ihnen obliegenden Amts- und Berufspflichten oder infolge ordnungswidriger Ausführung übernommener Aufträge Dritten einen Vermögensnachteil zugefügt haben. Die Verpflichtung des Versicherungsnehmers kann auf Gesetz (z. B. die Haftpflicht der Hauseigentümer [§ 836 BGB.], Gastwirte [§ 701 BGB.], Tierhalter [§ 833 BGB.], Halter eines Kraftfahrzeuges [Gesetz vom 3. Mai 1909, §§ 7 ff.], Konkursverwalter [§ 82 KO.] u. a. m.) oder auf Vertrag (VA. **11*** 29) beruhen. Fälle der letzteren Art sind z. B. Haftpflichtverbindlichkeiten, welche aus den Garantieverträgen erwachsen, welche ein Bauunternehmer mit dem Bauherrn (z. B. mit einer Gemeinde) für den Fall der Beschädigung von Passanten abschließt. Der Versicherungsschutz wird weiter gewährt (Fürsorgeversicherung) gegen die Inanspruchnahme von Dienstherren auf Grund gesetzlicher Fürsorgebestimmungen bei Unfällen oder in Fällen der Erkrankungen des in die häusliche Gemeinschaft aufgenommenen Dienstpersonals gegen die dem geschäftlichen Arbeitgeber seinen Angestellten gegenüber obliegenden Verpflichtungen (§ 616 BGB.; § 63 HGB.; § 133 c Gewerbeordnung) und gegen die Reedereien auferlegten Leistungen (§§ 553, 554 HGB.; §§ 59, 64 Seemannsordnung). VA. **09** 180; **11** 99.

4. b) Ersatz der durch die Abwehr des Anspruchs seitens des Dritten erwachsenden gerichtlichen und außergerichtlichen Kosten und zwar unabhängig davon, ob sich der erhobene Anspruch als begründet oder als unbegründet erweist (§ 150 Abs. 1).

5. Man unterscheidet „Vorwärts"- und „Rückwärtsversicherung". Die erste läßt sich weiter einteilen in Versicherung von Schäden, die innerhalb der vereinbarten Vertragsdauer und in

Schäden, die erst nach Ablauf dieser Zeit bekannt werden („Spätschäden"). Für die letzte Gruppe wird auch die Bezeichnung „Anschlußversicherung" gewählt.

6. Über die Allgemeinen Versicherungsbedingungen VA. 10 201, über die allgem. Vers.Bedingungen für Haftpflichtversicherung politischer Gemeinden VA. 10 209, über diejenigen des Automobilversicherungsverbandes VA. 10 244.

§ 149. Bei der Haftpflichtversicherung ist der Versicherer verpflichtet, dem Versicherungsnehmer die Leistung zu ersetzen, die dieser auf Grund seiner Verantwortlichkeit für eine während der Versicherungszeit eintretende Tatsache an einen Dritten zu bewirken hat.

1. Der Versicherungsfall ist eingetreten, sobald ein Dritter gegen den Versicherungsnehmer einen Haftpflichtanspruch erhebt. Der Eintritt der Tatsache, auf welcher diese Haftung beruht, ist nicht Eintritt des Versicherungsfalls. An sich wäre also der Versicherer nicht haftbar, wenn zwar der letzte, nicht auch der erste Zeitpunkt in die Versicherungsdauer fällt. Nach positiver Vorschrift des § 149 ist es jedoch entscheidend, ob die Tatsache, auf der die Haftung des Versicherungsnehmers beruht, in die Versicherungszeit fällt. VA. 10* 68; 11* 29. Daß auch während der Vertragsdauer die Verbindlichkeit gegen den Versicherungsnehmer geltend gemacht oder festgestellt werden muß, wird nicht gefordert. Beispielsweise: der bei der Testamentserrichtung von dem gegen Haftpflichtansprüche versicherten Notar begangene Formfehler löst einen Haftpflichtanspruch zur Zeit des Todes des Erblassers aus. RG. 58 296. Der Versicherer haftet hiernach grundsätzlich nicht, wenn vor Beginn der Versicherung ein Schaden entstanden ist, der erst nach dem Beginne zutage tritt; er haftet, wenn die Tatsache, welche der Versicherungsnehmer zu vertreten hat, in die Versicherungszeit fällt, auch wenn hieraus erst nach Jahren Ansprüche erhoben werden. Der Vertrag kann Gegenteiliges bestimmen. So kann vereinbart werden, daß die Haftung des Ver-

sicherers auf Verbindlichkeiten beschränkt bleibt, die, wenn auch innerhalb der Vertragsdauer entstanden, innerhalb einer bestimmten Frist dem Versicherer angemeldet werden müssen („Spätschäden"). Jedoch darf die Frist nicht zu kurz sein und ihren Lauf nicht vom Ende des Schadensjahres, sondern vom Ende der Vertragsdauer an nehmen. VA. 08 150; 09 181. Nach den üblichen Versicherungsbedingungen beträgt sie ein Jahr; der Versicherer haftet auch für später angezeigte Versicherungsfälle, wenn eine „Anschlußversicherung" genommen ist. Oftmals werden auch Verträge abgeschlossen, bei denen die Tatsachen vor der Versicherungszeit (z. B. die Rückwärtsversicherung von Notaren und Rechtsanwälten) als auch solche, bei denen sie nach ihr (z. B. bei Hausbesitzern für das aus § 836 Abs. 2 BGB. sich ergebende Risiko) entstehen.

2. Die Ersatzpflicht des Versicherers bestimmt sich inhaltlich durch die Leistung, die dem Versicherungsnehmer gegenüber dem Dritten obliegt. So z. B. bei der Haftpflichtversicherung zweier assoziierter Rechtsanwälte: ist ein Klient, der die beiden Anwälte gemeinsam beauftragt hatte, durch ein bei Erledigung dieses Auftrags vorgekommenes Versehen geschädigt worden und nimmt er beide solidarisch in Anspruch, so kann jeder nur die Hälfte des Schadens ersetzt verlangen. VA. 06* 107. Ein weitergehender Schaden, der dem Versicherungsnehmer aus dem Versicherungsfall nur mittelbar erwächst, wird nicht ersetzt (Begr. S. 144). Anderweite Vereinbarungen sind denkbar, z. B. Versicherung gegen den durch einen Haftpflichtfall hervorgerufenen Verlust von Kundschaft bei einem Rechtsanwalt oder Arzte. Der Versicherer muß den Ersatz in Geld leisten (§ 49), auch wenn die Schuld des Versicherungsnehmers gegenüber dem Dritten nicht Geldschuld ist.

3. Nur gegen Ansprüche Dritter wird die Versicherung gewährt. Hat jemand für sich und seine Angestellten (§ 151) Versicherung genommen, so kann er sich nicht wegen des Schadens, den er durch Schuld eines Angestellten erleidet, an den Versicherer halten.

4. Sachlich unbegrenzt wird die Haftpflichtversicherung niemals gewährt. Die Beschränkung liegt entweder darin, daß der Versicherungsnehmer nur für die aus bestimmten Eigenschaften oder Rechtsverhältnissen entspringende Verantwortlichkeit versichert wird. So deckt die Haftpflichtversicherung als Grundstückseigentümer nicht auch die Ansprüche, die gegen ihn als Tierhalter erhoben werden können (BA. 07* 26), desgleichen nicht die Haftpflicht eines Rechtsanwalts seine Haftpflicht als Vermögensverwalter (BA. 08* 24; 09* 56). Beim Zusammentreffen einer versicherten und einer nicht versicherten Tätigkeit entscheidet die überwiegende. BA. 09* 94. Wird eine „Vorsorgeversicherung" genommen, so ist der Versicherungsnehmer gegen jede Haftpflicht wegen Personen- oder Sachbeschädigung gedeckt, BA. 07 90; über die Beifügung von Antragsabschriften zu den Versicherungsscheinen der Vorsorgeversicherung BA. 08 34, 86. Oder die Beschränkung liegt darin, daß nur für den Fall bestimmter Ereignisse (Tötung, Körperverletzung, Sachbeschädigung) versichert wird, oder in einer Verbindung beider Momente.

§ 150. Die Versicherung umfaßt die gerichtlichen und außergerichtlichen Kosten, die durch die Verteidigung gegen den von einem Dritten geltend gemachten Anspruch entstehen, soweit die Aufwendung der Kosten den Umständen nach geboten ist. Dies gilt auch dann, wenn sich der Anspruch als unbegründet erweist. Der Versicherer hat die Kosten auf Verlangen des Versicherungsnehmers vorzuschießen.

Ist eine Versicherungssumme bestimmt, so hat der Versicherer Kosten, die in einem auf seine Veranlassung geführten Rechtsstreit entstehen, auch insoweit zu ersetzen, als sie zusammen mit der übrigen Entschädigung die Versicherungssumme übersteigen. Das Gleiche gilt von Zinsen, die der Versicherungsnehmer infolge einer vom Versicherer veranlaßten Verzögerung der Befriedigung des Dritten diesem zu entrichten hat.

Ist dem Versicherungsnehmer nachgelassen, die Vollstreckung einer gerichtlichen Entscheidung durch Sicherheitsleistung oder Hinterlegung abzuwenden, so hat auf sein Verlangen der Versicherer die Sicherheitsleistung oder Hinterlegung zu bewirken. Diese Verpflichtung besteht nicht über den Betrag der Versicherungssumme hinaus; haftet der Versicherer nach Abs. 2 für einen höheren Betrag, so tritt der Versicherungssumme der Mehrbetrag hinzu. Der Versicherer ist von der Verpflichtung frei, wenn er den Anspruch des Dritten dem Versicherungsnehmer gegenüber als begründet anerkennt.

1. § 150, der § 63 erweitert, legt die gerichtlichen und außergerichtlichen Kosten, die dem Versicherungsnehmer durch die Verteidigung gegen den von einem Dritten geltend gemachten Anspruch entstehen, dem Versicherer auf. Der Versicherer hat nicht bloß die notwendigen, sondern auch diejenigen Kosten zu ersetzen, deren Aufwendung der Versicherungsnehmer für geboten halten durfte. Daß der Versicherer die Maßnahmen, durch welche die Kosten entstanden sind, angeordnet oder sich mit ihnen einverstanden erklärt hat, ist nicht erforderlich. Der Ausdruck „Verteidigung" umfaßt jede Art der Abwehr, also nicht nur einen über den Anspruch geführten Rechtsstreit, sondern, wenn der Dritte im Strafverfahren die Zuerkennung einer Buße verlangt, auch die hierauf entfallenden Kosten des Strafverfahrens. Wird wegen des Schadensereignisses ein Strafverfahren gegen den Versicherungsnehmer eingeleitet, so trägt der Versicherer gewöhnlich die Kosten eines mit seiner Zustimmung bestellten Verteidigers; auch die durch die Nebenklage erwachsenen notwendigen Kosten, wenn sich der Geschädigte der öffentlichen Klage als Nebenkläger anschließt, werden von dem Versicherer erstattet. Selbst die Übernahme der gesamten Strafprozeßkosten (Gerichtskosten) auf die Haft-

pflichtversicherung ist zulässig; unzulässig wäre nur die Übernahme von Geldstrafen und die Kosten der Strafvollstreckung. VA. 12 116. Auch die Kosten, welche durch die Prüfung und Feststellung des Tatbestandes entstehen, auf Grund dessen der Versicherungsnehmer haftpflichtig gemacht wird, z. B. die Kosten für Beschaffung von Situationsplänen, Skizzen, Photographien, oder der Ausfall, welchen der Stillstand eines Betriebs zwecks Feststellung des Tatbestandes verursacht. Vgl. auch Anm. 2 zu § 154.

2. Der Fall der Erhebung eines unbegründeten Anspruchs wird dem Versicherungsfalle gleichgestellt, weil auch aus einem materiell unbegründeten Anspruche mangels zweckmäßiger Abwehr ein Schadenfall entstehen kann. Die Kosten der Abwehr trägt der Versicherer.

3. Die Kostenvorschußpflicht des Versicherers hat zur selbstverständlichen Voraussetzung, daß die Maßnahmen, für die Kostenvorschuß verlangt wird, den Umständen nach geboten sind.

4. Nur wenn ein Rechtsstreit geführt worden ist, nicht, wenn durch außergerichtliche Verhandlungen Kosten entstanden sind, gilt Abs. 2; daneben findet aber § 63 Abs. 1 Satz 2 Anwendung. Der Rechtsstreit gilt auch dann als auf Veranlassung des Versicherers geführt, wenn dieser sich nachträglich mit der Führung einverstanden erklärt. Die Versicherungssumme bedeutet auch in der Haftpflichtversicherung den Höchstbetrag der Haftung des Versicherers; indessen gibt es hier der Regel nach keinen Versicherungswert (Anm. 2 zu § 51); die Vorschriften über Über- und Unterversicherung bleiben gewöhnlich außer Anwendung (Begr. S. 145). Der Schaden ist bis zur Höhe der Versicherungssumme stets voll zu ersetzen, sofern nicht bedungen ist, daß der Versicherungsnehmer einen Teil des Schadens selber trägt. Das Gleiche gilt für die Zinsen, die der Versicherungsnehmer dem Dritten gegebenenfalls zu zahlen hat.

5. Über die Abwendung der Vollstreckung durch Sicherheitsleistung oder Hinterlegung § 713 Abs. 2 ZPO. Gegen den Willen des Versicherungsnehmers ist der Versicherer nicht befugt, die

Vollstreckung abzuwenden; ist jedoch vereinbart, daß die Führung des Rechtsstreits nach den Weisungen des Versicherers zu erfolgen hat, so ist damit auch jene Befugnis als gegeben anzunehmen. Im Gegensatze zu der Vorschrift des Abs. 2 ist die im Abs. 3 vorgesehene Verpflichtung des Versicherers unabhängig davon, ob der Rechtsstreit auf seine Veranlassung oder ohne sein Zutun geführt wird. Über die Versicherungssumme hinaus kann dem Versicherer die Verpflichtung zur Sicherheitsleistung oder Hinterlegung nur in Höhe desjenigen Betrags auferlegt werden, für den er unter den Voraussetzungen des Abs. 2 wegen der Kosten oder Zinsen ohne Rücksicht auf die Höhe der Versicherungssumme haftet.

6. Erkennt der Versicherer den Anspruch des Dritten dem Versicherungsnehmer gegenüber als begründet an, so ist er zu sofortiger Leistung verpflichtet; § 156 Satz 1 kann dann keine Anwendung finden. Wird bei der endgültigen Entscheidung der Anspruch des Dritten zurückgewiesen, so kann der Versicherer seine Leistung selbstverständlich zurückfordern.

§ 151. Ist die Versicherung für die Haftpflicht aus einem geschäftlichen Betriebe des Versicherungsnehmers genommen, so erstreckt sie sich auf die Haftpflicht der Vertreter des Versicherungsnehmers sowie auf die Haftpflicht solcher Personen, welche er zur Leitung oder Beaufsichtigung des Betriebs oder eines Teiles des Betriebs angestellt hat. Die Versicherung gilt insoweit als für fremde Rechnung genommen.

Wird im Falle des Abs. 1 das Unternehmen an einen Dritten veräußert oder auf Grund eines Nießbrauchs, eines Pachtvertrags oder eines ähnlichen Verhältnisses von einem Dritten übernommen, so tritt an Stelle des Versicherungsnehmers der Dritte in die während der Dauer seiner Berechtigung sich aus dem Versicherungsverhältnis ergebenden Rechte

und Pflichten ein. Die Vorschriften des § 69 Abs. 2, 3 und der §§ 70, 71 finden entsprechende Anwendung.

1. Die für einen geschäftlichen Betrieb genommene Haftpflichtversicherung umfaßt naturgemäß auch die Versicherung gegen die Verantwortlichkeit des Geschäftsherrn für Handlungen seiner Vertreter, Angestellten und Erfüllungsgehilfen (§§ 278, 831 BGB.). § 148 dehnt den Umfang der Versicherung auf die eigene Verantwortlichkeit der Vertreter und gewisser höherer Angestellter aus. Gegenteiliges kann vereinbart werden.

2. Die Worte „geschäftlicher Betrieb" sind, was auch für Abs. 2 gilt, nicht zu eng auszulegen; sie gehen weiter als der Ausdruck „gewerblicher Betrieb". Der geschäftliche Betrieb umfaßt landwirtschaftliche, industrielle, kaufmännische Unternehmungen, aber auch Betriebe wie diejenigen eines Rechtsanwalts, Ingenieurs, Architekten. Es kommt auch nicht darauf an, ob bei ihm ein Gewinn erzielt werden soll; so würde z. B. eine Universitätsklinik unter einen geschäftlichen Betrieb im Sinne dieser Vorschrift fallen.

3. Das Wort „Vertreter" ist nicht glücklich gewählt, da es gerade auf den Umfang der Vertretungsmacht ankommt; unter § 151 fällt der verfassungsmäßig berufene Vertreter des § 31 BGB., der Prokurist, aber nicht ohne weiteres jeder Handlungsbevollmächtigte. Bei letzterem und bei den zur Leitung und Beaufsichtigung des Betriebs angestellten Personen kommt es darauf an, ob sie in demjenigen Teile des Betriebes beschäftigt werden, aus dem die Haftpflichtgefahr erwächst und ob ihnen hier eine leitende Stellung eingeräumt ist. Hat sich z. B. eine Brauerei nur als Tierhalterin versichert, so gilt § 151 für den Angestellten, der die Pferde und Fuhrwerke unter sich hat, aber nicht für den Maschinenmeister.

4. Über die Versicherung für fremde Rechnung §§ 75 bis 79. Der Versicherungsschein wird sich regelmäßig in den Händen des Versicherungsnehmers (Geschäftsherrn) befinden, dieser also über die Ansprüche aus der Versicherung verfügen können. Der Angestellte des Versicherungsnehmers kann auch einen unmittel-

baren Anspruch gegen den Versicherer haben. VA. **05*** 56. Versichert der Geschäftsherr noch andere als die im § 151 bezeichneten Personen mit, so sind gleichfalls die Bestimmungen über Versicherung für fremde Rechnung anwendbar.

5. Die Vorschrift des Abs. 2 stellt eine Abweichung von der Regel des § 68 Abs. 2 dar; es handelt sich hier nicht wie in §§ 69 ff. um den Übergang der versicherten Sache, sondern des versicherten Vermögenskomplexes. Ein Hauptfall ist die Übertragung eines Handelsgeschäfts (§§ 22 ff. HGB.). Dem Erwerber wird unter Umständen eine Erstattungspflicht hinsichtlich der vom Veräußerer im voraus gezahlten Prämien obliegen. VA. **06*** 115. Es kommt darauf an, daß das versicherte Interesse übergegangen ist. Wird das Unternehmen nicht oder nur in völlig veränderter Gestalt fortgeführt, so erlischt die Versicherung (§ 68 Abs. 2). Es gelten dieselben Grundsätze wie beim Übergange der versicherten Sache, jedoch ist § 72 (zwingender Charakter) nicht anwendbar. Abweichende Vereinbarungen zum Nachteile des Erwerbers sind unbeschränkt zulässig. Entsprechende Anwendung von § 73 ist nicht ausgeschlossen, z. B. bei Zwangsversteigerung eines Hauses, Sequestration eines Geschäftsbetriebs.

6. Die Rechtsfolgen der Veräußerung oder Übernahme treten auch bei vor dem Inkrafttreten des VVG. abgeschlossenen Verträgen ein, sofern die Veräußerung oder Übernahme in dem Geltungsbereich des VVG. liegen. VA. **13*** 31.

§ 152. Der Versicherer haftet nicht, wenn der Versicherungsnehmer vorsätzlich den Eintritt der Tatsache, für die er dem Dritten verantwortlich ist, widerrechtlich herbeigeführt hat.

1. § 152 enthält eine Ausnahme von dem Grundsatze des § 61. Die Unterscheidung zwischen grober und einfacher Fahrlässigkeit fällt hier fort. Die Haftpflichtversicherung soll dem Versicherungsnehmer Deckung namentlich auch gegen solche Ansprüche Dritter gewähren, die darauf beruhen, daß der Versicherungsnehmer die im Verkehr erforderliche Sorgfalt außer acht gelassen hat. Nur Vorsatz des Versicherungsnehmers oder seiner Vertreter sowie der sonstigen im § 151 Abs. 1 genannten Personen befreit den Versicherer.

2. Der Versicherer wird nicht erst dann frei, wenn der Versicherungsnehmer den Eintritt des Versicherungsfalls vorsätzlich herbeigeführt hat; der Vorsatz braucht also nicht die Entstehung des Anspruchs des Dritten, ja auch nicht einmal die Entstehung des Schadens, auf dessen Ersatz der Anspruch gerichtet ist, zu umfassen. Der Vorsatz muß nur auf die Herbeiführung der Tatsache (§ 149), für die der Versicherungsnehmer verantwortlich ist, gerichtet sein, z. B. auf die Körperverletzung des Dienstboten (BA. 08* 92) oder auf die Sachbeschädigung, auf die Verletzung der Amts- oder Berufspflicht, auf den Verstoß gegen bestimmte Schutzvorschriften. Der Versicherer braucht also z. B. nur nachzuweisen, daß es der Versicherungsnehmer vorsätzlich unterlassen hat, die Straße vor seinem Hause gangbar zu erhalten oder den Hausflur zu beleuchten; der Vorsatz braucht nicht darauf gerichtet zu sein, daß jemand hierdurch zu Schaden kommen sollte. Insoweit geht § 152 weiter als § 61. Über den Begriff des Vorsatzes BA. 10* 70. Nach den gebräuchlichen Versicherungsbedingungen werden, wenn Haftpflichtansprüche auf Grund des Nahrungsmittelgesetzes oder wegen solcher Schäden, die durch Mängel der von dem Versicherungsnehmer gelieferten Waren oder Arbeiten verursacht sind, erhoben werden, die Kenntnis von der Mangelhaftigkeit der Waren und Arbeiten dem Vorsatze gleichgestellt.

3. Der Versicherungsnehmer muß widerrechtlich gehandelt haben, also nicht in Notwehr, im Notstand, in berechtigter Selbsthilfe. Rechtswidrig braucht aber nur die Tatsache zu sein, für welche der Versicherungsnehmer verantwortlich ist; hingegen tritt eine Befreiung des Versicherers nicht schon dann ein, wenn die Entstehung der Haftverbindlichkeit auf einer irgendwie rechtswidrigen Handlung des Versicherungsnehmers beruht, z. B. wenn letzterer beim Gehen auf einer Wiese, deren Betreten verboten ist, mit seinem Stocke versehentlich einen Menschen verletzt.

4. § 152 kann durch Vereinbarung geändert werden. Unzulässig wäre eine Bestimmung, wonach der Versicherer auch dann zur Leistung verpflichtet ist, wenn der Versicherungsnehmer den Eintritt des Versicherungsfalls vorsätzlich herbeiführt. Eine solche Vereinbarung steht mit dem Wesen des Versicherungsvertrags in Widerspruch. Wohl aber kann sich der Versicherer auch dann zur Leistung verpflichten, wenn der Versicherungsnehmer auf Grund einer vorsätzlich begangenen widerrechtlichen Handlung in Anspruch genommen wird; ein solcher Vertrag verstößt weder grundsätzlich gegen die guten Sitten, noch gegen § 276 Abs. 2 BGB. Es ist vielmehr im einzelnen Falle zu prüfen, ob der Vertrag gegen die guten Sitten verstößt; dies wird z. B. zu bejahen sein, wenn Beamte auch im Falle vorsätzlicher Verletzung ihrer Amtspflicht den Anspruch gegen den Versicherer behalten sollen, aber zu verneinen sein, wenn Hausbesitzer, Fabrikunternehmer usw. auch bei vorsätzlicher Zuwiderhandlung gegen Polizeivorschriften gegen die hieraus entspringende Haftpflicht versichert bleiben. Die Prüfung, ob die Vertragsbestimmungen mit den guten Sitten in Einklang stehen, liegt bei Zulassung neuer Versicherungsarten der Aufsichtsbehörde ob, deren Entscheidung aber die Gerichte nicht bindet.

5. § 152 gilt auch für die nach § 151 Abs. 1 mitversicherten Vertreter und Angestellten. Der Versicherer wird ihnen gegenüber frei, wenn sie den Eintritt der die Haftpflicht begründenden Tatsache vorsätzlich und widerrechtlich herbeiführen; dem Geschäftsherrn gegenüber bleibt er verpflichtet, selbst wenn diesem bei der Auswahl, Leitung und Beaufsichtigung grobe Fahrlässigkeit zur Last fällt.

§ 153. Der Pflicht zur Anzeige des Versicherungsfalls wird genügt, wenn die Anzeige innerhalb einer Woche erfolgt; die Frist beginnt mit dem Zeitpunkt, in welchem der Dritte seinen Anspruch gegenüber dem Versicherungsnehmer geltend macht. Durch die Absendung der Anzeige wird die Frist gewahrt. Wird

der Versicherungsnehmer zu einer gerichtlichen Verhandlung über den Anspruch geladen, so hat er, wenngleich die Frist noch läuft, die Anzeige unverzüglich nach Empfang der Ladung zu machen.

Auf eine Vereinbarung, durch welche die Dauer oder die Berechnung der Frist zum Nachteile des Versicherungsnehmers anders bestimmt ist, kann sich der Versicherer nicht berufen.

1. Nach § 33 hat der Versicherungsnehmer unverzüglich, nachdem er von dem Eintritte des Versicherungsfalls Kenntnis erlangt, dem Versicherer Anzeige zu erstatten. § 153 bestimmt abweichend hiervon, daß der Pflicht zur Anzeige genügt wird, wenn die Anzeige innerhalb einer Woche erfolgt. Als Eintritt des Versicherungsfalls gilt die Erhebung des Anspruchs seitens des Dritten; gerichtliche Geltendmachung wird nicht erfordert. Anderseits ist nicht schon dann Anzeige zu erstatten, wenn der Versicherungsnehmer erfährt, daß eine Tatsache eingetreten ist, auf Grund deren möglicherweise Ansprüche gegen ihn erhoben werden. Unter Geltendmachung des Anspruchs ist jede Erklärung zu verstehen, durch die von dem Versicherungsnehmer eine Leistung gefordert wird, sofern deren Ersatz durch den Versicherer überhaupt in Frage kommen kann. Die bloße Drohung mit der Geltendmachung des Anspruchs genügt nicht.

2. Zu einer gerichtlichen Verhandlung über den Anspruch gehört namentlich auch das Verfahren zur Sicherung des Beweises (§ 485 ZPO.). Der Einleitung des strafgerichtlichen Verfahrens, die auch anzeigepflichtig ist, steht oftmals die Einleitung des polizeilichen Verfahrens gleich. Es ist nur einmal Anzeige zu erstatten; war eine solche schon früher erstattet, so braucht sie bei einer später ergehenden Ladung zu einer gerichtlichen Verhandlung nicht nochmals erstattet zu werden.

3. Abs. 1 Satz 2, Abs. 2 entspricht §§ 92, 110. Abs. 2 bezieht sich nur auf die Dauer oder die Berechnung der Frist; andere Vereinbarungen sind zulässig, z. B. Anzeigepflicht, sobald der

Versicherungsnehmer bloß erfährt, daß voraussichtlich gegen ihn Ansprüche erhoben werden oder von jeder einzelnen den Anspruch betreffenden gerichtlichen Zustellung oder Verhandlung.

§ 154. Der Versicherer hat die Entschädigung binnen zwei Wochen von dem Zeitpunkt an zu leisten, in welchem der Dritte von dem Versicherungsnehmer befriedigt oder der Anspruch des Dritten durch rechtskräftiges Urteil, durch Anerkenntnis oder Vergleich festgestellt worden ist. Soweit gemäß § 150 Kosten zu ersetzen sind, ist die Entschädigung binnen zwei Wochen von der Mitteilung der Berechnung an zu leisten.

Auf eine Vereinbarung, nach welcher der Versicherer von der Verpflichtung zur Leistung frei sein soll, wenn ohne seine Einwilligung der Versicherungsnehmer den Dritten befriedigt oder dessen Anspruch anerkennt, kann sich der Versicherer nicht berufen, falls nach den Umständen der Versicherungsnehmer die Befriedigung oder die Anerkennung nicht ohne offenbare Unbilligkeit verweigern konnte.

1. Abs. 1 bestimmt den Zeitpunkt der Fälligkeit der Versicherungsleistung. Zur Entstehung des Anspruchs genügt an sich weder die freiwillige Befriedigung des Dritten seitens des Versicherungsnehmers noch die rechtskräftige Feststellung des Anspruchs des Dritten. Der Versicherer ist nur dann zur Leistung verpflichtet, wenn der Dritte tatsächlich einen Anspruch gegen den Versicherungsnehmer hat, und insoweit dieser Anspruch verwirklicht wird. Der Beweis für das Bestehen des Anspruchs ist von dem Versicherungsnehmer dem Versicherer gegenüber zu führen. An sich würde ein im Rechtsstreite zwischen dem Dritten und dem Versicherungsnehmer ergangenes Urteil nicht bindend für den Versicherer sein. Er könnte sowohl geltend machen, daß

ein Haftpflichtfall überhaupt nicht vorgelegen habe, als auch daß der Versicherungsnehmer versäumt habe, in dem Rechtsstreite mit dem Dritten den Schaden nach Möglichkeit abzuwenden oder zu mindern. Beide Einwendungen müssen wegfallen, wenn der Versicherer rechtzeitig Gelegenheit erhalten hat, von dem Verlauf des Rechtsstreits Kenntnis zu nehmen und dem Versicherungsnehmer Anweisungen über die Prozeßführung zu erteilen. Zur rechtzeitigen Benachrichtigung des Versicherers ist der Versicherungsnehmer nach § 153 Abs. 1, zur Befolgung seiner Weisungen und auch abgesehen hiervon zu sachgemäßer Rechtsverteidigung nach § 62 verpflichtet. Hat der Versicherungsnehmer diese Verpflichtungen erfüllt, so muß der Versicherer das zugunsten des Dritten ergangene Urteil gegen sich gelten lassen, sowohl was den Bestand als was den Umfang des Anspruchs betrifft. RG. 8 21; Bolze 4 Nr. 764. Dabei ist es gleichgültig, ob der Versicherer dem Versicherungsnehmer formell als Nebenintervenient beigetreten ist oder nicht (§§ 66, 68 ZPO.).

2. Nach den Versicherungsbedingungen ist der Versicherungsnehmer gewöhnlich verpflichtet, die Führung des Prozesses dem Versicherer zu übertragen, dem von dem Versicherer bezeichneten Rechtsanwalte Vollmacht zu erteilen. Diese Verpflichtung hat aber gewisse Grenzen:

a) Dem Versicherungsnehmer kann nicht zugemutet werden, den Prozeß in einer dem Anstand und den guten Sitten widersprechenden Weise zu führen, z. B. schikanöse Einwendungen zu erheben, völlig aussichtslose Rechtsmittel einzulegen. Jedoch kann der Versicherungsnehmer nicht geltend machen, daß er, wenngleich aus berechtigten Gründen, ein Interesse daran habe, einen Prozeß mit dem Dritten zu vermeiden (VA. 04 180).

b) Wenn der Versicherungsnehmer selber einen nennenswerten Teil des Schadens zu tragen hat, braucht er sachwidrige Anweisungen des Versicherers nur zu befolgen, falls dieser den hieraus dem Versicherungsnehmer entstehenden Schaden übernimmt und nötigenfalls Sicherheit leistet; z. B. der nur zur Hälfte versicherte Versicherungsnehmer will gegen das verurteilende Erkenntnis Berufung einlegen; der Versicherer weist ihn an, dies zu unterlassen; kann der Versicherungsnehmer nachweisen, daß die Berufung Erfolg gehabt hätte, so muß ihm der Versicherer den Schaden ersetzen.

Die Kosten des Prozesses zwischen dem Versicherungsnehmer und dem Dritten fallen sowohl unter § 63 wie unter § 66; nach § 150 trägt sie der Versicherer.

3. Der Versicherer hat binnen zwei Wochen von der Befriedigung des Dritten oder von der Feststellung seines Anspruchs an zu leisten. Voraussetzung ist aber, daß der Versicherungsnehmer einmal diese Tatsachen dem Versicherer unverzüglich mitteilt, sofern letzterer nicht bereits Kenntnis von ihrem Eintritte hat, anderenfalls verlängert sich die Frist entsprechend. Sodann ist Voraussetzung der Leistungspflicht des Versicherers der Nachweis des Versicherungsnehmers, daß der Anspruch des Dritten rechtlich begründet war; der Regel nach wird dieser Nachweis bereits früher geführt worden sein. Ehe der Versicherungsnehmer der ihm nach § 34 obliegenden Pflicht zur Auskunft und zur Beibringung von Belegen nicht nachgekommen ist, kommt der Versicherer nicht in Leistungsverzug. Die Befriedigung des Dritten braucht nicht durch Zahlung des Versicherungsnehmers, sie kann durch Hingabe an Zahlungs Statt, Aufrechnung, erfolgen. Der Versicherer kann die bereits gezahlte Entschädigung zurückfordern, wenn und insoweit der Dritte dem Versicherungsnehmer seine Schuld erläßt. Der Versicherer kann die Zahlung verweigern, wenn ausreichende Gründe für die Annahme vorhanden sind, daß der Dritte seinen Anspruch nicht verwirklichen werde. Bei teilweisem Erlasse kann der Versicherungsnehmer nicht etwa einwenden, daß der auf ihn entfallende unversicherte Teil der Schuld erlassen sei. Der Erlaß muß dem Versicherer und dem Versicherungsnehmer gleichmäßig zugute kommen.

4. Abs. 1 ist nicht zwingend; in den Bedingungen kann eine längere Frist vorgesehen werden. Es kann ferner ausbedungen werden, daß der Versicherer vorbehaltlich der aus Abs. 2 sich ergebenden Ausnahme von der Verpflichtung zur Leistung frei ist,

wenn der Versicherte ohne vorherige Genehmigung des Versicherungsnehmers den gegen ihn erhobenen Anspruch anerkennt, befriedigt oder einen Vergleich über ihn abschließt.

5. Soweit der Versicherungsnehmer dem Dritten Prozeßkosten zu erstatten hat, muß er dem Versicherer den Kostenfestsetzungsbeschluß vorlegen und nötigenfalls auch gegen diesen die gegebenen Rechtsmittel einlegen. Im übrigen muß er, um den Versicherer in Verzug zu setzen, die entstandenen Kosten im einzelnen nachweisen und ausreichende Belege beibringen. Übersteigt der Haftpflichtanspruch die Versicherungssumme, so tritt auch eine entsprechende Minderung der dem Versicherer obliegenden Kosten ein.

6. Die in Abs. 2 bezeichnete Abrede ist nicht schlechthin unwirksam, sondern nur dann, wenn und nur insoweit als sie nach den Umständen den Geboten der Billigkeit offenbar widerspricht, was der Versicherungsnehmer zu beweisen hat. Die Begr. (S. 151) führt als Beispiel an, daß der Versicherungsnehmer bei der Führung des Automobils in offenbar schuldhafter Weise eine vielleicht bedürftige Person überfährt. Aber auch hier müßten alle Umstände erst völlig feststehen, z. B. der Mangel mitwirkenden eigenen Verschuldens des Verletzten, die Höhe des Schadens und der ursächliche Zusammenhang. Streng genommen kann niemals eine offenbare Unbilligkeit auf seiten des Versicherungsnehmers vorliegen, wenn dieser nicht alsbald freiwillig zahlt oder anerkennt, sondern abwartet, ob der Dritte Ansprüche erhebt. Die offenbare Unbilligkeit liegt vielmehr, wie in Anm. 2 bemerkt, auf seiten des Versicherers, wenn dieser dem Versicherungsnehmer ein Verhalten zumuten wollte, das nach allgemeiner Anschauung dem Anstand und den guten Sitten nicht entspricht.

7. Durch § 154 wird § 11, der das Schuldverhältnis zwischen Versicherer und Versicherungsnehmer betrifft, nicht berührt.

§ 155. Ist der Versicherungsnehmer dem Dritten zur Gewährung einer Rente verpflichtet, so kann er, wenn die Versicherungssumme den Kapitalwert der

Rente nicht erreicht, nur einen verhältnismäßigen Teil der Rente verlangen.

Hat der Versicherungsnehmer für die von ihm geschuldete Rente dem Dritten kraft Gesetzes Sicherheit zu leisten, so erstreckt sich die Verpflichtung des Versicherers auf die Leistung der Sicherheit.

1. Die in Abs. 1 getroffene Regelung ist richtiger als eine Bestimmung, wonach etwa der Versicherer die Rente so lange voll zahlt, bis seine Zahlungen zuzüglich der Zinsen den Betrag der Versicherungssumme erreicht haben, mit Erschöpfung der Versicherungssumme aber von allen weiteren Leistungen frei wird (Begr. S. 152).

2. Die Versicherungssumme beträgt beispielsweise 20 000 ℳ, die Rente, welche der Versicherungsnehmer zu leisten hat, beläuft sich auf 2000 ℳ und ihr Kapitalwert auf 40 000 ℳ. Der Versicherer hat alsdann jährlich 1000 ℳ Rente zu zahlen, und er braucht auch bei einem frühzeitigen Tode des Dritten dem Versicherungsnehmer nicht etwa die von diesem dem Dritten gemachten Leistungen bis zur Erschöpfung der Versicherungssumme zu ersetzen.

3. Die Verpflichtung zur Rentenzahlung beruht namentlich auf §§ 618 Abs. 3, 843—845 BGB., § 7 des Reichshaftpflichtgesetzes vom 7. Juni 1871; auch die öffentlich-rechtliche Unfallrente kommt in Betracht, wenn der Versicherungsnehmer der Berufsgenossenschaft Ersatz zu leisten hat. Die Rentenzahlungspflicht kann auch auf Vertrag beruhen.

4. Der Kapitalwert der Rente ist nach den Rechnungsgrundlagen des Versicherers (§§ 11, 12 VAG.) zu berechnen; der Versicherer hat ein entsprechendes Deckungskapital zurückzustellen; die Vorschriften der §§ 56 Abs. 2, 63, 99 Abs. 1 VAG. sind entsprechend anzuwenden. VA. **04** 113; **06** 27.

5. Die Verpflichtung zur Rentenzahlung bedeutet für das Versicherungsverhältnis, daß der Schadensfall aus einem einmaligen Ereignisse zu einem dauernden Zustande wird. Damit ist zugleich für den Versicherungsnehmer die Verpflichtung (§ 62)

gegeben, dauernd für die Abwendung oder Minderung des Schadens zu sorgen; insbesondere gilt dies, wenn der Rentenempfänger gemäß § 323 ZPO. eine Erhöhung der Rente verlangt; der Versicherungsnehmer muß aber auch seinerseits, sobald eine auf § 323 gestützte Klage auf Herabsetzung der Rente Aussicht auf Erfolg verspricht, im Interesse des Versicherers die Klage erheben oder durch den Versicherer erheben lassen. Für diese Klage gilt das zu § 154 Bemerkte. Über die Kosten §§ 63, 150.

6. Eine Verpflichtung zur Sicherheitsleistung besteht z. B. nach § 843 BGB., § 7 HaftpflG., § 324 ZPO. Von der prozessualen Sicherheitsleistung, die in § 150 Abs. 3 Satz 1 erwähnt wird, ist die hier gemeinte materiell-rechtliche zu unterscheiden. Über die Art der Sicherheitsleistung: §§ 232 ff. BGB. Unter Umständen wird übrigens die Haftung des Versicherers als genügender Ersatz einer besonderen Sicherheitsleistung gelten können; vgl. aber JW. 06 336, 438.

7. Ist durch den Vertrag die dem Versicherungsnehmer zu gewährende Entschädigung auf einen bestimmten Betrag festgesetzt, so ist die Beschränkung auch für die Verpflichtung des Versicherers zur Sicherheitsleistung maßgebend und dieser nicht verpflichtet, für eine jenen Betrag überschreitende Rente Sicherheit zu leisten (Begr. S. 153).

§ 156. Der Versicherer ist berechtigt, die dem Versicherungsnehmer gebührende Entschädigung, soweit der Versicherungsnehmer dem Dritten zur Leistung verpflichtet ist, diesem zu entrichten. Vor der Zahlung an den Dritten hat der Versicherer dem Versicherungsnehmer Mitteilung zu machen. Auf Verlangen des Versicherungsnehmers ist der Versicherer verpflichtet, die Zahlung an den Dritten zu bewirken.

1. Zwischen dem Versicherer und dem Dritten besteht an sich keinerlei Rechtsverhältnis. Eine Feststellungsklage des Dritten gegen den Versicherer, daß der Versicherungsnehmer einen An-

spruch gegen den Versicherer habe, ist unzulässig. VA. 09* 93. §§ 156, 157 schaffen aber gewisse Beziehungen zwischen ihnen. Der Versicherer kann die im Ergebnisse für den Dritten bestimmte Leistung diesem unmittelbar zukommen lassen. Eine Verpflichtung hierzu hat er dem Dritten gegenüber nicht. Neben § 156 gilt § 276 BGB.; im Verhältnisse zum Versicherer ist der Widerspruch des Versicherungsnehmers (§ 267 Abs. 2) unberechtigt. Wenn ein Teil der von dem Versicherer zu leistenden Entschädigung dem Versicherungsnehmer, ein Teil dem Dritten zukommt, so handelt der Versicherer, sobald er selbständig eine Verteilung vornimmt, auf seine Gefahr; der Versicherungsnehmer wäre berechtigt gewesen, aus der Entschädigungssumme sich zunächst wegen der ihm erwachsenen Kosten schadlos zu halten. Zahlt der Versicherer wenngleich ohne Fahrlässigkeit an eine falsche Person, so daß der Versicherungsnehmer dem wirklichen Gläubiger gegenüber nicht befreit wird, so ist er zur nochmaligen Leistung verpflichtet. § 156 gilt nicht bloß von der Zahlung der Entschädigung, sondern auch von der Sicherheitsleistung. Verweigert der Dritte die Annahme, z. B. weil er glaubt, daß ihm eine höhere Entschädigung zukomme, so braucht der Versicherer nicht an den Versicherungsnehmer zu zahlen, sondern kann seine Leistung zurückhalten oder den geschuldeten Betrag hinterlegen. Leistet der Versicherer an den Dritten und wird später in einem Prozesse zwischen dem vielleicht nur teilweise versicherten Versicherungsnehmer und dem Dritten des letzteren Anspruch zurückgewiesen, so kann der Versicherer seine Leistung von dem Dritten zurückfordern.

2. Die Mitteilung muß so rechtzeitig erfolgen, daß der Versicherungsnehmer noch Widerspruch erheben kann. Unterbleibt die Mitteilung oder erfolgt sie verspätet, so ist der Versicherer zum Schadensersatze verpflichtet. Ein solcher wird vor allem dann in Frage kommen, wenn der Versicherungsnehmer seine Schuld ohne Zahlung, z. B. durch Aufrechnung zu tilgen in der Lage gewesen wäre. In den Bedingungen kann auf die Mitteilung verzichtet werden. Bei Rentenzahlungen kann die Mitteilung ein für allemal erfolgen (Begr. S. 153).

3. Die Verpflichtung an den Dritten zu zahlen besteht nur gegenüber dem Versicherungsnehmer; der Dritte kann nicht gegen den Versicherer klagen (Anm. 1 zu § 157). Das Verlangen, das keiner Form bedarf, ist zu stellen, ehe der Versicherer an den Versicherungsnehmer geleistet oder Vorkehrungen zur Leistung an ihn getroffen hat. Entsprechendes gilt von der Zurücknahme des Verlangens. Leistet der Versicherer dem gestellten Verlangen zuwider nicht an den Dritten, sondern an den Versicherungsnehmer, so kann dieser, ohne in Annahmeverzug zu kommen, die Leistung zurückweisen oder aber sie dem Dritten übermitteln und Ersatz der hierfür aufgewendeten Kosten von dem Versicherer verlangen.

§ 157. Ist über das Vermögen des Versicherungsnehmers der Konkurs eröffnet, so kann der Dritte wegen des ihm gegen den Versicherungsnehmer zustehenden Anspruchs abgesonderte Befriedigung aus der Entschädigungsforderung des Versicherungsnehmers verlangen.

1. Die Entschädigungsforderung des Versicherungsnehmers gegen den Versicherer ist ein Vermögensbestandteil des Versicherungsnehmers wie jeder andere und unterliegt, sofern nicht besondere Vertragsabreden entgegenstehen, seiner freien Verfügung. Der Versicherungsnehmer kann nicht bloß im Verhältnisse zum Versicherer über diese Forderung frei verfügen, z. B. sie zur Aufrechnung verwenden, sondern sie an beliebige Dritte abtreten oder ihnen verpfänden. Ebenso können Gläubiger des Versicherungsnehmers die Forderung pfänden. Keine der in § 850 ZPO. vorgesehenen Beschränkungen der Zwangsvollstreckung trifft hier zu, insbesondere gilt auch nicht § 850 Abs. 1 Ziff. 2 ZPO., wenn die Verpflichtung des Versicherers in einer Rentenzahlung besteht. Es ist also möglich, daß die Entschädigung ganz anderen Personen zugute kommt als dem Dritten, für den sie doch im Ergebnisse bestimmt war.

2. § 157 schafft für den Fall des **Konkurses** des Versicherungsnehmers Abhilfe. Bei einem solchen würde die vom Versicherer zu leistende Entschädigung an sich in die Konkursmasse fallen und die Dividende aller Konkursgläubiger erhöhen. Das Gesetz gibt nun dem Dritten im Konkurse des Versicherungsnehmers ein Recht „auf abgesonderte Befriedigung" aus der Entschädigungsforderung; nur ein etwaiger Überschuß des Rechtes fällt in die Konkursmasse. Dieses Recht tritt zu den in § 49 KO. erwähnten Absonderungsrechten hinzu. Seine Verwertung richtet sich nach § 1282 BGB.; der Gläubiger zieht seine Forderung ein. Das Absonderungsrecht ist ferner als Vorzugsrecht im Sinne des § 193 KO. zu betrachten. Hat hiernach der absonderungsberechtigte Konkursgläubiger weder verzichtet noch einen Ausfall erlitten (§ 64 KO.), so wird seine Forderung durch einen Zwangsvergleich in keiner Weise berührt; das Gleiche gilt, wenn die Forderung im Konkurse gar nicht zur Anmeldung gekommen ist. LZ. **11** 451. § 157 muß auch, wenn nicht ganz unbillige Ergebnisse eintreten sollen, zur Anwendung kommen, wenn der Versicherungsfall erst während des Konkurses eintritt. Das Absonderungsrecht besteht an der ganzen Forderung, auch soweit sie auf Ersatz von Kosten gerichtet ist, die dem Dritten entstanden sind. Insoweit als der Versicherer z. B. wegen Begrenzung der Versicherungssumme nicht einzutreten hat, ist der Dritte gewöhnlicher Konkursgläubiger des Versicherungsnehmers.

3. § 157 ist als eine dem öffentlichen Recht angehörige Bestimmung zwingend. Sie findet auf alle nach dem 1. Januar 1910 eröffnete Konkursverfahren, nicht aber auch von diesem Zeitpunkt an auf früher eröffnete Verfahren Anwendung. LZ. **11** 921; a. A. LZ. **12** 538.

§ 158. **Hat nach dem Eintritt eines Versicherungsfalls der Versicherer dem Versicherungsnehmer gegenüber seine Verpflichtung zur Leistung der Entschädigung anerkannt oder die Leistung der fälligen Entschädigung**

verweigert, so ist jeder Teil berechtigt, das Versicherungsverhältnis zu kündigen. Das Gleiche gilt, wenn der Versicherer dem Versicherungsnehmer die Weisung erteilt, es über den Anspruch des Dritten zum Rechtsstreite kommen zu lassen.

Die Kündigung ist nur innerhalb eines Monats seit der Anerkennung der Entschädigungspflicht oder der Verweigerung der Entschädigung oder seit der Rechtskraft des im Rechtsstreite mit dem Dritten ergangenen Urteils zulässig. Der Versicherer hat eine Kündigungsfrist von einem Monat einzuhalten. Der Versicherungsnehmer kann nicht für einen späteren Zeitpunkt als den Schluß der laufenden Versicherungsperiode kündigen.

Kündigt der Versicherungsnehmer, so gebührt dem Versicherer gleichwohl die Prämie für die laufende Versicherungsperiode.¹ Kündigt der Versicherer, so gebührt ihm nur derjenige Teil der Prämie, welcher der abgelaufenen Versicherungszeit entspricht.

1. Ebenso wie bei der Feuerversicherung (§ 96) und bei der Hagelversicherung (§ 113) besteht nach Eintritt des Versicherungsfalls für beide Teile die Möglichkeit, den Vertrag zu kündigen. Jedoch ist das Kündigungsrecht nicht schon an den Eintritt des Versicherungsfalls, sondern an spätere Vorgänge, aus denen sich ergibt, daß die Verhandlungen über den Haftpflichtanspruch zu einem gewissen Abschlusse gelangt sind, geknüpft. Als Eintritt des Versicherungsfalls im Sinne des Abs. 1 ist auch die Geltendmachung eines unbegründeten Anspruchs seitens des Dritten zu bezeichnen, da ja nach § 150 die Versicherung auch die Kosten der Abwehr eines solchen Anspruchs umfaßt (Begr. S. 154). Kein Eintritt des Versicherungsfalls liegt hingegen vor, wenn der Versicherungsnehmer den Versicherer wegen einer Haftpflichtverbindlichkeit in Anspruch nimmt, hinsichtlich welcher

er gar keine Versicherung abgeschlossen hatte. Es ist z. B. jemand nur als Jäger gegen Haftpflicht versichert und er meldet einen Haftpflichtschaden an, der ihn als Hausbesitzer getroffen hat. Zu dem Eintritte des Versicherungsfalls muß hinzukommen entweder die Anerkennung (auch Anerkennung durch Vergleich genügt) oder die Verweigerung der Leistung seitens des Versicherers, oder die Weisung, wie sie Satz 2 vorsieht. Die Verweigerung kann in der Weise geschehen, daß der Versicherer überhaupt dem Versicherungsnehmer gegenüber seine Leistungspflicht bestreitet oder daß er den Anspruch des Dritten nicht als berechtigt anerkennen will und den Versicherungsnehmer anweist, dem Dritten gegenüber sich ablehnend zu verhalten.

Wichtig ist, daß keinem Teil ein Kündigungsrecht zusteht, wenn der Versicherungsnehmer mit dem Versicherer überhaupt nicht in Verhandlungen über die Entschädigungspflicht eingetreten ist, auch dann nicht, wenn der Dritte unmittelbar Ansprüche an den Versicherer gestellt hat.

2. Haben nach der Rechtskraft des Urteils noch Verhandlungen zwischen dem Versicherer und dem Versicherungsnehmer stattgefunden, die mit der Anerkennung oder der Weigerung des Versicherers geendigt haben, so läuft die Frist erst von der Abgabe dieser Erklärungen. Hat der Versicherungsnehmer den Rechtsstreit selbständig geführt, so kann die Frist für den Versicherer erst mit der Mitteilung des Urteils in Lauf treten. Eine Lücke enthält Abs. 2, indem der Fall nicht berücksichtigt ist, daß der Rechtsstreit sich ohne rechtskräftiges Urteil erledigt. Es muß dann die endgültige Erledigung des Rechtsstreits, z. B. durch Vergleich, Zurücknahme der Klage, für den Beginn der Frist maßgebend sein. Im übrigen vgl. Anm. 2—4 zu § 96.

3. Abs. 3 Satz 2 enthält eine abweichende Regelung von § 96 Abs. 3 Satz 2. Bei der Haftpflichtversicherung läßt sich die Verteilung der Prämie auf den Entschädigungsbetrag und den Restbetrag der Versicherungssumme nicht durchführen, da es häufig eine Versicherungssumme nicht gibt (Begr. S. 154).

Dritter Abschnitt.

Lebensversicherung.

Vorbemerkungen. 1. In den §§ 159, 160 wird das Zustandekommen des Vertrags behandelt, §§ 161—164 treffen besondere Bestimmungen über die Anzeigepflicht und die Gefahrerhöhung, §§ 166—168 ordnen die Stellung des bezugsberechtigten Dritten, §§ 169—171 den Eintritt des Versicherungsfalls, § 172 macht einzelne Vorschriften zu zwingenden, §§ 165, 173—178 regeln die vorzeitige Aufhebung des Vertrags und ihre Folgen.

2. Das VVG. hat den Begriff der Lebensversicherung nicht festgelegt. Er ergibt sich aus der aus § 1 Abs. 1 Satz 2 abzuleitenden Begriffsbestimmung der Personenversicherung, sobald man berücksichtigt, daß der Versicherungsfall hier eintritt beim Leben oder Sterben einer oder mehrerer Personen. Das charakteristische Moment der Lebensversicherung besteht darin, daß die seitens des Versicherers zu tragende Gefahr aus der Ungewißheit der Dauer des menschlichen Lebens entspringt (Begr. S. 155). Nicht jeder Vertrag, bei dem es auf die Lebensdauer einer Person sei diese auch Vertragspartei ankommt, ist Lebensversicherung, z. B. nicht der Altenteilsvertrag, die Nießbrauchseinräumung, ferner auch nicht die Unfallversicherung, die Invaliditätsversicherung, soweit bei diesen beiden die Gewährung einer Rente in Frage kommt.

Für die Frage, was als Lebensversicherung und als Versicherungsfall im Sinne des Gesetzes anzusehen ist, kann nicht entscheidend sein, ob gewisse Geschäfte regelmäßig von Lebensversicherungsanstalten betrieben werden und ob sie eine gleiche technische Behandlung (Anwendung bestimmter Rechnungsgrundlagen) erfahren wie die Lebensversicherung, auch nicht ob gewisse Ereignisse in der Technik der Lebensversicherung ebenso wie der Versicherungsfall ausgewertet werden. Auch ist nicht entscheidend, ob im Sinn anderer Gesetze der Begriff der Lebensversicherung anders zu bestimmen ist. So rechnet das VAG. (§ 6 Abs. 3) zur

Lebensversicherung auch die Invaliditäts-, Alters-, Witwen-, Waisen-, Aussteuer- und Militärdienstversicherung, gleichviel ob auf Kapital oder Renten und stellt der Lebensversicherung vielfach die Krankenversicherung gleich (§§ 12, 63, 99). Von diesen Versicherungszweigen wird die Krankenversicherung zur Sachversicherung und nicht zur Lebensversicherung im Sinne dieses Gesetzes gerechnet (§ 12 Anm. 2) und die als Zusatz zur Lebensversicherung betriebene Invaliditätsversicherung wird rechtlich wie jene behandelt.

3. Die Lebensversicherung darf nur von Aktiengesellschaften oder Versicherungsvereinen auf Gegenseitigkeit betrieben werden § 6 VAG.; Übergangsbestimmungen in §§ 101—103. Den gleichzeitigen Betrieb der Lebensversicherung und der großen Schadensversicherung durch denselben Versicherer hat das Aufsichtsamt in ständiger Praxis nicht zugelassen (VA. **04** 91; **08** 78); dagegen ist ausnahmsweise der gemeinsame Betrieb mit der kleinen Sachversicherung gestattet worden (VA. **05** 34). Bei dem Betriebe der Lebensversicherung in den deutschen Schutzgebieten müssen die Normativbedingungen (VA. **09** 92) wesentlich geändert werden, insbesondere passen die Vorschriften über die Fristen für den überseeischen Verkehr nicht (VA. **11** 92).

4. Die Gesamtheit der unter Lebensversicherung zusammengefaßten Versicherungsverhältnisse scheiden sich in zwei Gruppen: in die Versicherungen für den Todesfall (alle Kapitalversicherungen für den Todesfall, so die reine Todesfallversicherung, Risikoversicherung VA. **08** 79, und von den Rentenversicherungen namentlich die Überlebensversicherung, die Witwenversicherung) und in die Versicherungen für den Erlebensfall. Bei den Versicherungen für den Todesfall könnten die Beteiligten den Eintritt des Versicherungsfalls selbst herbeiführen; diese Gefahr besteht namentlich bei den Versicherungen, die für den Fall des Todes eines anderen genommen sind. Um dieser Gefahr nach Möglichkeit entgegenzutreten, hat das VVG. in §§ 159 Abs. 2, 3, 169, 170, 176 Abs. 2 Satz 2 Vorkehrungen getroffen. Während bei den Todesfallversicherungen die Vorschriften über die Anzeigepflicht der Gefahrumstände und über die Gefahrerhöhung (§§ 16—32, 164) eine wichtige Rolle spielen, bleiben diese Vorschriften naturgemäß bei den Erlebensfallversicherungen außer Betracht. Bei ihnen ist fast ausschließlich das Alter des Versicherten das ausschlaggebende Moment für die Bemessung der Gefahr des Versicherers.

5. Innerhalb der Gruppe der Versicherungen für den Todesfall liegt ein Kreis von Versicherungsverhältnissen, der eine Eigentümlichkeit der Lebensversicherung bildet. „Es sind das Versicherungen, die dem Versicherungsnehmer von vornherein die Gewißheit bieten, daß das Ereignis, an welches durch den Vertrag die Leistung des Versicherers geknüpft ist, sich verwirklicht, daß also der Vertrag, wenn nicht etwa aus besonderen Gründen die Haftung des Versicherers überhaupt erlischt, stets zu jener Leistung führt" (Begr. S. 156). Zu diesen Versicherungen mit unbedingter Leistungspflicht gehört jede Versicherung, bei der der Tod einer Person entweder ausschließlich oder wahlweise neben einem anderen Ereignisse (Erleben eines bestimmten Zeitpunktes) den Versicherungsfall bildet, also die lebenslängliche Versicherung, die abgekürzte Lebensversicherung, die gegenseitige Überlebensversicherung, die Kapitalversicherung mit bestimmter Verfallzeit.

Bei den Versicherungen mit unbedingter Leistungspflicht muß dem Versicherungsnehmer eine Verfügung über das aus seinen Prämienzahlungen vom Versicherer gebildete Deckungskapital gewährt werden. Dieses Verfügungsrecht, durch das die Prämienzahlungen die Bedeutung von Spareinlagen erhalten, kommt in dem Rückkaufe (§§ 176, 177) zur Erscheinung.

Den Gegensatz hierzu bilden die Versicherungen, bei denen es ungewiß ist, ob der Versicherer überhaupt leisten muß. Eine Versicherung mit bedingter Leistungspflicht des Versicherers ist gegeben bei der Kapitalversicherungen für den Todesfall, bei welchen der Versicherer nur, wenn der Tod innerhalb eines bestimmten Zeitpunktes eintritt (Versicherung auf kurze Zeit), oder nur, wenn eine bestimmte von mehreren Personen die andere überlebt (einseitige Überlebensversicherung) leisten muß, ferner alle Kapitalversicherungen für den Lebensfall und alle Rentenversicherungen.

Allen Lebensversicherungen gemeinsam ist die Möglichkeit, die Versicherung in eine prämienfreie Versicherung umwandeln (§§ 174, 175) zu können. Beide Rechte (Rückkauf, Umwandlung), die erst nach einem gewissen Mindestzeitraume gewährt werden müssen (§ 173), hängen mit der Ansammlung der „Prämienreserve“ zusammen, welche die aus den jeweils eingehenden Prämien gebildete Rücklage ist, deren der Versicherer bedarf, um die verfügbaren Beträge seiner künftigen Einnahmen auf die Höhe der zu erwartenden Versicherungsansprüche zu ergänzen (Begr. S. 173).

Endlich muß noch als besondere Eigentümlichkeit der Lebensversicherung das Recht erwähnt werden, die Beendigung des Versicherungsverhältnisses herbeiführen und sich so von der Zahlung weiterer Prämien befreien zu können (§ 165).

Über den Begriff und die besondere Regelung der Volksversicherung § 189 Anm. 7.

6. Alle Rechte aus der Lebensversicherung unterliegen dem Zugriffe des Pfandgläubigers und fallen in die Konkursmasse des Versicherungsnehmers. Das wichtigste Argument für die gegenteilige Meinung, die Rechte seien höchstpersönlicher Natur, findet nirgends eine feste Stütze. Höchstpersönlich ist nur e i n Recht aus dem Kreis der in Betracht kommenden Rechte und das ist das Recht auf Abschluß einer Lebensversicherung (§§ 159 Abs. 2, 160). LZ. **12** 624. Die wichtigsten Rechte, die aus dem Lebensversicherungsvertrage entspringen, das Recht auf Auszahlung der Versicherungssumme, auf Umwandlung, auf Rückgewähr, sind pfändbar. Von ihnen wird allerdings das Recht auf Umwandlung, ebenso wie das weitere pfändbare Recht auf Gewährung eines Darlehns aus praktischen Gründen von Dritten nicht ausgeübt werden. Das erste würde dem Pfandgläubiger keinen Vermögenswert verschaffen, wenn es auch durch die Befreiung des Versicherungsnehmers von weiteren Prämienzahlungen ein Vermögensrecht für diesen darstellt, das zweite ist für Dritte unpraktisch, weil durch den Rückkauf gewöhnlich eine größere Summe dem Versicherungsnehmer zufließt. Der Pfand- und Konkursgläubiger werden auch die Möglichkeit haben, die Versicherung des Schuldners fortführen oder den Antrag auf Wiederinkraftsetzung einer stornierten Versicherung stellen zu können. Die einmal eingegangene Versicherung schafft einen Vermögenswert, der nicht ohne weiteres dem Gläubiger entzogen werden darf. Ist zwar für den Abschluß einer Versicherung auf den Todesfall eines anderen die schriftliche Einwilligung des anderen notwendig (§ 159 Abs. 2), so ist eine dementsprechende Bestimmung für die Fortführung der Versicherung nicht getroffen und auch wohl nicht notwendig. Recht **11** 411; a. A. Recht **11** 12. Praktisch werden die Fälle nicht gerade häufig sein, daß der Dritte die Prämien weiterzahlt. Man könnte höchstens an eine baldfällige Erlebensfallversicherung, für die die Schutzvorschrift des § 159 Abs. 2 keinesfalls in Betracht kommt, denken. Welche Rechte gepfändet werden sollen, muß der Pfändungsbeschluß erkennen lassen.

Nicht pfändbar sind die Rechte nur dann nicht, wenn der Versicherungsnehmer sie in einer der Anfechtung nicht unterliegenden Weise und unwiderruflich einem bezugsberechtigten Dritten zugewiesen hat (§ 166) und ferner sind nicht pfändbar die Forderungen gegen Sterbekassen (VA. **05*** 47), Kranken-, Witwen-, Waisen-, Arbeiterpensionskassen in dem Rahmen des § 850 Nr. 4, 7 ZPO.

7. Die Abtretung und Verpfändung der Rechte aus der Lebensversicherung sind, sofern nicht durch besondere Abmachungen das Gegenteil oder Erschwerungen (so regelmäßig wenn der Verfügungsberechtigte nicht zugleich Versicherter ist) vereinbart sind, zulässig. Jedoch verlangen die Versicherer, wenn Abtretung oder Verpfändung ihnen gegenüber wirksam sein sollen, schriftliche Anzeige und zwar die Anzeige seitens des Versicherungsnehmers. Vers.-Praxis **12** 98 Nr. 8.

§ 159. Die Lebensversicherung kann auf die Person des Versicherungsnehmers oder eines anderen genommen werden.

Wird die Versicherung für den Fall des Todes eines anderen genommen, so ist zur Gültigkeit des Vertrags die schriftliche Einwilligung des anderen erforderlich. Ist der andere geschäftsunfähig oder in der Geschäftsfähigkeit beschränkt und steht die Vertretung in den seine Person betreffenden Angelegenheiten dem Versicherungsnehmer zu, so kann dieser den anderen bei der Erteilung der Einwilligung nicht vertreten.

Nimmt der Vater oder die Mutter die Versicherung auf die Person eines minderjährigen Kindes, so bedarf es der Einwilligung des Kindes nur, wenn nach dem Vertrage der Versicherer auch bei Eintritt des Todes vor der Vollendung des siebenten Lebensjahrs zur Leistung verpflichtet sein soll und die für diesen Fall vereinbarte Leistung den Betrag der gewöhnlichen Beerdigungskosten übersteigt. Hat für solche Versicherungen die Aufsichtsbehörde einen bestimmten Höchstbetrag festgesetzt, so ist dieser an Stelle des Betrags der gewöhnlichen Beerdigungskosten maßgebend.

1. Auf die Person jemandes eine Lebensversicherung nehmen bedeutet, daß der Versicherungsfall in dieser Person eintreten soll, d. h. daß der Versicherer zur Leistung verpflichtet sein soll, wenn diese Person (der Versicherte) stirbt oder einen bestimmten Zeitpunkt erlebt. Die Versicherung kann auch auf mehrere Personen, auf die Person des Versicherungsnehmers und eines anderen, z. B. des anderen Ehegatten, des Gesellschafters, Schuldners genommen werden, dann gelten im Zweifel die besonderen Vorschriften über die Versicherung auf die Person eines anderen nur, soweit die Rechte und Pflichten aus dem Vertrage durch Tod oder Leben des anderen bedingt sind.

Ein Verstoß gegen § 159 hat Nichtigkeit des Vertrags zur Folge. Bolze 7 Nr. 617. § 159 ist absolut zwingend.

2. § 159 erlaubt, ähnlich wie ALR. II 8 § 1973, die Versicherung auf den Tod eines anderen, sofern nur der andere, der Versicherte, einverstanden ist, und macht ihre Rechtsgültigkeit nicht von dem Vorhandensein eines berechtigten wirtschaftlichen Interesses des Versicherungsnehmers (Versicherung des Lebens des Schuldners durch den Gläubiger) oder bestimmter verwandtschaftlicher Beziehungen zwischen dem Versicherungsnehmer und dem Versicherten abhängig. Die Einwilligung muß vor Abschluß des Vertrags erklärt werden (§ 183 BGB.). Begr. S. 159. Über die Schriftform § 126 Abs. 1 BGB. Die Einwilligung kann gegenüber dem Versicherer wie dem Versicherungsnehmer erklärt werden. Oftmals wird auch die Abtretung und Verpfändung der Versicherung, sowie eine sonstige Verfügung über die Rechte aus der Versicherung von der schriftlichen Einwilligung des Versicherten abhängig gemacht. Ein Zwang kann in dieser Richtung aber nicht ausgeübt werden. VA. **10** 92.

3. Wird die Versicherung für den Fall des Todes einer Person genommen, die außerstande ist ihre Interessen selbst wahrzunehmen, so ist nach allgemeinen Rechtsgrundsätzen (§§ 105 ff. BGB.) die Mitwirkung des gesetzlichen Vertreters notwendig. Dabei muß aber der an sich zur Vertretung bei der Einwilligung Berufene von der Vertretung ausgeschlossen sein, falls er selbst als Versicherungsnehmer beteiligt ist. Um jeden Zweifel, ob dieser Ausschluß und folgeweise die Notwendigkeit der Mitwirkung eines Pflegers schon durch das BGB. (§§ 181, 1630, 1686, 1795) sichergestellt sei, auszuschließen, hat das Gesetz eine ausdrückliche Klarstellung vorgezogen. Begr. S. 159. Die Bestimmung hat namentlich Bedeutung für die auf die Person eines Kindes abgeschlossene Todesfallversicherung, die sogenannte Kinderversicherung. VA. **07** 76 ff. Es bedarf hier also der behördlichen Bestellung eines Pflegers, dem die Erteilung der Einwilligung zusteht, § 1909 BGB. (Ausnahme in Anm. 4). Vormundschaftsgerichtliche Genehmigung des einzelnen Versicherungsvertrags ist nicht erforderlich.

Wohl zu unterscheiden von dem erwähnten Vertrag ist die vom Vater oder von der Mutter in Vertretung des Kindes abgeschlossene Versicherung, bei welcher das Kind Versicherungsnehmer also auch Prämienschuldner ist; solche Verträge werden seltener vorkommen, hier bedarf es zuweilen der Genehmigung des Vormundschaftsgerichts (§§ 1643, 1686, 1822 Nr. 5 BGB.).

4. Eine Ausnahme von dem Grundsatz (Anm. 3), daß ein besonders bestellter Pfleger mitwirken muß, wird gemacht, wenn Vater oder Mutter für den Fall des Todes eines minderjährigen Kindes die Versicherung nehmen. Alsdann bedarf es nicht der Einwilligung des Minderjährigen. Voraussetzung ist aber, daß der Vater oder die Mutter Versicherungsnehmer ist, ausgeschlossen sind selbst Stief- und Großeltern, sowie der Vormund. Es ist nicht notwendig, daß der Versicherungsnehmer auch die elterliche Gewalt über das Kind hat. Aber diese Ausnahme greift wiederum nicht Platz, wenn nach dem Vertrage der Versicherer auch bei Eintritt des Todes des Kindes vor vollendetem siebenten Lebensjahre zur Leistung verpflichtet sein soll und für diesen Fall die vereinbarte Leistung über die gewöhnlichen Beerdigungskosten hinausgeht. Die Zuwiderhandlung hat Nichtigkeit des Vertrags, nicht etwa nur Herabsetzung der Versicherungssumme auf den Betrag der Beerdigungskosten zur Folge. Die Vorschrift entspringt der Befürchtung, daß die Kindertodesfallversicherung zu verbrecherischen Spekulationen mißbraucht werden könnte. Begr. S. 159 ff. Hat die Aufsichtsbehörde regelmäßig bei Genehmigung der Versicherungsbedingungen einen bestimmten Betrag als den gewöhnlichen Beerdigungskosten entsprechend erklärt, so kann der Vertrag nicht deshalb für nichtig erklärt werden, weil die Summe zu hoch gegriffen sei. Von dem Aufsichtsamte sind folgende Höchstbeträge zugelassen worden: 50 *M* für das erste bis dritte Lebensjahr, 100 *M* für das vierte und fünfte, 200 *M* für das sechste und siebente Lebensjahr. Ist für den Fall des Ablebens des Kindes die Zurückerstattung der Beiträge vorgesehen, so wird die Gewährung einer mäßigen Verzinsung der eingezahlten Beiträge neben der Rückgewähr der Beiträge nicht beanstandet, auch wenn die Rückgewähr nebst den Zinsen den für das Sterbegeld festgesetzten Höchstbetrag übersteigt. Dagegen wird bean-

standet, wenn der über die gezahlten Begräbniskosten von der Versicherungssumme verbleibende Überschuß erst nach Ablauf der vereinbarten Versicherungsdauer an die gesetzlichen Erben des versichert gewesenen Kindes ausgezahlt wird, da die betagte, aber unbedingte Forderung an den Versicherer ja sofort veräußerbar ist. Um eine Vereitelung der Absicht des Gesetzes durch Versicherung des Kindes bei mehreren Gesellschaften zu verhindern, muß eine besondere Frage hiernach in den Antragsschein aufgenommen und unter Umständen eine Kürzung der Versicherungssumme herbeigeführt werden. VA. 07 76; 09 163; 10 17, 93. Daß im ersten Lebensjahr ein Sterbegeld überhaupt nicht gezahlt werden soll, kann nicht gefordert werden. VA. 12* 95.

§ 160. Durch die Vereinbarung, daß derjenige, auf dessen Person eine Versicherung genommen werden soll, sich zuvor einer ärztlichen Untersuchung zu unterwerfen hat, wird ein Recht des Versicherers, die Vornahme der Untersuchung zu verlangen, nicht begründet.

1. Die ärztliche Untersuchung wird meistens gefordert, wenn der Tod einer Person Versicherungsfall sein soll. Daß der Versicherungsnehmer oder der Versicherte zwangsweise angehalten werden könne, sich der ärztlichen Untersuchung zu unterwerfen, hat man auch früher nicht angenommen. Hingegen war es bisher vielfach üblich, daß der Versicherungsnehmer, welcher der von ihm bei der Antragstellung übernommenen Verpflichtung auf Vornahme einer ärztlichen Untersuchung nicht nachkam, eine Vertragsstrafe zu bezahlen hatte, welche gewöhnlich in dem einfachen Betrage einer Jahresprämie oder in einem Bruchteile der vom Versicherer zu übernehmenden Kapitalleistung bestand; war die Vertragsstrafe zu hoch, so konnte sie von dem Gericht in Anwendung des § 343 BGB. herabgesetzt werden. VA. 09* 47. Jedoch ist von anderen Gerichten eine derartige Abmachung auch als Vergütung für die Tätigkeit der Gesellschaft aufgefaßt worden. Indem der § 160 einem derartigen Versprechen die Anerkennung

versagt, bewirkt er gleichzeitig, daß auch die für den Fall der Nichterfüllung dieses Versprechens getroffene Vereinbarung einer Vertragsstrafe unwirksam ist. Wohl aber kann der Versicherer sich Ersatz barer Auslagen (ein Inspektor der Gesellschaft hat auf besonderen Wunsch des Versicherungslustigen nach dem Wohnsitze des letzteren eine Reise gemacht) ausbedingen; das Aufsichtsamt verlangt, daß eine solche Verpflichtung nur dann in das Antragsformular aufgenommen werden darf, wenn die Allg. Versicherungsbedingungen eine solche Verpflichtung vorsehen. VA. **10** 93; **11** 90. Dem Sinne des § 160 würde es ferner widersprechen, wenn für den Fall der Weigerung, sich einer ärztlichen Untersuchung zu unterziehen, diese Versicherung ohne ärztliche Untersuchung genommen werden müßte.

2. Um dem Versicherer die Einholung der vertrauensärztlichen und hausärztlichen Zeugnisse und der sonstigen Auskünfte zu ermöglichen, muß der Antragsteller längere Zeit an seinen Antrag gebunden bleiben. Die Frist, die vom Tage der ärztlichen Untersuchung an zu laufen beginnt, ist auf höchstens 6 Wochen bei Anträgen über eine Versicherungssumme bis zu 10 000 ℳ und auf höchstens 2 Monate bei Anträgen über größere Versicherungssummen bemessen worden, bei Rentenversicherungen, Erlebensfallversicherungen, der Volksversicherung ist die Bindungsfrist eine kürzere (1 Monat). Ist von einer Fristsetzung überhaupt abgesehen, so kommt § 147 Abs. 2 BGB. zur Anwendung. VA. **09** 100; **10** 92; **08*** 45.

3. Ob die Versicherer zur Geheimhaltung der ärztlichen Zeugnisse verpflichtet sind, ist zweifelhaft. Tatsächlich bestehen Mitteilungsverbände der Lebens- und Unfallversicherungsgesellschaften. Die Zweifel werden beseitigt, wenn wie üblich die Antragsteller ausdrücklich die Ermächtigung zur Nachfrage und Auskunftserteilung geben. VA. **11** 88. Ist die Ermächtigung nur erteilt für Nachfragen, die bei Abschluß des Vertrags gestellt werden, so besteht für den Versicherer kein Auskunftsrecht bei Ärzten, die den Versicherten später behandelt haben. VA. **13** 36.

4. Für Verletzungen durch den Vertrauensarzt gelegentlich der Untersuchung hat der Versicherer aufzukommen. VA. **08*** 99;

07* 57; 08* 58. Die Belehrungen, die er über die Beantwortung der von dem Versicherer gestellten Fragen erteilt, sind unter Umständen für den Versicherer bindend. LZ. 12 778. Die Gültigkeit eines Lebensversicherungsvertrags ist nicht in Zweifel gezogen worden, wenn ohne Wissen des Versicherten bei der ärztlichen Untersuchung ein Dritter untergeschoben worden ist. VA. 05* 8.

§ 161. Wird die Versicherung auf die Person eines anderen als des Versicherungsnehmers genommen, so kann vereinbart werden, daß in Ansehung des Rechtes des Versicherers, wegen Verletzung der dem Versicherungsnehmer bei der Schließung des Vertrags obliegenden Anzeigepflicht von dem Vertrage zurückzutreten, die Kenntnis und das Verhalten des anderen der Kenntnis oder dem Verhalten des Versicherungsnehmers gleichstehen soll.

1. §§ 16—21 geben dem Versicherer Rechte nur gegenüber einer dem Versicherungsnehmer selbst zur Last fallenden Verletzung der Anzeigepflicht. § 161 schafft die Grundlage, um auch das Verhalten des Versicherten berücksichtigen zu können.

2. Ob der Versicherer eine Kenntnis des Bezugsberechtigten von der Verletzung der Anzeigepflicht durch den Versicherungsnehmer zu seinen Gunsten geltend machen kann, erscheint zweifelhaft und von den Umständen des einzelnen Falles abhängig; bei Arglist des Bezugsberechtigten ist es jedenfalls anzunehmen.

§ 162. Ist das Alter desjenigen, auf dessen Person die Versicherung genommen werden soll, unrichtig angegeben worden und infolge der unrichtigen Angabe die Prämie zu niedrig bestimmt, so mindert sich die Leistung des Versicherers nach dem Verhältnis, in welchem die dem wirklichen Alter entsprechende Prämie zu der vereinbarten Prämie steht. Das Recht, wegen Verletzung der Anzeigepflicht von dem Vertrage zurückzutreten, steht dem Versicherer nur zu, wenn das wirk-

liche Alter außerhalb der Grenzen liegt, welche durch den Geschäftsplan für den Abschluß von Verträgen festgesetzt sind.

1. Das Lebensalter ist einer der Faktoren, nach denen sich Leistung und Gegenleistung bestimmen; das Verhältnis beider zu einander läßt sich, wenn das Alter feststeht, mit Hilfe der technischen Unterlagen, deren sich der Versicherer bedient, leicht ermitteln. Eine falsche Altersangabe kann zur Folge haben, daß die Prämie zu hoch oder zu niedrig bestimmt wird. § 162 behandelt nur den letzteren, dem Versicherer ungünstigen Fall. An sich könnte der Versicherer bei schuldhafter Verletzung der Anzeigepflicht zurücktreten (§ 17), bei unverschuldeter Verletzung die entsprechende höhere Prämie nachfordern (§ 41). § 162 versagt für den Regelfall (Ausnahme Satz 2) beide Rechte.

2. Die Richtigstellung des Fehlers könnte bei der Lebensversicherung entweder durch entsprechende Erhöhung der Prämie und Nachzahlung der entstandenen Prämiendifferenz nebst Verzugszinsen oder durch entsprechende Verminderung der Versicherungssumme oder Rente oder durch eine Verbindung beider Wege erfolgen, daneben käme auch eine Umrechnung der Versicherungsdauer (z. B. Verschiebung des Auszahlungstermins vom 50. auf das 55. Lebensjahr) in Frage. § 162 entscheidet sich zwingend (§ 172) für die Verminderung der Versicherungssumme; alle übrigen Möglichkeiten können höchstens daneben zur Wahl des Versicherungsnehmers gestellt werden. — Auf das Verschulden des Versicherungsnehmers oder einer anderen Person kommt es nicht an. Dem Versicherer ist keine Frist gestellt, er kann noch nach der Auszahlung der Versicherungssumme das zuviel Geleistete zurückfordern, sofern die fünfjährige Verjährungsfrist (§ 12 Abs. 1) nicht abgelaufen ist. § 162 ist auch entsprechend anwendbar, wenn, wie es bei manchen Gesellschaften vorkommt, die Prämie oder die einmalige Einlage für alle Versicherungsnehmer gleich ist und nur die Höhe der Versicherungssumme nach dem Lebensalter abgestuft wird, ebenso auch jedoch nur in Ermangelung

anderer Regelung, wenn das Alter des Prämienzahlers (Versorgers) zu niedrig angegeben ist.

3. Im Falle des Satzes 2 kommt es im Gegensatze zu den Bestimmungen des Satz 1 auf das Verschulden des Versicherungsnehmers an. Liegt ein solches nicht vor, so kann der Versicherer die Versicherung nur gemäß § 41 Abs. 2 kündigen. Bei Verschulden des Versicherungsnehmers hat er jedoch ein Rücktrittsrecht; für dasselbe gelten die Bestimmungen der §§ 16 ff., 40. Der Versicherer behält danach die sämtlichen eingezahlten Prämien. Bei den Kapitalversicherungen für den Todesfall mit unbedingter Leistungspflicht hat er nach § 176 die Prämienreserve zu erstatten, bei anderen Versicherungen ist er weder hierzu noch zur Herabsetzung der Versicherungssumme verpflichtet. Neben dem Rücktrittsrechte steht ihm auch das Recht zu, die Versicherungssumme herabzusetzen; einen Anspruch auf Prämienerhöhung hat er auch in diesem Falle nicht. — Neben dem Rücktrittsrechte besteht im Falle der Arglist das Anfechtungsrecht (§ 22); ficht der Versicherer an, so ist der Vertrag nichtig; die beiderseitigen Leistungen sind zurückzugewähren; dem Versicherer steht jedoch ein Anspruch auf Ersatz des Schadens zu. In den Bedingungen können für den Fall der Arglist noch weitergehende Befugnisse des Versicherers vereinbart werden. — Der Begriff des Geschäftsplans ergibt sich aus §§ 4, 11 VAG. Ob der Versicherer für ein bestimmtes Eintrittsalter Versicherungen abschließt, ist regelmäßig aus seinen Tarifen zu ersehen. Fehlt es an einem hierüber Bestimmung treffenden Geschäftsplane, so ist auf die für den Geschäftsbetrieb maßgebenden Grundsätze zurückzugehen. Im übrigen vgl. Anm. 2 zu § 41.

4. Wenn die unrichtige Angabe des Alters zur Folge hat, daß die Prämie zu hoch oder die Versicherungssumme oder Rente zu niedrig bemessen wird, so stehen dem Versicherungsnehmer Ansprüche nur insoweit zu, als er den Vertrag wegen Irrtums anfechten kann (§§ 119, 122 BGB., oben Vorbemerkungen 7, 8 vor § 16). Die Bedingungen können hierüber Bestimmungen treffen, z. B. Erhöhung der Versicherungssumme oder Rente, Berichtigung

der künftigen Prämien, Rückgewähr der Differenz des Deckungskapitals. BA. 10 94.

§ 163. Wegen einer Verletzung der dem Versicherungsnehmer bei der Schließung des Vertrags obliegenden Anzeigepflicht kann der Versicherer von dem Vertrage nicht mehr zurücktreten, wenn seit der Schließung zehn Jahre verstrichen sind. Das Rücktrittsrecht bleibt bestehen, wenn die Anzeigepflicht arglistig verletzt worden ist.

1. § 163, der zugunsten des Versicherungsnehmers zwingend ist (§ 172), behandelt die „Unanfechtbarkeit der Police" trotz Verletzung der Anzeigepflicht. Über die Unanfechtbarkeit im Falle des Selbstmordes des Versicherten § 169. § 163 nimmt die Unanfechtbarkeit an, wenn seit Abschluß des Versicherungsvertrags zehn Jahre verstrichen sind. Da es in der Lebensversicherung für den Versicherer abgesehen von dem Lebensalter fast nur auf den Gesundheitszustand desjenigen ankommt, auf dessen Person die Versicherung genommen ist, so pflegt eine Verletzung der Anzeigepflicht im Laufe der Zeit ihre Bedeutung zu verlieren (Begr. S. 164). Innerhalb der zehn Jahre kann der Versicherer auch nach Eintritt des Versicherungsfalls, ja auch nach Zahlung der Versicherungssumme zurücktreten. Die Frist ist keine Verjährungsfrist, ihr Lauf kann nicht unterbrochen und nicht gehemmt werden. Für die Frage, inwieweit eine Verletzung der Anzeigepflicht vorliegt, ist auch das Verhalten desjenigen, auf dessen Person die Versicherung genommen wurde, überall da von Bedeutung, wo gemäß § 161 vereinbart worden ist, daß ein Verhalten dem des Versicherungsnehmers gleichstehen soll. Tatsächlich ist die zehnjährige Frist erheblich von den Gesellschaften herabgesetzt, so auf drei Jahre von den Normativbedingungen, oftmals ist auch diese Frist noch verkürzt. Manche Versicherer gehen sogar so weit, daß sie auf das Rücktrittsrecht für den Fall der nur fahrlässigen und grobfahrlässigen Verletzung der Anzeigepflicht verzichten oder das Rücktrittsrecht sich überhaupt nur für den Fall arglistiger Verletzung vorbehalten. VA. **09** 164; **10** 94. Neben der in den Bedingungen geregelten Anfechtung wegen Verletzung der Anzeigepflicht ist die Anfechtung wegen Irrtums ausgeschlossen. VA. **10*** 7.

2. Der Verzicht auf das Rücktrittsrecht bei arglistiger Verletzung der Anzeigepflicht ist aus allgemeinen Rechtsanschauungen nicht zulässig, wenn auch zuzugeben ist, daß § 276 Abs. 2 BGB. nicht entgegen stehen würde. In den Normativbedingungen ist die Anfechtung wegen arglistiger Täuschung vorbehalten.

§ 164. Als Erhöhung der Gefahr gilt nur eine solche Änderung der Gefahrumstände, welche nach ausdrücklicher Vereinbarung als Gefahrerhöhung angesehen werden soll; die Erklärung des Versicherungsnehmers bedarf der schriftlichen Form.

Eine Erhöhung der Gefahr kann der Versicherer nicht mehr geltend machen, wenn seit der Erhöhung zehn Jahre verstrichen sind. Der Versicherer bleibt jedoch zur Geltendmachung befugt, wenn die Pflicht, seine Einwilligung einzuholen oder ihm Anzeige zu machen, arglistig verletzt worden ist.

1. Nach bisherigem Recht soll zwar auch nicht der Anspruch auf die Versicherungssumme durch ängstliche Verkümmerung jeder Freiheit des Verhaltens im Leben von dem Versicherungsnehmer erkauft werden (RG. **18** 143), aber man nahm Verwirkung an, wenn der Versicherungsnehmer sich der Gefährlichkeit seiner Handlungsweise bewußt war. Gruchots Beitr. **29** 996 (Gletschertouren mit Führer); VA. **05*** 49 (Trunksucht).

Das VVG. geht davon aus, daß eine Änderung der Umstände, die nach den allgemeinen Vorschriften der §§ 23—29 an sich eine Gefahrerhöhung bilden würden, als solche gleichwohl nur in Betracht kommt, soweit dies bei dem Abschlusse des Vertrags besonders festgesetzt ist. Der schriftlichen Form der Vereinbarung — Schriftlichkeit wird mit Rücksicht auf die Tragweite der Erklärung verlangt — wird auch dadurch genügt, daß die bezüglichen Bestimmungen in die allgemeinen Versicherungsbedingungen aufgenommen werden, denen sich der Versicherungsnehmer alsdann schriftlich unterwirft. Es muß also in die Versicherungsbedingungen oder den Versicherungsvertrag oder in eine andere Urkunde die ausdrückliche Bestimmung aufgenommen werden, daß bestimmte Veränderungen, z. B. Reisen, Kriegsdienst, Eintritt in besonders gefährliche Berufe, wie Beschäftigung in Sprengstoffabriken, als Gefahrerhöhung gelten sollen. Im allgemeinen wird in der Praxis von § 164 kein Gebrauch gemacht; einige besondere Risiken, wie Kriegs-, Klima- und Berufsgefahren, werden von vornherein entweder gar nicht oder nur mit bestimmter Begrenzung übernommen. Oftmals wird der Aufenthalt in allen Teilen der Erde ohne Beschränkung gestattet. VA. 09 159, 165; 10 94.

2. § 164 Abs. 2 steht in Übereinstimmung mit § 163 Satz 1.

3. § 164 ist zugunsten des Versicherungsnehmers zwingend (§ 172). Für die Erlebensfallversicherung ist seine Vorschrift praktisch bedeutungslos.

§ 165. Sind laufende Prämien zu entrichten, so kann der Versicherungsnehmer das Versicherungsverhältnis jederzeit für den Schluß der laufenden Versicherungsperiode kündigen.

Ist eine Kapitalversicherung für den Todesfall in der Art genommen, daß der Eintritt der Verpflichtung des Versicherers zur Zahlung des vereinbarten Kapitals gewiß ist, so steht das Kündigungsrecht dem Versicherungsnehmer auch dann zu, wenn die Prämie in einer einmaligen Zahlung besteht.

1. Von jeher hat in der Lebensversicherung der Grundsatz gegolten, daß der Versicherungsnehmer nicht gezwungen werden könne, den Vertrag durchzuhalten. Denn auf seiten des Versiche-

rungsnehmers sind für den Abschluß und die Fortsetzung einer Lebensversicherung stets Umstände ausschlaggebend, die einem Wechsel in besonderem Maße unterliegen, nämlich die eigene Leistungsfähigkeit und die persönlichen Beziehungen zu anderen (Begr. S. 166). Auch das VVG. erkennt diese Gründe an. Nach § 165 kann also der Versicherungsnehmer, trotzdem er sich zu mehrjährigen Prämienzahlungen verpflichtet hat, das Versicherungsverhältnis jederzeit ganz oder teilweise kündigen und sich somit von der weiteren Prämienzahlung befreien. Das Unterlassen der rechtzeitigen Prämienzahlung genügt nicht, sondern er muß ausdrücklich erklären, daß er den Vertrag aufhebt. Die Kündigung muß spätestens am letzten Tage der jeweils laufenden Versicherungsperiode, sie kann auch auf einen späteren Zeitpunkt erfolgen, aber immer nur auf den Schluß einer Versicherungsperiode. Bei der mit der Lebensversicherung verbundenen Invaliditätszusatzversicherung wird oftmals die selbständige Kündigung nur der Zusatzversicherung für die letzten 4 bis 5 Jahre ausgeschlossen, weil gegen den Ablaufstermin zu die Prämienreserven dieser Zusatzversicherung negativ werden. VA. 10 94. Für die Kündigung kann schriftliche Form ausbedungen werden; die Einhaltung einer Kündigungsfrist kann nicht bedungen werden. Infolge des Kündigungsrechts kann der Versicherer immer nur die Jahresprämie einklagen. Der Versicherungsnehmer ist, abgesehen von der ersten Jahresprämie, zu weiteren Zahlungen nicht verpflichtet, wenn er rechtzeitig kündigt.

2. Ob das Kündigungsrecht dem Zugriffe des Pfand- oder Konkursgläubigers unterliegt, ist bestritten. Man wird die Frage bejahen müssen (Recht 11 11; 11 410), da es keine durchschlagenden Argumente dagegen gibt (Z. 11 175). Die gegenteiligen Ansichten, die Unpfändbarkeit beruhe auf dem höchstpersönlichen Charakter des Kündigungsrechts (VA. 08* 49; 10* 13; 13* 15; LZ. 12 216; dagegen Z. 11 28), das Kündigungsrecht stelle keinen Vermögenswert dar (LZ. 12 216), sind nicht stichhaltig. Z. 13 540. Das Kündigungsrecht kann sich, ebenso wie wenn es freiwillig ausgeübt wird, nur auf einen Teil der Versicherung erstrecken (a. A. Recht 11 483).

3. Die Wirkungen der Kündigung gehen aber über die Befreiung des Versicherungsnehmers von weiteren Prämienzahlungen hinaus. Bei den Versicherungen mit unbedingter Leistungspflicht des Versicherers (Vorbem. 5) bietet es zugleich das Mittel das Verfügungsrecht über das aus den Prämienzahlungen gebildete Deckungskapital zur Geltung zu bringen. Infolgedessen hat der Versicherungsnehmer das Recht zu kündigen, auch wenn die Prämie in einer einmaligen Zahlung besteht. Das Kündigungsrecht umfaßt ferner diejenigen Fälle, in denen bei einer Versicherung mit ursprünglich laufender Prämienzahlung entweder auf Verlangen des Versicherungsnehmers (§ 174 Abs. 1) oder wegen unterlassener Prämienzahlung durch den Versicherer (§ 175 Abs. 1) eine Umwandlung der Versicherung in eine prämienfreie statt gefunden hat.

4. Bei denjenigen Versicherungen, bei welchen der Versicherer zur Gewährung des Rückkaufs nicht verpflichtet ist (Vorbemerkung 5 und § 176), ist das Kündigungsrecht des Versicherungsnehmers von minder großer praktischer Bedeutung. Ein Versicherungsnehmer, der drei Jahresprämien bezahlt hat, wird in diesen Fällen nicht zur Kündigung, sondern gemäß § 174 zur Umwandlung schreiten. Über die weiteren Folgen der Kündigung §§ 173, 176—178.

5. § 165 ist zugunsten des Versicherungsnehmers zwingend (§ 172).

Vorbemerkung zu §§ 166—168. Die §§ 166—168, die nach § 180 auch für die Unfallversicherung gelten, ergänzen für das Gebiet der Kapitalversicherung die grundlegenden Vorschriften der §§ 330—332 BGB. Sie haben wie diese nicht die Bedeutung zwingender Bestimmungen, sondern bieten nur durch Vereinbarung der Parteien abänderbare Rechtssätze und Auslegungsregeln, die keine Anwendung finden, wenn sich aus den Umständen ein abweichender Wille der Beteiligten ergibt.

Bezugsberechtigt ist an und für sich der Versicherungsnehmer oder, wenn sein Tod den Versicherungsfall bildet, seine Erben.

Den gewöhnlichen Zweck jeder Versicherung auf den Todesfall bildet jedoch die Versorgung der Hinterbliebenen des Versicherungsnehmers, zunächst also seine Familie. Daß die Familienangehörigen zugleich seine Erben sind, wird fast immer der Fall sein, ist jedoch keineswegs notwendig und auch für die wirtschaftliche Bedeutung der Lebensversicherung gleichgültig.

§ 166. Bei einer Kapitalversicherung ist im Zweifel anzunehmen, daß dem Versicherungsnehmer die Befugnis vorbehalten ist, ohne Zustimmung des Versicherers einen Dritten als Bezugsberechtigten zu bezeichnen sowie an die Stelle des so bezeichneten Dritten einen anderen zu setzen. Die Befugnis des Versicherungsnehmers, an die Stelle des bezugsberechtigten Dritten einen anderen zu setzen, gilt im Zweifel auch dann als vorbehalten, wenn die Bezeichnung des Dritten im Vertrag erfolgt ist.

1. I. Nach der Auslegungsregel des § 166 Satz 1 hat der Versicherungsnehmer einer Kapitalversicherung jederzeit die Möglichkeit, einen Dritten als Bezugsberechtigten zu bezeichnen, die Bezeichnung dieses Dritten zu widerrufen und entweder einen anderen Dritten an dessen Stelle zu setzen oder überhaupt keine Verfügung mehr über die Bezugsberechtigung zu treffen. Im Zweifel gilt der Versicherungsnehmer selbst dann als berechtigt, an die Stelle des bezugsberechtigten Dritten einen anderen zu setzen, wenn der Versicherungsvertrag von vornherein bereits zugunsten eines bestimmten Dritten abgeschlossen ist (Satz 2). Zur Ausübung des Bestimmungsrechtes bedarf der Versicherungsnehmer in keinem Falle der Zustimmung des Versicherers. Selbst wenn der Vertrag von Anfang an zugunsten eines Dritten eingegangen war, ist in Abweichung von § 332 BGB. kein besonderer Vorbehalt notwendig, um irgend eine Veränderung hinsichtlich der Person des bezugsberechtigten Dritten vorzunehmen. Ein Zustimmungsrecht des Versicherers ist auch dann nicht anzuerkennen,

wenn auf dem Versicherungsscheine vermerkt worden ist, daß der Dritte unwiderruflich bezugsberechtigt sein soll (VA. 09 165).

2. Weist der Bezugsberechtigte nach Eintritt des Versicherungsfalls das Recht aus dem Lebensversicherungsvertrage zurück, so gilt es als nicht erworben (§ 333 BGB.), es fällt somit, wie wenn die Bezeichnung eines Dritten niemals erfolgt wäre, in die Vermögensmasse des Versicherungsnehmers (§ 168).

3. Die Benennung des Dritten und der Widerruf der Benennung sind einseitige, empfangsbedürftige Rechtsgeschäfte, die dem Versicherer gegenüber vorzunehmen sind. Sie müssen somit dem Versicherer in irgend einer Form mitgeteilt werden. Bolze 17 Nr. 500. Gewöhnlich wird in dem Versicherungsschein oder in einem Nachtrage die Bezugsberechtigung vermerkt. Die Benennung und der Widerruf können auch in einer letztwilligen Verfügung erfolgen (§ 332 BGB.).

4. II. In die Rechtsstellung des Versicherers greifen die Bestimmungen des VVG. und BGB. über die Bezugsberechtigung nur insoweit ein, als er jedesmal in der Lage sein muß prüfen zu können, wer der richtige Empfänger ist. Ist keine Erklärung ihm gegenüber abgegeben (Anm. 3), so kann er sich der Gefahr doppelt leisten zu müssen, dadurch entziehen, daß er die Legitimationsklausel (§ 808 BGB.) in den Versicherungsschein aufnimmt. Wenn die Voraussetzungen des § 372 BGB. erfüllt sind, ist er auch zur Hinterlegung der Versicherungssumme berechtigt. Die Vorschriften der §§ 406—408 BGB. schützen ihn ferner für den Fall, daß der Versicherungsnehmer seine Rechte aus der Versicherung an einen anderen abtritt und trotzdem dem Versicherer einen Dritten als Bezugsberechtigten bezeichnet (Begr. S. 168).

5. III. Die rechtlichen Beziehungen zwischen dem Bezugsberechtigten und dem Versicherungsnehmer einerseits und dem Versicherer anderseits, werden durch das VVG. nicht berührt. Für sie kommen die Grundsätze der §§ 328 ff. BGB. in Betracht. Solange der Versicherungsfall noch nicht eingetreten ist, hat der Dritte bloß eine Anwartschaft. Ein Recht auf die Leistung erwirbt er erst mit Eintritt des Versicherungsfalls (§ 331 BGB.).

Infolgedessen kann er vorher auch keine Verfügung treffen, die Versicherung gegen Erstattung der Prämienreserve oder des Rückkaufs an sich ziehen (SeuffA. 35 Nr. 165; Bolze 1 Nr. 1130; 6 Nr. 601), seine Anwartschaft vererben.

6. Anders ist die Stellung desjenigen, dem ein sofortiges und unwiderrufliches Recht auf die Leistungen aus dem Versicherungsvertrage zugewiesen ist. Um diesen Erfolg zu erreichen kann der Versicherungsnehmer entweder einen dahingehenden Vertrag mit dem Versicherer oder dem Bezugsberechtigten abschließen, oder auf das Widerrufsrecht verzichten oder seine Ansprüche aus dem Vertrag an den Dritten abtreten. Alsdann ist eine Änderung des Vertrags hinsichtlich der Person des Bezugsberechtigten ohne dessen Zustimmung unzulässig. Er hat bereits ein Recht, nicht bloß eine Anwartschaft auf die Leistungen (§ 328 Abs. 1 BGB.), das seiner Verfügungsmacht unterliegt, das ihm gepfändet werden kann, das der Aufrechnung mit Forderungen gegen den Versicherungsnehmer nicht unterliegt (VA. 11* 94). Stirbt er vor Eintritt des Versicherungsfalls, so ist im Zweifel anzunehmen, daß seine Erben an seine Stelle treten. SeuffA. 48 128; Bolze 13 408.

7. Der Verzicht auf das Widerrufsrecht könnte unter Umständen auch formlos und stillschweigend erklärt werden; Übergabe des Versicherungsscheins könnte genügen. Bolze 17 Nr. 500; 19 Nr. 602; VA. 04 65; Wallmann 39 1933. Dem Versicherer gegenüber ist er nur wirksam, wenn er in vollkommen ausreichender Weise zu seiner Kenntnis gebracht ist. Die Abtretung der Ansprüche ist regelmäßig dem Versicherer schriftlich seitens des bisherigen Verfügungsberechtigten anzuzeigen.

8. IV. Für die Entscheidung der Fragen, ob und gegebenenfalls inwieweit die Pfandgläubiger und Konkursgläubiger des Bezugsberechtigten oder des Versicherungsnehmers dessen Kapitalversicherung, bei der ein Bezugsberechtigter bezeichnet ist, mit Beschlag belegen können, ist davon auszugehen, ob der Bezugsberechtigte eine Anwartschaft oder ein Recht auf die Leistungen des Vertrags hat und ob der Versicherungsfall eingetreten ist oder nicht. Hiernach lassen sich folgende Fälle unterscheiden:

a. Bei Lebzeiten des Versicherungsnehmers, bevor der Versicherungsfall eingetreten ist, unterliegt die Lebensversicherung dem Zugriffe des Pfandgläubigers und des Konkursgläubigers unbedingt wenn die Begünstigung des Dritten in widerruflicher Weise erfolgt ist, denn das Recht aus dem Vertrage gehört in die Vermögensmasse des Versicherungsnehmers. Der Pfandgläubiger und der Konkursverwalter können somit durch die Kündigung der Versicherung (§ 165) sich gegebenenfalls den Rückkaufswert (§§ 173, 176, 177) oder die Prämienreserve (§ 169) verschaffen, oder auch durch Fortzahlung der Prämien, z. B. bei einer noch nicht fälligen Erlebensfallversicherung, die Versicherung zunächst aufrechterhalten und erst bei Eintritt des Versicherungsfalls Beschlag auf die Versicherungsleistung legen.

Ist die Begünstigung in unwiderruflicher Weise erfolgt, dann unterliegen die Rechte aus der Lebensversicherung nicht mehr dem Zugriffe der Pfand- und Konkursgläubiger — denn der Bezugsberechtigte hat das Recht bereits erworben — es sei denn, daß in der Bezeichnung des Bezugsberechtigten eine nach allallgemeinen Grundsätzen anfechtbare Verfügung des Versicherungsnehmers liegt (die Bezugsberechtigung ist erst nachträglich in einer vor dem Anfechtungsrechte mißbilligten Weise hinzugefügt worden). Nach durchgeführter Anfechtung kann auch hier der Pfandgläubiger und der Konkursverwalter sich in den Besitz der Rückkaufssumme oder der Prämienreserve setzen.

b. Da nach dem Eintritte des Versicherungsfalls auch die Anwartschaft des in widerruflicher Weise Begünstigten sich zu einem Rechte auf die Leistungen aus dem Vertrag ausweitet, ist die Stellung des widerruflich gewesenen und des unwiderruflich gewesenen Begünstigten nach Eintritt des Versicherungsfalls genau die gleiche. Hier macht es dagegen einen Unterschied, wann die Bezugsberechtigung erfolgt ist.

α) Hat der Versicherungsnehmer bereits bei Abschluß des Vertrags den Bezugsberechtigten bezeichnet und während des Laufs des Vertrags diese Bezugsberechtigung nicht geändert oder an die Stelle des früheren einen anderen Bezugsberechtigten gesetzt, so haben die Gläubiger oder der Konkursverwalter kein Zugriffsrecht auf die Versicherungssumme, da das Recht auf die Versicherungsleistung niemals zur Vermögensmasse des Versicherungsnehmers gehört oder gehört hat. Dagegen ist möglich, daß die innerhalb der Anfechtungsfristen von dem Versicherungsnehmer dem Versicherer geleisteten Prämien und Nebenkosten von dem Bezugsberechtigten zurückverlangt werden, wenn die Leistung dieser Beträge eine nach allgemeinen Rechtsgrundsätzen anfechtbare Verfügung darstellt oder dargestellt hat.

β) Ist die Benennung des Bezugsberechtigten erst nachträglich nach Abschluß des Vertrags erfolgt, dann unterliegt die gesamte Leistung des Versicherers (Versicherungssumme, Prämienreserve) dem Zugriffe des Gläubigers oder des Konkursverwalters, wenn die Bezeichnung des Begünstigten eine nach allgemeinen Grundsätzen anfechtbare Verfügung des Versicherungsnehmers darstellt.

γ) Der Pfand- oder Konkursgläubiger des widerruflich Begünstigten kann die Anwartschaft, die diesem vor Eintritt des Versicherungsfalls zusteht, nicht mit Beschlag belegen, da die Anwartschaft keinen Vermögensbestandteil des Bezugsberechtigten bildet. Dagegen unterliegt das dem unwiderruflich Begünstigten vor Eintritt des Versicherungsfalls zustehende Recht und das nach Eintritt des Versicherungsfalls dem widerruflich oder unwiderruflich gewesenen Begünstigten zustehende Recht dem Zugriffe des Pfandgläubigers und fällt somit auch in die Konkursmasse.

RG. **51** 403; **54** 94; **61** 218; **62** 46, 260 (VA. **08*** 47); **66** 158 (VA. **08*** 10); VA. **07*** 42; **08*** 50; **10*** 13; **12*** 52; SeuffA. **48** Nr. 284; **55** Nr. 13.

9. V. § 166 gilt für alle Kapitalversicherungen auf den Todes- oder auf den Erlebensfall, mögen sie auf die Person des Versicherungsnehmers oder eines anderen genommen sein. Die dem Versicherungsnehmer eingeräumten Rechte werden ihm auch hinsichtlich der Rückgewähr der Prämien oder der Prämienreserve zustehen.

§ 166 gilt nicht für Rentenversicherungen. Bei ihnen ist insbesondere die Zustimmung des Versicherers zur Benennung eines Bezugsberechtigten notwendig, weil die Leistung des Versicherers ihrer Höhe nach regelmäßig durch die Lebensdauer des Bezugsberechtigten bestimmt wird. Im Zweifel ist anzunehmen, daß die Rente dem Bezugsberechtigten unmittelbar zufällt (§§ 330 Satz 1, 331 Abs. 1 BGB.; Gruchots Beiträge **51** 209). Unter Umständen kann die Zuwendung einer Leibrente eine anfechtbare Verfügung darstellen.

§ 167. Soll bei einer Kapitalversicherung die Leistung des Versicherers nach dem Tode des Versicherungsnehmers erfolgen und ist die Zahlung an die Erben ohne nähere Bestimmung bedungen, so sind im Zweifel diejenigen, welche zur Zeit des Todes als Erben berufen sind, nach dem Verhältnis ihrer Erbteile bezugsberechtigt. Eine Ausschlagung der Erbschaft hat auf die Berechtigung keinen Einfluß.

Ist der Fiskus als Erbe berufen, so steht ihm ein Bezugsrecht im Sinne des Abs. 1 Satz 1 nicht zu.

1. War die Versicherung „zugunsten der Erben" genommen, so nahm die Rechtsprechung auf Grund des vor dem Inkrafttreten des VVG. in Kraft gewesenen Rechtes an, daß die Erben als solche aus dem Nachlasse die Versicherungssumme erwerben; diese konnte also von den Nachlaßgläubigern beansprucht und zur Nachlaßkonkursmasse gezogen werden. RG. **32** 162. Nur in besonders gelagerten Fällen, wenn beispielsweise bedingungsgemäß gezahlt werden soll „an die legitimierten Erben des Versicherten unter Ausschluß der Nachlaßgläubiger und des Fiskus" (VA. **06*** 47, 106), gelangte man zu der gegenteiligen Auslegung. Bolze **10** Nr. 515. Die Versicherung zugunsten der Familie der Hinterbliebenen wurde anders behandelt. Die Familienangehörigen als solche galten als bezugsberechtigt. SeuffA. **56** Nr. 248. Später trat dann ein Wechsel in der Rechtsprechung ein. Man erklärte es als eine Auslegungsfrage, festzustellen, ob die Erben

in ihrer Eigenschaft als Universalrechtsnachfolger oder nur diejenigen gemeint sind, denen als Dritten, durch ihre Berufung als Erben nur der Person nach näher bestimmt, die Versicherungssumme zufließen soll. RG. 62 259; VA. 06* 47; 10* 9. Erwerben die Erben als bezugsberechtigte Dritte im Sinne des § 330 BGB. die Versicherungssumme (VA. 09* 20), so fällt sie nicht in den Nachlaß, ist somit den Nachlaßgläubigern entzogen und gehört im Falle des Nachlaßkonkurses nicht zur Konkursmasse.

§ 167 steht auf der Grundlage dieser Rechtsprechung. Im Zweifel wird als Wille des Versicherungsnehmers anzunehmen sein, daß der Anspruch aus der Versicherung keinen Bestandteil des Nachlasses bildet, sondern den betreffenden Personen unmittelbar auf Grund des Versicherungsvertrags zustehen soll. § 167 fügt eine weitere Auslegungsregel für den Fall hinzu, daß es ungewiß ist, wer mit der Bezeichnung „Erben" gemeint ist und welche Beträge auf die unter ihr begriffenen Personen treffen. Bezugsberechtigt sollen alsdann diejenigen sein, die zur Zeit des Todes als Erben berufen sind und ferner sollen sie bezugsberechtigt sein nach dem Verhältnis ihrer Erbteile. Diese Auslegungsregel lehnt sich an die des § 2066 Satz 1 BGB. an.

2. Welche Personen die zur Zeit des Todes des Versicherungsnehmers berufenen Erben sind, bestimmt sich nach dem BGB. Der Satz nasciturus pro jam nato habetur im Sinne des § 1923 Abs. 2 BGB. gilt auch hier; ebenso wird wie nach § 2344 BGB. der Erbunwürdige durch den an seiner Stelle berufenen Erben ersetzt (Begr. S. 169). An und für sich würde daher auch § 1953 BGB. gelten. Man kann jedoch annehmen, daß die sich hieraus ergebende Folge mit dem mutmaßlichen Willen des Versicherungsnehmers nicht im Einklange steht (Begr. S. 170). Sie müßte besonders vereinbart werden, andernfalls hat die Ausschlagung der Erbschaft, etwa wegen Überschuldung, auf die Bezugsberechtigung keinen Einfluß (Abs. 1 Satz 2). Hat der Versicherungsnehmer Erben durch Testament eingesetzt und ist das Testament nichtig oder wird es erfolgreich angefochten, so ist im Zweifel anzunehmen, daß die Versicherungsleistung den Testamentserben zufällt.

3. Eine besondere Regelung ist für den Fall getroffen, daß der Fiskus als Erbe berufen ist (Abs. 2). Alsdann hat der Fiskus ähnlich wie in den §§ 2104, 2149 BGB. nicht die Rechtsstellung des bezugsberechtigten Dritten, sondern der Fiskus erwirbt die Versicherungsleistung immer nur als Bestandteil des Nachlasses. Das Gegenteil könnte aber vereinbart sein z. B. wenn der Fiskus als Testamentserbe berufen ist. Dem Fiskus stehen nach landesgesetzlicher Vorschrift Körperschaften, Stiftungen oder Anstalten des öffentlichen Rechts gleich (Art. 138 EG.BGB.).

4. Hat der Versicherungsnehmer nicht seine Erben, sondern seine Rechtsnachfolger als bezugsberechtigt bezeichnet, so ist anzunehmen, daß die Versicherungssumme zum Nachlasse gehört. VA. **11*** 92. Dasselbe wird zu gelten haben, wenn die Lebensversicherung eingegangen ist zur „Vorsorge für die eventuellen Hinterbliebenen". VA. **11*** 90; anders VA. **13*** 11. Auch wenn die Lebensversicherung zugunsten der Rechtsnachfolger lediglich in der Absicht abgeschlossen ist, um ein Darlehen auf Grund des Versicherungsscheins zu erlangen, wird die Versicherungssumme in den Nachlaß fallen. VA. **06*** 89.

5. Ist die „Ehefrau" als bezugsberechtigt bezeichnet, so gilt nach dem Tode der ersten Frau bei Wiederverheiratung die zweite als bezugsberechtigt, ebenso im Falle der Scheidung und Wiederverheiratung. Bolze **4** Nr. 782; **8** Nr. 521.

6. Ist der Versicherungsschein auf den Inhaber oder Überbringer gestellt, ohne daß ein Bezugsberechtigter bezeichnet ist, so wird die Versicherungsleistung den Erben, aber nicht als bezugsberechtigten Dritten, sondern aus dem Nachlasse zustehen. Bolze **3** Nr. 752; a. A. SeuffA. **43** Nr. 292. Wird in einen derartigen Versicherungsschein nachträglich ein Bezugsberechtigter eingesetzt, so kann hierin ein anfechtbares Rechtsgeschäft liegen. RG. **66** 158.

7. § 167 gilt für alle Arten der Kapitalversicherungen auf den Todesfall. Der Versicherungssumme steht die Prämienreserve in den Fällen der §§ 169, 176 ff. VVG. gleich. Bei Rentenversicherungen sind Vertragsabreden, durch welche der Bezugsberechtigte

von vornherein genau bestimmt wird, üblich. Im übrigen vgl. Anm. 9 zu § 166.

§ 168. Wird bei einer Kapitalversicherung das Recht auf die Leistung des Versicherers von dem bezugsberechtigten Dritten nicht erworben, so steht es dem Versicherungsnehmer zu.

1. Es kommt nicht darauf an, ob der Bezugsberechtigte das Recht zurückweist (§ 333 BGB.) oder ob er es aus irgend einem anderen Grunde (z. B. im Falle des § 170 Abs. 2 VVG.) nicht erwirbt. Bildet der Tod des Versicherungsnehmers den Versicherungsfall, so fällt das Recht auf die Leistung des Versicherers in den Nachlaß. § 168 gilt für Kapitalversicherungen jeder Art. Wird er bei Rentenversicherungen angewendet, so mußte folgerichtigerweise das nach der vermutlichen Lebensdauer des Bezugsberechtigten zu berechnende Deckungskapital in das Vermögen des Versicherungsnehmers fallen. § 168 ist nicht zwingend.

§ 169. Bei einer Versicherung für den Todesfall ist der Versicherer von der Verpflichtung zur Leistung frei, wenn derjenige, auf dessen Person die Versicherung genommen ist, Selbstmord begangen hat. Die Verpflichtung des Versicherers bleibt bestehen, wenn die Tat in einem die freie Willensbestimmung ausschließenden Zustande krankhafter Störung der Geistestätigkeit begangen worden ist.

1. § 169 regelt die „Unanfechtbarkeit" der Versicherung im Falle des Selbstmordes. Über die Unanfechtbarkeit der Versicherung trotz Verletzung der Anzeigepflicht § 163. Mit dem Selbstmorde führt der Versicherungsnehmer, wenn auf sein Leben die Versicherung genommen ist, den Versicherungsfall vorsätzlich herbei; es ist nur schlüssig zu fordern, daß für diesen Fall der Versicherer frei wird und sich zur Zahlung auch nicht verpflichten kann. Jedoch haben

Erwägungen mannigfacher Art dazu geführt, den Selbstmord nicht anders zu behandeln wie den auf natürliche Weise oder durch einen Unglücksfall herbeigeführten Tod. Satz 1 gilt deshalb nur, soweit nicht, was heute im Großbetriebe der Lebensversicherung vielfach geschieht, der Versicherer sich auch für den Fall des Selbstmordes zur Zahlung verpflichtet; gewöhnlich lassen aber die Bedingungen diese Verpflichtung erst dann beginnen, wenn die Versicherung bereits eine gewisse Zeit (1 Jahr bis 5 Jahre) bestanden hat. Das Aufsichtsamt hat in ständiger Praxis aus sehr berechtigten Gründen daran festgehalten, daß die Wartezeit mindestens ein Jahr betragen muß. Nur dann können vorsätzliche Schädigungen der Gesellschaften hintangehalten werden. VA. **03** 111; **06** 59; **07** 119. Aber auch während der Wartezeit ist der Versicherer zur Leistung verpflichtet, wenn der Tatbestand des Satz 2 gegeben ist. Nach den Normativbedingungen beträgt die Wartezeit zwei Jahre. Ist hiernach der Versicherer zur Leistung auch im Falle des Selbstmordes des Versicherten verpflichtet, so muß er dieselbe Leistung gewähren, wie wenn der Versicherte eines natürlichen Todes gestorben wäre. VA. **12** 139.

In denjenigen Fällen, in denen der Versicherer von der Verpflichtung zur Leistung frei ist, muß er natürlich die Prämienreserve erstatten, insoweit die Voraussetzungen der §§ 173, 176 177 zutreffen.

2. Selbstmord ist jede mit Absicht ausgeführte unmittelbare Tötung der eigenen Person, also nicht Tötung durch eigene Unvorsichtigkeit (Bolze **12** Nr. 493; RG. **18** 142), auch nicht eigene Tötung im Zustande der Bewußtlosigkeit (KB. I S. 125). Dagegen gilt als Selbstmord die auf gemeinsamem Entschlusse beruhende Selbsttötung mehrerer Personen auch dann, wenn nur eine von ihnen handelt (der Ehemann tötet zunächst die versicherte Ehefrau, dann sich selbst). Bolze **8** Nr. 523. Ebenso fällt es unter § 169, wenn der zum Selbstmord Entschlossene sich von einem andern töten läßt. § 216 StGB.; KB. I S. 126.

3. Zu Satz 2 vgl. § 104 Nr. 2 BGB. Auch wenn die Störung nur eine vorübergehende war, greift die Ausnahme Platz. Die Bestimmung stimmt mit der bisherigen Praxis der Gerichte überein (ROHG. 18 210; RG. 4 160. SeuffA. 53 Nr. 45), sie ist zwingend (§ 172). Es kann auch nicht während einer noch so kurzen Wartezeit die Auszahlung verweigert werden. Der Versicherer hat nur zu beweisen, daß Selbstmord vorliegt; den Beweis der Willensunfreiheit hat der andere Teil zu führen. Es genügt, daß nach den Erfahrungen der Wissenschaft aus den Umständen auf das Vorliegen der Willensunfreiheit geschlossen werden muß. VA. 12* 10.

4. § 169 findet entsprechende Anwendung, wenn der Versicherer für den Fall des Ablebens des Versicherungsnehmers bestimmte Leistungen (Prämienrückgewähr) versprochen oder auf bestimmte Leistungen verzichtet hat (prämienfrei gestellte Versicherung). Satz 2 ist dann nicht zwingend.

5. Das Gesetz ordnet die übrigen Fälle nicht, in denen der Versicherungsnehmer oder der „Andere" infolge eines ihm zuzurechnenden Verhaltens sein Leben verliert. Hier sind besonders die Fälle des Zweikampfes, der Verurteilung zur Todesstrafe (ROHG. 14 435), der Tötung im Raufhandel oder bei Gelegenheit einer vorsätzlich verübten rechtswidrigen Handlung (z. B. der Versicherungsnehmer wird beim Wildern erschossen) zu nennen. In allen diesen Punkten gilt Vertragsfreiheit. Gewöhnlich übernehmen die Versicherer die Verpflichtung zur Leistung auch im Falle des Todes des Versicherten durch Zweikampf (vorbehaltlich der Bestimmung in § 170 Abs. 1). Der Fall des Todes des Versicherten infolge Vollstreckung der Todesstrafe bildet keine Ausnahme mehr. VA. 09 165. Ist nichts vereinbart, so ist der Versicherer nicht frei.

§ 170. Ist die Versicherung für den Fall des Todes eines anderen als des Versicherungsnehmers genommen, so ist der Versicherer von der Verpflichtung zur Leistung frei, wenn der Versicherungsnehmer vorsätzlich durch eine widerrechtliche Handlung den Tod des anderen herbeiführt.

Ist bei einer Versicherung für den Todesfall ein Dritter als Bezugsberechtigter bezeichnet, so gilt die Bezeichnung als nicht erfolgt, wenn der Dritte vorsätzlich durch eine widerrechtliche Handlung den Tod desjenigen, auf dessen Person die Versicherung genommen ist, herbeiführt.

1. § 170 will ähnlich wie § 159 Abs. 2 Satz 1 der Gefahr eines Mißbrauchs der auf den Tod eines anderen genommenen Versicherung zu unerlaubten Zwecken entgegenwirken. Die Bestimmung ist entsprechend anwendbar, wenn der Tod des „Anderen" nicht Versicherungsfall ist, aber dem Versicherer andere Verpflichtungen auferlegt. Die Handlung muß vorsätzlich erfolgt sein, selbst grobe Fahrlässigkeit genügt nicht; es kann aber auch für diese Fälle die Befreiung des Versicherers vereinbart werden. Der Vorsatz muß nach dem klaren Wortlaute sowohl in bezug auf die widerrechtliche Handlung als auch in bezug auf die Herbeiführung des Todes gerichtet sein. Vorsätzliche Körperverletzung mit tötlichem Ausgang erfüllt den Tatbestand nicht; die Bedingungen können auch insoweit die Vorschrift erweitern. Die Handlung muß eine widerrechtliche sein; Tötung in Notwehr befreit den Versicherer nicht. Hiervon kann das Gegenteil nicht vereinbart werden. Die Tötung auf eigenes Verlangen des Anderen (§ 216 StGB.) fällt unter § 170 und unter § 169. Anstifter, Gehilfen, überhaupt alle an dem Verbrechen Beteiligten stehen dem Täter gleich; die strafrechtlichen Begriffe sind nicht maßgebend.

2. § 170 Abs. 1 ist, soweit er den Versicherer von der Leistungspflicht befreit, absolut zwingend; gegenteilige Abreden würden gegen die guten Sitten verstoßen (§ 138 BGB.). Nur die Erstattung der Prämienreserve kann der Versicherer in den Bedingungen zusagen, gesetzlich verpflichtet hierzu ist der Versicherer nicht (§ 176 Abs. 2 Satz 2).

3. Ein der Erbunwürdigkeit des BGB. (§§ 2339 ff.) entsprechendes Institut hat das Versicherungsrecht nicht ausgebildet. Den einzigen Ansatz enthält § 170 Abs. 2, wo jedoch nur der Fall be-

handelt ist, in welchem ein Dritter als Bezugsberechtigter bezeichnet ist. Es soll dann die Rechtslage dieselbe sein, als wenn ein Bezugsberechtigter überhaupt nicht bezeichnet wäre. Bei Kapitalversicherungen steht der von dem Täter verwirkte Anspruch gemäß § 168 dem Versicherungsnehmer zu. War die Versicherung von dem Versicherungsnehmer für den Fall des eigenen Todes genommen, so gehört der Anspruch zum Nachlaß. Absolut zwingend ist diese Vorschrift aber nur insoweit, als der als bezugsberechtigt Bezeichnete sein Recht unbedingt verlieren muß. Hingegen kann der Versicherungsnehmer in seiner die Bezugsberechtigung ordnenden Verfügung über diese andere Bestimmungen treffen, falls die Voraussetzungen des Abs. 2 eintreten sollten. Weiterhin kann auch z. B. in den Bedingungen vereinbart werden, daß im Falle des Abs. 2 der Versicherer nur zur Erstattung der Prämienreserve verbunden (§ 176 Abs. 2), im übrigen aber von der Verpflichtung zur Leistung frei sei.

4. Von einer Regelung der Frage, welchen Einfluß es auf den Anspruch aus der Versicherung hat, wenn der Tod von einem Berechtigten herbeigeführt wird, der nicht als Bezugsberechtigter von dem Versicherungsnehmer bezeichnet war, ist abgesehen. Treffen in diesem Falle die Versicherungsbedingungen keine besonderen Bestimmungen und hat der Täter den Anspruch als Erbe oder als Vermächtnisnehmer erworben, so hat der Versicherer die volle Versicherungssumme zu zahlen; er kann aber denjenigen Teil, welcher dem Täter zugeflossen ist, nach den Vorschriften des BGB. über die Erbunwürdigkeit (§§ 2339 Abs. 1 Nr. 1, 2340 f., 2345) im Wege der Anfechtungsklage von ihm zurückverlangen. Die Bedingungen können aber auch besondere Bestimmungen treffen und in diesen einmal den Täter von vornherein von der Versicherungsleistung ausschließen, als auch weiterhin letztere in derselben Weise begrenzen, wie in denjenigen Fällen, in welchen ein Bezugsberechtigter bezeichnet worden ist. Jedenfalls wird es häufig vorkommen, daß die Leistung des Versicherers eine verschiedene ist, je nachdem eine solche Bezeichnung stattgefunden hat oder nicht.

§ 171. Eine Anzeige von dem Eintritte des Versicherungsfalls ist dem Versicherer nur zu machen, wenn der Tod als Versicherungsfall bestimmt ist. Der Anzeigepflicht wird genügt, wenn die Anzeige binnen drei Tagen nach dem Eintritte des Versicherungsfalls erfolgt; durch die Absendung der Anzeige wird die Frist gewahrt.

Steht das Recht auf die Leistung einem anderen als dem Versicherungsnehmer zu, so liegt die Anzeigepflicht dem anderen ob; das Gleiche gilt von der Pflicht zur Auskunft und zur Beschaffung von Belegen.

1. Wenn das Erleben eines bestimmten Zeitpunktes den Versicherungsfall bildet, ist es für den Versicherer gleichgültig, wann er den Eintritt des Ereignisses erfährt (Begr. S. 172). Das Gegenteil kann vereinbart werden, ohne daß die zwingende Bestimmung von Satz 2 (§ 172) berücksichtigt werden müßte. Vertragsfreiheit gilt auch für andere gleichartige Anzeigepflichten (z. B. beim Tode des prämienzahlenden Versorgers).

2. § 171 Abs. 1 Satz 2 ist zwingend (§ 172); die Frist kann also nicht verkürzt werden. Nach Ablauf der Frist kann der zur Anzeige Verpflichtete sich immer noch darauf berufen, daß er von dem Eintritte des Versicherungsfalls keine Kenntnis erlangt habe, oder daß ihm eine schuldhafte Verzögerung nicht zur Last falle (§ 33).

3. Wegen der Auskunftspflicht und der Beschaffung von Belegen usw. vgl. § 34. An Stelle der Erben des Versicherungsnehmers tritt der bezugsberechtigte Dritte, nicht dagegen der Pfandgläubiger oder sonst ein Berechtigter, an die hier nicht gedacht ist. Häufig werden nur die Erben der Hinterbliebenen des Versicherungsnehmers imstande sein, die Auskunftspflicht zu erfüllen; dann ist es Sache des Bezugsberechtigten, sich seinerseits die Auskunft zu verschaffen. Hierbei können freilich Verpflichtungen in Frage kommen, die nicht zu erzwingen sind, z. B. der Versicherer fordert die Leichenöffnung, die Familie des Versicherungsnehmers verweigert ihre Zustimmung. Welche Rechte in solchem Falle dem

Bezugsberechtigten gegenüber jenen Personen zustehen, ist nach allgemeinen Rechtsgrundsätzen zu entscheiden. Dem Versicherer gegenüber kann er sich weder auf § 34 Abs. 2 noch auf unverschuldete Unmöglichkeit der Erfüllung berufen. Dasselbe gilt, wenn nur die Angehörigen des „Anderen", auf dessen Tod die Versicherung genommen war, nicht aber der Versicherungsnehmer imstande sind, die notwendige Auskunft zu erteilen.

§ 172. Auf eine Vereinbarung, durch welche von den Vorschriften der §§ 162 bis 165, 169 oder des § 171 Abs. 1 Satz 2 zum Nachteile des Versicherungsnehmers abgewichen wird, kann sich der Versicherer nicht berufen. Jedoch kann für die Kündigung, zu der nach § 165 der Versicherungsnehmer berechtigt ist, die schriftliche Form bedungen werden.

Zu Satz 2 vgl. Anm. 2 zu § 31.

§ 173. Hat das Versicherungsverhältnis mindestens drei Jahre bestanden und ist die Prämie für diesen Zeitraum bezahlt, so gelten die besonderen Vorschriften der §§ 174 bis 176.

1. Die Rechte des Versicherungsnehmers bei vorzeitiger Lösung des Versicherungsverhältnisses sind an eine doppelte Voraussetzung geknüpft: die Versicherung muß drei Jahre bestanden haben und die Prämie muß für diesen Zeitraum bezahlt sein. Es genügt also einerseits weder die Zahlung der dritten Jahresprämie, vielmehr muß auch das dritte Versicherungsjahr abgelaufen sein, noch genügt anderseits der Ablauf der Zeit, wenn noch eine Prämienrate rückständig oder gestundet ist. Gezahlt ist die Prämie auch bei der sogenannten selbsttätigen (automatischen) Verlängerung der Versicherung (§ 178 Anm. 1) sowie dann, wenn der Versicherer die Zahlung durch ein Darlehen aus der Prämienreserve ermöglicht hat (§ 178 Anm. 5). Die Frist des § 173 steht dem Ver-

sicherungsnehmer auch dann entgegen, wenn nachweislich die Kosten des Abschlusses der Versicherung bereits in kürzerer Zeit gedeckt sind. Jedoch hat das Aufsichtsamt bei Erlebensfallversicherungen verlangt, daß bereits nach zweijährigem Bestehen Abgangsvergütungen gewährt werden; es hat auch mehrfach mit Erfolg angeregt, bei rückkaufsfähigen Versicherungen bereits nach einem Jahre eine bare Abgangsvergütung zu geben, falls die Versicherung mangels Prämienzahlung verfällt. VA. **10** 96.

2. Aus den Bedingungen muß klar hervorgehen, auf welchen Zeitpunkt die der Umwandlung oder dem Rückkaufe zu Grunde zu legende Prämienreserve zu berechnen ist und ob und inwieweit über diesen Zeitpunkt hinaus entrichtete Prämien zurückzuerstatten sind. VA. **09** 165. Die Angaben über die Umwandlungswerte oder Rückvergütungen müssen allgemein verständlich sein. VA. **09** 166.

3. Welche Rechnungsgrundlagen der Berechnung der Prämienreserve zu Grunde zu legen sind, bestimmt das Gesetz nicht. Nach der Begründung S. 176 f. soll die Umwandlung gemäß den zur Zeit der Umwandlung maßgebenden Rechnungsgrundlagen erfolgen. Das Aufsichtsamt vertritt den Standpunkt, daß die Gesellschaften die Wahl haben, ob sie die zur Zeit des Vertragsabschlusses oder die zur Zeit der Umwandlung oder des Rückkaufs maßgebenden Rechnungsgrundlagen zur Anwendung bringen wollen, nur muß klar zum Ausdrucke kommen, wofür sie sich entschieden haben. VA. **09** 166.

4. Bei der Risikoversicherung auf den Todesfall ergibt sich der Ausschluß des Rückkaufs ohne weiteres aus § 176, da der Eintritt der Verpflichtung des Versicherers zur Zahlung des vereinbarten Kapitals nicht gewiß ist; der Ausschluß der Umwandlung wird aus dem Fehlen einer Prämienreserve im gesetzlichen Sinne gefolgert. VA. **10** 99; **13** 37.

5. Eine Ausnahme von § 173 kennt das Gesetz nur für Versicherungen mit einmaliger Prämie; dem Versicherungsnehmer steht der Anspruch auf Erstattung der Prämienreserve auch schon vor dem Ablaufe des dreijährigen Zeitraums zu (§ 177).

6. § 173 ist zwingend (§ 178). Jedoch kann bei kleineren Versicherungs-Vereinen auf Gegenseitigkeit und der Volksversicherung nach § 189 von der Anwendung der §§ 173—178 Abstand genommen werden.

§ 174. Der Versicherungsnehmer kann jederzeit für den Schluß der laufenden Versicherungsperiode die Umwandlung der Versicherung in eine prämienfreie Versicherung verlangen.

Wird die Umwandlung verlangt, so tritt mit dem bezeichneten Zeitpunkt an die Stelle des vereinbarten Kapital- oder Rentenbetrags der Betrag, der sich für das Alter desjenigen, auf dessen Person die Versicherung genommen ist, als Leistung des Versicherers ergibt, wenn die auf die Versicherung entfallende Prämienreserve als einmalige Prämie angesehen wird.

Die Prämienreserve ist für den Schluß der laufenden Versicherungsperiode zu berechnen. Prämienrückstände werden von dem Betrage der Prämienreserve abgesetzt.

Der Versicherer ist zu einem angemessenen Abzuge berechtigt. Ist für den Abzug mit Genehmigung der Aufsichtsbehörde in den Versicherungsbedingungen ein bestimmter Betrag festgesetzt, so gilt dieser als angemessen.

1. Die Umwandlung ist nicht Aufhebung des Vertrags, sondern Änderung des Vertragsinhalts. Sie wird durch das einseitige Verlangen des Versicherungsnehmers bewirkt. Dieses Verlangen bedarf keiner Form, nur muß klar ersichtlich sein, ob der Versicherungsnehmer kündigen (§ 165) oder umwandeln will. Im Zweifel ist das letztere als die weniger einschneidende Maßnahme anzunehmen. Die Umwandlungsbefugnis gibt dem Versicherungsnehmer ebenso wie das Kündigungsrecht des § 165 Abs. 1 die Möglichkeit

die Zahlungspflicht beseitigen zu können, ohne aus dem Versicherungsverhältnis ausscheiden zu müssen. Ebenso wie das Kündigungsrecht (§ 165 Anm. 1) kann auch die Umwandlung nur für einen Teil der Versicherung verlangt werden. Die Umwandlung kann bei jeder Lebensversicherung ohne Rücksicht auf die nähere Ausgestaltung des Versicherungsvertrags verlangt werden, wenn nur die Entrichtung mindestens eines Prämienbetrags noch aussteht, sofern also die Versicherung nicht bereits prämienfrei ist. Hiernach ist Umwandlung nicht möglich bei der Versicherung mit einmaliger Prämienzahlung und bei der Versicherung mit abgekürzter Prämienzahlung nach Schluß der Leistungen des Versicherungsnehmers. Über Risikoversicherung § 173 Anm. 4.

2. Die Umwandlung erfolgt von selbst, sobald der Versicherungsnehmer das Verlangen gestellt hat; es bedarf keiner Erklärung des Versicherers. Bis zum Schlusse der laufenden Versicherungsperiode gilt die Versicherung in der ursprünglichen Höhe. Für die Umwandlung ist nach Absatz 2 rein rechnerisch anzunehmen, daß der Versicherungsnehmer im Zeitpunkte der Umwandlung eine Versicherung mit einmaliger Prämienzahlung abgeschlossen hat; die Höhe dieser einmaligen Prämie ist gleich der Prämienreserve der bisherigen Versicherung zu setzen. Die hieraus sich ergebende Versicherungssumme oder Rente ist die Leistung des Versicherers. Auch wenn die sich ergebende Rente sehr gering ist, kann der Versicherungsnehmer nicht fordern, daß an ihre Stelle ein Kapitalbetrag trete. Ob die einmalige Prämie nur als Nettoprämie gefordert oder ob ein Zuschlag berechnet wird und in welcher Höhe, muß ein für allemal festgelegt werden. VA. 09 166.

3. Die Umwandlung muß auch dann vorgenommen werden, wenn die neue auf Grund der Umwandlung sich ergebende Versicherungssumme gering ist. Daß die Umwandlung in der großen Lebensversicherung nur gewährt wird, wenn die Versicherungssumme mindestens 100 *M* beträgt, ist nicht beanstandet worden. Auch die Gewährung einer baren Rückvergütung aus dem bei der Umwandlung nicht zur Verwendung kommenden Reste des Deckungskapitals wird nicht gefordert. VA. 09 166.

4. Ob trotz der Umwandlung der Anspruch auf Dividendenbezug bestehen bleibt, wird im allgemeinen in der Satzung oder in den Bedingungen geregelt sein. Die Frage wird zu bejahen sein, wenn die prämienfreie Versicherung nachschußpflichtig bleibt. Über weitere in Betracht kommende Gesichtspunkte VA. 09 166.

5. Auch das Recht auf Umwandlung unterliegt dem Zugriffe des Pfand- oder Konkursgläubigers, da es insofern ein Vermögensrecht des Versicherungsnehmers darstellt, als es ihn von der weiteren Zahlung von Prämien befreit. Praktisch wird die Ausübung des Rechts durch Dritte wohl nicht vorkommen.

6. Die Bestimmungen des Abs. 3 folgen technisch notwendig daraus, daß die Umwandlung für den Schluß der Versicherungsperiode erfolgt. Die Prämie ist also bis zu diesem Zeitpunkt als gezahlt anzunehmen. Die bare Zahlung der rückständigen Prämien kann, sobald einmal Umwandlung verlangt worden ist, nicht mehr gefordert werden.

7. Der Abzug (Abs. 4 Satz 1), zu dem der Versicherer berechtigt ist, ist gerechtfertigt, weil einmal der Versicherer, wenn das Versicherungsverhältnis schon früh sein Ende erreicht, in den bis dahin bezogenen Prämienzuschlägen noch keinen Ersatz für die Abschlußkosten der Versicherung gefunden hat, und weil weiterhin die Prämienreserve des einzelnen Versicherungsnehmers auf Grund einer Durchschnittsrechnung für den gesamten Versicherungsbestand festgestellt, durch das Ausscheiden also die Gefahr des Versicherers vergrößert wird, daß sich der Gesamtbestand der Versicherungen in einer die Leistungsfähigkeit des Unternehmens beeinträchtigenden Weise verschlechtert und sich damit die Durchschnittsrechnung zu seinen Ungunsten als unrichtig erweist (Begr. S. 177, 180). Wird bei der Umwandlung die auf die Versicherung entfallende Prämienreserve nicht als Netto-, sondern als Bruttoprämie in Ansatz gebracht, so muß der Abzug

natürlich erheblich geringer sein. Über die von dem Aufsichtsamte zugelassenen Abzüge VA. 10 95 ff.

8. Zu Abs. 4 Satz 2 vgl. die ähnliche Bestimmung in §§ 40 Abs. 2 Satz 3, 159 Abs. 3 Satz 2, 176 Abs. 4.

9. § 174 ist zwingend, jedoch können von der Aufsichtsbehörde Abweichungen von den vorgesehenen Berechnungsgrundsätzen zugelassen werden (§ 178).

§ 175. Kündigt der Versicherer das Versicherungsverhältnis nach § 39, so wandelt sich mit der Kündigung die Versicherung in eine prämienfreie Versicherung um. Auf die Umwandlung finden die Vorschriften des § 174 Abs. 2 bis 4 Anwendung.

Im Falle des § 39 Abs. 1 Satz 2 ist der Versicherer zu der Leistung verpflichtet, die ihm obliegen würde, wenn sich mit dem Eintritte des Versicherungsfalls die Versicherung in eine prämienfreie Versicherung umgewandelt hätte.

Die im § 39 vorgesehene Bestimmung einer Zahlungsfrist muß einen Hinweis auf die eintretende Umwandlung der Versicherung enthalten.

1. Abgesehen von der von dem Versicherungsnehmer ausdrücklich verlangten Umwandlung (§ 174), tritt die Umwandlung kraft Gesetzes ein

a) wenn der Versicherer das Versicherungsverhältnis nach § 39 wegen unterlassener Prämienzahlung kündigt. Sie tritt nicht ein bei Kündigung wegen Gefahrerhöhung, bei dem Rücktritte des Versicherers wegen Verletzung der Anzeigepflicht, bei Anfechtung des Vertrags oder bei den vertragsmäßig etwa bedungenen Fällen der Kündigung oder des Erlöschens des Vertrags. War die Gefahr dem Versicherer falsch angegeben oder ist sie später erhöht worden, so würde er bei der Umwandlung diese höhere Gefahr, wenn auch für eine geringere Summe, dauernd weitertragen. Der Versicherer hat also auch gegenüber einer bereits umgewandelten oder sonst prämienfrei gewordenen Versicherung das Recht auf Kündigung oder Rücktritt;

b) wenn der Versicherer nach § 39 Abs. 1 Satz 2 von jeder Haftung frei wäre, wenn also nach fruchtlosem Ablaufe der Zahlungsfrist, aber bevor der Versicherer gekündigt hat, der Versicherungsfall eintritt (Abs. 2).

2. Die Umwandlung vollzieht sich genau in derselben Weise, wie wenn sie der Versicherungsnehmer ausdrücklich verlangte. Auch hier ist die Prämienreserve, gegebenenfalls unter Abrechnung der rückständigen Prämie, für den Schluß der laufenden Versicherungsperiode zu berechnen, nur wird die Umwandlung nicht erst mit dem Schlusse der laufenden Versicherungsperiode, sondern schon mit dem Zeitpunkte der Kündigung wirksam. Stirbt also der Versicherte zwischen Kündigung und Schluß der Versicherungsperiode, so wird nur der Betrag der umgewandelten Versicherung gezahlt. Im Falle des Todes des Versicherten vor Entrichtung der rückständigen Prämien (Abs. 2) wird der zu leistende Betrag der prämienfreien Versicherung nicht auf den Todestag, sondern nur auf das Ende des beim Ablaufe der Mahnfrist laufenden Versicherungsjahrs berechnet. VA. 09 167. Setzt der Versicherungsnehmer die Versicherung durch Nachzahlung der Prämien bedingungsgemäß wieder in Kraft, so wird auch die Umwandlung rückwirkend aufgehoben.

3. § 175 ist zwingend, jedoch kann von der Aufsichtsbehörde eine andere Art der Umwandlung zugelassen werden (§ 178). Es kann also nicht bestimmt werden, daß an Stelle der Umwandlung die Rückgabe der Prämienreserve tritt; diese kann nur wahlweise dem Versicherungsnehmer daneben gewährt werden. Dagegen kann der Versicherungsnehmer stets, auch wenn die Versicherung bereits in eine prämienfreie umgewandelt worden war, die Herausgabe der Prämienreserve erzwingen (Anm. 2 zu § 176).

§ 176. Wird eine Kapitalversicherung für den Todesfall, die in der Art genommen ist, daß der Eintritt der Verpflichtung des Versicherers zur Zahlung des vereinbarten Kapitals gewiß ist, durch Rücktritt oder Kündigung aufgehoben, so hat der Versicherer den Betrag der auf die Versicherung entfallenden Prämienreserve zu erstatten.

Das Gleiche gilt bei einer Versicherung der im Abs. 1 bezeichneten Art auch dann, wenn nach dem Eintritte des Versicherungsfalls der Versicherer von der Verpflichtung zur Zahlung des vereinbarten Kapitals frei ist. Im Falle des § 170 Abs. 1 ist jedoch der Versicherer zur Erstattung der Prämienreserve nicht verpflichtet.

Bei der Ermittelung des zu erstattenden Betrags ist die Prämienreserve für den Schluß der Versicherungsperiode zu berechnen, in deren Laufe das Versicherungsverhältnis endigt.

Der Versicherer ist zu einem angemessenen Abzuge berechtigt. Ist für den Abzug mit Genehmigung der Aufsichtsbehörde in den Versicherungsbedingungen ein bestimmter Betrag festgesetzt, so gilt dieser als angemessen.

1. Während durch die Umwandlung das Versicherungsverhältnis allerdings mit verändertem Inhalt aufrecht erhalten bleibt, erlischt durch die Herausgabe der Prämienreserve das Vertragsverhältnis. Die Herausgabe der Prämienreserve — Rückkauf, Rückgewähr, Abgangsvergütung genannt — ist bei allen Lebensversicherungen zulässig, bei denen die Leistung des Versicherers eine unbedingte ist. „Ist schon bei dem Abschlusse des Versicherungsvertrags gewiß, daß das Ereignis, von dessen Eintritte die Entstehung des Anspruchs auf die Versicherungssumme abhängt, eintreten wird, so kann die Prämienreserve von vornherein nur die Bestimmung haben, der Befriedigung dieses Anspruchs zu dienen. Der Versicherer macht also auf Kosten des Berechtigten

einen wirtschaftlich nicht gerechtfertigten Gewinn, wenn er in den Fällen, in denen er entgegen dem regelmäßigen Verlauf eines derartigen Versicherungsverhältnisses aus besonderen Gründen von der Verpflichtung zur Leistung frei wird, die vermittels der Zahlungen des Versicherungsnehmers gebildete Prämienreserve einfach für sich behalten darf" (Begr. S. 178). Für Versicherungsverhältnisse mit bedingter Leistungspflicht kommen die Vorschriften über die Erstattung der Prämienreserve nicht in Betracht. So ist der Rückkauf nicht verlangt worden bei Kapital- und Rentenversicherungen auf den Erlebensfall ohne Rückgewähr der Prämie im Todesfalle. VA. 10 95. Nach der Begründung könnte es den Anschein haben, als solle sich § 176 auf alle Versicherungen mit unbedingter Leistungspflicht des Versicherers beziehen. In Rücksicht auf den Wortlaut des Gesetzes wird man aber die Erstattung der Prämienreserve jedoch nur bei Kapitalversicherungen mit unbedingter Leistungspflicht des Versicherers, nicht auch bei derartigen Rentenversicherungen fordern können. Hiermit ist nicht gesagt, daß in solchen Fällen, z. B. bei der gegenseitigen Überlebensrente, die Gewährung des Rückkaufs unmöglich wäre, und es bleibt dem Versicherer unbenommen, auch bei ihnen in den Bedingungen eine Abgangsvergütung vorzusehen.

2. Die Rückerstattung der Prämienreserve kommt in Betracht in den Fällen, in denen bedingungsgemäß das Versicherungsverhältnis durch Rücktritt oder Kündigung aufgehoben wird, insbesondere bei Rücktritt wegen Verletzung der Anzeigepflicht (§§ 16 Abs. 2, 17 Abs. 1), der Kündigung wegen Gefahrerhöhung (§§ 24 Abs. 1, 27 Abs. 1) und in allen sonstigen Fällen der Kündigung durch den Versicherungsnehmer. Weiter ist Rückerstattung zu gewähren, wenn der Versicherer bei Eintritt des Versicherungsfalls von der Leistungspflicht frei wird, weil der Versicherungsnehmer die Vorschriften über die Gefahrerhöhung verletzt hat (§§ 25 Abs. 1, 28 Abs. 1) oder weil der Versicherungsfall durch den Selbstmord des Versicherten herbeigeführt worden ist (§ 169). Abweichend von der Vorschrift in § 173 kommt die Rückerstattung auch bei einmaliger Prämienzahlung, wenn das Versicherungsverhältnis

noch nicht drei Jahre bestanden hat, in Betracht (§ 177). Bei Kündigung durch den Versicherer wegen unterlassener Prämienzahlung ist Umwandlung (§ 175), nicht Rückerstattung zu gewähren. Allerdings kann der Versicherungsnehmer die Rückerstattung dadurch erreichen, daß er seinerseits kündigt (§ 165). In allen Fällen, in denen Rückerstattung gefordert werden kann, braucht das Verlangen nicht auf die Erstattung der auf die ganze Versicherungssumme entfallenden Prämienreserve, sondern kann auch nur auf einen Teil derselben gestellt werden.

3. Über die Berechnung der zurückzuerstattenden Prämienreserve und die Höhe des zulässigen Abzugs sind die Anm. 6 und 7 zu § 174 zu vergleichen. Über die von dem Aufsichtsamte zugelassenen Abzüge VA. 10 96. Vielfach wird bestimmt, daß sich der Abzug vermindert, je länger die Versicherung bestanden hat. Der Rückkaufswert bei Todesfallversicherungen mit Vorbehalt der Ermäßigung der Versicherungssumme darf nicht wesentlich niedriger festgesetzt werden als bei den sonstigen Todesfallversicherungen. VA. 10 36. Prämienrückstände sind natürlich auch hier abzusetzen. Wenngleich dem Versicherer also die Prämie noch für die laufende Versicherungsperiode zufließt, trägt er das Risiko doch nach dem Rücktritt oder nach der Kündigung nicht mehr. Bisweilen sehen dies allerdings die Bedingungen in denjenigen Fällen vor, in welchen der Versicherungsnehmer den Rückkauf innerhalb des Versicherungsjahrs begehrt. Die Prämienreserve ist sofort zu zahlen; da die Ermittelung des zu erstattenden Betrags für den Schluß der Versicherungsperiode erfolgt, kann die sich ergebende Summe auf den Tag der Auszahlung diskontiert werden.

4. § 176 ist zwingend, jedoch kann mit Genehmigung der Aufsichtsbehörde eine andere Art der Berechnung des zu erstattenden Betrags gestattet werden (§ 178). Der Versicherer kann das Rückkaufsrecht weder ausschließen, noch durch andere Befugnisse des Versicherungsnehmers (Umwandlung, automatische Verlängerung) ersetzen, noch die Zahlung der Prämienreserve an den Ablauf einer bestimmten Frist (über die Bedeutung dieser

Frist (für das frühere Recht BA. 08* 76) oder der Versicherungsperiode verschieben.

5. Ob das Rückkaufsrecht auch durch den Pfand- oder Konkursgläubiger ausgeübt werden kann, ist ebenso wie die Frage der Kündigung der Versicherung durch den Pfandgläubiger zu beantworten (§ 165 Anm. 2). Bei Pfändung einer beliehenen Lebensversicherung hat der Versicherer ein Vorrecht auf Befriedigung aus dem Rückkaufswerte. BA. 11* 49.

§ 177. Ist bei einer Versicherung der im § 176 Abs. 1 bezeichneten Art eine einmalige Prämie entrichtet, so gelten die Vorschriften des § 176 auch dann, wenn das Versicherungsverhältnis noch nicht drei Jahre bestanden hat.

Abweichung von § 173. Vgl. auch § 165 Abs. 2. Die Vorschrift ist zwingend (§ 178).

§ 178. Auf eine Vereinbarung, durch welche von den Vorschriften der §§ 173 bis 177 zum Nachteile des Versicherungsnehmers abgewichen wird, kann sich der Versicherer nicht berufen. In den Versicherungsbedingungen kann jedoch mit Genehmigung der Aufsichtsbehörde eine andere als die in den §§ 174, 175 vorgesehene Art der Umwandlung in eine prämienfreie Versicherung sowie eine andere als die im § 176 vorgesehene Berechnung des zu erstattenden Betrags bestimmt werden.

1. Zum Nachteile des Versicherungsnehmers ist nicht bloß jede Vereinbarung, die ihm weniger gewährt, als in den §§ 173—177 vorgeschrieben ist, sondern der Regel nach auch eine solche, durch die ihm andere Befugnisse als die der Umwandlung und des Rückkaufs gegeben werden. Die Bedingungen dürfen daher z. B. nicht statt, sondern nur neben der Umwandlung die sogenannte selbsttätige (automatische) Verlängerung der Versicherung

vorsehen. Bei ihr wird die vorhandene Prämienreserve bis zu ihrer Erschöpfung benutzt, um aus ihr die Weiterzahlung der Prämie zu leisten, so daß die Versicherung in voller Höhe eine gewisse Zeit lang weiter besteht, um dann ganz zu erlöschen. Während aber nach der Umwandlung von Ausnahmen abgesehen dem Versicherungsnehmer nicht das Recht zusteht, ohne Zustimmung des Versicherers die ursprüngliche Versicherung wieder in der früheren Weise herzustellen, hat er diese Befugnis, falls eine selbsttätige Verlängerung der Versicherung in Frage steht, im Zweifel jederzeit, solange die Prämienreserve noch nicht zur Prämienzahlung verbraucht und damit die Versicherung erloschen ist. Es handelt sich in dem letzteren Falle also nur um eine eigentümliche Art eines Policedarlehns. Eine andere rechtliche Beurteilung kann Platz greifen, wenn dem Versicherungsnehmer das Recht versagt ist, unter den angegebenen Voraussetzungen die Versicherung in der alten Weise wiederherzustellen. VA. **10** 14, 96 ff.

2. Beide Voraussetzungen — Bestimmung in den Versicherungsbedingungen und Genehmigung der Aufsichtsbehörde — müssen zusammentreffen, damit die Abweichung rechtsgültig ist. Die Genehmigung überhebt den Richter nicht der Prüfung, ob im übrigen die Voraussetzungen des § 178 vorliegen.

3. Nur eine andere als die in § 174 geregelte Art der Umwandlung kann gestattet werden. Ist dieselbe Art vorgesehen wie in den §§ 174, 175, so sind abweichende Vereinbarungen unzulässig. Gebräuchlich ist vor allem ein Verfahren, wonach im Falle der Umwandlung die Ermittelung des Betrags der prämienfreien Versicherung in der Weise erfolgt, daß die Versicherungssumme in dem Verhältnisse der Anzahl der bereits gezahlten Prämien zu der Anzahl der für die gesamte Versicherungsdauer zu zahlenden Prämien gemindert wird (Begr. S. 182).

4. Auch die Berechnung der Prämienreserve, welche beim Erlöschen der Versicherung dem Versicherungsnehmer zugute zu bringen ist, kann nach verschiedenen anderen Methoden erfolgen, als nach der zu § 176 angegebenen. Sie kann z. B. bei Zahlung der Prämie in unterjährigen Raten bis zu dem Tage berechnet werden, bis zu welchem die Prämie gezahlt ist (durch Interpolation der ganzjährigen Reserven). Sie kann auch, was vor allem vorkommt, wenn von der laufenden Versicherungsperiode erst ein kurzer Zeitraum, z. B. noch nicht mehr als ein Monat verflossen ist, für den Schluß der vorangegangenen Versicherungsperiode berechnet werden. Endlich kann als Maßstab für die Berechnung des zu erstattenden Betrags die Summe der eingezahlten Prämien genommen werden. Ferner hat das Aufsichtsamt gestattet, daß Rückkauf und Umwandlung nicht für das Ende des laufenden, sondern für das des abgelaufenen Versicherungsjahrs oder für das Ende des vorangegangenen Geschäftsjahrs oder für den Zeitpunkt, bis zu dem Prämien bezahlt waren, berechnet werden. **VA. 10** 94.

Jedoch darf sowohl bei der anderen Art der Umwandlung wie bei der anderen Berechnung der Rückgewähr die Gesamtheit der Versicherungsnehmer nicht ungünstiger gestellt werden, als wenn gemäß §§ 174, 175, 176 verfahren würde.

5. Die „Vorauszahlungen" (Policedarlehen) sind vom Rückkaufe völlig verschieden. Der Versicherer kann nicht durch deren Gewährung seine Verpflichtungen nach §§ 174, 176 ausschließen. Bei ihnen besteht die Versicherung und die Prämienzahlungspflicht weiter. Eine andere Frage ist es, ob der Versicherer bei den Policedarlehen einen Anspruch auf Rückzahlung, also vor allem auf Einklagung des aus der Prämienreserve gewährten Darlehens hat; dies ist zweifelhaft, und es wird zweckmäßig in den Versicherungsbedingungen geregelt. Im Falle der vorzeitigen Auflösung des Vertrags ist Aufrechnung des Darlehens mit der Prämienreserve ohne eine besondere Vereinbarung zulässig.

Zu unterscheiden von diesen Policedarlehen sind die Darlehen, für die die Lebensversicherung von vornherein nur als Kaution dient. Gegen die großen Gefahren, die der Sicherheit des Versicherungsbetriebs drohen können, wenn der Abschluß von Lebensversicherungen berufsmäßig in Verbindung mit Darlehnsgewährungen erfolgt, wenden sich verschiedene Verbote des Aufsichtsamts. VA. **05** 40; **06** 58; **13** 30.

Vierter Abschnitt.

Unfallversicherung.

Vorbemerkungen. 1. Der Unfallversicherungsvertrag ist ein Vertrag, bei dem der Versicherer die Verpflichtung übernimmt, nach dem Eintritte des Versicherungsfalls dem Versicherungsnehmer oder einem Dritten eine gewisse Leistung zu gewähren, falls eine bestimmte Person einen Unfall erleidet (§ 1). Bei der Unfallversicherung kommen wie bei der Lebensversicherung neben dem Versicherungsnehmer noch der „andere", d. h. diejenige Person auf deren Leben ausnahmsweise das den Versicherungsfall bildende Ereignis abgestellt ist, und der bezugsberechtigte Dritte in Betracht. Die Unfallversicherung hat mit der Schadens- und Lebensversicherung eine Reihe von Berührungspunkten. Sie nähert sich der Schadensversicherung insoweit, als die Verpflichtung des Versicherers an den Eintritt oder die Fortdauer bestimmter Zustände (vorübergehende oder dauernde Erwerbsunfähigkeit) geknüpft ist. Begr. S. 183. Dies tritt besonders in den §§ 179 Abs. 2, 183, 184 hervor. Auch im übrigen ist die entsprechende Anwendung von Vorschriften, die für die Schadensversicherung gelten, nicht ausgeschlossen und wird vielfach durch die Bedingungen vorgeschrieben (§§ 58, 68, 93—96). Dadurch, daß sich die Unfallversicherung gegen Gefahren richtet, die Leib und Leben betreffen, daß der Versicherer zu dem Ersatze des in dem Vertrage festgesetzten Wertes der versicherten Arbeitskraft ohne Rücksicht auf die Höhe des tatsächlichen entstandenen Schadens verpflichtet ist (VA. **12*** 31) — daher finden auch die Vorschriften über die Überversicherung keine Anwendung (VA. **08*** 52) — ist der Zusammenhang mit der Lebensversicherung gegeben. Über die Unfallversicherung von Zeitungsabonnenten VA. **08** 81; **09** 84, 178, 265. Über die rechtliche Natur der Unfallversicherung mit Prämienrückgewähr als die Verbindung zweier verschiedener Versicherungszweige (die Zusatzversicherung hat lebensversicherungsähnlichen Charakter) VA. **10** 248 ff.

2. Die Unfallversicherung darf nur von Versicherungsvereinen auf Gegenseitigkeit oder Aktiengesellschaften betrieben werden (VAG. § 6 Abs. 2); für die Übergangszeit §§ 101—103 ebenda.

3. Das VVG. hat ebenso wie die RVO. davon abgesehen den Begriff des Unfalls als solchen zu bestimmen. Nach den Bedingungen des Verbandes der in Deutschland arbeitenden Unfallversicherungsgesellschaften ist Unfall „eine ärztlicherseits sicher erkennbare Körperbeschädigung, von welcher der Versicherte unfreiwillig durch ein plötzliches, von außen mechanisch auf seinen Körper wirkendes Ereignis betroffen wird". Hiernach beschränkt sich also die Unfallversicherung einmal auf die körperliche Schädigung von Personen, und es muß weiterhin diese Schädigung oder das sie herbeiführende Unfallereignis gewisse Eigenschaften aufweisen: Unfreiwilligkeit, Äußerlichkeit, Plötzlichkeit. Die erste Eigenschaft läßt solche Unfälle ausscheiden, bei welchen die Schädigung vom Versicherungsnehmer oder vom Versicherten beabsichtigt war, also vor allem diejenigen, welche durch Vorsatz herbeigeführt worden sind (§ 181). Die zweite Eigenschaft verlangt das offensichtliche Überwiegen von außen her wirkender Ursachen über innere, z. B. Fall, Sturz, Schlag. Die dritte Eigenschaft erfordert, daß die Vorgänge sich nicht allmählich entwickeln (z. B. Wundlaufen, Wundreiten, Schwielenbildungen), sondern plötzlich eintreten. Zum Begriffe des plötzlichen Ereignisses gehört nicht nur Schnelligkeit, sondern auch das Moment des Unerwarteten, Nichtvorausgesehenen. VA. 11* 103; 13* 58. Ein plötzliches Ereignis liegt auch bei einem zeitlich bestimmbaren, in einem verhältnismäßig kurzen Zeitraum eingeschlossenen Vorgange vor. VA. 08* 55. Daß das Unfallereignis ein gewaltsames sein muß, ist nach den genannten Bedingungen nicht nötig, was schon daraus hervorgeht, daß sie das unfreiwillige Ersticken durch ausströmende Dämpfe oder Gase ausdrücklich als Unfall ansehen. Daneben enthalten diese Bedingungen noch eine Reihe ausdrücklicher Bestimmungen darüber, welche Schäden als Unfälle zu betrachten oder nicht zu betrachten sind. Alle gewöhnlichen Erkrankungen und Krankheitszustände, insbesondere Infektions- und Invasionskrankheiten, so-

wie innere Vergiftungen, Erkrankungen infolge psychischer Einwirkungen, die Folgen von Temperatureinflüssen, insbesondere Erkältungen, Erfrieren, Sonnenstich, Hitzschlag u. a. gelten gewöhnlich nicht als Unfälle, dagegen werden der Regel nach als Unfälle angesehen Verbrennungen, Verätzungen und Blutvergiftungen (VA. **12*** 30), die der Versicherte durch ein plötzliches Ereignis unfreiwillig erleidet. Über die Zulässigkeit und Anwendung der Neuroseklausel VA. **11** 34; über den Ausschluß der Versicherung durch Ertrinken VA. **10** 200, 246.; über Unfälle, die zugezogen werden durch Trunkenheit (OLGRspr. **6** 24), durch Beteiligung an einer Schlägerei Bolze **14** Nr. 462 b; JW. **05** 30; VA. **05*** 69.

4. Ob die körperliche Beschädigung unmittelbare oder nur mittelbare Folge des Unfallereignisses ist, kann vielfach zweifelhaft sein, namentlich wenn eine vorhandene körperliche Veranlagung den ungünstigen Ausgang beeinflußt hat. Die Rechtsprechung nimmt an, daß die Entschädigung nicht schon dann ausgeschlossen ist, wenn die Gesundheit des Versicherers im Laufe der Zeit durch Alter, allgemeine Kränklichkeit, Schwäche herabgemindert wird, wenn also eine größere Empfänglichkeit des Körpers besteht. Dagegen wird die Leistungspflicht verneint, wenn vor dem Unfall eine Krankheit oder eine körperliche Abnormität des Versicherten bestanden hat, ohne welche jenes Ereignis erheblich nachteilige Folgen überhaupt nicht gehabt hätte. So ist beispielsweise der Entschädigungsanspruch bei Wiederausbruch latenter Syphilis durch den Unfall abgewiesen worden. VA. **09*** 23, 91; **11*** 20; **12*** 30.

RG. **44** 151; **68** 68; JW. **96** 452; **05** 143, 493; VA. **03*** 142; **06** 59; **06*** 93; **07*** 50, 52, 96; **08*** 52, 57, 84; **09*** 91; **11*** 105; **12*** 28, 69.

5. Die Versicherung ist zuweilen beschränkt auf Unfälle, die sich bei einer bestimmten Beschäftigung oder Betätigung (Unfall im Dienst, im Betriebe. Bolze **2** Nr. 1064; **20** Nr. 554; VA. **05*** 10) oder während eines bestimmten Zustandes (Reise-, Eisenbahn-, Dampfschiff-Unfallversicherung. RG. **19** 63; VA. **05*** 102) ereignen.

6. Eine Leistungspflicht des Versicherers kommt in Betracht bei: a) vorübergehender Erwerbsunfähigkeit während der Dauer des Heilverfahrens, b) dauernder Erwerbsunfähigkeit, c) Tod. Im Falle zu a gewährt der Versicherer die zur Heilung notwendigen Mittel und zwar vereinzelt in Natur (ärztliche Behandlung, Heilmittel), der Regel nach in Geld, wobei sich die Höhe seiner Leistung nach dem Betrage der versicherten Tagesentschädigung, dem Grade der eingetretenen Erwerbsunfähigkeit und endlich nach der Zeitdauer des Heilverfahrens richtet. Im Falle zu b zahlt der Versicherer ein bestimmtes Kapital oder eine bestimmte Rente; die Höhe dieses Kapitals oder dieser Rente richtet sich nach dem Betrage der versicherten Summe und nach dem Grade der Erwerbsunfähigkeit. Im Falle zu c leistet der Versicherer eine gewisse Summe. — Die Leistungen zu a und b erhält derjenige, der den Unfall erlitten hat, die Leistung zu c der Versicherungsnehmer, sein Rechtsnachfolger oder der bezugsberechtigte Dritte. Die Leistungen zu b und c werden nicht nebeneinander gewährt.

7. Der Begriff der Erwerbsunfähigkeit wird vom Gesetze gleichfalls nicht bestimmt. Gewöhnlich hat über ihr Vorhandensein bedingungsgemäß nicht der ordentliche Richter, sondern eine Kommission von Sachverständigen zu entscheiden (§ 184). Vielfach wird auch in den Bedingungen festgesetzt, daß bei gewissen körperlichen Beschädigungen, vor allem bei dem Verlust einzelner Glieder, ohne weiteres gänzliche oder teilweise Erwerbsunfähigkeit als gegeben anzunehmen ist (Gliedertaxe, Bolze 21 Nr. 524). Im übrigen geht die Erwerbsunfähigkeit nur insoweit und so lange zu Lasten des Versicherers, als sie Folge des Unfalls ist (Anm. 4). Über die Bewertung der Erwerbsfähigkeit von Kindern JW. 06 16; Wallmann 40 605.

8. Pfändbar und zur Konkursmasse gehörig sind die Ansprüche aus der Unfallversicherung natürlich nur, soweit sie bereits fällig geworden sind. RG. 52 49; SeuffA. 57 Nr. 168. Stets pfändbar und zur Konkursmasse gehörig ist der bei der Unfallversicherung vorkommende Anspruch auf Prämienrückgewähr.

9. Über die allgemeinen Versicherungsbedingungen für Einzel-Unfallversicherung VA. 10 109, 182; für Kollektiv-Unfallversicherung VA. 10 110, 216; für lebenslängliche Eisenbahn- und Dampfschiff-Unglücksversicherung VA. 10 229; für Weltpolicen des Mitteleuropäischen Seereise-Unfallversicherungs-Verbandes VA. 10 236.

§ 179. Die Unfallversicherung kann gegen Unfälle, die dem Versicherungsnehmer oder gegen Unfälle, die einem anderen zustoßen, genommen werden.

Eine Versicherung gegen Unfälle, die einem anderen zustoßen, gilt im Zweifel als für Rechnung des anderen genommen. Die Vorschriften der §§ 75 bis 79 finden entsprechende Anwendung.

Wird eine Versicherung gegen Unfälle, die einem anderen zustoßen, von dem Versicherungsnehmer für eigene Rechnung genommen, so ist zur Gültigkeit des Vertrags die schriftliche Einwilligung des anderen erforderlich. Ist der andere geschäftsunfähig oder in der Geschäftsfähigkeit beschränkt und steht die Vertretung in den seine Person betreffenden Angelegenheiten dem Versicherungsnehmer zu, so kann dieser den anderen bei der Erteilung der Einwilligung nicht vertreten.

Im Falle des Abs. 3 kann vereinbart werden, daß in Ansehung des Rechtes des Versicherers, wegen Verletzung der dem Versicherungsnehmer bei der Schließung des Vertrags obliegenden Anzeigepflicht von dem Vertrage zurückzutreten, die Kenntnis und das Verhalten des anderen der Kenntnis oder dem Verhalten des Versicherungsnehmers gleichstehen soll.

1. Die Unfallversicherung eines anderen als dem, der den Vertrag abschließt (Versicherungsnehmer) kommt nicht nur in familiären und verwandtschaftlichen Verhältnissen, sondern auch

insbesondere derart vor, daß ein Dienstherr oder Geschäftsinhaber seine Dienstboten, Angestellten, Arbeiter, ein Verein seine Mitglieder, ein Institut seine Zuhörer, Schüler usw. versichert (Kollektivversicherung). Bei ihr geht die Absicht regelmäßig dahin, daß die Leistung des Versicherers dem durch den Unfall Betroffenen zugute kommen soll. Der Übergang der Versicherung auf einen neuen Erwerber ist wie bei der Haftpflichtversicherung (§ 151 Abs. 2) häufig. Ob dieser Übergang als stillschweigend vereinbart gilt oder im Einzelfall eine besondere Verständigung mit dem Versicherer erfordert, hängt von dem Inhalte der Versicherungsbedingungen ab. Ärztliche Untersuchung des Versicherungsnehmers oder des anderen kann auch bei der Unfallversicherung in Frage kommen; § 160 ist als Ausnahmevorschrift hier jedoch nicht anwendbar. § 162 kann, wo Prämienrückgewähr vereinbart worden ist, entsprechend angewendet werden.

2. Bei der Unfallversicherung eines anderen unterscheidet § 179 zwei Fälle: die Versicherung für eigene (Anm. 5) und für fremde Rechnung.

3. Unter fremder Rechnung ist die des anderen, als dem, der den Unfall erlitten hat, zu verstehen. Hier zeigt sich die Verwandtschaft mit der Schadensversicherung. Die Versicherung für Rechnung des anderen ist eine Unfallversicherung, bei der nicht dem Versicherungsnehmer, sondern dem anderen die Leistung des Versicherers zugute kommt. Jedoch hat der andere gewöhnlich nicht dieselbe Stellung wie der Bezugsberechtigte, §§ 180, 181 Abs. 2, 182 sind auf ihn nicht anwendbar, er wird vielmehr ebenso behandelt wie der Versicherte bei der Versicherung für eigene Rechnung, ist also aus der Versicherung berechtigt, ohne über seine Rechte verfügen zu können, da ihm ein Versicherungsschein nur selten ausgehändigt wird. Die Ausübung der Rechte aus dem Versicherungsvertrage, vor allem das Recht nach Eintritt des Versicherungsfalls die von dem Versicherer zu leistenden Beträge für den Verletzten einzuziehen, steht dem Versicherungsnehmer zu. Die analoge Anwendung der Vorschriften über die Rechnung für fremde Rechnung (§§ 75—79) führt zu folgendem Ergebnis:

a) §§ 75, 76. Nur der Versicherungsnehmer kann Klage erheben, jedoch ist er verpflichtet, das von ihm Erstrittene an denjenigen, der den Unfall erlitten hat, oder dessen Erben oder an den Bezugsberechtigten herauszugeben. Früheres Recht: ROHG. **23** 158; **24** 422; RG. **9** 314; **19** 77; **60** 141; Bolze **1** Nr. 1124; **2** Nr. 1059; **10** Nr. 508; VA. **08*** 16. Der Versicherungsnehmer kann keine Verfügung über die Rechte aus dem Vertrage vornehmen, die mit dessen Zweck in Widerspruch steht.

b) § 77 wird bei der Kollektivunfallversicherung nur selten anzuwenden sein, da der Versicherungsnehmer alle aus dem Vertrag entspringenden Obliegenheiten zu erfüllen, insbesondere die Prämie zu zahlen hat, ohne Rückerstattung vom Versicherten zu fordern, und da ein Versicherungsschein, dessen Auslieferung der Versicherte verlangen könnte, kaum in Frage steht.

c) § 78. Der Versicherer kann jedenfalls rückständige Beiträge hinsichtlich der betreffenden Einzelversicherung zur Aufrechnung bringen; zweifelhaft erscheint die Befugnis, mit anderen Forderungen aus der Versicherung aufzurechnen, z. B. mit Prämienrückständen, soweit sie einen anderen Versicherten betreffen, als denjenigen, der den Unfall erlitten hat.

d) § 79. Vielfach wird der Fall so liegen, daß der Versicherte von dem Vertragsschlusse gar nichts weiß. Einer besonderen Anzeige des Versicherungsnehmers, daß er keinen Auftrag des Versicherten zum Vertragsschlusse habe, bedarf es bei der Kollektivunfallversicherung nicht.

4. Ist die Versicherung für fremde Rechnung auch auf den Todesfall genommen, so fällt die vereinbarte Versicherungssumme an die Erben des Versicherten. Es können aber bestimmte Bezugsberechtigte bezeichnet werden (Witwe, Hinterbliebene), für sie gelten dann die Regeln der §§ 167, 168, 180. Das Recht zur Bezeichnung hat der Versicherungsnehmer, indessen kann er es nicht gegen den Willen des Versicherten, als Träger des Rechtes, ausüben.

5. Wird eine Versicherung gegen Unfälle, die einem anderen zustoßen, von dem Versicherungsnehmer „auf eigene Rechnung" genommen, d. h. soll der Anspruch auf die Leistung des Versicherers dem Vertragschließenden (Versicherungsnehmer) selbst zustehen, so muß dieses im Vertrage zum Ausdrucke kommen, weil andernfalls die Versicherung für Rechnung des anderen genommen gilt (Abs. 2). Da die Verhältnisse hier ganz ähnlich liegen wie bei der Lebensversicherung, die für den Fall des Todes eines anderen, als des Versicherungsnehmers genommen ist (§ 159 Abs. 2), so ist auch hier zur Gültigkeit des Vertrags die schriftliche Einwilligung des anderen bezw. seines gesetzlichen Vertreters oder eines zu bestellenden Pflegers notwendig (Abs. 3). Die Ausnahme, die § 159 Abs. 3 für die Lebensversicherung macht, ist bei der Unfallversicherung nicht mit übernommen.

6. Die Schutzvorschrift des Abs. 3 kann nur bei Summenversicherung Anwendung finden, denn sie soll demjenigen, auf dessen Person die Versicherung abgeschlossen ist, einen Schutz bieten, daß sein Leben und seine Gesundheit nicht von anderen Personen zum Gegenstand einer spekulativen Versicherung gemacht wird. Wird daher dem Versicherungsnehmer der Nachweis auferlegt, daß ihm durch den Unfall des Kindes ein Schaden in bestimmter Höhe erwachsen sei, wird also die Form der Schadensversicherung gewählt, so ist die Einwilligung des anderen nicht notwendig. VA. 11 97 (Kinderunfallversicherung; Allgem. Versicherungsbedingungen für die Unfallversicherung einzelner Kinder VA. 11 36).

7. Dagegen ist entsprechend der Vorschrift des § 161 bei der Lebensversicherung mit Rücksicht auf die zwingende Natur der §§ 16—21 dem Versicherer die Möglichkeit gewahrt, sich vertragsmäßig gegen eine Benachteiligung durch unterbliebene oder unrichtige Anzeige von Gefahrumständen auch nur soweit einen ausreichenden Schutz zu verschaffen, als die Verletzung der Anzeigepflicht auf das Verhalten desjenigen zurückzuführen ist, auf dessen Person die Versicherung genommen ist (Abs. 4). Begr. S. 184.

8. Die Versicherung gegen Unfälle, die einem anderen zustoßen, spielt eine besondere Rolle außer bei der Kinder-

auch bei der Schülerunfallversicherung, die als eigentliche reine Kollektivversicherung oder als Einzelversicherung mit kollektivischer Beurkundung der Versicherungsverträge in einem Versicherungsscheine betrieben wird. VA. 12 110.

§ 180. Ist als Leistung des Versicherers die Zahlung eines Kapitals vereinbart, so gelten die Vorschriften der §§ 166 bis 168.

Für den bezugsberechtigten Dritten in der Unfallversicherung gelten dieselben Regeln (§§ 166—168) wie bei der Lebensversicherung. Auch er erwirbt aus eigenem Rechte, nicht aus dem Nachlasse des Versicherungsnehmers oder des Versicherten. § 330 BGB. findet entsprechende Anwendung. Baumgartner S. 1106; Bolze 2 Nr. 1066. Dem Kapital im Sinne dieser Bestimmung steht die Rückgewähr der Prämien gleich. — Auf den Inhaber pflegen die Unfallversicherungsscheine nicht gestellt zu werden.

§ 181. Der Versicherer ist von der Verpflichtung zur Leistung frei, wenn der von dem Unfalle Betroffene den Unfall vorsätzlich herbeigeführt hat. Das Gleiche gilt, wenn im Falle des § 179 Abs. 3 der Versicherungsnehmer vorsätzlich durch eine widerrechtliche Handlung den Unfall herbeigeführt hat.

Ist ein Dritter als Bezugsberechtigter bezeichnet, so gilt die Bezeichnung als nicht erfolgt, wenn der Dritte vorsätzlich durch eine widerrechtliche Handlung den Unfall herbeiführt.

1. Nach der in § 61 für die Schadensversicherung getroffenen Regelung ist der Versicherer von der Verpflichtung zur Leistung frei, wenn der Versicherungsnehmer den Versicherungsfall vorsätzlich oder durch grobe Fahrlässigkeit herbeiführt. Für die Unfallversicherung erscheint eine so weitgehende Einschränkung der Haftbarkeit des Versicherers als gesetzliche Regel nicht angezeigt

zu sein. Da § 181 nicht zwingend ist, so ist der Versicherer nicht gehindert, seiner Haftung für besonders schwere Fälle engere Grenzen zu ziehen (Begr. S. 185).

2. Als vorsätzliche Herbeiführung des Unfalls ist auch der Selbstmord anzusehen. Aus dem Erfordernisse des Vorsatzes folgt, daß die im Zustande der Geistesgestörtheit verübte Tat dem Täter nicht zugerechnet wird.

3. Nach den Bedingungen des Verbandes sind von der Versicherung alle Unfälle ausgeschlossen, die der Versicherte infolge eigener grober Fahrlässigkeit erleidet. Nur auf Grund besonderer Vereinbarung (Vorsorgeversicherung) werden bestimmte Gefahren (zu vgl. § 5 der Verbandsbedingungen) in die Versicherung eingeschlossen.

4. § 179 Abs. 3 betrifft die vom Versicherungsnehmer für eigene Rechnung genommene Versicherung gegen Unfälle, die einem anderen zustoßen. Der Versicherer ist nicht schon dann frei, wenn der Unfall sich ereignet hat, während der Versicherungsnehmer oder der andere sich in Ausübung einer widerrechtlichen Handlung befunden hat. Vgl. Anm. 1 zu § 170.

5. Abs. 2 entspricht § 170 Abs. 2.

§ 182. Die Pflicht zur Anzeige des Versicherungsfalls liegt, wenn das Recht auf die Leistung einem bezugsberechtigten Dritten zusteht, diesem ob; das Gleiche gilt von der Pflicht zur Auskunft und zur Beschaffung von Belegen.

1. § 182 ergänzt entsprechend der in § 171 Abs. 2 für die Lebensversicherung getroffenen Regelung für den Bereich der Unfallversicherung die allgemeinen Vorschriften über die Pflicht zur Anzeige vom Eintritte des Versicherungsfalls (§ 33 Abs. 1), die Pflicht zur Auskunft und zur Beschaffung von Belegen (§ 34) mit Rücksicht auf die Fälle, in denen der Versicherungsnehmer einen Dritten als Bezugsberechtigten bezeichnet und dieser das Recht auf die Leistung erworben hat (Begr. S. 186).

2. Ist die Versicherung auf die Person eines anderen für dessen Rechnung genommen (§ 179 Abs. 2), so muß nach den Umständen entschieden werden, wen die Anzeigepflicht trifft. Bei der Kollektivversicherung ist regelmäßig der Versicherungsnehmer anzeigepflichtig.

3. Im übrigen bestimmt das Gesetz nichts über die Unfallanzeige. Für die Dauer der Anzeigefrist, ihre Berechnung und die Form der Anzeige (briefliche anstatt der telegraphischen Anzeige entschuldigt, wenn dem Versicherer kein Schaden erwächst VA. 08* 80, 81; 09* 52) gilt Vertragsfreiheit; die näheren Bestimmungen enthalten die allgem. Versicherungsbedingungen. Nicht jeder auch ganz unerhebliche Unfall ist anzuzeigen, anderseits kann der Versicherungsnehmer nicht warten, bis die gesundheitsschädlichen Folgen des Unfalls hervorgetreten sind; vielmehr muß er anzeigen, wann und sobald er mit der Möglichkeit rechnen muß, daß ein bestimmtes Unfallereignis Folgen hat, die eine Entschädigungspflicht des Versicherers begründen. VA. 05* 12; 08* 84; 10* 62; Bolze 1 Nr. 1128; 2 Nr. 1068; 6 Nr. 594; Wallmann 39 516. Bei Unterlassen der Unfallanzeige infolge entschuldigten Nichterkennens des Kausalzusammenhangs zwischen Unfallereignis und Gesundheitsstörung (VA. 07* 93; 10* 91; 13* 25), bei entschuldigter Überschreitung der für die Erstattung der Anzeige vorgesehenen Frist, bei absoluter Unmöglichkeit zur Anzeigeerstattung (VA. 07* 21, 93), tritt keine Verwirkung des Versicherungsanspruchs ein.

§ 183. Der Versicherungsnehmer hat für die Abwendung und Minderung der Folgen des Unfalls nach Möglichkeit zu sorgen und dabei die Weisungen des Versicherers zu befolgen, soweit ihm nicht etwas Unbilliges zugemutet wird. Auf eine Vereinbarung, durch welche von dieser Vorschrift zum Nachteile des Versicherungsnehmers abgewichen wird, kann sich der Versicherer nicht berufen.

1. Die hierher gehörigen Verpflichtungen des Versicherungsnehmers pflegen in den Allgem. Vers.bedingungen genauer bestimmt zu werden. Der Versicherungsnehmer hat unverzüglich

alle zur Heilung nötigen Schritte zu tun, insbesondere einen Arzt zuzuziehen, sobald sich der Unfall als solcher erkennen läßt und für angemessene Krankenpflege, sowie für Abwendung und Minderung der Folgen des Unfalls nach Möglichkeit zu sorgen u. a. m. Bei schuldhafter Verletzung dieser Obliegenheiten treten die in § 6 vorgesehenen Rechtsfolgen ein. Der Versicherungsnehmer hat so zu handeln, wie „es bei gleicher Gesundheitsstörung ein verständiger Mensch tun würde, der nicht in der Lage ist, die Vermögensnachteile, die ihm bei Fortdauer der Krankheit erwachsen, auf einen anderen abzuwälzen". In der Unterlassung eines Heilverfahrens kann nur dann ein Verschulden des Verletzten gefunden werden, wenn diesem der Nutzen des Verfahrens erkennbar gewesen ist. Recht **10** Nr. 31; BA. **13*** 60.

2. Der Versicherungsnehmer muß sich den ärztlichen Anordnungen fügen, auf Weisung des Versicherers sich unter Umständen auch in einer Heilanstalt behandeln lassen, andernfalls der Anspruch auf Unfallentschädigung verwirkt sein kann. BA. **06*** 102 (berechtigte Weigerung); **07*** 18; **07*** 54 (unbefugte Unterbrechung). Für gesundheitsschädliche Folgen der Heilbehandlung hat Versicherer einzutreten. BA. **07*** 57. Die Bestimmungen der RVO. §§ 184, 942, 1269 u. a. über Behandlung in einer Heilanstalt lassen sich für die private Unfallversicherung nicht verwenden.

3. Ob der Versicherte sich einer Operation unterziehen muß, kann nur von Fall zu Fall entschieden werden. Für das Gebiet der Sozialversicherung ist die Frage ständig verneint worden. Bei Entscheidung der Frage für das Gebiet der privaten Versicherung ist davon auszugehen, daß der Versicherungsnehmer alle zur Heilung oder Besserung seiner Krankheit sich bietenden Mittel der medizinischen Wissenschaft benutzen muß (RG. **69** 149), daß er sich operieren lassen muß, wenn er sich auch ohne rechtliche Bindung als vernünftiger Mensch unter Abwägung aller Umstände zur Vornahme der Operation entschließen würde (BA. **06*** 60; **12*** 67). Dem Verletzten liegt somit insoweit eine Duldungspflicht ob, als seine Weigerung mit dem in § 254

BGB. festgelegten Recht auf Verkehrstreue in Widerspruch steht. Wallmann **38** 1792; **39** 1087; **40** 637; VA. **13*** 59. Wichtig ist auch, ob der Versicherungsnehmer in der Leistung des Versicherers vollen oder nur teilweisen Ersatz der ihm entstehenden Vermögensnachteile erhält. VA. **06*** 16. Über den Begriff der Operation VA. **09*** 54.

4. Ist ein anderer versichert, so kann die Erfüllung der ihm obliegenden Verpflichtungen zwar nur durch ihn bewirkt werden, aber der Versicherungsnehmer bleibt für ihn verantwortlich. Nichterfüllung durch den anderen wirkt zugunsten des Versicherers, auch wenn den Versicherungsnehmer keine Schuld trifft.

5. Der Versicherungsnehmer kann nicht mehr tun, als nach Möglichkeit für die Heilung sorgen, und es kann ihm vom Versicherer nichts Unbilliges zugemutet werden. Eine Vereinbarung, durch welche hiervon zum Nachteile des Versicherungsnehmers abgewichen wird, ist nichtig.

6. § 183 ist zwingend und hat rückwirkende Kraft. Art. 4 Nr. 9 EG.

§ 184. Sollen nach dem Vertrag einzelne Voraussetzungen des Anspruchs aus der Versicherung oder das Maß der durch den Unfall herbeigeführten Einbuße an Erwerbsfähigkeit durch Sachverständige festgestellt werden, so ist die getroffene Feststellung nicht verbindlich, wenn sie offenbar von der wirklichen Sachlage erheblich abweicht. Die Feststellung erfolgt in diesem Falle durch Urteil. Das Gleiche gilt, wenn die Sachverständigen die Feststellung nicht treffen können oder wollen oder sie verzögern.

Sind nach dem Vertrage die Sachverständigen durch das Gericht zu ernennen, so finden auf die Ernennung die Vorschriften des § 64 Abs. 2 entsprechende Anwendung.

Eine Vereinbarung, durch welche von der Vorschrift des Abs. 1 Satz 1 abgewichen wird, ist nichtig.

1. § 184 stimmt vollständig mit § 64 überein; er hat rückwirkende Kraft (Art. 4 Nr. 6 EG.); Abs. 1 Satz 1 ist nach Abs. 3 zwingend.

2. Nach den geltenden Bedingungen des Verbandes entscheidet eine Schiedskommission (Ärztekommission) endgültig über die Frage, ob der Tod oder die Invalidität und in welchem Grade die letztere, ob und in welchem Grad und auf welche Zeit die Arbeitsunfähigkeit des Verletzten während der ärztlichen Behandlung durch den Unfall verursacht worden ist, ferner über den Grad der Gebrauchsfähigkeit nur teilweise verlorener, verstümmelter oder gelähmter Körperteile, sowie über die Frage, ob und mit welchem Tage die ärztliche Behandlung als beendet anzusehen ist, endlich ob und in welchem Verhältnisse hierbei Krankheiten oder Gebrechen mitgewirkt haben, ob der Unfall Invalidität zur Folge gehabt hat (VA. 05* 103). Dagegen steht ihr die Entscheidung über die Rechtsfrage nicht zu, ob überhaupt eine Entschädigungsverpflichtung der Gesellschaft besteht; hierüber haben vielmehr bei mangelnder Einigung die ordentlichen Gerichte zu befinden. VA. 03 148.

Soweit die Kommission mit ihrer Entscheidung ihre Zuständigkeit überschritten hat, ist ihr Spruch bedeutungslos. Wallmann 40 1478.

3. Die Kommission muß so zusammengesetzt sein, daß ihre Unparteilichkeit und Unabhängigkeit gewährleistet erscheint. OLGRspr. 8 172; JW. 05 90. Sie wird nach den Verbandsbedingungen von dem durch den Versicherer ernannten Arzt, von dem durch den Versicherungsnehmer oder durch den Anspruchsberechtigten erhebenden benannten Arzt und dem Obmann (beamteten Arzt, Leiter einer öffentlichen Heilanstalt, Lehrer an einer deutschen Hochschule) gebildet. Der Vertrauensarzt des Versicherers, der bereits ein Gutachten erstattet hat, kann Mitglied der Kommission, aber nicht ihr Obmann sein. VA. 05* 10; 06* 87. Zum Obmann taugt nur eine am Streite bisher nicht beteiligte, durchaus unbefangene Person. VA. 05* 10; 06* 87.

Die Ärztekommission ist kein Schiedsgericht (VA. **04*** 34); ihre Mitglieder sind Gutachter, keine Schiedsrichter. VA. **04*** 146.

4. Werden die Sachverständigen durch das Gericht ernannt, so ist das Amtsgericht, in dessen Bezirk sich der Unfall ereignet hat, zunächst zuständig, nicht dasjenige, in dessen Bezirke die Unfallfolgen zuerst hervorgetreten sind. Vereinzelt wird zweifelhaft sein, wo der Unfall geschehen ist (Eisenbahnunfälle). Abweichende Vereinbarungen sind zulässig und werden häufig getroffen werden.

5. Die Kommission ist an ein bestimmtes Verfahren, z. B. dem in §§ 1038 ff. ZPO. vorgesehenen nicht gebunden (VA. **04** 73), sofern nicht in den Bedingungen ein solches vereinbart ist. Bei ganz groben Verstößen gegen die allgemeinen Rechtsregeln, z. B. ein geisteskranker Verletzter hat keinen gesetzlichen Vertreter (VA. **05*** 63), die Kommissionsmitglieder geben getrennt, nicht gemeinsam, ihr Gutachten ab (VA. **10*** 97), ist das Verfahren nichtig.

6. Die Kommission entscheidet auf Grund der gegenwärtigen Verhältnisse; später eintretende Veränderungen in der Arbeitsfähigkeit können aber von jedem Teile geltend gemacht werden. Die notwendigen Festsetzungen trifft alsdann die Ärztekommission.

7. Solange die Kommission nicht gesprochen hat, kann der Versicherungsnehmer nicht auf Leistung, sondern nur darauf klagen, daß der Versicherer den Spruch herbeiführe oder an der Herbeiführung nach Maßgabe des Vertrags mitwirke. VA. **05*** 61.

8. Schon die bisherige Rechtsprechung nahm an, daß der Spruch der Kommission angefochten werden könne, wenn er offenbar unbillig sei (VA. **06*** 14). Jedoch reicht zur Anfechtung der Beweisantritt, daß die Schätzung erheblich zu niedrig sei, nicht aus. VA. **04** 153. Offenbare Unbilligkeit wird als gegeben angenommen, wenn der Spruch in sich widerspruchsvoll oder unklar (VA. **06*** 95) oder nicht genügend begründet (VA. **07*** 54; **12*** 73) oder offenbar unrichtig ist („offenbar von der wirklichen Sachlage erheblich abweicht"). BA. 08* 87; 13* 64. Ein mangelhafter Spruch kann geheilt werden. BA. 05* 11.

9. Beide Teile können den Spruch anfechten; alsdann entscheiden die ordentlichen Gerichte. BA. 08* 24. Beruht die Unwirksamkeit des Spruches auf dem Verschulden des einen Teils, so ist der andere nicht verpflichtet, von neuem zur Berufung einer Kommission mitzuwirken, vielmehr kann er unmittelbar den Rechtsweg beschreiten. RG. 45 350; BA. 04 33, 34, 35. Der ordentliche Rechtsweg ist ferner gegeben, wenn die Frist für die Einberufung der Kommission verstrichen ist, ohne daß die Einberufung veranlaßt wurde. BA. 07* 95; 13* 61.

§ 185. Der Versicherer hat dem Versicherungsnehmer die Kosten, welche durch die Ermittelung und Feststellung des Unfalls sowie des Umfanges der Leistungspflicht des Versicherers entstehen, insoweit zu erstatten, als ihre Aufwendung den Umständen nach geboten war.

1. § 185 gibt sachlich den für die Schadensversicherung im § 66 Abs. 1 ausgesprochenen Grundsatz wieder. § 185 ist nicht zwingend. Auch § 66 Abs. 2 wird entsprechend anzuwenden sein. Erstreckt sich die Versicherung auf vorübergehende oder dauernde Erwerbsunfähigkeit, so wird häufig zweifelhaft sein, was Ermittelungs- und Feststellungskosten und was Heilungskosten sind. Vgl. § 183 Anm. 1 ff.

2. Nach den Verbandsbedingungen werden die Kosten der Ärztekommission, falls die Entschädigung nach der Entscheidung den von der Gesellschaft angebotenen Betrag übersteigt, von dieser, sonst von dem Versicherungsnehmer oder dessen Rechtsnachfolgern, indessen nicht über den Betrag von 150 ℳ hinaus, getragen. Bei der Wahl des Tagungsortes ist billige Rücksicht auf das körperliche Befinden des Versicherungsnehmers und Bedacht auf Vermeidung unverhältnismäßig hoher Reisekosten zu nehmen. BA. 10 89.

Fünfter Abschnitt.

Schlußvorschriften.

§ 186. Die Vorschriften dieses Gesetzes finden auf die Seeversicherung und auf die Rückversicherung keine Anwendung.

1. Die Seeversicherung bleibt nach wie vor durch das HGB. §§ 778—900 geregelt, dessen Bestimmungen auf Binnengewässer- oder Landreisen unter Umständen entsprechende Anwendung finden. § 147 BBG. Für die Seeversicherung kommen die Hamburger Allg. Seevers.-Bed. von 1867 und die Bremer Seevers. Bed. von 1875 in Betracht. Die Vereinbarung neuer Allg. Bed. wird geplant.

2. Ob die Rückversicherung ihrer rechtlichen Natur nach überhaupt als Versicherung oder als eine Art Gesellschaftsvertrag anzusehen ist, bleibt bestritten und wird durch § 186 nicht entschieden. ROHG. **5** 163; RG. **5** 115; **20** 42; **38** 206; **53** 138. Soweit landesrechtlich besondere Bestimmungen über das Recht der Rückversicherung bestanden haben (z. B. §§ 2016 ff. ALR. II 8), werden sie durch dieses Gesetz außer Kraft gesetzt. Auch können neue landesgesetzliche Vorschriften nicht erlassen werden. Das wird man in Übereinstimmung mit der Begründung S. 188 annehmen müssen, obschon § 186 eine ausdrückliche Aufhebung des Vorbehalts des Art. 75 EG.BGB. nicht enthält. Auch der Bericht der Reichstagskommission (KB. I S. 132) stellt fest, Regierung und Kommission seien darüber einig, „daß neben dem Entwurfe landesgesetzliche Bestimmungen über die Rückversicherung keine Geltung behielten", und es wurde weiterhin ein in dieser Kommission gestellter Antrag auf Ergänzung des § 186 nach der Richtung hin, daß die bestehenden landesgesetzlichen Vorschriften außer Kraft treten, deshalb abgelehnt, weil dies selbstverständlich sei. Z. **5** 201. Über die Ausnahmestellung der Rückvers. im VAG. § 118 daselbst; Bek. des Bundesrats vom 18. Juni 1908 (RGBl. 409) VA. **09** 2, 153.

§ 187. Die in diesem Gesetze vorgesehenen Beschränkungen der Vertragsfreiheit bleiben bei der Transportversicherung von Gütern, bei der Kreditversicherung, der Versicherung gegen Kursverluste und der Versicherung gegen Arbeitslosigkeit außer Anwendung.

Das Gleiche gilt von einer Schadensversicherung, die in der Weise genommen wird, daß die versicherten Interessen bei der Schließung des Vertrags nur der Gattung nach bezeichnet und erst nach ihrer Entstehung dem Versicherer einzeln aufgegeben werden (laufende Versicherung).

1. Nach § 116 VAG. bedürfen Unternehmungen, die die Versicherung gegen Kursverluste oder die Transportversicherung zum Gegenstande haben, mit Ausnahme der Versicherungsvereine auf Gegenseitigkeit keiner Zulassung und unterliegen auch keiner behördlichen Beaufsichtigung.

2. In welchen Fällen die Vertragsfreiheit beschränkt ist, ist entweder von Fall zu Fall im Gesetz bestimmt (z. B. §§ 5, 6 Abs. 3, 8) oder die Beschränkung der Vertragsfreiheit ergibt sich aus dem Inhalte der Bestimmung (z. B. §§ 4 Abs. 1, 13, 81) oder es handelt sich um dritten Personen eingeräumte Rechte, die durch Vereinbarungen zwischen Versicherer und Versicherungsnehmer nicht beschränkt werden können (§ 59 Abs. 2, §§ 98—106, 154). Vgl. die dem KB. I als Anlage 1 beigefügte Zusammenstellung. Die zwingenden Bestimmungen des Gesetzes können aber ausdrücklich oder stillschweigend vereinbart sein.

Vertragsfreiheit genießen:

3. a) Die Transportversicherung von Gütern. Bei der Kaskoversicherung, d. h. der Versicherung von Schiffen gegen die Gefahren der Binnenschiffahrt, gelten die zwingenden Bestimmungen, solange nicht eine Kaiserliche Verordnung auf Grund des § 188 anderes bestimmt. Mustersatzung für kleinere Kaskovereine in VA. **04** 1, 89; **06** 61.

4. b) Die Kreditversicherung, d. h. die Versicherung von Forderungen gegen die durch Zahlungsunfähigkeit des Schuldners entstandenen Verluste; die Kreditversicherung beschränkt sich auf Forderungen, die im kaufmännischen Verkehr entstanden sind. Über Ausgestaltung der Kreditversicherung VA. 11 106. Weder die Hypothekenversicherung noch die Versicherung gegen Mietsverluste (VA. 10 121; 11 108) können zur Kreditversicherung gerechnet werden.

5. c) Die Versicherung gegen Kursverluste ist streng genommen gleichfalls Versicherung von Forderungen, jedoch nur solchen, die in kurshabenden Wertpapieren verbrieft sind, sie kommt nur als Auslosungsversicherung vor, d. h. als Versicherung gegen die Gefahr, daß über pari im Kurse stehende Wertpapiere ausgelost und zum Nennwerte zurückgezahlt werden. Auch andere Arten der Kursverlustversicherung sind denkbar und würden dann unter § 187 fallen.

6. d) Die Versicherung gegen Arbeits- oder Stellenlosigkeit ist Personenversicherung; das versicherte Gut ist die Erwerbstätigkeit, der Versicherer leistet eine gewöhnlich nach Tagen bemessene feste Summe.

7. e) Die laufende Schadensversicherung, z. B. die laufende Feuerversicherung (Versicherung von Waren, die in einem Lagerhause aufbewahrt werden). Die laufende Rück- und Transportversicherung fallen schon nach §§ 186, 187 Abs. 1 nicht unter das Gesetz (Begr. S. 189); über Anmeldepflicht bei laufender Transportversicherung VA. 11* 127. Wird die Personenversicherung, z. B. die Kollektivunfallversicherung, als laufende Versicherung betrieben (man setze in Abs. 2 statt Interessen: Personen), so findet die Befreiungsvorschrift keine Anwendung (Anm. 2d zu § 54).

8. Von der laufenden Versicherung ist die Pauschalversicherung zu unterscheiden, bei der für eine größere Anzahl von Risiken eine einzige Versicherungssumme und eine einzige Prämie für eine bestimmte Versicherungsdauer vereinbart ist. Z. 3 203.

§ 188. Durch Kaiserliche Verordnung kann mit Zustimmung des Bundesrats bestimmt werden, daß bei den im zweiten, dritten und vierten Abschnitte nicht besonders geregelten Versicherungszweigen, auch soweit sie nicht unter den § 187 fallen, sowie bei der Versicherung von Schiffen gegen die Gefahren der Binnenschiffahrt die in diesem Gesetze vorgesehenen Beschränkungen der Vertragsfreiheit ganz oder zum Teil außer Anwendung bleiben.

1. Es wird oft sehr zweifelhaft sein, ob eine bestimmte Versicherungsart unter den Begriff einer der besonders geregelten Zweige fällt oder ob sie als eigener Versicherungszweig anzusehen ist; ebenso kann bei einer einzelnen Versicherung gefragt werden, wohin sie gehört (z. B. Versicherung gegen die aus dem Zusammenstoße von Schiffen entspringende Haftung, Transport- oder Haftpflichtversicherung? vgl. § 129 Anm. 4). Die Kaiserl. Verordnung kann nicht bestimmen, daß die Vorschriften des Gesetzes keine Anwendung finden, sondern nur, daß sie nicht zwingend sind. Sie kann nur Versicherungszweige hervorheben, eine andere Unterscheidung, z. B. die in § 187 Abs. 2 gemachte, ist unzulässig. Als nicht besonders geregelte Schadensversicherungen sind beispielsweise zu nennen die Schlachtvieh-, Glas-, Boykottversicherung VA. 06 57, ferner die Versicherung gegen Sturm-, Wasserschaden. Über Streikversicherung VA. 07 103.

2. Bei der Versicherung von Schiffen gegen die Gefahren der Binnenschiffahrt könnten die Beschränkungen der Vertragsfreiheit ganz oder teilweise außer Kraft gesetzt werden (Ausnahme von § 187). Die Kaiserliche Verordnung dürfte nicht nach dem Raumgehalte der Schiffe unterscheiden.

3. Über die Beschränkungen der Vertragsfreiheit § 187 Bem. 2.

4. Eine derartige Kaiserliche Verordnung ist bisher nicht ergangen.

§ 189. Die Vorschriften der §§ 38, 39, 42 über die nicht rechtzeitige Zahlung einer Prämie und die

Vorschriften der §§ 173 bis 178 über die Gewährung einer prämienfreien Versicherung und die Erstattung der Prämienreserve finden, soweit mit Genehmigung der Aufsichtsbehörde in den Versicherungsbedingungen abweichende Bestimmungen getroffen sind, keine Anwendung:

1. auf Versicherungen, die bei einem Vereine genommen werden, der als kleinerer Verein im Sinne des § 53 des Gesetzes über die privaten Versicherungsunternehmungen vom 12. Mai 1901 (Reichs-Gesetzbl. S. 139) anerkannt ist;
2. auf die Sterbegeldversicherung, die Volksversicherung sowie auf sonstige Arten der Lebensversicherung mit kleineren Beträgen.

Sind für Versicherungen mit kleineren Beträgen im Sinne des Abs. 1 Nr. 2 mit Genehmigung der Aufsichtsbehörde abweichende Bestimmungen getroffen, so kann deren Gültigkeit nicht unter Berufung darauf angefochten werden, daß es sich nicht um Versicherungen mit kleineren Beträgen handle.

1. I. Das VAG. trägt der Sonderstellung der kleineren Versicherungsunternehmungen nicht nur durch eine einfache Organisation (§ 53), sondern auch dadurch Rechnung, daß Abweichungen von den allgemeinen Vorschriften über die Zulassung, Geschäftsführung und Rechnungslegung gestattet werden (§ 124).

II. Nach dem VVG. können Abweichungen nur in ganz bestimmten Richtungen (Anm. 2, 3) zugelassen werden. Andere als die durch § 189 gestatteten Abweichungen sind unzulässig und würden auch durch aufsichtsbehördliche Genehmigung nicht rechtswirksam werden. Die Abweichungen können betreffen:

2. a) Die Wirkungen der Versäumung von Prämienzahlungen (§§ 38, 39, 42). Die Abweichungen können für alle Versicherungszweige in Betracht kommen.

Es kann also z. B. in Abweichung von § 38 Abs. 2 vorgesehen sein, daß der Versicherungsvertrag im Falle des Unterbleibens einer Prämienzahlung, die bei oder vor dem Beginne der Versicherung zu erfolgen hat, ohne Kündigung erlischt, oder es kann in Abweichung von § 39 festgesetzt werden, daß die Versicherung nach Gewährung einer sogenannten Respektfrist ohne weiteres also ohne Kündigung aufhört. Es kann ferner vereinbart werden, daß nicht gemahnt zu werden braucht, daß es also nicht auf den Verzug, sondern nur auf die Nichtrechtzeitigkeit ankommt. Dagegen wird kaum etwas von § 39 Abs. 3 Abweichendes bestimmt werden dürfen.

Das Aufsichtsamt hat bei wöchentlicher Prämienzahlung gewöhnlich Wegfall der Mahnung und der Kündigung gestattet, so daß die Versicherung hier unter Verfall der geleisteten Beiträge vorbehaltlich gewisser Rechte (Bem. 3) erlischt, jedoch muß die Frist, innerhalb der die Prämien bedingungsgemäß zu entrichten sind, reichlich bemessen sein. Bei monatlicher Prämienzahlung hat es der Regel nach nur Mahnung nicht auch Kündigung verlangt, auch hat es genehmigt, daß diese Mahnung mittels eines als Drucksache versendbaren Formulars geschieht und daß die Nachfrist nicht vom Tage des Eingangs, sondern vom Tage der Absendung an läuft. VA. 10 101; 12 109.

8. b) Die Umwandlung der Versicherung und Erstattung der Prämienreserve (§§ 173—178). Die Abweichungen können nur bei der Lebensversicherung in Betracht kommen.

Die diesbezüglichen Bestimmungen setzen gewöhnlich das Vorhandensein einer individuellen Prämienreserve voraus, und diese Voraussetzung ist bei kleineren Vereinen oftmals nicht erfüllt (§ 124 VAG.). Ferner ist, selbst wenn technisch richtig abgestufte Beiträge erhoben werden und auch im übrigen der Aufbau der Kasse den Anforderungen der Technik entspricht, die Berechnung der Prämienreserve nur möglich, wenn die Unternehmungen ständig mathematische Sachverständige zu Rate ziehen. Es ist daher die Möglichkeit vorgesehen, daß die Versicherungsbedingungen oder die

Satzungen Abweichungen von den §§ 173—178 enthalten. So kann beispielsweise bestimmt werden, daß beim Austritte des Mitgliedes aus der Kasse sämtliche Beiträge der Kasse verbleiben (VA. **08*** 69; **11*** **44**; **12*** 14, 21), oder daß nur die ordentlichen Beiträge zurückbezahlt werden (VA. **08*** 45). Es kann die dreijährige Frist des § 173 verlängert werden. Es kann von der Umwandlungsmöglichkeit abgesehen werden, wenn ausreichende Rückgewähr vorgesehen ist oder umgekehrt (VA. **10** 102); daselbst auch über die Gewährung von Policedarlehen.

4. Die von dem VVG. abweichende Vereinbarung darf nicht für den einzelnen Fall getroffen werden, sondern sie muß in den genehmigten allgemeinen Versicherungsbedingungen enthalten sein. Es kommt nur darauf an, ob materiell Versicherungsbedingungen vorliegen, nicht auf die hiervon etwa verschiedene Bezeichnung (Satzung, Regulativ u. dgl.).

Die Abweichung darf nur zugelassen werden:

5. a) Bei kleineren Gegenseitigkeitsvereinen (§ 53 VAG.), ohne daß es auf den betriebenen Versicherungszweig ankommt. Sie findet also, soweit überhaupt möglich, Anwendung beispielsweise bei den kleineren Kaskoversicherungsvereinen, Viehversicherungsvereinen, hauptsächlich aber auf dem Gebiete der kleineren Lebensversicherung. Versicherungsvereine, die Leistungen in den Grenzen des § 508 RVO. und ein Sterbegeld von höchstens 300 *M* gewähren, sind kleinere Vereine, sofern die Aufsichtsbehörde auf ihren Antrag nichts anderes bestimmt (G. v. 20. Dezember 1911, § 6 Bem. zu § 190). Die Zuständigkeit zur Anerkennung als kleinerer Verein entscheidet sich nach §§ 2, 3, das Verfahren nach §§ 73 ff. VAG. Bis zur Anerkennung und nach deren Wiederaufhebung gilt § 189 für die Vereine nicht. Ob die aufsichtsbehördlichen Entscheidungen zu Recht ergangen sind, kann nicht nachgeprüft werden, auch nicht nach der Richtung der Zuständigkeit hin. Die Entscheidungen binden auch die ordentlichen Gerichte. §§ 53 Abs. 4, 77 VAG.

6. b) Bei der Sterbegeldversicherung. Diese ist kein fest bestimmter juristischer Begriff; jede Versicherung kleinerer Beträge auf den Todesfall kann darunter verstanden werden. Im allgemeinen rechnet man die bei kleineren Vereinen (Sterbekassen) genommene Versicherung hierzu. Der Zweck der Sterbekassen geht dahin, im Falle des Todes des Versicherungsnehmers eine Summe zu gewähren, die den Angehörigen über alle mit dem Todesfall für sie verbundenen Ausgaben hinweghelfen soll (VA. 10* 14), ohne Rücksicht darauf, ob durch die Zugehörigkeit zu mehreren Sterbekassen der Erfolg eintritt, daß die Sterbegelder die Beerdigungskosten übersteigen. VA. 12* 99. Zum Begriff VA. 05* 47; 09* 5; § 850 Ziff. 4 ZPO., § 394 BGB.; LZ. 07 390.

7. c) Bei der Volksversicherung. Auch ihr Begriff ist kein fester. Man versteht darunter gewöhnlich Versicherungen kleinerer Summen, meistens bis höchstens 2000 M, auf den Todes- oder auf den Erlebens- oder auf den Todes- und Erlebensfall, bei denen eine ärztliche Untersuchung nicht stattfindet, und bei denen die jährliche Prämie in kleinen Teilbeträgen, gewöhnlich in Wochen-, höchstens in Monatsprämien gezahlt wird. Die Höchstsumme von 2000 M darf auch nicht durch mehrfache Versicherungsnahme bei einer und derselben Gesellschaft überschritten werden. VA. 10 101. Für diese Versicherung, die auf die minderbemittelten Stände berechnet ist, bestehen bei den Lebensversicherungsgesellschaften besondere geschäftliche Einrichtungen, namentlich was die Form der Beitragserhebung anlangt (Aushändigung oder Einkleben von Marken). Über die Beitragserhebung außerhalb der Inkassoorganisation VA. 11 93, über das Geschäftsgebahren und die Buchführung VA. 11 94.

8. d) Bei sonstigen Arten der Lebensversicherung mit kleineren Beträgen. Was hierunter zu verstehen ist, ist nicht völlig klar. Es darf angenommen werden, daß die Erleichterung des § 189 nur so weit Platz greifen soll, als die gesetzgeberischen Gründe, die Rücksicht auf den einfacheren Betrieb solcher Versicherungen oder auf die besonderen geschäftlichen Einrichtungen (Begr. S. 157) auch anderweit zutreffen. Notwendig ist es, daß es sich um kleinere Beträge als Versicherungssummen oder -renten handelt, wobei

die Grenze nicht absolut, sondern nach der Eigenart der Versicherung, insbesondere nach den Bevölkerungskreisen, auf welche die Versicherungsart berechnet ist, bemessen werden muß. In Betracht kommen insbesondere die Versicherungen bei Fabrik-, Betriebs-, Haus-, Seemanns- und ähnlichen Kassen.

9. Ähnlich wie Abs. 2 § 159 Abs. 3 Satz 2. Die Entscheidung bindet auch die ordentlichen Gerichte. Jedoch wäre aus anderen Gründen die Anfechtung statthaft.

10. § 189 hat nach Art. 4 Nr. 4 EG. (Bem. 7 zu Art. 4 EG.) rückwirkende Kraft.

§ 190. Die Vorschriften dieses Gesetzes finden keine Anwendung auf Versicherungsverhältnisse, die*) bei den auf Grund der Gewerbeordnung von Innungen oder Innungsverbänden errichteten Unterstützungskassen begründet werden. Das Gleiche gilt von Versicherungsverhältnissen, die bei Berufsgenossenschaften gemäß § 23 des Gesetzes, betreffend die Abänderung der Unfallversicherungsgesetze, vom 30. Juni 1900 (Reichs-Gesetzbl. S. 335) begründet werden.

1. § 190 betrifft ähnlich wie § 122 BAG. die auf Grund besonderer reichsgesetzlicher Vorschriften errichteten Kassen. Das Gesetz bleibt für sie an sich außer Anwendung. Die Versicherungsverhältnisse werden, soweit die betreffenden Gesetze nicht zwingende Vorschriften enthalten, durch die Satzungen geregelt. Fehlt es hiernach an Bestimmungen und handelt es sich vornehmlich darum, den vernünftigen Parteiwillen nach allgemeinen Anschauungen des Verkehrs festzustellen, so steht nichts im Wege, die im BGB. niedergelegten Rechtsgrundsätze zu verwerten.

---

*) Die Worte „bei den auf Grund des Gesetzes über die eingeschriebenen Hilfskassen (Reichs-Gesetzbl. 1876 S. 125, 1884 S. 54)" sind durch das Gesetz vom 20. Dezember 1911 (RGBl. S. 985) § 10 Abs. 1 in Wegfall gekommen.

2. Die frühere Sonderstellung der eingeschriebenen Hilfskassen ist durch das Reichsgesetz vom 20. Dezember 1911 (RGBl. 985) § 10, das am 1. Juni 1912 in Kraft getreten ist (Kaiserl. V. v. 13. Mai 1912, RGBl. 309) beseitigt. § 10 Abs. 2—4 des genannten Gesetzes bestimmen:

„Auf die Versicherungsvereine auf Gegenseitigkeit, die zum Betriebe der Versicherung ihrer Mitglieder gegen Krankheit befugt sind, und auf diese Mitglieder finden von den Vorschriften des Gesetzes über den Versicherungsvertrag nur die §§ 1—22, 31 bis 48, 164, 188, 189, 194 Anwendung, auf Vereine, die ein Sterbegeld von mehr als 300 ℳ gewähren, außerdem auch die §§ 159, 173—178.

Auf eine Vereinbarung, durch die von den Vorschriften des § 164 des Gesetzes über den Versicherungsvertrag zum Nachteile des Versicherungsnehmers abgewichen wird, kann sich der Versicherer nicht berufen.

Artikel 3, Artikel 4 Nr. 1 bis 5 und Artikel 6 des Einführungsgesetzes zum Gesetz über den Versicherungsvertrag finden auf die Versicherungsunternehmungen entsprechende Anwendung, die beim Inkrafttreten dieses Gesetzes auf Grund des Gesetzes über die eingeschriebenen Hilfskassen zum Geschäftsbetriebe befugt sind."

3. Über die von Innungen oder Innungsverbänden errichteten Unterstützungskassen vgl. §§ 81 b Ziff. 3, 85 Abs. 1, 87 a Abs. 2, 90, 98 Abs. 3, 100 l, n Abs. 1, t Abs. 4, u, 104 i GewO. Die Kassen der Innungsausschüsse sind absichtlich nicht genannt (Reger **24** 205; **26** 97).

4. An die Stelle des § 23 des Gesetzes vom 30. Juni 1900 sind §§ 843—846 RVO. getreten (Art. 104 EG.RVO.). Hiernach können die Genossenschaften unter anderem einrichten a) eine Versicherung gegen Haftpflicht für die Unternehmer und die ihnen in der Haftpflicht Gleichstehenden, b) Rentenzuschuß- und Ruhegeldkassen für Betriebsbeamte, Mitglieder der Genossenschaft, Versicherte, Genossenschaftsbeamte sowie für die Angehörigen dieser Personen.

§ 191. Unberührt bleiben die landesgesetzlichen Vorschriften über Versicherungsverhältnisse, die bei den im § 75 Abs. 4 des Krankenversicherungsgesetzes bezeichneten auf Grund landesrechtlicher Vorschriften errichteten Hilfskassen oder bei den auf Grund berggesetzlicher Vorschriften errichteten Knappschaftskassen begründet werden.

1. Die landesrechtlichen Vorschriften über Hilfskassen bleiben solange in Kraft, als nicht die Landesregierungen sie auf Grund der ihnen durch das Reichsgesetz vom 20. Dezember 1911 (§ 190 Bem. 2) erteilten Ermächtigung den Vorschriften dieses Gesetzes unterstellen. Im Rahmen des § 191 kann auch neues Landesrecht geschaffen werden (Art. 3 EG.BGB.). Die auf Grund landesrechtlicher Vorschriften errichteten Hilfskassen stehen den „eingeschriebenen" Hilfskassen auch insofern nicht gleich, als sie als Ersatzkassen im Sinne des § 503 RVO. nicht mehr zugelassen werden können. Die ihnen auf Grund des § 75 a Krankenversicherungsgesetz erteilte Bescheinigung erlischt spätestens mit dem 30. Juni 1914 (Kaiserl. Verordnung vom 5. Juli 1912, RGBl. 439).

2. Über die Knappschaftskassen vgl. z. B. Preuß. Knappschaftsgesetz vom 3. Juni 1912 in der Fassung der Bekanntmachung vom 17. Juni 1912 (GS. 12 137).

§ 192. Unberührt bleiben die landesgesetzlichen Vorschriften über Versicherungsverhältnisse, die bei einer nach Landesrecht errichteten öffentlichen Anstalt unmittelbar kraft Gesetzes entstehen, sowie über Versicherungen, die bei einer solchen Anstalt infolge eines gesetzlichen Zwanges genommen werden.

Auf sonstige Versicherungen, die bei einer nach Landesrecht errichteten öffentlichen Anstalt genommen werden, finden die in diesem Gesetze vorgesehenen Beschränkungen der Vertragsfreiheit sowie die Vorschriften über die Versicherungsagenten keine Anwendung.

Wird eine Versicherungsunternehmung von dem Aufsichtsamte für Privatversicherung oder von der nach den §§ 2, 3 des Gesetzes über die privaten Versicherungsunternehmungen vom 12. Mai 1901 (Reichs-Gesetzbl. S. 139) zuständigen Landesbehörde als öffentliche Anstalt im Sinne des § 119 des genannten Gesetzes anerkannt, so gilt sie auch im Sinne dieses Gesetzes als öffentliche Anstalt.

1. Soweit Versicherungszwang gilt, beruht die Versicherung nicht auf einem Vertrage, die Vorschriften des Versicherungsvertragsgesetzes sind unanwendbar (Begr. S. 9). Daß das durch das Gesetz unmittelbar geschaffene Rechtsverhältnis ein privatrechtliches ist (ROHG. 9 132; RG. 48 332), und daß, wo keine Regelung durch Statuten oder Landesgesetze erfolgt ist, vielfach auf die Anschauungen des Reichsrechts zurückzugehen ist, ändert hieran nichts. Nach dem preuß. AG.ZPO. vom 23. September 1899 Art. 1, 2 ist das in Betracht kommende Versicherungsverhältnis öffentlich-rechtlicher Natur RG. 65 3; 56 389 (die Feuersozietätsbeiträge sind öffentliche Lasten).

2. Das Recht der öffentlichen Feuerversicherungsanstalten ist in Preußen durch das Gesetz vom 25. Juli 1910 kodifiziert worden.

3. Der Begriff der öffentlichen Anstalt ist schwer zu umschreiben. Er kann hier nicht anders verstanden werden als in § 89 BGB. und in § 119 VAG. Es kommt darauf an, ob die Anstalt in die öffentlich-rechtliche Organisation eingegliedert ist. RG. (in Strafsachen) 40 297. Es läßt sich kein einzelnes bestimmtes Merkmal (Zwangsmitgliedschaft, Ausschluß des Rechtswegs, Vorzugsrecht vor anderen Gläubigern) als ausschlaggebend bezeichnen. Entscheidend ist die gesamte Ausgestaltung der Anstalt. VA. 03 103, 104, 105; 06 78. Aus dem Erfordernis, daß die Anstalt auf Landesrecht beruht, folgt nicht, daß sie durch besonderes Landesgesetz oder Verordnung begründet sein muß; es kommt

darauf an, ob die Anstalt nach dem Landesrecht ihres Sitzes als öffentliche zu gelten hat. Zum Teil freilich sind die Verfassungen dieser Anstalten geradezu als Gesetz anzusehen, RG. 13 215; 52 234. Die Anstalten sind entweder eigene juristische Personen, unter denen die Feuerversicherungssozietäten die bedeutendste Stellung einnehmen, oder Einrichtungen öffentlicher Korporationen, z. B. des Fiskus, der Landschaft, der Stadt; häufig sind die von solchen Korporationen eingerichteten Pensionskassen Krankenkassen u. dgl.

4. Die Versicherung entsteht unmittelbar kraft Gesetzes, wenn z. B. die Versicherung alle in einem bestimmten Bezirke belegenen Gebäude umfaßt. Das Rechtsverhältnis entsteht mit der Errichtung des Baues von selbst wie bei den Feuerversicherungssozietäten in Berlin, Breslau, Stettin, Thorn u. a. m.

5. Der Versicherungszwang ist meistens so ausgestaltet, daß die Versicherung bei einer bestimmten Anstalt genommen werden muß. Nur scheinbar liegt ein Vertrag vor; in Wirklichkeit beruht das Versicherungsverhältnis unmittelbar auf dem Gesetze.

6. Bei den freiwilligen Versicherungen gilt das Reichsrecht, und zwar auch dann, wenn die Anstalt in einem bestimmten Gebiet ein Monopol besitzt oder wenn für sie ein Annahmezwang besteht (Begr. S. 192). Es ist möglich, daß auf eine und dieselbe Versicherung doppeltes Recht anzuwenden ist, z. B. wenn Gebäude und Mobilien zusammen versichert werden und nur für jene der Versicherungszwang gilt. Soweit das Reichsrecht gilt, sind die öffentlichen Anstalten von den Beschränkungen der Vertragsfreiheit (§ 187 Bem. 2) befreit. Über die Beschränkung des Kündigungsrechts im Falle des § 70 LZ. 12 443, 748; Wallmann 12 2121. Die Vertragsfreiheit bezieht sich nur auf das Vertragsverhältnis zwischen Versicherer und Versicherungsnehmer, nicht auf die Rechte und Pflichten Dritten gegenüber oder Dritter dem Versicherer gegenüber (Begr. S. 202). Ferner sind §§ 43—48 (Agenten), deren Anwendbarkeit auch ohnedies zweifelhaft wäre, beseitigt. Insoweit gilt aber nicht etwa Landesrecht, sondern das allgemeine Reichsrecht.

7. Die aufsichtsbehördliche Anerkennung als öffentliche Anstalt ist für die privatrechtliche Beurteilung maßgebend und bindet die Gerichte. Solange eine solche Entscheidung nicht erfolgt ist, steht die Prüfung der Frage dem Richter zu; er hat nicht etwa eine aufsichtsbehördliche Entscheidung abzuwarten. § 148 ZPO. ist nicht anwendbar. Anders nur, wenn ein Verfahren vor der Aufsichtsbehörde schwebt. Die Anerkennung einer öffentlichen Anstalt gehört nach dem VAG. nicht zur Zuständigkeit der Aufsichtsbehörde; sie erfolgt nur, indem diese ihre Zuständigkeit ausspricht; weder eine Form noch ein bestimmtes Verfahren sind vorgeschrieben. Die Entscheidung der Aufsichtsbehörde kann auch von dieser beliebig zurückgenommen werden, womit die in Abs. 3 ausgesprochene Wirkung erlöschen muß, und zwar rückwirkend. Als maßgebende Entscheidung ist jede Verfügung anzusehen, durch welche die Aufsichtsbehörde in bestimmter Form ausspricht, daß sie mit Rücksicht auf § 119 VAG. nicht zur Beaufsichtigung berufen sei. Die Verfügung braucht nicht an die Anstalt gerichtet zu sein. Die Entscheidung kann vom Aufsichtsamte für Privatversicherung gefällt werden oder von derjenigen Landesbehörde, die nach §§ 2, 3 VAG. zur Beaufsichtigung zuständig wäre, wenn die Anstalt als private Versicherungsunternehmung anzusehen wäre. Die Zuständigkeit kann nur in letzterem Falle nachgeprüft werden. Nach § 35 des Preuß. Gesetzes über die öffentl. Feuerversicherungsanstalten steht die Entscheidung der Frage, ob eine beim Inkrafttreten dieses Gesetzes bestehende Unternehmung als öffentliche Feuerversicherungsanstalt anzusehen ist, dem Minister des Innern zu. Es wäre somit die Möglichkeit gegeben, daß die Aufsichtsbehörde anders entscheidet als der Minister des Innern. An einer gemeinsamen Oberinstanz fehlt es. Nicht maßgebend im Sinne des Abs. 3 sind die Entscheidungen der zur Beaufsichtigung der öffentlichen Versicherungsanstalten berufenen Landesbehörden.

§ 193. Unberührt bleiben die landesgesetzlichen Vorschriften, nach welchen der Versicherer verpflichtet ist, die Entschädigungssumme nur zur Wiederherstellung des versicherten Gegenstandes zu zahlen.

Die Landesgesetze können bestimmen, in welcher Weise im Falle des § 97 die Verwendung des Geldes zu sichern ist.

1. Derartige landesgesetzliche Bestimmungen finden sich in Sachsen-Meiningen, G. v. 14. Januar 1910 Art. 2, 3; Mecklenburg-Schwerin, V. v. 5. Februar 1910; Anhalt, Feuerversicherungsgesetz v. 26. März 1911 §§ 124, 125.

§ 194. In bürgerlichen Rechtsstreitigkeiten, in welchen durch Klage oder Widerklage ein Anspruch aus einem den Vorschriften dieses Gesetzes unterliegenden Versicherungsverhältnisse geltend gemacht ist, wird die Verhandlung und Entscheidung letzter Instanz im Sinne des § 8 des Einführungsgesetzes zum Gerichtsverfassungsgesetze dem Reichsgericht überwiesen.

1. Ähnliche Bestimmung wie in Art. 6 EG. BGB. Aus ihr ergibt sich die ausschließliche Zuständigkeit des Reichsgerichts als oberste Instanz für Versicherungsrechtsstreitigkeiten, vorbehaltlich der Bestimmungen in §§ 186 ff. und Art. 2 EG.

Einführungsgesetz zu dem Gesetz über den Versicherungsvertrag.

Artikel 1.

Das Gesetz über den Versicherungsvertrag tritt an einem durch Kaiserliche Verordnung mit Zustimmung des Bundesrats festzusetzenden Tage, spätestens am 1. Januar 1910, in Kraft.

1. Da eine Kaiserliche Verordnung nicht ergangen ist, ist das VVG. am 1. Januar 1910 in Kraft getreten.

Artikel 2.

Die Vorschriften des Gesetzes über den Versicherungsvertrag und dieses Gesetzes erlangen im Königreiche Bayern für das Immobiliarversicherungswesen nur mit Zustimmung der Königlich Bayerischen Regierung Geltung. Die erfolgte Zustimmung wird vom Reichskanzler im Reichs-Gesetzblatte bekannt gemacht.

1. Nach dem Vorbehalt in Nr. IV des Schlußprotokolls zu dem Vertrage vom 23. November 1870 betr. den Beitritt Bayerns zur Verfassung des Deutschen Bundes (BGBl. 71 23) ist „in Anbetracht der in Bayern bestehenden besonderen Verhältnisse bezüglich des Immobiliarversicherungswesens und des engen Zusammenhanges derselben mit dem Hypothekenkreditwesen" das Immobiliarversicherungswesen in Bayern der Zuständigkeit der Reichsgesetzgebung entzogen. Der Grund für diesen Vorbehalt, den auch das VAG. in § 125 Abs. 4 aufweist, ist allerdings, nachdem das Hypothekenrecht für das Reich und Bayern den Grundzügen nach einheitlich geregelt ist, weggefallen. Trotzdem besteht

der Vorbehalt weiter. Seine Tragweite ist bestritten. Es darf angenommen werden, daß der Begriff der Immobiliarversicherung im Sinne des Schlußprotokolls die Versicherung derjenigen Gegenstände bedeutet, auf welche sich die hypothekarische Haftung erstreckt, also Grund und Boden, Gebäude und deren wesentliche Bestandteile, Zubehör. Hauptsächlich ist der Vorbehalt für die Feuer-, Hagel- und Glasversicherung, die Versicherung gegen Wasserleitungs-, Sturm- und Maschinenschäden wichtig (VA. 04 123). Die Vorschriften über das Immobiliarversicherungswesen können von Bayern nur ganz oder gar nicht, nicht teilweise, auch nicht unter Abänderungen angenommen werden. Solange sie für Bayern nicht in Kraft gesetzt sind, gilt bayerisches Landesrecht weiter, so daß auch insoweit (Anm. 5 zu § 192) auf einen und denselben Vertrag Reichs- und Landesrecht nebeneinander Anwendung finden.

Artikel 3.

Wird ein zur Zeit des Inkrafttretens des Gesetzes über den Versicherungsvertrag bestehendes Versicherungsverhältnis nicht nach dem Inkrafttreten für den ersten Termin gekündigt, für den beide Teile nach den bisherigen Gesetzen zur Kündigung berechtigt sind, so finden von diesem Termin an die Vorschriften des Gesetzes über den Versicherungsvertrag Anwendung.

1. An sich bleiben für die bestehenden Versicherungsverhältnisse die bisherigen Gesetze in Kraft (Art. 170 EG.BGB.). Dabei kommt nicht nur der Inhalt der Gesetze selbst in Betracht, vielmehr sind an erster Stelle die auf Grund dieser Gesetze gültig getroffenen Vereinbarungen entscheidend, also namentlich die Allgemeinen Versicherungsbedingungen. In den Artikeln 3—6 werden jedoch von diesem Grundsatz Ausnahmen vorgesehen.

2. Art. 3 schließt sich an Art. 171 EG.BGB. an. Die freiwillige Fortsetzung des Versicherungsverhältnisses unter der Herrschaft des neuen Rechts gilt als der Ausdruck des Willens, sich dem neuen Recht unterwerfen zu wollen (Begr. S. 200).

Art. 3 findet aber nur Anwendung, wenn beide Parteien zur Kündigung berechtigt waren, nicht bei einseitigem Kündigungsrechte. RG. 83 170. Es sind deshalb die laufenden Lebensversicherungsverträge durchweg, daneben auch die Verträge in einzelnen sonstigen Versicherungsarten, z. B. in der lebenslänglichen Unfall- und Haftpflichtversicherung, der Anwendung des neuen Rechts entzogen, da bei ihnen der Versicherer nicht kündigen kann; das etwaige Kündigungsrecht des Versicherungsnehmers kommt nicht in Betracht. Überhaupt hat Art. 3 nur das regelmäßige Kündigungsrecht oder Erlöschen der Versicherung im Auge, nicht außerordentliche Kündigungsrechte, z B. wegen Gefahrerhöhung, Veräußerung, Nichtzahlung der Prämie, auch nicht, wenn beiden Teilen, z. B. nach Eintritt eines Schadensfalles, ein außerordentliches Kündigungsrecht eingeräumt ist, ebensowenig kommt ein Rücktrittsrecht oder eine Verwirkungsklausel in Betracht.

3. Das alte Versicherungsverhältnis gilt im Sinne des Art. 3 als fortbestehend, und der Abschluß eines neuen Vertrags ist auch dann nicht anzunehmen, wenn die Versicherung nach ihrem Ruhen lediglich auf einseitigen Antrag des Versicherungsnehmers wieder in Kraft gesetzt werden muß, wenn sie mit dem Erwerber der versicherten Sache fortgesetzt, wenn die Lebensversicherung prämienfrei gestellt oder in anderer Weise umgewandelt wird. Zweifel darüber, ob das alte Versicherungsverhältnis fortbesteht, treten jedoch dann auf, wenn eine erloschene Versicherung nur auf Grund freier Entschließung des Versicherers, also z. B. in der Lebensversicherung nur auf Grund einer neuen Prüfung des Gesundheitszustandes wieder in Kraft gesetzt zu werden braucht. Man wird annehmen müssen, daß für den wiederhergestellten Vertrag die Vorschriften des VVG. Anwendung finden.

4. Soweit für ein Versicherungsverhältnis von einem bestimmten Zeitpunkt an das neue Recht gilt, sind trotzdem die Bedingungen des Versicherungsvertrags maßgebend, soweit sie nicht zwingenden Vorschriften des VVG. zuwiderlaufen. Die Rechtsfolgen der vor jenem Zeitpunkt eingetretenen Tatsachen (z. B. Konkurs des

Versicherers, Unterlassung einer Prämienzahlung, Abschluß einer Doppelversicherung, Eintritt des Versicherungsfalls) sind ausschließlich nach altem Rechte zu beurteilen; auch das zwingende Recht des VVG. kann hier nicht einwirken. Eine Bestimmung zwingenden Rechts enthält § 8, der die stillschweigende Verlängerung des Versicherungsverhältnisses regelt. Eine Unterlassung der beiderseits zustehenden Kündigung für den ersten unter der Herrschaft des VVG. zulässigen Termin bewirkt also, daß von da ab die Regeln des neuen Rechts eintreten und daß nunmehr die stillschweigende Verlängerung nur auf ein Jahr wirksam ist. KV. I S. 169; VA. 11* 5.

Artikel 4.

Auf ein zur Zeit des Inkrafttretens des Gesetzes über den Versicherungsvertrag bestehendes Versicherungsverhältnis finden von dieser Zeit an die folgenden Vorschriften des Gesetzes Anwendung:

1. die Vorschriften des § 3 Abs. 2 bis 4 und des § 4 Abs. 2 über den Versicherungsschein und über das Recht des Versicherungsnehmers, Abschriften der von ihm abgegebenen Erklärungen zu verlangen;
2. die Vorschriften des § 11 und des § 12 Abs. 2 über die Fälligkeit der Leistung des Versicherers und die Verwirkung eines nicht rechtzeitig geltend gemachten Anspruchs sowie die Vorschrift des § 12 Abs. 3, soweit sie sich auf die Verwirkung des Anspruchs bezieht;
3. die Vorschriften des § 13 über den Konkurs des Versicherers;
4. die Vorschriften der §§ 39, 91 über die nicht rechtzeitige Zahlung einer nach dem Beginne der Versicherung zu entrichtenden Prämie sowie die Vorschriften der §§ 40, 42, 189, soweit sie sich auf die

nicht rechtzeitige Zahlung einer solchen Prämie beziehen;

5. die Vorschriften über die Befugnisse der Versicherungsagenten;
6. die Vorschriften der §§ 64, 184 über die Mitwirkung von Sachverständigen bei der Feststellung der Leistung des Versicherers;
7. die Vorschriften des § 94 Abs. 2, 3 und des § 124 über die Verpflichtung des Versicherers zu einer Abschlagszahlung;
8. die für Hypotheken und andere Rechte an Grundstücken geltenden Vorschriften der §§ 99 bis 107;
9. die Vorschriften des § 183 über die Verpflichtung des Versicherungsnehmers, für die Abwendung und Minderung der Folgen des Unfalls zu sorgen.

1. I. Das VVG. enthält eine ganze Reihe von Vorschriften zum Schutze des Versicherungsnehmers, die sich zur sofortigen Anwendung auch gegenüber früher entstandenen Versicherungsverhältnissen eignen, ohne daß durch eine solche Anwendung berechtigte Interessen des Versicherers verletzt würden. Einigen Vorschriften „rückwirkende Kraft" beizulegen ist um so mehr angezeigt, als die Voraussetzung (Art. 3), unter der für ein bereits bestehendes Versicherungsverhältnis sämtliche Vorschriften des VVG. Geltung erlangen, oft erst spät oder überhaupt nicht eintreten wird (Begr. S. 200). Die „rückwirkende Kraft" der Vorschriften beginnt aber erst von dem Inkrafttreten des Gesetzes an; die Wirkung von Tatsachen, die in eine frühere Zeit fallen, richtet sich nach dem alten Rechte. Weiter bleiben die unter der Herrschaft des alten Rechts getroffenen Bedingungen insoweit auch gegenüber Art. 4 in Geltung, als sie nicht zwingenden Vorschriften des VVG. widersprechen (Begr. S. 201). Von den in Art. 4 aufgeführten Vorschriften haben zwingenden Charakter §§ 11, 12 Abs. 2 und 3, 13, 39, 40, 47, 64 Abs. 1 S. 1, 91, 183, 184 Abs. 1

S. 1, 99—107, haben dispositiven Charakter §§ 3 Abs. 2—4, 4 Abs. 2, 43—46, 94 Abs. 2, 124, 189. Die zwingenden Vorschriften verdrängen also entgegenstehende Versicherungsbedingungen, die dispositiven Vorschriften finden nur dann Anwendung, wenn die Bedingungen die Frage nicht regeln.

II. Im einzelnen ist folgendes zu bemerken:

a) Zu Nr. 1.

2. Da § 3 Abs. 1 nicht erwähnt ist, kann die nachträgliche Ausstellung des Versicherungsscheines nicht verlangt werden. Das in § 3 Abs. 2 dem Versicherungsnehmer gewährte Recht besteht erst, wenn der Verlust der Urkunde nach dem Inkrafttreten des VVG. sich ereignet hat.

b) Zu Nr. 2.

3. Die rückwirkende Kraft des § 11 kann nicht auf Fälle ausgedehnt werden, in denen das Schadenereignis vor dem 1. Januar 1910 eingetreten ist, denn „der Entschädigungsanspruch ist kein Bestandteil des „bestehenden Versicherungsverhältnisses", sondern ein neben dem Versicherungsverhältnisse bestehender selbständiger Anspruch, der zwar aus dem Versicherungsverhältnis als seiner rechtlichen Grundlage entsprungen, dann aber, nachdem er einmal entstanden ist, ein von diesem durchaus unabhängiges Dasein führt". Z. **13** 253; a. A. VA. **11*** 123. Es ist daher auch nicht zutreffend, daß in einem derartigen Falle ein Anspruch auf Verzugszinsen seit dem 1. Januar 1910 besteht (so VA. **12*** 79 [RG. **78** 410]; Wallmann **12** 1465).

4. § 12 Abs. 2 ist nur insoweit anwendbar, als nicht am 1. Januar 1910 die Ausschlußfrist schon lief; sie verlängert sich dann auch nicht etwa auf sechs Monate. Wallmann **13** 953; unentschieden VA. **12*** 103.

c) Zu Nr. 3.

5. Die Anwendung des § 13 ist ausgeschlossen, wenn der Konkurs schon vor dem 1. Januar 1910 eingetreten war. §§ 40 Abs. 3, 42 kommen hier nicht in Betracht, da sie nach Nr. 4 nur Anwendung finden, soweit sie sich auf die nicht rechtzeitige Zahlung der Prämie beziehen.

d) Zu Nr. 4.

6. Auch für die vor dem 1. Januar 1910 abgeschlossenen Verträge gelten seit diesem Tage die Vorschriften des § 39 über die nicht rechtzeitige Zahlung von Prämien; es muß somit gemahnt und gekündigt werden. Sind in den Allgemeinen Versicherungsbedingungen für den Versicherungsnehmer günstigere Vereinbarungen, z. B. hinsichtlich der Gewährung einer Respektfrist, der Höhe der Mahngebühr, getroffen gewesen, so bleiben diese in Kraft (§ 42); es darf also die Mahnung des Versicherungsnehmers und die Auferlegung der hierdurch entstehenden Kosten erst nach Ablauf der Respektfrist erfolgen. VA. **11** 115, 221; **11*** 43; **12** 137. War die Respekts- oder Stundungsfrist am 1. Januar 1910 noch nicht abgelaufen, so muß nochmals ausdrücklich eine Zahlungsfrist nach § 39 gesetzt werden. VA. **11*** 43, 95.

7. Durch die rückwirkende Kraft des § 189 sind die Aufsichtsbehörden in der Lage, Abweichungen von den §§ 39, 42 auch für die am 1. Januar 1910 laufenden Verträge zuzulassen. Das Aufsichtsamt hat jedoch diese Abweichungen nur gestattet, wenn nicht die dem Vertrage zu Grunde liegenden Bedingungen günstigere für den Versicherungsnehmer waren. VA. **10** 102, 169.

e) Zu Nr. 5.

8. Mit dem Inkrafttreten des VVG. haben die Versicherungsagenten den Versicherungsnehmern gegenüber die in §§ 43 bis 47 ihnen zugewiesene Rechtsstellung. Vorher von ihnen und ihnen gegenüber vorgenommene Rechtshandlungen sind in ihrer Wirkung nach altem Rechte zu beurteilen. Soweit nach §§ 44, 45 die Kenntnis des Agenten von Erheblichkeit ist, tritt das neue Recht in Wirkung, auch wenn noch vor seinem Inkrafttreten der Agent die Kenntnis erlangt hat. Beschränkungen der Vertretungsmacht, die der Versicherungsnehmer nach § 47 nicht gegen sich gelten zu lassen brauchte, behalten ihre Wirksamkeit, wenn diese beim Inkrafttreten des VVG. gegeben waren.

9. Ob § 48 rückwirkende Kraft hat, ist bestritten. Die Frage ist zu bejahen mit Rücksicht auf den öffentlich-rechtlichen Charakter der Bestimmung. VA. **12*** 83; **13*** 6.

f) Zu Nr. 6.

10. §§ 64, 184 gelten nur, wenn nicht beim Inkrafttreten des VVG. der Versicherungsfall sich bereits ereignet hatte.

g) Zu Nr. 7.

11. Falls der Versicherungsfall vor dem 1. Januar 1910 liegt, gilt altes Recht.

h) Zu Nr. 8.

12. Soweit einem Hypothekengläubiger gegenüber dem Versicherer obligatorische Rechte zustehen, werden diese nicht berührt, da die §§ 99—107 nur Rechte behandeln, die den Realberechtigten auf Grund ihres dinglichen Rechts zustehen. Begr. S. 201. Im übrigen ist § 99 nicht anwendbar, wenn der Versicherungsfall schon eingetreten ist, §§ 100 ff. sind es nicht, wenn die Kündigung, der Rücktritt usw. bereits erfolgt sind, § 102 kann nicht zugunsten des Versicherers gelten, soweit dadurch Hypothekengläubiger benachteiligt würden, die dem Versicherer gegenüber bei Inkrafttreten des Gesetzes schon (gemäß §§ 1127 ff. BGB.) berechtigt waren, es sei denn, daß ihr Wille, sich dem neuen Rechte zu unterwerfen, erhellt, z. B. durch Anmeldung der Hypothek.

i) Zu Nr. 9.

13. Auch § 183 gilt nur für die nach Inkrafttreten des VVG. erlittenen Unfälle.

14. III. Ob über den Rahmen des Art. 4 hinaus noch andere Bestimmungen des VVG. rückwirkende Kraft haben, ist bestritten. Man wird eine solche annehmen können, wenn es sich um öffentlich-rechtliche Bestimmungen wie in dem Falle des § 48 handelt.

Artikel 5.

Die Rechte, welche einem Hypothekengläubiger oder einem anderen, für den ein Recht an einem Grundstücke begründet ist, gegenüber dem Versicherer zustehen, bestimmen sich, bis das Grundbuch für das belastete Grundstück als angelegt anzusehen ist, nach den bisherigen Gesetzen.

1. Die Vorschrift geht auf Art. 189 EG.BGB. zurück. Über die den Realberechtigten zustehenden Rechte §§ 99—107.

Artikel 6.

Die Vorschriften des Gesetzes über den Versicherungsvertrag, welche die Verjährung der Ansprüche aus dem Vertrage betreffen, finden auf die vor dem Inkrafttreten des Gesetzes entstandenen, noch nicht verjährten Ansprüche Anwendung. Der Beginn sowie die Hemmung und die Unterbrechung der Verjährung bestimmen sich jedoch für die Zeit vor dem Inkrafttreten nach den bisherigen Gesetzen.

Ist die Verjährungsfrist nach dem Gesetz über den Versicherungsvertrag kürzer als nach den bisherigen Gesetzen, so wird die kürzere Frist von dem Inkrafttreten des Gesetzes über den Versicherungsvertrag an berechnet. Läuft jedoch die in den bisherigen Gesetzen bestimmte längere Frist früher als die in dem Gesetz über den Versicherungsvertrag bestimmte kürzere Frist ab, so ist die Verjährung mit dem Ablaufe der längeren Frist vollendet.

1. Abs. 1 schließt sich an Art. 169 Abs. 1 EG.BGB. an. Als Vorschrift über die Verjährung kommt nur § 12 Abs. 1, 3 in Betracht, nicht § 12 Abs. 2 oder eine andere im Gesetz enthaltene Fristbestimmung. Über Hemmung und Unterbrechung der Verjährung enthält das VVG. keine Bestimmungen.

2. Abs. 2 schließt sich an Art. 169 Abs. 2 EG.BGB. an. Im allgemeinen galt bisher für Versicherungsansprüche die gewöhnliche 30 jährige Frist. Die in bestehenden Verträgen bestimmte Ausschlußfrist wird durch Art. 6 nicht berührt, wohl aber durch Art. 4 Ziff. 2.

Sachregister.

(Die großen Zahlen ohne Zusatz weisen auf die Paragraphen hin; S. bedeutet Seite.)

A.

Abänderung des Versicherungsvertrags 16².
Abandon 67¹.
Abgabe von Willenserklärungen bei unbekannter Adresse des Versicherungsnehmers 10², ³; gegenüber von Agenten 43⁶.
Abgangsvergütung 173¹.
Abhandenkommen des Versicherungsscheins 3⁶; — versicherter Sachen beim Brande 83³.
Abholung der Prämie von dem Versicherungsnehmer 37¹.
Ablauf der Kündigungsfrist 25¹, 38⁴; — der Versicherung 13¹, 14¹, 127¹, 138.
Ablehnung des Anspruchs des Versicherungsnehmers 12⁵; — befangener Sachverständiger 64³; — der Entschädigung 96¹.
Ablieferung der Güter an den Empfänger 134⁴.
Ablieferungshindernis 134⁴.
Ablieferungsort 134⁴.
Abnutzung, festbestimmte Quote der Taxe für die — beweglicher Sachen 87³; — bei Gebäuden 88¹; außergewöhnliche — von Schiffen 132².
Abnutzungsbetrag 86².
Abschlagszahlung, Recht des Versicherungsnehmers auf — 94¹, 124¹.
Abschluß der Versicherung, Form 3¹; — im allgemeinen 3³; — durch Automaten 3³; — mehrerer Versicherungen in einem Scheine 7²; zum — von Versicherungsverträgen bevollmächtigter Agent 45¹.
Abschlußagent, Vertretungsmacht des —en 45¹, ²; Befugnis zu Abweichungen von den Versicherungsbedingungen und dem Tarife 45¹; Beschränkung der Vertretungs-

macht des —en 47[2]; Gerichtsstand 48[2]; rückwirkende Kraft des § 48? EG. Art. 4[9].

Abschlußprovision 40[5], 46[5].

Abschrift, Recht des Versicherungsnehmers, — der Erklärungen, die er mit Bezug auf den Vertrag abgegeben hat, fordern zu können 3[15].

Absender, Fahrlässigkeit des —s bei Absendung von Gütern 131[1].

Absendung der Anzeige des Versicherungsfalls 92[2].

Absonderungsrecht des Dritten beim Konkurse des Versicherungsnehmers 157[2].

Abtretung des Versicherungsanspruchs 4[2], 65[1]; vertragsmäßiger Ausschluß der — S. 211 Vorb. [1].

Abtretungsurkunde, Ausstellung einer öffentlich beglaubigten — 67[2].

Abweichungen, Befugnis des Abschlußagenten zu — von den Versicherungsbedingungen und vom Tarife 45[1].

Abwendung, Aufwendungen zur — des Schadens 62, 144; — der Vollstreckung 150[5]; Pflicht des Versicherungsnehmers zur — der Unfallfolgen 183[1].

Abzug des Versicherers bei der Umwandlung der V. in eine prämienfreie 174[7]; — bei Rückgewähr 176[3].

Administratives Verschulden 130[2].

Änderung, Vornahme von —en bei Gebäudeschäden 93[1]; — an den Bodenerzeugnissen bei Hagelschäden 111[1]; Antrag auf — des Vertrags 81[1]; — des Reisewegs 137[1]; — der Gefahrumstände 164[1]; — der Tarife 41[1]; — des Versicherungsvertrags durch den Agenten 45[1].

Ärztekommission, Zuständigkeit 184[2]; Zusammensetzung 184[3],[4]; Verfahrensvorschriften 184[5], [6]; Anfechtung des Spruchs der — 184[8], [9].

Ärztliche Untersuchung 160[1], 179[1]; — Zeugnisse 160[2], [3]; — Anordnungen 183[2]; — Gutachten 184[3], [5].

Agent (s. auch Abschlußagent, Abschlußprovision, Vermittelungsagent, Versicherungsagent) als Bevollmächtigter des Versicherungsnehmers 19[2]; Begriff S. 141 Vorb. [2], [3]; arglistige Täuschung seitens des —en 43[1]; Beratung des Publikums durch den —en 43[4]; vom Versicherungsnehmer zur Antragstellung beauftragter — 43[4]; Befugnis des —en zur Entgegennahme von Anträgen auf Änderung des Vers.Vertrags 43[5], des Widerrufs 43[6], von Anzeigen 43[6]; Vertretungsmacht des —en 43[6] f.; — nicht Prozeßbevollmächtigter 43[6]; Klagezustellung an den —en 43[6]; Abgabe von Erklärungen für den Versicherer seitens des —en 43[6]; — gesetzlicher Empfangsbevollmächtigter 43[9]; — als Hilfsperson bei dem Einkassierungsgeschäfte 43[9]; Kenntnis des —en 44[1]; zur Vornahme von Rechtsgeschäften befugter — 44[3]; Bestellung des —en für einen bestimmten Bezirk 46[1], [2]; Erlöschen der Vertretungsmacht des —en 46[2]; Bestellung des —en durch Generalagent 46[2]; ganze oder teilweise Entziehung der Vertretungsmacht 47[2]; Wohnsitz des —en als Gerichtsstand 48[2], siehe auch Empfangnahme.

Agenturvertrag S. 140 Vorb.[2].

Akquisition 43[1].

Altenteilsvertrag kein Lebensversicherungsvertrag S. 337 Vorb.[2].

Alter, unrichtige Angabe des —s 162[1] ff.

Amtsgericht, zuständiges — für Sachverständigenernennung 64[2]; 184[4].

Anerkenntnis 11[1]; Unterbrechung der Verjährung durch — des Anspruchs 12[3]; — des Anspruchs des Dritten 150[6], 154[1].

Anfechtung wegen Irrtum 2[4], 5[3], [6], [8], S. 68 Vorb.[7], [8], 19[2]; — wegen arglistiger Täuschung 5[9], S. 68 Vorb.[7], 19[2], 22[1]; — des Spruchs der Sachverständigen 64[3]; — des Spruchs der Ärztekommission 184[9].

Anmeldung der Hypothek bei dem Versicherer 100[1].

Annahme des Versicherungsvertrags 3[3]; — von Gütern zur Beförderung 134[4].

Anschaffungswert 86[2].

Anschlußversicherung 149[1].

Anspruch, Verjährung des —s des Versicherungsnehmers 12[1] ff; — des Konkursverwalters auf die Prämie 13[1]; — des Versicherers auf höhere Prämie 41[1]; — auf Gewährleistung wegen Mangels des versicherten Tieres 118[1]; — auf Herabsetzung der Versicherungssumme 50[7].

Anstalt, öffentliche — 192.

Anteilige Haftung der Versicherer 59[1] ff.

Antrag auf Abschluß eines Versicherungsvertrags 3[1], [3]; Feuerversicherungsvertrags 81[1] ff.; einer Lebensversicherung 161[2].

Antragsabschriften 3[10].
Antworten, Richtigstellung unrichtiger — auf dem Fragebogen 16[2]; unrichtige — 17[1].
Anwerbung von Versicherungslustigen 43[1].
Anzeige, unrichtige — S. 69 Vorb. [10], 71[1]; — des Versicherungsfalls 92[2]; Frist zur — des Schadenfalls in der Feuerversicherung 92[1] ff.
Anzeigepflicht nach Eintritt des Versicherungsfalls S. 65 Vorbem. [1]; Verletzung der — S. 67 Vorb. [5], 16[4], 17[1], 41[1], 43[4]; — bei Abschluß des Versicherungsvertrags durch einen Vertreter 16[1], 19[1]; — für Gefahrumstände 16[3]; Entschuldbarkeit des Versicherungsnehmers 33[2]; — bei mehrfacher Versicherung 58[1], [2]; — bei Veräußerung der versicherten Sache 71[1], [2]; — bei der Feuerversicherung 92[1] ff, Hagelversicherung 110, Viehversicherung 121[1], [2], Transportversicherung 146[1], Haftpflichtversicherung 153[1] ff, Lebensversicherung 161[1], 163[1], 171[1] f, Unfallversicherung 182[1] ff.
Arbeitslöhne, Anrechnung von —n 52[2].
Arbeitslosigkeit, Versicherung gegen — 187[6].
Architekt, geschäftlicher Betrieb eines —en 151[2].
Arglist, Anfechtung wegen — 5[9]; — des Versicherungsnehmers 16[8]; des Versicherten 79[1] ff.
Aufgebotsverfahren eines verloren gegangenen Versicherungsscheins 3[7], 4[6].
Aufrechnung gegen eine Entschädigungsforderung 63[1], 70[3], 78[1], 179[3]; Befriedigung des Dritten durch — 154[3]; — des Policedarlehens mit der Prämienreserve 178[5].
Aufruhr 84[1].
Ausbesserungskosten 141[2].
Ausgleichungsanspruch bei Doppelversicherung 59[6] ff.
Aushändigung von Versicherungsscheinen durch den Agenten 43[1] ff; — des Versicherungsscheins 43[7].
Auskunftspflicht nach Eintritt des Versicherungsfalls S. 65 Vorb. [1], 33[1] ff, 34[1] ff.
Ausländisches Recht, Anwendung von — bei Doppelversicherung 59[10].
Auslosung, Versicherung gegen die — von Wertpapieren 1[2], 187[5].
Aussteuerversicherung 1[3].
Automatische Verlängerung der Versicherung 173[1].

Automaten, Versicherungsabschluß durch — 3³.
Automobilversicherung S. 294 Vorb. ².

B.

Bagatellschäden 82³.
Ballast 138¹.
Bayern, Geltung der Vorschriften über die Immobiliarversicherung in — EG. Art. 2.
Bauwert, ortsüblicher — 88¹.
Beerbung, Rechtsnachfolge durch — S. 214 Vorb. ⁶.
Befangenheit, Ablehnung von Sachverständigen wegen — 64³.
Beglaubigung, öffentliche — 4⁵.
Beiträge bei der Gegenseitigkeitsversicherung 1¹⁰; Einziehung rückständiger — 179³. Siehe auch Prämie.
Beitragsfreie Versicherung, siehe Umwandlung.
Berechnung des Versicherungswerts 51⁶; — der Prämienreserve 176³.
Besichtigung der versicherten Tiere 120¹.
Bestimmungshafen, Endhafen anstelle des — 137¹.
Betrug, Anfechtung wegen — S. 68 Vorb. ⁷, 58¹.
Bewegliche, mit dem Gebäude versicherte — Gegenstände 91¹.
Bezirksagent, Zuständigkeit des —en 46³; siehe auch Agent.
Bezugsberechtigung, Verfügung des Versicherungsnehmers über die — 166¹ ff, 179³ ff.
Bindungsfrist an den Antrag 3¹, 81¹, 161².
Binnenschiffahrt 129¹.
Blankoindossement 3⁸.
Blitzschlag, Haftung für — 82⁵.
Bodenerzeugnisse als Gegenstand der Hagelversicherung 108²; Änderung an —n bei Hagelschäden 111¹.
Boykottversicherung 188¹.
Brand 82³.
Bruttoprämie 174⁷.

C.

Chomageversicherung 52², 89¹.
Couponpolizen 3¹¹, S. 238 Vorb.

D.

Dachschädenversicherung 1¹.
Dampfschiff-Unfallversicherung S. 384 Vorb. ⁵.
Deckungskapital 155⁴.
Delkredere 1¹.
Dispache 133³.
Dispositive Vorschriften EG. Art. 4¹.

Doppelversicherung 23³, 59¹ ff, 60¹ ff; Ausgleichungsanspruch bei — 59⁶ ff.
Dritter als Bezugsberechtigter 166¹ ff, 171³, 181⁴.

E.

Ehefrau, als Bezugsberechtigte 167⁵.
Eigentümerinteresse 140¹.
Einbruchdiebstahlversicherung 56², 85⁴.
Eingeschriebene Hilfskassen 190², 191¹.
Eingeschriebener Brief, Abgabe von Willenserklärungen in — 10³, ⁴, ⁶, 39³.
Einmalige Prämie S. 119 Vorb.¹, 177.
Eintrittsgelder 1¹⁰.
Eisenbahn-Unfallversicherung S. 384 Vorb. ⁵.
Empfänger von Gütern 134⁴.
Empfangnahme, zur — von Willenserklärungen bevollmächtigter Agent 34⁶, 43³ ff; — der Prämie durch den Abschlußagenten 45¹.
Endhafen 137¹.
Entgehender Gewinn 52², 53¹, 89¹ f.
Entschädigung, Zahlung der — bei der Haftpflichtversicherung 154¹ ff, 156¹ ff.
Entschädigungsforderung gegen den Versicherer 78¹; Verzinsung der — 94¹; Pfändbarkeit der — 98¹.
Entschädigungssumme 97¹, 98¹.
Erben als Bezugsberechtigte 166⁶, 167¹ ff.
Erdbeben, Entschädigungspflicht bei durch — entstandenen Brandschaden 84¹.
Erfüllungsort, siehe Leistungsort.
Erhöhung der Gefahr s. Gefahr.
Erlebensfallversicherung, Begriff S. 338 Vorb. ⁴, Anzeigepflicht 171¹. Siehe auch Kapitalversicherung.
Ermittelung des Versicherungswerts 57¹; — des Schadens 144².
Erneuerungsscheine 8¹; — bei stillschweigender Verlängerung des Vertrags 8¹.
Ernteerträgnis 51⁴.
Ersatz des Minderwerts von Tieren 127¹; —leistung des Haftpflichtversicherers 149².
Ersatzanspruch gegen Dritte 67¹.
Ersatzpflicht des Versicherers 149².
Ersatzurkunde 3⁶, ⁷.
Ersatzwert 55¹.
Erstattung für Aufwendungen 63¹ ff; — der durch die Schadensermittelung und Fest-

stellung entstehenden Kosten 66[1] ff.
Erwerber, Übergang der Versicherung auf den — S. 211 ff, 69[1]; Veräußerung der versicherten Sache 71[1], [2].
Eskalenklausel 137[2].
Explosion 82[2], [4] f.

F.

Falsche Altersangabe, Wirkungen der — 162[1] ff.
Familienangehörige 67[4].
Feuerversicherung S. 238 ff; Begriff der — 82[2].
Feuerversicherungssozietäten 192[3].
Fiskus als Erbe einer Lebensversicherung 167[3].
Fragebogen 18[2], [3].
Franchise 56[2].
Fremde Rechnung, Versicherung für — 3[6], 74[1], [2], 75, 154[4], 179[2] ff.
Fütterung, Kosten der — 123.

G.

Ganzjährige Reserven, Interpolation 178[4].
Gebäudeschäden, Vornahme von Änderungen bei — 93[1].
Gebäudeversicherung, Versicherungswert 88[1]; Zahlungsfrist bei der — 91[1].
Gebundenheit des Antragstellers 3[1], 81[1], 161[2].
Gefahr, Begriff der — S. 65 Vorb. 1; Umfang der — S. 65 Vorb. [2]; Anzeigepflicht 16[3] ff; Verminderung der — S. 69 Vorb. [10]; Erhöhung der — nach Abschluß des Vertrags S. 66 Vorb. [4], 23[1] ff, 27[1]; Erhöhung der — im Interesse des Versicherers 26[1]; unerhebliche Erhöhung der — 29[2]; Erhöhung der — in der Transportversicherung 137[1], in der Lebensversicherung 164[1].
Generalagent s. Agent.
Gesamthypothek, Übergang der — auf den Versicherer 102[1].
Geschäftsgebühr 38[4], 40[4], 60[3], [4], 68[2].
Gewinn, entgehender 52[2], 53[1], 89[1], [2].
Glasversicherung 188[1].
Große Haverei 133[1].
Grundschuld s. Hypothek.
Güter, Fahrlässigkeit bei Absendung von —n 131[1]; Ablieferung von —n an den Empfänger 134[4]; Ablieferungshindernis 134[4]; Ablieferungsort 134[4].
Gutachten, ärztliche 184[3], [5].

H.

Haftpflichtversicherung, Begriff S. 313 Vorb. [2]; Umfang S. 313 Vorb. [3], [4]; Arten S. 313 Vorb. [5].
Haftpflichtversicherungsanspruch 149[1] ff.
Hagelversicherung, Umfang 108[2].
Hauptagent siehe Agent.
Hauseigentümer, Haftpflicht der — S. 314 Vorb. [3].
Haushaltungsgegenstände, Versicherungswert der — 86 [1], [2].
Havarie 133[1], [2].
Heilverfahren, muß der Unfallversicherte sich einem — unterziehen? 183[2], [3].
Hilfskassen 190[2], 191[1].
Hinterbliebene des Versicherten als Bezugsberechtigte 167[4], 179[4].
Hypothek, Anmeldung der — bei dem Versicherer 100[1]; Übergang der — auf den Versicherer 102[1], [2].
Hypothekenbrief, Vorlage des —s zum Nachweise des Rechts 100[1].
Hypothekengläubiger, Abgabe einer Willenserklärung einem — gegenüber 10[5]; Wirksamkeit der Zahlung der Entschädigungssumme dem — gegenüber 99[1]; Wirksamkeit der Anmeldung seiner Hypothek dem Versicherer gegenüber 100[1]; Recht des —s aus der Versicherung 100[7].
Hypothekenversicherung 1[1], 51[3].

J.

Imaginärer Gewinn 129[2].
Immobiliarversicherung EG. Art. 2[1].
Inbegriff, Versicherung eines — 54[1] ff.
Inhaberpapier, Versicherungsschein als — 3[7], 4[1].
Inkassoprovision 40[5].
Innungen 190[1] ff.
Inspektoren siehe Agent.
Interesse als Gegenstand der Schadensversicherung 51[1]; Wegfall des —s 68[1].
Interpolation der ganzjährigen Reserven 178[4].
Invaliditätszusatzversicherung 165[1].
Inventar 128[2].

K.

Kaïrisiko 134[2].
Kaiserliche Verordnung, Beseitigung der Beschränkungen der Vertragsfreiheit durch — 188[1]; über das Inkrafttreten des VVG. EG. Art. 1.

Kapitalversicherung auf den Todesfall: Begriff, Einteilung S. 338 Vorb.[4]; — mit unbedingter Leistungspflicht S. 339 Vorb. [5]; — mit bedingter Leistungspflicht S. 339 Vorb. [6]; — auf den Erlebensfall: Begriff, Einteilung S. 338 Vorb.[4], siehe auch Lebensversicherung.
Kapitalwert der Rente 155[2], [3].
Kaskoversicherung 187[3].
Kastration, Versicherung gegen Verluste bei der — S. 279 Vorb. [1].
Kinderversicherung 159[3], [4], 179[6].
Knappschaftskassen 191[2].
Kollektivunfallversicherung 179[3].
Kollisionsschaden 129[4].
Konjunkturversicherung 53[1].
Konkurs des Versicherers 13[1]; — des Versicherungsnehmers 14[1], 77[3], 166[8]; — des Versicherten 77[1]; abgesonderte Befriedigung des Dritten im — des Versicherungsnehmers 157[2]; — des Bezugsberechtigten 166[8].
Kosten des Vertragsschlusses 3[17]; Erstattung von — 10[3]; — der Schadensermittelung 66[1] ff; — der tierärztlichen Untersuchung 123; — der Fütterung, Pflege u. Tötung des Tieres 123; — in der Haftpflichtversicherung 150[1] ff; — der Ermittelung u. Feststellung des Unfalls 185[1], [2].
Kraftloserklärung des Versicherungsscheins 3[6], 4[6].
Krankheit Schaden durch — braucht die Viehversicherung nicht zu umfassen 117.
Kreditversicherung 187[4].
Krieg, Haftung für einen durch — verursachten Brandschaden 84[1]; durch — verursachten Schaden umfaßt die Viehversicherung nicht 117.
Kündigung des Vertragsverhältnisses wegen Gefahrerhöhung S. 67 Vorb. [5], 24[1]; — bei teilweisem Erlöschen des Vertrags 30[1] ff; Wirkungen der — 38[4]; — nach Ablauf der Prämienzahlungsfrist 39[3]; — bei Veräußerung der versicherten Sache 70[1] ff, 71[1]; — nach Eintritt eines Versicherungsfalls 96; — bei der Hagelversicherung 113, 114; — bei der Transportversicherung 142[1], 143[1], [2]; — bei der Haftpflichtversicherung 158[1]; — bei der Lebensversicherung 165[1] ff.
Kündigungsfrist 8[1], 70[1], 96[2], [4]; Ablauf der — 25[1], 38[4].
Kunstgegenstände 86[1].
Kursverluste, Versicherung gegen — 187[5].

L.

Lagerhaus, Versicherung der in einem — befindlichen Güter 80[1].

Landfriedensbruch 84[1].

Laufende Versicherung 54[2], 187[7].

Lebensalter 162[1].

Lebenslängliche Verträge 7[1].

Lebensversicherung, Begriff 1[3], S. 337 Vorb. [2]; Arten S 338 Vorb. [4] ff; — als Pfandobjekt S. 340 Vorb. [6] ff.

Leckage 131[2].

Legitimationspapier, Versicherungsschein als — 3[7] ff.

Leibrentenversicherung S. 68 Vorb. [6].

Leichterfahrzeuge 136[1].

Leistung des Versicherers 1[3], [7]; — in natura 20[4].

Leistungsort für die Entrichtung der Prämie 36[1]; — für die Verbindlichkeit des Versicherers 36[2], 49[1].

Leistungspflicht, Zeitpunkt der — 11[1]; Befreiung von der — 20[4]; Umfang der — des Versicherers 21[2].

Leuchtgas, Brandschaden durch Explosion von — 82[2].

Liebhaberwert 87[3].

M.

Mahnung S. 121 Vorb. [5]; — bei nicht rechtzeitiger Prämienzahlung 39[2].

Marken als Prämienquittung bei der Volksversicherung 189[7].

Mehrheit von Versicherern 59[2].

Mietsverlustversicherung 67[1], 89[1].

Militärdienstversicherung 1[3].

Minderwert 86[2].

Minderwertsversicherung 116[3].

Mindesterlös in der Viehversicherung 116[2].

Mißhandlung des versicherten Tieres 125[1], [2].

N.

Nachversicherung 95[1]; — in der Viehversicherung 116[1].

Nautisches Verschulden 130[2].

Nettoprämie 174[7].

Neuanschaffungswert 86[2].

Nichtigkeit des Versicherungsvertrags 59[11].

Nichtkörperliche Gegenstände Versicherung — 54[2].

Notleidende Risiken S. 238 Vorb.

Nottötung des versicherten Tieres 126[1] ff.

O.

Obliegenheit dem Versicherer gegenüber 6[2]; — vor dem Versicherungsfalle 6[3]; — nach dem Versicherungsfalle 6[4]; allgemeine — 6[7] f.; — zur Verminderung der Gefahr 32[1].

Obligatorische Selbstversicherung 58[1].

Öffentliche Anstalt 192.

Offene (nicht taxierte) **Versicherung** 57[1].

Ohrmarken 116[1].

Operation, muß sich der Versicherte einer — unterziehen? 183[3].

Operationsversicherung S. 279 Vorb. [1].

Order, Versicherungsschein an — 3[8]; an — gestellte Police 76[3].

Ortsüblicher Bauwert 88[1].

P.

Pauschalversicherung 54[2], 187[8].

Personenversicherung siehe Lebensversicherung.

Pfändung der Entschädigungsforderung bei der Versicherung für fremde Rechnung 76[2]; — der Rechte aus der Lebensversicherung S. 340 Vorb. [6]; — des Kündigungsrechts 165[2]; — des Rechts des Bezugsberechtigten 166[8]; — des Rechts auf Umwandlung in eine prämienfreie Versicherung 174[5].

Pferdegeld 117[3].

Pflege, Kosten der — des Tieres 123.

Pfleger, behördliche Bestellung eines —s 159[3].

Police s. Versicherungsschein.

Policedarlehen 178[1].

Policegebühren 1[10].

Prämie 6[5]; Unteilbarkeit der — 9[1]; — beim Konkurse des Versicherers 13[1]; — beim Konkurse des Versicherungsnehmers 14[1]; Begriff S. 119[1] ff; Aufrechnung der — S. 120 Vorb. [4]; Zahlung der ersten — 35[2]; Leistungsort 36[1] ff; Bringschuld 36[4]; Übermittelungsverpflichtung 37[1]; Abholung der — beim Versicherungsnehmer 37[1]; Wirkung der Versäumung rechtzeitiger Zahlung 35 ff, 39; Abweichungen 189[2]; Anspruch auf höhere — 41[1]; einmalige — 177, S. 119 Vorb. [1]; Zahlung der — durch den Hypothekengläubiger 105; Wochen— 189[2].

Prämienfreie Versicherung siehe Umwandlung.

Prämienreserve, Begriff S. 340 Vorb. [5]; Berechnung der — 173[3], 176[3], 178[4]; Abzug des Versicherers 174[7]; Bedeutung

der — für die Rechte des Versicherungsnehmers 176^{1} ff; zulässige Abweichungen 189^{3}.
Prämienrückstände 179^{3}.

Q.

Quittung über gezahlte Prämien 34^{5}, 43^{8}.
Quoten, bestimmte — der Taxe 87^{3}, 88^{1}.

R.

Reallast s. Hypothek.
Rechte aus dem Versicherungsvertrage 75^{1} ff.
Rechtsnachfolger bei der Versicherung für fremde Rechnung 20^{3}; — als Bezugsberechtigter 167^{4}.
Regulierungskosten 59^{9}, 66^{4}.
Reichsgericht, Zuständigkeit des —s in Versicherungsrechtsstreitigkeiten 194^{1}.
Reiseunfallversicherung 3^{3}, S. 384 Vorb.^{5}.
Rente, Gewährung einer — 155^{1}.
Rentenschuld s. Hypothek.
Rentenversicherung 167^{7}.
Rentenzuschußkassen 190^{4}.
Respektfrist S. 121 Vorb.^{5}, 189^{2}.
Rettungskosten 144^{1}.
Ristorno 68^{1}.
Rubriken, Versicherung nach — 54^{3}.
Rückgewähr, prinzipielle Zulässigkeit 165^{4}; Abzug des Versicherers bei — 176^{3}.
Rückkauf siehe Rückgewähr.
Rücktritt vom Versicherungsvertrage 16^{7}, 17^{1}; Verzicht auf — 22^{3}; — bei teilweisem Erlöschen des Vertrags 30^{1} ff; Wirksamkeit des —s dem Hypothekengläubiger gegenüber 100^{1} ff; — nach Eintritt des Versicherungsfalls 101^{4}; — bei der Personenversicherung 162^{3}.
Rücktrittserklärung 20^{3}, 41^{4}.
Rückversicherung 186^{1}.
Rückwärtsversicherung S. 314 Vorb.^{5}.
Ruhegeldkassen 190^{4}.
Ruhen der Versicherung 72^{1}.

S.

Sache, versicherte — 15^{1}, 52^{1}, S. 210 Vorb.^{1}, 69^{1}, 73, 77^{1}, 85.
Sachverständige 64^{1} ff; Ablehnung 64^{3}, 120^{1}, 122^{3}, 184^{4}; siehe auch Ärztekommission.
Schaden, Aufwendungen zur Abwendung des —s 62, 114; Haftung für mittelbaren und unmittelbaren — 83^{1}; — in der Viehversicherung 116^{1} ff.
Schadensberechnung 3^{15}.
Schadensersatz 22^{3}; Art des —es 49^{1}.

Schadensfeststellung, Beistand u. Berater des Versicherungsnehmers bei der — 65¹.
Schadensversicherung, Begriff 1².
Schiedskommission siehe Ärztekommission.
Schiedsrichter 64¹ ff.
Schiffe, Schaden, der durch gewöhnliche Abnutzung von —n entsteht 132².
Schiffer, Dispache des —s 147.
Schiffseigner als Versicherungsteilnehmer 137¹.
Schiffsversicherung 134¹.
Schlachtviehversicherung 3¹², S. 279 Vorb. ¹.
Schülerunfallversicherung 179⁸.
Seeversicherung 186¹.
Selbstmord des Versicherungsnehmers 169¹ ff.
Selbstversicherung 56².
Seuche, Schaden durch — umfaßt die Viehversicherung nicht 117.
Sicherheitsleistung in der Haftpflichtversicherung 155⁶, 156¹.
Spätschäden 149¹.
Spezialagent siehe Agent.
Spruch der Ärztekommission 184⁴.
Stellenlosigkeit, Versicherung gegen — 187⁶.
Sterbegeldversicherung 12²,189⁶.
Sterbekassen 189⁶.
Stillschweigende Verlängerung der Versicherung 8¹ ff.
Streikversicherung 1³.
Sturmschädenversicherung EG. Art. 2¹.
Stutenversicherung S. 280 Vorb. ¹.
Subdirektor siehe Agent.
Summenversicherung 1⁷, 179⁶.

T.

Taxe bei entgehendem Gewinne 53¹, 89¹; — als Maßstab des Versicherungswerts 57¹ ff, 87¹ ff; — für die Abnutzung beweglicher Sachen 87⁸, von Gebäuden 88¹.
Teilschäden 57².
Teilverlust 140³.
Tierarzt 122¹, ⁴; Kosten des —es 123.
Tod, Herbeiführung durch den Bezugsberechtigten 170¹; — des Versicherungsnehmers 68³, 167¹ ff; — des versicherten Tieres S. 280 Vorb. ², 121¹, 127¹.
Todesfallversicherung siehe Kapitalversicherung auf den Todesfall.
Todesstrafe 169⁵.
Tötung im Raufhandel , im Zweikampf 169⁵; — auf Verlangen des andern 170¹.
Tontinenversicherung 1⁶.
Totalverlust 140³, 146¹.

Transportversicherung, Versicherungsschein an Order 3^{8}; Befreiung von der Beschränkung der Vertragsfreiheit 187^{2}.
Trümmerschäden, durch Explosion verursachte — 82^{6}.

U.

Überbringer, Versicherungsschein auf den — 167^{6}.
Übertragbarkeit der Versicherungsforderung 15^{1}; — der Rechte aus der Versicherung 76^{1} f.
Überversicherung 51^{1} ff, 59^{2}.
Umfang der Leistungspflicht des Versicherers 21^{2}.
Umlage 1^{9}.
Umwandlung in eine beitragsfreie Versicherung, maßgebende Rechnungsgrundlagen 173^{3}, ^{4}; Abzug des Versicherers bei der — 174^{7}; Anwendungsgebiet S. 340 Vorb. ^{5}, 175^{1} ff; zulässige Abweichungen 189^{3}.
Unanfechtbarkeit der Police 163^{1}, 169^{1}.
Unfall, Begriff S. 383 Vorb. ^{3} ff.
Unfallfolgen, Pflicht des Versicherungsnehmers zur Abwendung von — 183^{1}.
Unfallversicherung, Wesen der — S. 382 Vorb. ^{1} ff.
Unfallversicherungsschein 180.
Unterbrechung der Verjährung 12^{3}.
Unterstützungskassen von Innungen 190^{1} ff.
Untersuchung der versicherten Tiere 120^{1}; ärztliche — 160^{1}.
Unterversicherung 56^{1}.
Ursächlicher Zusammenhang 55^{3}, 116^{3}, S. 384 Vorb. ^{4}.

V.

Valorenversicherung S. 294 Vorb. ^{3}.
Vater als Versicherungsnehmer 159^{3}.
Veräußerung der versicherten Sache S. 210 ff, 71^{1}, ^{2}; Kündigungsrecht des Veräußerers u. Erwerbers 71^{1}, ^{2}; — des versicherten Tieres 128^{1}, ^{2}.
Verjährung des Versicherungsanspruchs 12; Unterbrechung der — durch Anerkenntnis des Anspruchs 12^{3}.
Verlängerung der Versicherung 8; selbsttätige (automatische) — der Versicherung 173^{1}.
Verlängerungsklausel 8^{1}.
Verlängerungsschein 3^{13}.
Verletzung der Anzeigepflicht 16^{4}, 17^{1}, 33^{3}, 41^{1}, 43^{4}.
Verlust siehe Abhandenkommen.
Vermittelungsagent siehe Agent.

Vernachlässigung des versicherten Tieres 125[1], [2].

Verpfändung des Versicherungsscheins 4[1].

Versicherung für fremde Rechnung 3[6], S. 224 ff, 74[1], [2], 75, 151[4], 179[2] ff; Dauer der — 7[1], [2]; Abschluß mehrerer —en in einem Scheine 7[2]; stillschweigende Verlängerung 8[1], [2], [3]; Endigung der — beim Konkurse des Versicherers 13[1]; — beim Konkurse des Versicherungsnehmers 14[1]; — gegen einmalige Prämie 20[4]; — eines Inbegriffs 54[1], [2]; — nach Rubriken 54[2]; — gegen Mietverlust 89[1]; laufende — 54[3], 187[7]; — auf erstes Risiko 56[3]; mehrfache — desselben Interesses 58[1]; Zeitpunkt des Übergangs der — 69[2]; — für Rechnung „wen es angeht" 80[2]; — auf den Tod eines andern 159[1] ff; — für eigene Rechnung 179[2], [5]; — gegen Kursverluste 187[1], [5], Arbeitslosigkeit 187[6], Stellenlosigkeit 187[6], Sturm- u. Wasserschäden 188[1].

Versicherungsagent s. Agent.

Versicherungsanspruch siehe Ablehnung.

Versicherungsdauer 7[1].

Versicherungsfall 2[1] ff; Abschrift der Anzeige des —s 3[15]; — vor Aushändigung des Versicherungsscheins 5[2]; — beim Konkurse des Versicherers 13[1]; vorsätzliche oder grobfahrlässige Herbeiführung des —s 61[1], 79[1], 125[1], 130[1], 131, 152[1] ff, 181[1] ff; Absendung der Anzeige des —s 92[2]; Haftung für einen späteren — 95[1]; — in der Hagelversicherung 112[1], in der Viehversicherung 119.

Versicherungsnehmer, Heranziehung eines Beistands oder sachverständigen Beraters bei Ermittelung und Feststellung des Schadens 65[1].

Versicherungsperiode 9[1], 96[5], [6].

Versicherungsschein, Ausstellung des —s 3[3]; rechtliche Natur 3[4]; Verlust des —s 3[6]; 4[5]; Kraftloserklärung 3[6], 4[6]; — auf den Inhaber 3[7]; — als Wertpapier 3[8]; — als Inhaberurkunde 3[9]; Inhalt, Unterzeichnung des —s 3[10]; Verlängerungsschein 3[13]; Verpfändung, Zurückbehaltungsrecht 4[2]; Widerspruchsklausel 5[1]; Widerspruchsfrist 5[6]; Verjährung der Ausstellung des —s 12[1]; — bei der Versicherung für fremde Rechnung 75[1] ff; — auf den Überbringer 167[6].

Versicherungssumme 50^{1}, 150^{4}; Herabminderung der — 112^{1}.

Versicherungsunternehmung auf Gegenseitigkeit, Begriff der — 1^{2}.

Versicherungsvertrag, Begriff 1^{1}, Abschluß 3^{1}, ^{2}, ^{3}, Kosten des Abschlusses 3^{17}; — zugunsten eines Dritten 166^{1}.

Versicherungswert 1^{5}, 51^{1} ff, 52^{1} ff, 55^{1}; Berechnung des —s 51^{6}; — bei Haushaltsgegenständen, Arbeitsgerätschaften, Maschinen 86^{1}, ^{2}; — bei Gebäuden 88; — bei der Viehversicherung 116^{2}; — bei der Transportversicherung 140^{1} ff; — des Schiffes 141^{1}, ^{2}.

Vertrauensarzt 160^{4}, 184^{2}.

Vertrauensmann 97^{1}.

Vertreter des Versicherungsnehmers s. Anzeigepflicht.

Verurteilung zur Todesstrafe 169^{5}.

Verwirkung des Versicherungsanspruchs durch Fristablauf 12^{4}.

Verzicht auf die Rücktrittserklärung 20^{2}; — auf das Rücktrittsrecht 22^{2}, ^{4}; — auf die Anfechtung 22^{2}.

Viehlebensversicherung S. 279 Vorb. ^{1}.

Viehseuchengesetzgebung S. 281 Vorb. ^{4}.

Viehtransportversicherung S. 279 Vorb. ^{1}.

Viehversicherung, Begriff und Arten S. 279 Vorb. ^{1}.

Volksversicherung 189^{7}.

Vorauszahlungen 178^{5}.

Vorsatz bei Herbeiführung des Unfalls 181^{1} ff.

Vorsorgeversicherung 149^{4}, 181^{3}.

Vorwärtsversicherung S. 314 Vorb. ^{5}.

Vorzugsweise Befriedigung 77^{2}.

W.

Warenlager, Versicherung eines —s 54^{1}.

Warenvorräte 51^{4}.

Wasserleitungsschädenversicherung 85^{4}.

Weideversicherung S. 279 Vorb.^{1}.

Wert der versicherten Sache 52^{1}ff; gemeiner — 140^{1}.

Wertpapiere 187^{5}.

Widerspruch gegen den Inhalt des Versicherungsscheins 5^{2}, ^{4}.

Widerspruchsfrist 5^{6}, 109^{1}.

Widerspruchsklausel 5^{1}, ^{2}, ^{4}, ^{6}, ^{7}.

Wiederaufbau 97^{1}.

Wiederherstellung, Entschädigungssumme zur — des versicherten Gegenstandes 97^{1}, 98^{1}.

Willenserklärungen, Abgabe von — bei unbekannter Adresse des Versicherungsnehmers 10^{2}, ^{3}.

Wohnungsänderung, der Versicherungsnehmer muß — dem Versicherer mitteilen 10[1, 6]; — des Hypothekengläubigers 104.

Z.

Zahlungseinstellung, Versicherung gegen — 1[2].

Zahlungsfrist zur Prämienzahlung 39[3]; — in der Gebäudeversicherung 91[1].

Zeitpunkt des Vertragsschlusses 19[2]; — der Fälligkeit des Versicherungsanspruchs 11[1], 94[1]; — der Beendigung des Versicherungsverhältnisses 100[3].

Zeitungsabonnentenversicherung 1[1], S. 382 Vorb. [1].

Zurückbehaltungsrecht 3[17].

Zusammenstoß von Schiffen 129[3].

Zwangsversteigerung 128[1]; — der versicherten Sache 73[1].

Zweikampf 169[5].

Druck von Otto Walter, Berlin S. 14, Kommandantenstr. 44a.

Guttentag'sche Sammlung

Deutscher Reichsgesetze.

Text-Ausgaben mit Anmerkungen. Taschenformat.

---

1. **Verfassung des Deutschen Reichs.** Von Dr. **L. von Rönne.** **10. Aufl.** von Landrat **P. von Rönne** und Regierungsassessor **von Dobbeler.** 1912. 2 M. 60 Pf.

2. **Strafgesetzbuch** für das Deutsche Reich. Von Dr. **H. Rüdorff. 23. Aufl.** bearbeitet von Prof. Dr. **Franz v. Liszt** und Dr. **Ernst Delaquis.** 1910. 1 M. 80 Pf.

3. **Militärstrafgerichtsordnung** nebst Einführungsgesetz. Von Wirkl. Geheimen Kriegsrat Dr. jur. **A. Romen** und Kriegsgerichtsrat Dr. jur. **Carl Rissom.** 1910. 6 M.

4. **Handelsgesetzbuch vom 10. Mai 1897** unter Ausschluß des Seerechts. **14. Aufl.** Herausgegeben von Geh. Justizrat Prof. Dr. **A. Mosse.** 8°. 1911. 5 M.

5. **Wechselordnung vom 3. Juni 1908. Kommentar** von Justizrat Dr. **J. Stranz** und Rechtsanwalt Dr. **M. Stranz,** und das **Wechselstempelgesetz vom 15. Juli 1909** von Geh. Regierungsrat **P. Loeck. 11. Aufl.** 1913. 4 M.

5a. **Wechselstempelgesetz** apart. **11. Aufl.** 1913. 1 M. 50 Pf.

6. **Reichsgewerbeordnung** nebst Ausführungsbestimmungen. Von **Berger** und **Wilhelmi. 18. veränderte und sehr vermehrte Auflage** von Stadtrat Dr. **Karl Flesch** in Verbindung mit Dr. **Friedr. Hiller** und Dr. **Herm. Luppe.** 1910. 4 M.

7. **Post- und Telegraphen-Gesetzgebung.** Nebst Weltpostvertrag und internationalem Telegraphenvertrag. **6. Aufl.** von Geh. Ober-Postrat Dr. **M. König. 1908. 4 M.**

8. Die Reichsgesetze über den **Unterstützungswohnsitz, die Freizügigkeit, den Erwerb und Verlust der Bundes- und Staatsangehörigkeit.** Von Geheimrat Dr. **J. Krech,** Mitglied des Bundesamtes für das Heimatwesen. 8. **Aufl.** 1913. 3 M. 60 Pf.

9. Sammlung **kleinerer strafrechtlicher Reichsgesetze.** Von Dr. **R. H. Kriegsmann,** Privatdozent in Kiel. 3. **Aufl.** 1910. 4 M.

10. Das **Reichsbeamtengesetz** von **J. Pieper.** 2. **Aufl.** 1901. 4 M. 50 Pf.

Reichsbeamtengesetz von 1907 siehe Nr. 82.

11. **Zivilprozeßordnung mit Gerichtsverfassungsgesetz.** Von **R. Sydow.** Fortgeführt von **L. Busch,** Reichsgerichtsrat, jetzt zugleich mit **A. Busch,** Gerichtsassessor. 14. **Aufl.** 8°. 1913. 8 M.

12. **Strafprozeßordnung und Gerichtsverfassungsgesetz** nebst den Gesetzen, betr. die Entschädigung der im Wiederaufnahmeverfahren freigesprochenen Personen und die Entschädigung für unschuldig erlittene Untersuchungshaft. Von Dr. **A. Hellweg,** Reichsgerichtsrat. 16. **Aufl.** von Professor Dr. **Kohlrausch.** 1912. 3 M.

13. **Konkursordnung und Anfechtungsgesetz.** Von **R. Sydow.** Fortgeführt von **L. Busch.** 11. **Aufl.** 1911. 2 M. 80 Pf.

14. **Gerichtsverfassungsgesetz** mit Einführungsgesetz. Herausgegeben von **R. Sydow.** Fortgeführt von **L. Busch.** 9. **Aufl.** 1905. Mit Nachtrag, enthaltend die Novelle vom 1. Juni 1909. 1 M. 50 Pf.

15. Das **Deutsche Gerichtskostengesetz** nebst den Gebührenordnungen für Gerichtsvollzieher, Zeugen und Sachverständige. Von **R. Sydow.** Weiter bearbeitet von Reichsgerichtsrat **L. Busch** und Gerichtsassessor **Arno Busch. 9. Aufl.** 1912. 2 M. 60 Pf.

16. **Rechtsanwaltsordnung.** Von **R. Sydow. 5. Aufl.** von Justizrat **M. Jacobsohn.** 1907. Mit Nachtrag, enthaltend die Bestimmungen vom 22. Mai 1910. 1 M. 20 Pf.

17. Die **Deutsche Gebührenordnung für Rechtsanwälte und das Preußische Gebührengesetz** vom 27. September/6. Oktober 1899. Von **R. Sydow.** Fortgeführt von **L. Busch. 10. Aufl.** 1911. 2 M. 70 Pf.

18. **Reichsstempelgesetz** vom 15. Juli 1909 in der durch das Zuwachssteuergesetz vom 14. Februar 1911 geänderten Fassung. (Börsen-, Lotterie- [Spiel und Wette-], Frachturkunden-, Fahrkarten-, Kraftfahrzeug-, Tantieme-, Scheck- und Grundstücksübertragungssteuer.) Mit den gesamten Ausführungsbestimmungen. **11. Aufl.** von Geh. Regierungsrat **P. Loeck.** 1912. 8°. 6 M.

19. Die **Seegesetzgebung.** Von Dr. **W. E. Knitschky. 4. Aufl.** bearbeitet von Oberlandesgerichtsrat **Otto Rudorff** in Hamburg. 1908. Mit Anhang, enthaltend die Bestimmungen von 1909. 6 M.

20. **Krankenversicherungsgesetz.** Von weil. Dr. **E. von Woedtke. 11. Aufl.** von Geh. Reg.-Rat Dr. **G. Eucken-Addenhausen.** 1905. 3 M. Siehe auch Bd. 107.

21. Die **Konsulargesetzgebung.** Von Professor Dr. **Ph. Zorn. 3. Aufl.** bearbeitet von Reg.-Assessor Dr. **K. Zorn.** 1911. 4 M. 50 Pf.

22. **Patentgesetz.** Nebst Ausführungsbestimmungen, völkerrechtlichen Verträgen und der Patentanwalts-Ordnung. **7. Aufl.** bearbeitet von **R. Lutter,** Geh. Reg.-Rat im Kaiserl. Patentamt. 1908. 2 M. 80 Pf.

23. **Gewerbe-Unfallversicherungsgesetz.** Von weil. Dr. **E. von Woedtke. 9. Aufl.** von Dr. **Franz Caspar,** Direktor im Reichsamt des Innern. 1907. 2 M. 50 Pf. Siehe auch Bd. 108.

24. **Aktiengesellschaft und Kommanditgesellschaften auf Aktien.** Von Kammergerichtsrat Dr. **H. Keyßner** und Justizrat Dr. **H. Veit Simon. 6. Aufl.** von Amtsrichter **L. Keyßner.** 1911. 3 M.

25. **Brausteuergesetz.** vom 15. Juli 1909. Von **A. Düffe,** Oberzollrevisor. **2. Aufl.** 1910. 3 M.

26. Die Reichsgesetzgebung über **Münz- und Notenbankwesen.** Papiergeld, Prämienpapiere und Reichsschulden. Von Dr. jur **R. Koch,** Präsident des Reichsbankdirektoriums, **6. Aufl.** 1910. 4 M.

27. Die Gesetzgebung, betr. das **Gesundheitswesen** im Deutschen Reich. Von Dr. jur. **E. Goesch** und Dr. med. **J. Karsten.** 1888. 1 M. 60 Pf.

28. **Bau-Unfallversicherungsgesetz.** Vom 30. Juni 1900. Von **R. Chrzescinski,** Kaiserl. Regierungsrat. **3. Aufl.** 1900. 2 M. Siehe auch Bd. 108.

29. **Erwerbs- und Wirtschaftsgenossenschaften.** Von **L. Parisius** und Dr. **H. Crüger. 14. neu bearb. Aufl.** von Dr. **H. Crüger.** 1912. 1 M. 80 Pf.

30. **Invalidenversicherungsgesetz** vom 13. Juli 1899. Von weil. Dr. **E. von Woedtke. 10. Aufl.** von Regierungsrat **H. Follmann.** 1906. 4 M. (Vergriffen!) Siehe auch Bd. 109.

31. **Gewerbegerichtsgesetz.** Von Stadtrat **L. Mugdan. 7. Aufl.** bearbeitet von **W. Cuno,** Oberbürgermeister zu Hagen i. W. 1911. 2 M. 50 Pf.

32. Reichsgesetz, betr. die **Gesellschaften mit beschränkter Haftung.** Von **L. Parisius** und Dr. **H. Crüger. 12. Aufl.** von Dr. **H. Crüger.** 1912. 1 M. 80 Pf.

33. **Vereins- und Versammlungsrecht.** Von Dr. **E. Ball. 2. Aufl.** von Dr. **F. Friedenthal.** 1907. 2 M. 50 Pf.

Reichs-Vereinsgesetz vom 19. April 1908 siehe Nr. 88.

34. Die **Abzahlungsgeschäfte.** Gesetz vom 16. Mai 1894. **3. vermehrte Aufl.** besorgt von Dr. **E. Wilke,** Landgerichtsrat. 1910. 1 M. 25 Pf.

35. Die **Reichs-Eisenbahngesetzgebung.** Von **W. Coermann,** Kaiserl. Amtsrichter. 1895. 2 M. 25 Pf. S. auch Bd. 66.

36. Gesetze, betr. die **privatrechtlichen erhältnisse der Binnenschiffahrt und der Flößerei.** Von **BE. Löwe,** Landgerichtsrat. **4. Aufl.** 1909. 3 M.

37. Gesetz gegen den **unlauteren Wettbewerb.** Von Justizrat **A. Pinner. 6. Aufl.** 1912. 1 M. 50 Pf.

38/39. **Bürgerliches Gesetzbuch nebst Einführungsgesetz** von Dr. **A. Achilles.** In Verbindung mit Professor Dr. **André,**

Kammergerichtsrat Ritgen, Reichsgerichtsrat Dr. **Strecker**, Senatspräsident Dr. **v. Unzner** herausgegeben von Wirkl. Geh. Ober-Justizrat u. Oberlandesgerichtspräsident **Greiff**. **7. Aufl.** 8°. 1912. 7 M.

40. Gesetz, betr. die **Pflichten der Kaufleute bei Aufbewahrung fremder Wertpapiere (Depotgesetz).** Mit Erläuterungen. Von **F. Lusensky**, Geh. Ober-Regierungsrat. **2. Aufl.** 1905. 1 M.

41. **Börsengesetz.** In der Fassung der Novelle vom 8. Mai 1908. **2. Aufl.** Von Wirkl. Geh. Ober-Regierungsrat **Th. Hemptenmacher**, Staatskommissar an der Berliner Börse. 1908. 2 M.

42. **Grundbuchordnung** nebst den preußischen Ausführungsbestimmungen. Mit Einleitung. Von Prof. Dr. **O. Fischer. 6. Aufl.** 1912. 2 M.

43. **Zwangsvollstreckung in das unbewegliche Vermögen** im Reiche **und** in Preußen. Mit Einleitung, Kosten- und Gebührentabellen. Von Dr. **J. Krech**, Kaiserl. Geh. Regierungsrat und Professor Dr. **O. Fischer. 6. Aufl.** 1910. 2 M.

44. Das Reichsgesetz über **das Auswanderungswesen** vom 9. Juni 1897. Von Professor Dr. **Felix Stoerk.** 1899. 2 M. 25 Pf.

45. Das **Entmündigungsrecht** unter Berücksichtigung der für Preußen geltenden Vorschriften nebst der preußischen Justiz-Ministerial-Verfügung vom 28. November 1899. Von Landgerichtsrat Dr. **P. Koll** in Cöln. 1900. 1 M. 50 Pf.

46. Die Gesetze des Reiches und Preußens über die **freiwillige Gerichtsbarkeit.** Von **Herm. Jastrow,** Amtsgerichtsrat. **5. Aufl.** 1911. 3 M. 60 Pf.

47. Das **deutsche Vormundschaftsrecht** und das preuß. Gesetz über die Fürsorgeerziehung Minderjähriger nebst den dazu gehörigen preußischen Nebengesetzen. Von Oberverwaltungsgerichtsrat **Max Schultzenstein** und Amtsgerichtsrat Dr. **Paul Köhne. 2. Aufl.** 1901. 3 M.

48. Gesetze und Verordnungen, betr. den **Drogen-, Gift- und Farbenhandel** außerhalb der Apotheken. Von Dr. **J. Broh,** Rechtsanwalt. 1899. 1 M. 25 Pf.

49. Deutsche **Kolonialgesetzgebung.** Von Geh. Justizrat Professor Dr. **Philipp Zorn.** 2. Aufl. von Gerichtsassessor Dr. **Sassen.** 1913. 7 M. 50 Pf.

50. Der **Viehkauf** (Viehgewährschaft) nach dem Bürgerlichen Gesetzbuche unter Berücksichtigung des ausländischem Rechts. Verordnung betr. die Hauptmängel und Gewährsfristen beim Viehhandel. Von Rechtsanwalt Dr. **H. Stölzle** und Königlicher Veterinärrat **H. Weiskopf. 5. Aufl.** 1913. 6 M.

51. **Hypothekenbankgesetz** vom 13. Juli 1899. Von Dr. **H. Göppert. 2. Aufl.** Bearbeitet von Geh. Reg.-Rat Dr. **Seidel.** 1911. 2 M. 40 Pf.

52. Gesetz, betreffend die gemeinsamen **Rechte der Besitzer von Schuldverschreibungen.** Von Dr. **Heinrich Göppert.** 1900. 2 M.

53. **Reichspreßgesetz** vom 7. Mai 1874. Mit Kommentar von **A. Born,** Erster Bürgermeister der Stadt Marienburg (Westpr.). 1911. **2. Aufl.** 2 M.

54. Die Reichsgesetzgebung über **den Verkehr** mit **Nahrungsmitteln, Genußmitteln** und **Gebrauchsgegenständen.** Von Dr. **Georg Lebbin,** Nahrungsmittelchemiker in Berlin. 1900. 2 M. 25 Pf.

55. Das Recht der **Beschlagnahme von Lohn- und Gehaltsforderungen.** Von Justizrat **Georg Meyer. 4. Aufl.** 1910. 2 M. 60 Pf.

56. Gesetz, betr. die **Bekämpfung gemeingefährlicher Krankheiten.** Nebst Ausführungsbestimmungen. Von Dr. **Bruno Burkhardt,** Regierungsrat, Mitglied des Kaiserl. Gesundheitsamts. 1900. 1 M. 40 Pf.

57. **See-Unfallversicherungsgesetz.** Von Dr. **Max Mittelstein,** Oberlandesgerichtsrat in Hamburg. 1901. 2 M. Siehe auch RG. Bd. 108.

58. **Das Recht der unehelichen Kinder** nach dem BGB. Von **Hermann Jastrow,** Amtsgerichtsrat. 1901. 1 M. 80 Pf.

59. Reichsgesetz über die **Beurkundung des Personenstandes und die Eheschließung.** Von Dr. **F. Fidler,** Amtsgerichtsrat. 1912. **2. Aufl.** 2 M. 50 Pf.

60. Gesetz, betreffend das **Urheberrecht an Werken der Literatur und der Tonkunst** in der Fassung vom 22. Mai 1910. Von Geh. Justizrat **Otto Lindemann. 3. Aufl.** 1910. 1 M. 60 Pf.

61. Gesetz über das **Verlagsrecht.** Von Justizrat **E. Heinitz. 2. Aufl.** Bearbeitet von Rechtsanwalt Dr. **Br. Marwitz.** 1911. 1 M. 80 Pf.

62. Gesetz über **private Versicherungsunternehmungen.** Von **H. Könige,** Reichsgerichtsrat. **2. Aufl.** 1910. 4 M. 20 Pf.

63. **Gesetzestafel des Deutschen Reichsrechts.** Systematisch geordnete Nachweisung des z. Z. geltenden Reichsrechts. Von **Hugo Bruhns,** Bürgermeister. 1913. 8°. **2. Aufl.** 3 M. 50 Pf.

64. Gesetzsammlung betr. den **Handel mit Drogen und Giften.** Reichsgesetzliche Bestimmungen und Anhang mit den landesgesetzlichen Verordnungen sämtlicher Bundesstaaten. Von Rechtsanwalt **H. Sonnenfeld,** Syndikus der Berliner Drogisten-Innung. **2. Aufl.** 1912. 4 M.

65. Das **Weingesetz** in der Fassung von 1909. Mit Ausführungsbestimmungen von Dr. **Georg Lebbin,** Nahrungsmittelchemiker. **2. Aufl.** 1909. 2 M. 50 Pf.

66. Die **Eisenbahn-Gesetzgebung.** Von **W. Pietsch,** Rechnungsrat im Reichs-Eisenbahn-Amt. **2. Aufl.** 1913. 3 M. 60 Pf.

67. **Militär-Strafgesetzbuch für das Deutsche Reich** vom 20. Juni 1872 nebst dem Einführungsgesetz. Von Wirklichem Geheimen Kriegsrat Dr. **A. Romen** und Kriegsgerichtsrat Dr. **C. Rissom.** 1912. 6 M.

68. Das **Fleischbeschaugesetz.** Vom 3. Juni 1900. Von Dr. **Georg Lebbin,** Nahrungsmittelchemiker und Rechtsanwalt Dr. **Georg Baum.** 1903. 4 M.

69. Reichsgesetz über die **Naturalleistungen der bewaffneten Macht im Frieden** nebst den in Preußen geltenden Bestimmungen. Von Regierungsassessor Dr. **Walter v. Hippel.** 1903. 1 M. 25 Pf.

70. Das **Reichs-Haftpflichtgesetz,** vom 7. Juni 1871. Von Regierungsrat Dr. **G. Eger.** 1903. 3 M.

71. **Kinderarbeit in gewerblichen Betrieben,** vom 30. März 1903. Von **H. Spangenberg,** Oberverwaltungsgerichtsrat. **2. Aufl.** 1904. 1 M. 60 Pf.

72. **Unfallversicherungsgesetz für Land- und Forstwirtschaft** von weil. Dr. **E. von Woedtke,** fortgesetzt von **Alfred Radtke,** Geh. Regierungsrat und Senatspräsident im Reichsversicherungsamt. **2. Aufl.** 1904. 4 M. 50 Pf.

73. **Entschädigung für unschuldig erlittene Verhaftung und Bestrafung.** Nebst Anhang, enthaltend die dazu gehörigen Nebengesetze über Schadensersatz. Von Dr. jur. **A. Romen,** Wirkl. Geh. Kriegsrat. 1904. 2 M.

74. Die **Kaufmannsgerichte** nebst den preuß. Ausführungsbestimmungen. Von Professor Dr. **Max Apt. 3. Aufl.** 1905. 2 M.

75. Reichsgesetz über die **Konsulargerichtsbarkeit.** Von Dr. jur. **A. F. Vorwerk,** Rechtsanwalt in Schanghai. 2. Ausgabe, mit dem Schutzgebietsgesetz und der Ausführungsverordnung, betr. die Rechtsverhältnisse in den Schutzgebieten. 1908. 2 M.

76. **Die Rechtshilfe im Verkehr mit den ordentlichen Gerichten nach deutschem Reichsrecht.** Von Landrichter Dr. **A. Friedländer.** 1906. 1 M. 80 Pf.

77. **Das Reichserbschaftssteuergesetz.** Vom 3. Juni 1906. Von **Ulrich Hoffmann,** Rechnungsrat im Königl. Preuß. Finanzministerium. **2. Aufl.** mit Nachtrag, enth. die Bestimmungen v. 3. Juli 1913. 1911. 5 M.

78. **Zigarettensteuergesetz.** Vom 15. Juli 1909. Von Dr. **Cuno**, Regierungsassessor. **2. Aufl.** in Vorbereitung, nach Erlaß der sämtlichen Ausführungsbestimmungen.

79. **Die Militärpensionsgesetze** vom 31. Mai 1906 nebst Ausführungsbestimmungen. Zum Gebrauch für Heer, Marine und Schutztruppe von Dr. jur. **A. Romen**, Wirklicher Geheimer Kriegsrat.
   a) I. Teil: Offizierpensionsgesetz. 1907. 3 M. 50 Pf.
   b) II. Teil: Mannschaftsversorgungsgesetz. 1908. 3 M. 50 Pf.

80. Reichsgesetzgebung über **gerichtliche Registerführung.** Von **Otto Lindemann**, Geh. Justizrat. 1906. 3 M.

81. Gesetz, betr. **Urheberrecht an Werken der bildenden Künste und der Photographie.** Von Dr. **Ludwig Fuld**, Rechtsanwalt. 1907. 1 M.

82. **Reichsbeamtengesetz** in der Fassung vom 18. Mai 1907 und seine Ergänzungen von Geheimrat Professor Dr. **Adolf Arndt.** 1908. 3 M.

83. Reichsgesetz über **den Versicherungsvertrag** nebst Einführungsgesetz. Von Dr. **Paul Hager** und Dr. **E. Bruck. 3. vermehrte und verbesserte Auflage.** 1910. 6 M.

84. **Sammlung kleinerer privatrechtlicher Reichsgesetze** von Oberlandesgerichtsrat **Georg Müller.** 1908. 6 M. 50 Pf.

85. **Scheckgesetz** mit Einleitung usw. Von Prof. Dr. **Max Apt. 5. Aufl.** Mit Postscheckordnung vom 6. Nov. 1908 und im Anhang „Besteuerung des Schecks". 1909. 2 M.

Postscheckordnung vom 6. Nov. 1908. Apart mit Erläuterungen und Ausführungsbestimmungen. (30 Pf.)

86. **Die Auslieferungsverträge des Deutschen Reiches** von Landrichter **A. Cohn.** 1908. 4 M.

87. Gesetz zum **Schutz der Warenbezeichnungen.** Von Geh. Reg.-Rat, Mitglied des Patentamts Dr. **Freund** und Rechtsanwalt **Magnus. 5. Aufl.** 1909. 3 M. 50 Pf.

88. **Vereinsgesetz** vom 19. April 1908. Von Dr. jur. **A. Romen,** Wirkl. Geh. Kriegsrat. **3. Aufl** 1912. 2 M. 50 Pf.

89. **Vogelschutzgesetz** vom 30. Mai 1908 nebst den das Flugwild betr. Bestimmungen der Preußischen Jagdordnung von Dr. jur. **Leo von Boxberger.** 1908. 1 M.

90. Die Haager Abkommen über das **Internationale Privatrecht** von Dr. **G. A. E. Bogeng.** 1908. 2 M. 20 Pf.

91. **Eisenbahn-Verkehrsordnung** vom 23. Dez. 1908. Mit Ausführungsbestimmungen. Von Regierungsassessor bei der Eisenbahndirektion Breslau Dr. **Ernst Blume.** 1909. 2 M. 50 Pf.

92. Gesetz, betr. den **Verkehr mit Kraftfahrzeugen.** Von Amtsrichter **R. Kirchner. 2. Ausgabe** ergänzt durch die Bundesratsverordnung vom 3. Febr. 1910 und das Internationale Uebereinkommen vom 11. Okt. 1909. 1910. 3 M.

93. Gesetz über die **Sicherung der Bauforderungen** von Justizrat Dr. **E. Harnier. 3. Aufl.** 1912. 1 M. 60 Pf.

94. **Haftpflicht der Reichs- und Staats-Beamten** von Dr. **H. Delius. 2. Aufl.** 1909. Mit Nachtrag, enth. das Gesetz über die Haftung des Reichs für seine Beamten vom 22. Mai 1910. 3 M. 50 Pf.

95. Die Berner Uebereinkunft über **internationales Urheberrecht** von Dr. **Herm. Dungs**, vortrag. Rat im Reichsjustizamt. 1910. 1 M.
96. **Branntweinsteuergesetz** vom 15. Juli 1909. Unter Berücksichtigung der für das Reich erlassenen Ausführungsbestimmungen. Von Geh. Reg.-Rat **Johs. Nay**, vortrag. Rat im Reichsschatzamt. 1910. 3 M. 50 Pf.
97. **Schutzgebietsgesetz** nebst der Verordnung betr. die Rechtsverhältnisse in den Schutzgebieten, dem Gesetz über die Konsulargerichtsbarkeit sowie den Ausführungsbest. und ergänzenden Vorschriften. Von **Johs. Gerstmeyer**, Wirk. Legationsrat und vortrag. Rat im Reichskolonialamt 1910. 3 M.
98. **Sechs Haager Abkommen** über **Internationales Privatrecht.** Von Dr. **Herm. Dungs**, vortrag. Rat im Reichs-Justizamt. 1910. 1 M. 50 Pf.
99. **Die Abkommen der Haager Friedenskonferenz** von Dr. jur. **Hans Wehberg.** 1910. 3 M.
100. Gesetz über den **Absatz von Kalisalzen.** Von Geh. Bergrat **Carl Voelkel.** 1910. 2 M. 40 Pf.
101. **Zuwachssteuergesetz** vom 14. Februar 1911. Von Dr. **W. Cuno**, Geheimer Regierungsrat im Reichsschatzamt. 1911. 3 M. 60 Pf.
102. **Urheberrecht an Mustern und Modellen** u. Ges. betr. Schutz v. Gebrauchsmustern von Reg.-Rat **Johs. Neuberg**, Mitgl. d. **K.** Patentamts. 1911. 2 M. 40 Pf.
103. **Reichs-Viehseuchengesetz** vom 26. Juni 1909 nebst Ausführungsvorschriften u. dem preuß. Ausführungsgesetz. Von Landrat Dr. **Walter v. Hippel. 2. Aufl.** 1912. 4 M. 50 Pf.
104. **Versicherungsgesetz** für Angestellte vom 20. Dez. 1911. Von Rechtsanwalt **O. Bernstein** und Dr. **J. Kupferberg. 2. Aufl.** 1912. 3 M. 50 Pf.

105. **Das Geldwesen in den deutschen Schutzgebieten.** Von **W. Hintze,** Geheimer exped. Sekretär im Reichskolonialamt. 1912. 2 M.

106—109. **Reichs-Versicherungs-Ordnung nebst Einführungsgesetz:** Herausgegeben unter Mitwirkung von Dr. **F. Caspar,** Wirkl. Geh. Rat, Direktor im Reichsamt d. Innern und **A. Spielhagen,** Geh, Ob.-Reg.-Rat, vortr. Rat im Reichsamt d. Innern. 4 Bände. Preis pro Band etwa 3—4 M.

106. Erstes, fünftes und echstes Buch. **Gemeinsame Vorschriften. — Beziehungen der Versicherungsträger zu einander und zu anderen Verpflichteten — Verfahren.** Bearbeitet von Dr. **K. Lippmann,** Reg.-Rat im Reichsversicherungsamt, Professor, Geh. Rat Dr. **L. Laß** und Geh. Reg.-Rat **H. Siefart,** vortrag. Räte im Reichsamt des Innern. 1912. Im Druck.

107. Zweites Buch. **Krankenversicherung.** Von Geh. Reg.-Rat **H. Siefart,** vortrag. Rat im Reichsamt des Innern. 1912. Im Druck.

108. Drittes Buch. **Unfallversicherung.** Von Geh. Reg.-Rat **A. Radtke,** Senatsvorsitzender im Reichsversicherungsamt. 1912. Im Druck.

109. Viertes Buch. **Invaliden- und Hinterbliebenenversicherung.** Bearbeitet von Geh. Ober-Regierungs-Rat **B. Jaup,** vortragender Rat im Reichsamt des Innern und **H. Follmann,** Geh. Reg.-Rat im Reichsversicherungsamt. 1912. 4 M.

110. **Wehrbeitragsgesetz.** Von Geheimem Ober-Finanzrat **A. Fernow.** 1913. 1 M. 60 Pf.

In Vorbereitung:

111. **Reichs- und Staatsangehörigkeit.** Von Dr. **R. Romen,** Wirklichen Geheimen Kriegsrat. 1913. 2 M. 20 Pf.

112. **Besitzsteuergesetz** (Vermögens-, Zuwachssteuergesetz). Von Geheimem Ober-Finanzrat **A. Fernow.**

Guttentag'sche Sammlung

Preußischer Gesetze.

Text-Ausgaben mit Anmerkungen. Taschenformat.

---

1. Die **Verfassungs-Urkunde** für den Preußischen Staat. Mit Einleitung, vollständigem Kommentar. Von Prof. Dr. **Adolf Arndt. 7. Aufl.** 1911. 4 M.

2. Preußische **Beamten-Gesetzgebung.** Enthaltend die wichtigsten Beamtengesetze in Preußen. Von **C. Pfafferoth. 4., neubearb. Aufl.** 1905. Mit Anhang: Abänderung vom 27. Mai 1907. 2 M.

3. **Die Aufnahme des Notteſtaments** durch die bestellten Urkundspersonen. Anweisung mit Musterbeispielen und Abriß des Erbrechts von Amtsgerichtsrat **C. Kurtz.** 1904. 1 M. 50 Pf.

4. **Gebührenordnung** für **Notare** vom 25. Juli 1910. **4. Aufl.** bearbeitet von Justizrat **Rausnitz.** 1910. 2 M. 20 Pf.

5. Gesetz vom **24. April 1854 (betr. die außerehel. Schwängerung).** Von Dr. **Schulze.** 1873. 75 Pf.
   Gültiges Recht siehe: Reichsgesetze Nr. 58.

6. Die Preuß. **Ausführungsgesetze und Verordnungen zu den Reichs-Justizgesetzen.** Von **R. Sydow.** Siehe Seite 24, Busch-Eylau, Ausführungsgesetze.

7. Allg. **Gerichtsordnung** und Preuß. **Konkursordnung.** Von **F. Vierhaus.** Vergriffen.

8. **Vormundschaftsordnung.** Von **F. Schultzenstein.**
   Gültiges Recht siehe: Reichsgesetze Nr. 47.

9. Die Preußische **Grundbuchgesetzgebung.** Von Prof. Dr. **Fischer.** Vergriffen. Siehe: Reichsgesetze Nr. 42.

10. **Einkommensteuergesetz.** Von **A. Fernow,** Geh. Ober-Finanzrat. 8. **Aufl.** 1913. 5 M.

11. **Gewerbesteuergesetz.** Von **A. Fernow,** Geh. Ober-Finanzrat. **5., vermehrte Aufl.** 1910. 3 M.

12. **Allgemeines Berggesetz** für die Preußischen Staaten vom 24. Juni 1865. Mit seinen Novellen und Nebengesetzen. 3. **Aufl.,** bearbeitet von den Oberbergräten **Schlüter** und **Hense.** 1913. 7 M. 50 Pf.

13. **Ergänzungssteuergesetz** (Vermögenssteuergesetz). Von **A. Fernow,** Geh. Ober-Finanzrat. **4. vermehrte Aufl.** 1907. 2 M. 40 Pf.

14. **Kommunalabgabengesetz.** Vom 14. Juli 1893 und Gesetz wegen Aufhebung direkter Staatssteuern. Von Dr. **F. Adickes,** Oberbürgermeister. **5. Aufl.** Bearbeitet von Stadtrat Dr. **Woell.** 1911. 2 M. 40 Pf.

15. Die **Kreisordnungen** für den Preußischen Staat. Von **O. Kolisch,** Landgerichtsrat. 1894. 4 M.

16. **Konzessionierung gewerblicher Anlagen.** Preuß. Ausführungs-Anweisung zu §§ 16 u. ff. der Gewerbe-Ordnung. Von Dr. **W. v. Rüdiger,** Geh. Regierungs- u. Gewerberat. **2. Aufl.** 1901. 2 M.

17. Preußisches **Gerichtskostengesetz.** Vom 25. Juli 1910. Mit **Kostentabellen.** Von Dr. **P. Siméon, Kammergerichtsrat. 7. Aufl.** 1913. 4 M.

18. Preußisches **Stempelsteuergesetz** vom 30. Juni 1909. Mit sämtlichen Ausführungsbestimmungen. Von **P. Loeck,** Geh. Regierungsrat. **7. Aufl.** 8°. 1911. 7 M.

19. Das **Jagdscheingesetz.** Mit ausführlichen Erläuterungen. Von **F. Kunze,** Wirklichem Geh. Ober-Regierungsrat. **2. Aufl.** 1899. 2 M.

20. Die **preußischen Erbschaftssteuergesetze.** Unter Berücksichtigung der Novelle vom 31. Juli 1895. Von **U. Hoffmann,** Rechnungsrat im Königl. preuß. Finanzministerium. 1905. 4 M.

(**Reichs**-Erbschaftssteuergesetz s. Reichsgesetze Nr. 77).

21. Gesetz über die **Handelskammern.** Von **F. Lusensky,** Geh. Regierungsrat. **2. Aufl.** 1909. 3 M.

22. Gesetz, betr. **Anstellung und Versorgung der Kommunalbeamten.** Von Dr. **W. Ledermann,** Magistratsassessor zu Berlin. 1899. 1 M. 25 Pf.

23. **Ausführungsgesetz zum Bürgerlichen Gesetzbuche.** Von Kammergerichtsrat Dr. **P. Siméon. 2. Aufl.** 1905. 1 M. 80 Pf. Siehe auch B u s c h - E y l a u S. 24.

24. Die **Hinterlegungsordnung** in der Fassung des Ausführungsgesetzes zum BGB. vom 20. Sept. 1899 nebst Ausführungsbestimmungen. Von Regierungsrat Dr. **Georg Bartels. 2. Aufl.** 1908. 2 M.

25. **Preußische Kommunalbeamtengesetzgebung.** Von Magistrats-Assessor Dr. **Fr. Kremski,** Berlin. 1901. 3 M.

26. Gesetze über das **Diensteinkommen der Lehrer und Lehrerinnen, Ruhegehalt und Fürsorge für Hinterbliebene.** Tabelle zur Berechnung der Ruhegehalts-, Witwen- und Waisenbezüge. Von Dr. **Ed. Cremer**, Beigeordneter. 1900. 2 M. 40 Pf.

27. Gesetz, betreffend die **Warenhaussteuer.** Von Geh. Ober-Finanzrat Dr. **G. Strutz.** 1900. 1 M. 20 Pf.

28. Gesetz über die **Fürsorgeerziehung Minderjähriger.** Von Landgerichtsdirektor Dr. **P. F. Aschrott. 2. umgearbeitete Aufl.** 1907. 2 M. 80 Pf.

29. Gesetz, betr. **die ärztlichen Ehrengerichte, das Umlagerecht und die Kassen der Aerztekammern.** Von Amtsgerichtsrat Dr. **F. Fidler.** 1901. 1 M. 50 Pf.

30. Das **Preußische Staatsschuldbuch** und **Reichsschuldbuch.** Von Wirkl. Geh. Ober-Finanzrat **J. Mücke.** 1902. 2 M.

31a. **Die geltenden Preußischen Gesindeordnungen.** Herausgegeben in zwei Bänden von **Stephan Gerhard**, Rechtsanwalt in Berlin. 1902.

Band I: Gesindeordnung für die altpreußischen Provinzen vom 8. Nov. 1810, mit Erläuterungen unter Berücksichtigung der Ergänzungsgesetze und der Rechtsverhältnisse der Gesindevermieter, sowie die Gesindeordnungen für Neuvorpommern und Rügen und für die Rheinprovinz. Neue Aufl. in Vorbereitung.

31b. **Band II:** Gesindeordnungen für Hannover, Schleswig-Holstein, Hessen-Nassau und den Regierungsbezirk Hohenzollern. 2 M. 50 Pf.

Siehe auch Seite 25: Ratgeber von Grieben.

32. **Die Städteordnung für die sechs östlichen Provinzen** Preußens vom 30. Mai 1853. Von Stadtrat Dr. **Walter Ledermann** u. Magistratsrat Dr. **Ludwig Brühl. 2. Aufl.** 1913. 7 M.

33. **Rentenguts- und Anerbenrechts-Gesetzgebung in Preußen.** Von Landgerichtsrat **M. Peltasohn** und Rechtsanwalt **Bruno Peltasohn.** 1903. 3 M.

34. Sammlung der wichtigsten **preußischen Strafgesetze** nebst Anhang: Gesetz betr. polizeiliche Strafverfügungen vom 23. April 1883. Von **Otto Lindemann,** Geheimen Justizrat. 1912. **2. Aufl.** 3 M. 50 Pf.

35. **Geschäftsordnung für Gerichtsvollzieher.** Gerichtsvollzieherordnung und Gebührensätze von Amtsgerichtssekretär **Emil Exner.** 1904. 3 M. 50 Pf.

36. **Polizeiverordnungen in Preußen.** Von **Otto Lindemann,** Geheimen Justizrat. 1912. **2. Aufl.** 2 M. 50 Pf.

37. Gesetz über die **Enteignung von Grundeigentum** vom 11. Juni 1874. Von Oberlandesgerichtsrat **O. Meyer. 2. Aufl.** 1911. 2 M. 25 Pf.

38. **Kreis- und Provinzial-Abgabengesetz.** Vom 23. April 1906. Von **Fr. Schmidt,** Gemeindevorsteher. 1906. 1 M. 25 Pf.

39. Gesetz, betr. die **Unterhaltung der öffentl. Volksschulen.** Von Dr. **A. Marcks,** Reg.-Rat. 1906. 2 M.

40. **Verwaltungsstrafverfahren** bei Zuwiderhandlungen gegen die Zollgesetze und indirekte Reichs- und Landesabgaben, sowie die Bestimmungen über die Schlacht- und Wildpretsteuer vom 26. Juli 1897. Von Dr. **Richard Katzenstein,** Gerichtsassessor. 1907. 3 M. 60 Pf.

41. Die **preußischen Jagdpolizeigesetze.** Von **Fr. Kunze,** Wirkl. Geh. Oberregierungsrat und **R. Kühnemann,** Rechtsanwalt. **2. Aufl.** 1907. 3 M. 60 Pf.

42. Die Gesetzgebung über die **Allgemeine Landesverwaltung** und über die **Zuständigkeit der Verwaltungs- und Verwaltungsgerichtsbehörden.** Von Rechtsanwalt Dr. **Karl Friedrichs.** 1908. 3 M.

43. Gesetz betr. die **Zulassung einer Verschuldungsgrenze** für land- und forstwirtschaftlich benutzte Grundstücke. Von Dr. jur. **R. Leweck,** Syndikus. 1908. 2 M. 40 Pf.

44. **Quellenschutzgesetz** nebst den Ausführungsbestimmungen von **Carl Voelkel,** Geheimer Bergrat. 1909. 1 M.

45. **Rechtsverhältnisse der Juden in Preußen** von Dr. jur. **Max Kollenscher,** Rechtsanwalt. 1910. 2 M. 40 Pf.

46. **Austritt aus der Landeskirche** vom 14. Mai 1873. Von Gerichtsassessor **Hrch. Chr. Caro.** 1911. 2 M. 40 Pf.

47. Gesetz, betr. die **Feuerbestattung** von Amtsgerichtsrat Dr. **W. Lohmann.** 1911. 1 M. 50 Pf.

48. **Zweckverbandsgesetz für Großberlin** vom 19. Juli 1911 nebst Abdruck des allgemeinen Zweckverbandsgesetzes. Von Magistratsräten Dr. **Ludw. Brühl,** Dr. **Kurt Gordan** und Stadtrat Dr. **Walter Ledermann** in Berlin. 1912. 4 M.

49. **Gesetze gegen die Verunstaltung landschaftlich hervorragender Gegenden** mit Ausführungsanweisuugen. Von Regierungsrat **Otto Goldschmidt.** 1912. 2 M. 50 Pf.

50. **Gesetz, betr. die Anlegung und Veränderung von Straßen und Plätzen in Städten und ländlichen Ortschaften** von Oberlandesgerichtsrat **O. Meyer.** 1912. 3 M.

51. **Preußisches Disziplinargesetz** von **Dultzig** im Druck.

52. **Preußisches Wassergesetz** vom 7. April 1913 von Rechtsanwalt **Georg Wulff** und Rechtsanwalt **Ferd. Herold.** 1913. 5 M.

Guttentag'sche Sammlung von Text-Ausgaben mit Sachregister ohne Anmerkungen.

Taschenformat, elegant in Leinen gebunden.

Zivilprozeßordnung mit **Gerichtsverfassungsgesetz** und **Einführungsgesetzen.** Neue Fassung. Mit der Novelle vom 22. Mai 1910. 2 M.

Konkursordnung mit **Einführungsgesetz.** 80 Pf.

Bürgerliches Gesetzbuch nebst **Einführungsgesetz.** 10. Abdruck. 2 M. 50 Pf.

Handelsgesetzbuch nebst **Einführungsgesetz** und **Seerecht.** 8. Abdruck. 1910. 1 M. 80 Pf.

Reichsversicherungsordnung von 1911 (Kranken-, Unfall-, Invaliden- und Hinterbliebenenversicherung). 2 M.

Militärstrafgerichtsordnung nebst **Einführungsgesetz** u. Gesetzen, betr. Dienstvergehen der richterlichen Militärjustizbeamten und unfreiwillige Versetzung derselben usw. mit **Militär-Strafgesetzbuch.*)** **2. Aufl.** 1 M. 50 Pf.

*) Ist auch einzeln zu haben. Preis 1 M.

Wechselordnung mit Anhang: **Wechselprozeß und Ausführungsanweisung.** 1908. 1 M.

Die Preußischen Ausführungsgesetze zum Bürgerlichen Gesetzbuche und Nebengesetze. 5. Aufl. 1 M. 80 Pf.

Reichsfinanzgesetze von 1909 einschließlich der **Reichsstempelgesetze** und des **Erbschaftssteuergesetzes.** 1909. 2 M.

Zuwachssteuergesetz vom 14. Februar 1911. 80 Pf. **Ausführungsbestimmungen** dazu 60 Pf.

Versicherungsgesetz für Angestellte vom 20. Dez. 1911. 1 M. 25 Pf.

Strafgesetzbuch. Mit ausführl. Sachregister. 1912. 1 M. 20 Pf.

Wehrbeitrag und Besitzsteuer. Mit ausführl. Sachregister. 1913. 1 M.

Struckmann-Koch, Zivilprozeßordnung für das Deutsche Reich nebst den auf den Zivilprozeß bezüglichen Bestimmungen des Gerichtsverfassungsgesetzes und den Einführungsgesetzen. In den neuen Fassungen mit der Novelle von 1910. Kommentar. Herausgegeben unter Mitwirkung von **K. Rasch**, Landgerichtspräsident in Altona, Dr. **P. Koll**, Senatspräsident beim Oberlandesgericht in Cöln, Dr. **Flechtheim**, Rechtsanwalt beim Oberlandesgericht in Cöln. **9., umgearbeitete Auflage.** 1910. Lex.-8°. 24 M., geb. 26 M.

Pinner, Kommentar zum Gesetz **gegen den unlauteren Wettbewerb** vom 7. Juni 1909. **2. Aufl.** Herausgegeben von Justizrat **Albert Pinner** und Rechtsanwalt Dr. **Erich Eyck.** 1910. Gr.-8°. 5 M. 50 Pf., geb. 6 M. 50 Pf.

Das preußische Warenhaussteuergesetz vom 18. Juli 1900, in Verbindung mit den anderen deutschen Warenhaussteuergesetzen. Erläutert von Dr. **J. Wernicke,** Syndikus. 1913. Preis 4 M. 50 Pf., gebunden 5 M.

Die Stempelsteuerpflicht bei Grundstücksübertragungen. Ein Hilfsbuch zur Berechnung und Einziehung des Immobiliarstempels. Zusammengestellt und bearbeitet von **X. Brachvogel,** Amtsgerichtsrat. 1912. Gr.-8°. Preis 6 M., geb. 7 M.

Patentgesetz und Gesetz, betr. den **Schutz von Gebrauchsmustern.** Von Justizrat Dr. **A. Seligsohn. 4., neubearbeitete Auflage.** 1909. Gr.-8°. 12 M., geb. in Leinen 13 M.

Die Preußischen Ausführungsgesetze, Verordnungen und ministeriellen Verfügungen zu dem Bürgerlichen Gesetzbuche und den Reichs-Justizgesetzen nebst anderen zugehörigen Gesetzen. Von **L. Busch. 2. Aufl.** von Landrichter **O. Eylau.** 8°. Preis geb. 4 M. 50 Pf.

Preußische Bürgerliche Gesetzsammlung. Sammlung der noch geltenden Landesgesetze privatrechtlichen Inhalts. Herausgegeben von den Gerichtsassessoren **D. Fischer** und Dr. **F. Schroeder.** 8°. 2 Bände Preis geb. in ganz Leinen 20 M.

Erster Band: **Das Allgemeine Landrecht mit den Einführungs-Patenten.** Preis 6 M.

Zweiter Band: **Gesetze von 1773—1902.** Preis 14 M.

Kommentar zum Stellenvermittlergesetz vom 2. Juni 1910 unter besonderer Berücksichtigung des zivilrechtlichen Gesetzesinhaltes mit den Ausführungsbestimmungen für **Preußen, Bayern, Sachsen** von **M. K. Samter,** Amtsgerichtsrat. 1912. Gr.-8°. Preis 4 M., geb. 5 M.

Schlagwort-Register.

R. = Nummer der Sammlung Deutscher **Reichs**gesetze.
P. = Nummer der Sammlung **Preußischer** Gesetze.
S. = Seite.

Abzahlungsgeschäfte R. 34.
Aerztekammern P. 29.
Aerztliche Ehrengerichte P. 29.
Aktienrecht R. 24, 26.
Altersversicherungsgesetz R. 30.
Anerbenrechtsgesetz P. 33.
Anfechtungsgesetz R. 13.
Angestelltenvers.-Ges. S. 22 R. 104.
Anlegung v. Straßen P. 50, S. 24.
Ansiedelungsgesetz s. S. 25 Baupolizeirecht.
Arbeiterschutzgesetz R. 6.
Arbeiterversicherungsgesetze R. 20, 23, 28, 30, 57, S. 22.
Arzneimittel R. 6, 64.
Ausführungsgesetze z. BGB. P. 23, S. 22, 25.
Ausführungsgesetze zu den Reichsjustizgesetzen P. 6, S. 24.
Auslieferungsverträge R. 86.
Austritt a. d. Landeskirche P. 46.
Auswanderungsgesetz R. 9, 44.
Automobilgesetz R. 92.

Bankgesetz R. 26.
Baufluchtengesetz S 24.
Bauforderungsschutz R 93.
Bauunfallversicherungsges. R. 28.
Beamtengesetze R. 10, 82, 94, P. 2.
Bekämpfung gemeingefährlicher Krankheiten R. 56.
Belagerungszustand P. 34.
Berggesetz P. 12.
Beschlagnahme von Lohn- und Gehaltsforderungen R. 55.
Besitzsteuergesetz R. 112, S. 22.
Beurkundung des Personenstandes R. 59.
Binnenschiffahrtsgesetz R. 36.
Blei- u. zinkhaltige Gegenst. R. 9.
Börsengesetz R. 41.
Börsensteuergesetz R. 18.
Branntweinsteuergesetz R. 96.
Brausteuererhebung R. 25.
Bundes- und Staatsangehörigkeit R. 8.
Bürgerliche Gesetzsammlung für Preußen S. 24.
Bürgerliches Gesetzbuch R. 38/39, S. 22.
Bürgerliches Rechts-Lexikon S. 31.

Chausseegeld P. 34.
Civilprozeßordn. R. 11, S. 22, 23.

Dampfkesselbetrieb R. 6, P. 34.
Deichges. S. 25 (Baupolizeirecht).
Depotgesetz R. 40.
Diensteinkommen der Lehrer und Lehrerinnen P. 26.

Schlagwort-Register. (R. = Reichsgesetz, P. = preuß. Gesetz.)

Dienstboten siehe Gesinde.
Ratgeber für Dienstherrschaften S. 25.
Disziplinargesetz P. 51.
Drogenhandel R. 48, 64.

Eheschließungsgesetz R. 59.
Einkommensteuergesetz P. 10.
Eisenbahngesetzgebung R. 66, 35.
Eisenbahnverkehrsordnung R. 91.
Elektrizitäts-Diebstahl R. 2.
Enteignung von Grundeigentum P. 37.
Entmündigungsgesetz R. 45.
Entschädigung freigesprochener Personen R. 12.
Entschädigung unschuldig Verhafteter u. Verurteilter R. 73.
Entziehung elektr. Arbeit R. 2.
Erbschaftssteuergesetz R. 77, P. 20.
Ergänzungssteuergesetz P. 13.
Erwerbs- u. Wirtschaftsgenossenschaften R. 29.

Fahrkartensteuer R. 18.
Farbengesetz R. 9, 48.
Farbenhandel R. 48.
Feingehalt der Gold- und Silberwaren R. 9.
Feld- und Forstpolizeigesetz P. 34.
Feuerbestattungsges. P. 47.
Feuerversicherung P. 34.
Fischereigesetz P. 34.
Fleischbeschaugesetz R. 9, 54, 68.
Flößereigesetz R. 36.
Fluchtlinien-Ges. P. 50.
Forstdiebstahl P. 34.
Frachturkundensteuer R. 18.
Freiwillige Gerichtsbarkeit R. 46.
Freizügigkeit R. 8.
Fürsorgeerziehung Minderjähriger R. 47, P. 28.

Gast- u. Schankwirtschaftsgehilfen R. 6.
Gebrauchsgegenstände, Verkehr mit R. 9, 54.
Gebrauchsmusterschutzgesetz R. 9, 84, R. 102.
Gebührengesetz, preußisches, für Rechtsanwälte und Gerichtsvollzieher R. 17.
Gebührenordnung für Gerichtsvollzieher R. 15.
Gebührenordnung für Notare P. 4.
Gebührenordnung für Rechtsanwälte R. 17.
Gebührenordnung für Zeugen u. Sachverständige R. 15.
Gehaltsforderungen, Beschlagnahme von R. 55.
Genehmigung gewerblicher Anlagen P. 16.
Genossenschaftsgesetz R. 29.
Genußmittel, Verkehr mit R. 9, 54, S. 23.
Gerichtsbarkeit, freiwillige R. 46.
Gerichtskostengesetz, deutsches R. 15.
Gerichtskostengesetz, preußisches P. 17.
Gerichtsordnung, preußische P. 7.
Gerichtsverfassungsgesetz R. 14, 11, 12, S. 22.
Gerichtsvollzieher-Gebührenordnung R. 15.
Geschäftsordnung für Gerichtsvollzieher P. 35.
Gesellschaften mit beschränkter Haftung R. 32.
Gesetzbuch, Bürgerliches R. 38/39 S. 22.

Gesetzestafel des deutschen Reichsrechts R. 63.
Gesetz-Sammlung, preuß. S. 25.
Gesindedienstpflichten P. 34.
Gesindeordnungen, preußische P. 31 a, 31 b, S. 25.
Gesundheitswesen R. 27.
Gewerbebetrieb im Umherziehen R. 6, P. 34.
Gewerbegerichte R. 31.
Gewerbeordnung R. 6.
Gewerbesteuergesetz, preußisches P. 11.
Gewerbe-Unfallversicherungsges. R. 23.
Gifthandel R. 48, 64.
Gold- u. Silberwaren-Feingehalt R. 9.
Grundbuchordnung R. 42.
Grundbuchgesetzgebung, preußische P. 9.
Grundeigentum, Enteignung von P. 37.

Haager Friedenskonferenz R. 99.
Haftpflichtgesetz R. 70, 94.
Handelsgesetzbuch R. 4, S. 22.
Handelskammergesetz P. 21.
Handfeuerwaffen R. 9.
Handlungsgehilfen S. 25.
Handwerkergesetz R. 6.
Hilfskassen, eingeschr. R. 20.
Hinterlegungsordnung P. 24.
Hinterbliebenenversicherung S. 22 RVO. R. 109.
Hypothekenbankgesetz R. 51.

Jagdpolizeigesetz P. 34, 41.
Jagdscheingesetz P. 19, 34.
Inhaberpapiere mit Prämien R. 9.
Internationales Privatrecht R. 90, 98.
Invalidenversicherung R. 30, 109, S. 22 RVO. R. 109.

Kaligesetz R. 100.
Kaufleute, Pflichten bei Aufbewahrung v. Wertpapieren R. 40.
Kaufmannsgerichte R. 74.
Kiautschou-Gebiet, militärische Strafrechtspflege im R. 3.
Kinder, Recht der unehel. R. 58.
—, Unterbringung verwahrloster R. 47, P. 28.
Kinderarbeit, gewerbliche R. 2, 71,
Kinderschutzgesetz R. 71.
Kolonialgesetzgebung R. 49, R. 105.
Kommunalabgabengesetz P. 14.
Kommunalbeamtengesetz P. 22.
Kommunalbeamtenrecht P. 25.
Konkursordnung R. 13, S. 22.
Konkursordnung, preuß. P. 7.
Konsulargerichtsbarkeit R. 75.
Konsulargesetzgebung R. 21, 75.
Konzessionierung gewerbl. Anlagen P. 16.
Kraftfahrzeuge R. 18, 92.
Krankenversicherungsgesetz R. 20, S. 22 RVO. R. 107.
Kreisabgabengesetz P. 38.
Kreisordnungen P. 15.
Kunstschutzgesetz R. 81.

Ladenschluß R. 6.
Landesgesetze, privatrechtliche, (Bürg. Gesetzsamml.) S. 25.
Landeskirche P. 46.
Landestrauer P. 34.
Landesverwaltungsgesetz P. 42.
Landrecht, preußisches S. 25.
Lehrergehalts- u. -Pensionsgesetze P. 26.

Literaturschutz R. 60, 95.
Lohnforderungen, Beschlagnahme von R. 55.
Lotteriespiel P. 34.

Mannschaftsversorgungsgesetz R. 79 b.
Mantelgesetz R. 23.
Margarinegesetz R. 9, 54.
Medizinalgesetzgebung R. 27.
Militärpensionsgesetze R. 79.
Militärische Geheimnisse, Verrat R. 9, 84.
Militärstrafgerichtsordnung R. 3, S. 22.
Militärstrafgesetzbuch R. 67, S. 22.
Minderjährige, Fürsorgeerziehung für R. 47, P. 28.
Mineraliengewinnung und Aneignung P. 34.
Mobiliar-Feuerversicherung P. 34.
Modellschutzgesetzgebung R. 9.
Münzwesen R. 26.
Musterschutzgesetz R. 9.

Nahrungsmittelgesetze R. 9, 54, 65.
Naturalleistung für die bewaffnete Macht R. 69.
Notare, Gebührenordnung für preußische P. 4.
Notenbankwesen R. 26.
Nottestament P. 3.

Offizierpensionsgesetz R. 79a.

Patentgesetz R. 22, 9, S. 23.
Personenstandsgesetz R. 2, 9, 59.
Pensionsgesetze R. 10, 79, P. 2, 26.
Photographieschutz R. 9, 81.
Polizeiverordnungen in Preußen P. 36.
Postgesetze R. 7.
Postscheckordnung R. 85.
Preßgesetz R. 9, 53.
Preußische Verfassung P. 1.
Privatbeamtenvers.-Ges. R. 104, S. 22.
Privatrechtliche preußische Landesgesetze S. 25.
Privatrechtliche Reichsgesetze R. 84, 90.
Provinzialabgabengesetz P. 38.

Quellenschutzgesetz P. 44.

Rayongesetz R. 84.
Reblausgesetz R. 84, P. 34.
Rechte der Besitzer von Schuldverschreibungen R. 52.
Rechtsanwalts-Gebührenordnung R. 17.
Rechtsanwaltsordnung R. 16.
Rechtshilfe R. 76.
Rechtslexikon S. 31.
Rechtsverhältnisse d. Juden P. 45.
Registerführung, gerichtliche R. 80.
Registratur S. 25.
Reichsbeamtengesetz R. 10, 82.
Reichseisenbahngesetzgebung R. 35, 66.
Reichserbschaftssteuer R. 77.
Reichsfinanzgesetze S. 22.
Reichsgewerbeordnung R. 6.
Reichsgrundbuchordnung R. 42.
Reichs-Justizgesetze R. 11, 12, 13.
— —, Ausführungsgesetz dazu S. 22.
Reichskassenscheine R. 9.
Reichsmilitärgesetz R. 84.
Reichspreßgesetz R. 53.
Reichsschuldbuch P. 30.
Reichsseuchengesetz R. 9, 56.

Reichsstempelgesetz R. 18.
Reichsverfassung R. 1.
Reichsviehseuchengeʃ. R. 103.
Reichsversicherungsordnung S. 22, R. 106—109.
Rentengutsgesetze P. 33.
Rinderpest R. 9.

Saccharingesetz R. 9, 54.
Schadensersatz an unschuldig Verhaftete u. Verurteilte R. 73.
Scheckgesetz R. 85.
Schlachthäuser P. 34.
Schlachtviehgesetz R. 9, 54, 68
Schonzeit des Wildes P. 34.
Schuldverschreibungsgesetz R. 52.
Schulunterhaltungsgesetz P. 39.
Schutzgebietsgesetz R. 75, 97.
Schutztruppe, Strafverfahren R. 3, Pension R. 79.
Schwängerung, außereheliche R. 58, P. 5.
Seegesetzgebung R. 19.
Seerecht vide HGB. Text.
See-Unfallversicherungsges. R. 57.
Seuchengesetz R. 56.
Sklavenhandel R. 9.
Sozialpolitische Gesetze R. 20, 23, 28, 30, 57, 72, 104, 106—109.
Sprengstoffgesetz R. 2, 9.
Staatsangehörigkeit, Erwerb und Verlust R. 8, S. 15.
Staatsschuldbuch P. 30.
Staatssteuern, Gesetz betr. Aufhebung direkter P. 14.
Städteordnung für die 6 östlichen Provinzen P. 32.
Stellenvermittlergesetz S. 24.
Stempelsteuergesetz für Preußen P. 18, S. 23.
Stempelsteuergesetz für das Reich R. 18, S. 23.
Steuergesetze R. 5, 18, 25, P. 10, 11, 13, 14, 18, 20, 27.
Strafgesetzbuch R. 2. S. 22.
Strafgesetze, preußische P. 34.
Strafprozeßordnung R. 12.
Strafrechtliche RG. R. 9.
Straßen- u. Baufluchtengeʃ. P. 50.
Subhastationsgesetz R. 43.
Süßstoffe, künstliche R. 9, 54, 64.

Tantièmensteuer R. 18.
Telegraphengesetze R. 7.
Testamentsrecht P. 3.

Uneheliche Kinder R. 58.
Unfallversicherungsgesetze R. 23, 28, 57, 72, 108, S. 22 RVO.
Unlauterer Wettbewerb R. 37, S. 23.
Unterbringung verwahrloster Kinder R. 47, 28.
Unterhaltung d. Volksschulen P. 39.
Unterstützungswohnsitz R. 8.
Urheberrechtsgesetze R. 9, 60, 22, 81, 95. 102.

Vereinsgesetz R. 88.
Vereins- u. Versammlungsrecht R. 33, P. 34.
Verfälschung v. Nahrungsmitteln R. 54, Wein R. 65.
Verfassung, Reich R. 1.
Verfassung, preußische P. 1.
Verkehrsabgaben P. 34.
Verlagsrecht R. 61.
Vermögenssteuergesetz P. 13.
Vermögenszuwachssteuergesetz S. 15.
Verrat militärischer Geheimniss R. 2, 9.

Schlagwort-Register. (R. = Reichsgesetz, P. = preuß. Gesetz.)

Versammlung, wie leitet man eine S. 25.
Verschuldungsgrenze P. 43.
Versicherungsvertrag R 83.
Versicherungsunternehmungen, private R. 62.
Versorgung der Kommunalbeamten P. 22.
Verunstaltung landschaftlich hervorragender Gegenden P. 49.
Verwaltungsstrafverfahren P. 40.
Verwendung gesundheitsschädlicher Farben, Nahrungsmittel, Wein R. 54, 65.
Viehkauf (Viehgewährschaft) und Viehhandel R. 50.
Viehseuchengesetz R. 84, 103
Vogelschutzgesetz R. 89.
Vormundschaftsordnung, preußische P. 8.
Vormundschaftsrecht, Deutsches R. 47, S. 25.

Waisenrat S. 25.
Wald- und Wassergenossenschaft P. 34.
Wandergewerbebetrieb P. 34.
Warenzeichenrecht R. 9, 87.
Warenhaussteuergesetz P. 27 S. 23.
Wassergesetz P. 52.
Wechselordnung R. 5, S. 22.
Wechselstempelsteuergesetz R. 5.
Wehrbeitragsgesetz R. 110, S. 22.
Weingesetz R. 9, 54, 64, 65.
Wertpapiere, Depotgesetz R. 40
Wettbewerb, Bekämpfung unlauteren R. 37, S. 23.
Wild-Schonzeit P. 34.
Wuchergesetz R. 2.

Zeugengebühr R. 15.
Zigarettensteuergesetz R. 78.
Zivilprozeßordnung R. 11, S. 22, 23.
Zuständigkeitsgesetz P. 42.
Zuwachssteuergesetz S. 21, R. 101.
Zwangserziehung R. 47.
Zwangsversteigerung an Immobilien R. 43.
Zwangsvollstreckungsgesetz R. 43
Zweckverbands-Gesetz P. 48.

FSC
www.fsc.org
MIX
Papier | Fördert
gute Waldnutzung
FSC® C083411

Kolibri 360 GmbH
Ferdinand-Jühlke-Straße 7
99095 Erfurt, Deutschland
produktsicherheit@kolibri360.de